한국공항공사

NCS + 최종점검 모의고사 5회

SD에듀
㈜시대고시기획

2024 최신판 SD에듀 All-New 한국공항공사 NCS + 최종점검 모의고사 5회 + 무료NCS특강

SD 에듀

Always **with you**

사람의 인연은 길에서 우연하게 만나거나 함께 살아가는 것만을 의미하지는 않습니다.
책을 펴내는 출판사와 그 책을 읽는 독자의 만남도 소중한 인연입니다.
SD에듀는 항상 독자의 마음을 헤아리기 위해 노력하고 있습니다. 늘 독자와 함께하겠습니다.

PREFACE 머리말

전국 14개의 지방공항을 통합 관리하는 공기업으로서 각 공항을 효율적으로 건설 · 관리 · 운영, 항공산업의 육성 · 지원으로 항공수송을 원활하게 하고 국가경제 발전과 국민복지 증진에 기여하는 한국공항공사는 2024년에 신입사원을 채용할 예정이다. 한국공항공사의 채용절차는 「서류전형 ➡ 필기전형 ➡ 1차 면접전형 ➡ 2차 면접전형 ➡ 신원조사」 순서로 진행되며, 필기전형에서는 인성검사, 직업기초능력평가, 직무수행능력평가를 진행한다. 직업기초능력평가는 공통적으로 의사소통능력, 수리능력, 문제해결능력, 정보능력을 평가하고, 행정직은 자원관리능력, 전산 · 시설 · 기술직은 기술능력을 평가한다. 또한 직무수행능력평가는 직렬별로 상이하므로 반드시 확정된 채용공고를 확인하는 것이 필요하다. 필기전형은 채용 예정인원의 3배수만 통과할 수 있으므로 필기전형에서 고득점을 받기 위해 다양한 유형에 대한 연습과 문제풀이능력을 높이는 등 철저한 준비가 필요하다.

한국공항공사 필기전형 합격을 위해 SD에듀에서는 한국공항공사 판매량 1위의 출간 경험을 토대로 다음과 같은 특징을 가진 도서를 출간하였다.

도서의 특징

❶ 합격으로 이끌 가이드를 통한 채용 흐름 파악!
- 한국공항공사 소개를 통해 채용 흐름을 파악하는 데 도움이 될 수 있도록 하였다.

❷ 기출복원문제를 통한 출제 유형 파악!
- 2023년 주요 공기업 NCS 기출복원문제를 통해 공기업별 NCS 필기 유형을 확인할 수 있도록 하였다.

❸ 한국공항공사 필기전형 출제 영역별 맞춤 문제로 실력 상승!
- 직업기초능력평가 출제유형분석&실전예제를 수록하여 NCS 필기전형에 완벽히 대비할 수 있도록 하였다.

❹ 최종점검 모의고사로 완벽한 실전 대비!
- 철저한 분석을 통해 실제 유형과 유사한 최종점검 모의고사를 수록하여 자신의 실력을 최종 점검할 수 있도록 하였다.

❺ 다양한 콘텐츠로 최종 합격까지!
- 한국공항공사 채용 가이드와 면접 기출질문을 수록하여 채용을 준비하는 데 부족함이 없도록 하였다.
- 온라인 모의고사 응시 쿠폰을 무료로 제공하여 필기전형을 대비할 수 있도록 하였다.

끝으로 본 도서를 통해 한국공항공사 채용을 준비하는 모든 수험생 여러분이 합격의 기쁨을 누리기를 진심으로 기원한다.

SDC(Sidae Data Center) 씀

한국공항공사 이야기 INTRODUCE

미션

편안한 공항, 하늘을 여는 사람들

VISION 2030

초융합 글로컬 공항그룹

경영목표

ESG 공공분야 최상위

- 안전 · 서비스 최상위
- 여객 1.2억 명
- 글로벌 항공산업 선도
- 재무건전성 공기업 최고수준

핵심가치

무결점 안전 / 무단절 서비스 / 무한 도전 / 무한 신뢰

전략방향 & 전략과제

전략방향	전략과제
친환경 안전공항 구현	1. 국민 안전 · 안심 최우선 2. 공항 인프라 및 운영 최적화 3. 친환경 저소음 공항 구현
글로컬 항공서비스 혁신	1. 고객 서비스 가치 제고 2. 글로컬 항공 네트워크 강화 3. 디지털 기반 스마트공항 구현
미래 공항 패러다임 선도	1. 지역균형발전 지원 공항 개발 2. 민간협력 해외진출 확대 3. 혁신모빌리티(IAM) 전략 산업화
신뢰 · 혁신 기반 경영 건전화	1. 책임 · 자율 · 창의 기반 경영 효율화 2. 공정 · 투명성 기반 국민신뢰 강화 3. 지역사회 상생발전

인재상

융합인	전문인	배려인
다양한 분야에 유연하게 반응하는 사람	글로벌 스탠더드를 목표로 노력하는 사람	타인을 존중하며 공동체 발전에 기여하는 사람

신입 채용 안내 INFORMATION

지원자격(공통)

❶ 학력 및 전공 : 제한 없음

❷ 연령 및 성별 : 제한 없음[단, 연령의 경우 공사 규정에 따른 정년(만 60세) 이내여야 함]

❸ 남자의 경우 병역필 또는 병역면제자

❹ 공사 인사규정 제19조(임용결격사유)에 해당하지 않는 사람

채용전형 절차

필기전형

구분	행정	전산 · 시설 · 기술
인성검사	인성 전반	
직업기초능력평가	(공통) 의사소통능력, 수리능력, 문제해결능력, 정보능력	
	자원관리능력	기술능력
직무수행능력평가	직렬별 상이	직렬별 상이

면접전형

구분	행정	전산 · 시설 · 기술
1차 면접전형	문제해결능력, 의사소통능력 등 직무역량능력 평가	
2차 면접전형	인성 및 조직적응력 등 심층 평가	

❖ 위 채용안내는 2023년 하반기 채용공고를 기준으로 작성하였으므로 세부사항은 확정된 채용공고를 확인하기 바랍니다.

2023 기출분석 ANALYSIS

총평

한국공항공사의 필기전형은 PSAT형으로 진행되었으며, NCS의 난이도는 평이했으나 풀이에 시간이 많이 소요되는 문제들이 많았다는 후기가 대부분이었다.
의사소통능력의 경우 지문의 길이가 긴 편인 문제들이 출제되었으며, 내용 일치나 주제 찾기 문제가 출제되었다. 또한 수리능력의 경우는 큰 숫자가 사용된 자료 해석 및 계산 문제가 다수 출제되었고, 문제해결능력의 경우는 QUIZ형 문제가, 정보능력의 경우는 엑셀 함수 문제가 다수 출제되었다.

의사소통능력

출제 특징	• 지문 길이가 긴 편이었음 • 내용 일치, 주제 찾기, 문단 나열 문제가 출제됨
출제 키워드	• 화산 유형, IT 관련 등

수리능력

출제 특징	• 수열 문제 출제됨 • 자료 해석 문제가 다수 출제됨
출제 키워드	• 중앙값, 평균, 증가율 등

문제해결능력

출제 특징	• 명제 문제 출제됨 • QUIZ형 문제가 다수 출제됨
출제 키워드	• 거짓말한 사람 찾기, 키가 작은 순으로 세울 때 순서 찾기 등

정보능력

출제 특징	• 단축키, 코딩 문제 출제됨 • 엑셀 함수 문제가 다수 출제됨
출제 키워드	• IF, AVERAGE 함수 등

PSAT형

※ 다음은 K공단의 국내 출장비 지급 기준에 대한 자료이다. 이어지는 질문에 답하시오. **[15~16]**

〈국내 출장비 지급 기준〉

① 근무지로부터 편도 100km 미만의 출장은 공단 차량 이용을 원칙으로 하며, 다음 각호에 따라 "별표 1"에 해당하는 여비를 지급한다.
 ㉠ 일비
  ⓐ 근무시간 4시간 이상 : 전액
  ⓑ 근무시간 4시간 미만 : 1일분의 2분의 1
 ㉡ 식비 : 명령권자가 근무시간이 모두 소요되는 1일 출장으로 인정한 경우에는 1일분의 3분의 1 범위 내에서 지급
 ㉢ 숙박비 : 편도 50km 이상의 출장 중 출장일수가 2일 이상으로 숙박이 필요할 경우, 증빙자료 제출 시 숙박비 지급

② 제1항에도 불구하고 공단 차량을 이용할 수 없어 개인 소유 차량으로 업무를 수행한 경우에는 일비를 지급하지 않고 이사장이 따로 정하는 바에 따라 교통비를 지급한다.

③ 근무지로부터 100km 이상의 출장은 "별표 1"에 따라 교통비 및 일비는 전액을, 식비는 1일분의 3분의 2 해당액을 지급한다. 다만, 업무 형편상 숙박이 필요하다고 인정할 경우에는 출장기간에 대하여 숙박비, 일비, 식비 전액을 지급할 수 있다.

〈별표 1〉

구분	교통비				일비 (1일)	숙박비 (1박)	식비 (1일)
	철도임	선임	항공임	자동차임			
임원 및 본부장	1등급	1등급	실비	실비	30,000원	실비	45,000원
1, 2급 부서장	1등급	2등급	실비	실비	25,000원	실비	35,000원
2, 3, 4급 부장	1등급	2등급	실비	실비	20,000원	실비	30,000원
4급 이하 팀원	2등급	2등급	실비	실비	20,000원	실비	30,000원

1. 교통비는 실비를 기준으로 하되, 실비 정산은 국토해양부장관 또는 특별시장·광역시장·도지사·특별자치도지사 등이 인허한 요금을 기준으로 한다.
2. 선임 구분표 중 1등급 해당자는 특등, 2등급 해당자는 1등을 적용한다.
3. 철도임 구분표 중 1등급은 고속철도 특실, 2등급은 고속철도 일반실을 적용한다.
4. 임원 및 본부장의 식비가 위 정액을 초과하였을 경우 실비를 지급할 수 있다.
5. 운임 및 숙박비의 할인이 가능한 경우에는 할인 요금으로 지급한다.
6. 자동차임 실비 지급은 연료비와 실제 통행료를 지급한다.
 (연료비)=[여행거리(km)]×(유가)÷(연비)
7. 임원 및 본부장을 제외한 직원의 숙박비는 70,000원을 한도로 실비를 정산할 수 있다.

특징
▸ 대부분 의사소통능력, 수리능력, 문제해결능력을 중심으로 출제(일부 기업의 경우 자원관리능력, 조직이해능력을 출제)
▸ 자료에 대한 추론 및 해석 능력을 요구

대행사
▸ 엑스퍼트컨설팅, 커리어넷, 태드솔루션, 한국행동과학연구소(행과연), 휴노 등

모듈형

| 대인관계능력

60 다음 자료는 갈등해결을 위한 6단계 프로세스이다. 3단계에 해당하는 대화의 예로 가장 적절한 것은?

1단계 사전 준비하기 ⇨ 2단계 긍정적인 분위기에서 대화 시작하기 ⇨ 3단계 상대방의 입장 파악하기
⇩
6단계 최종적으로 해결책 선택 및 실행하기 ⇦ 5단계 해결책 평가하기 ⇦ 4단계 상대방의 입장에서 해결책 생각해보기

① 그럼 A씨의 생각대로 진행해 보시죠.

특징
- 이론 및 개념을 활용하여 푸는 유형
- 채용 기업 및 직무에 따라 NCS 직업기초능력평가 10개 영역 중 선발하여 출제
- 기업의 특성을 고려한 직무 관련 문제를 출제
- 주어진 상황에 대한 판단 및 이론 적용을 요구

대행사
- 인트로맨, 휴스테이션, ORP연구소 등

피듈형(PSAT형 + 모듈형)

| 문제해결능력

60 P회사는 직원 20명에게 나눠 줄 추석 선물 품목을 조사하였다. 다음은 유통업체별 품목 가격과 직원들의 품목 선호도를 나타낸 자료이다. 이를 참고하여 P회사에서 구매하는 물품과 업체를 바르게 연결한 것은?

〈업체별 품목 금액〉

구분		1세트당 가격	혜택
A업체	돼지고기	37,000원	10세트 이상 주문 시 배송 무료
	건어물	25,000원	
B업체	소고기	62,000원	20세트 주문 시 10% 할인
	참치	31,000원	
C업체	스팸	47,000원	50만 원 이상 주문 시 배송 무료
	김	15,000원	

〈구성원 품목 선호도〉

특징
- 기초 및 응용 모듈을 구분하여 푸는 유형
- 기초인지모듈과 응용업무모듈로 구분하여 출제
- PSAT형보다 난도가 낮은 편
- 유형이 정형화되어 있고, 유사한 유형의 문제를 세트로 출제

대행사
- 사람인, 스카우트, 인크루트, 커리어케어, 트리피, 한국사회능력개발원 등

한국공항공사

문단 나열 ▸ 유형

2023년 적중

05 다음 문장을 논리적 순서대로 바르게 나열한 것은?

(가) 본성 대 양육 논쟁은 앞으로 치열하게 전개될 소지가 많다. 하지만 유전과 환경이 인간의 행동에 어느 정도 영향을 미치는가를 따지는 일은 멀리서 들려오는 북소리가 북에 의한 것인지, 아니면 연주자에 의한 것인지를 분석하는 것처럼 부질없는 것인지 모른다. 본성과 양육 다 인간 행동에 필수적인 요인이므로.

(나) 20세기 들어 공산주의와 나치주의의 출현으로 본성 대 양육 논쟁이 극단으로 치달았다. 공산주의의 사회 개조론은 양육을, 나치즘의 생물학적 결정론은 본성을 옹호하는 이데올로기이기 때문이다. 히틀러의 유대인 대량 학살에 충격을 받은 과학자들은 환경 결정론에 손을 들어 줄 수밖에 없었다. 본성과 양육 논쟁에서 양육 쪽이 일방적인 승리를 거두게 된 것이다.

(다) 이러한 추세는 1958년 미국 언어학자 노엄 촘스키에 의해 극적으로 반전되기 시작했다. 촘스키가 치켜든 선천론의 깃발은 진화 심리학자들이 승계했다. 진화 심리학은 사람의 마음을 생물학적 적응의 산물로 간주한다. 1992년 심리학자인 레다 코스미데스와 인류학자인 존 투비 부부가 함께 저술한 「적응하는 마음」이 출간된 것을 계기로 진화 심리학은 하나의 독립된 연구 분야가 됐다. 말하자면 윌리엄 제임스의 본능에 대한 개념이 1세기 만에 새 모습으로 부활한 셈이다.

(라) 더욱이 1990년부터 인간 게놈 프로젝트가 시작됨에 따라 본성과 양육 논쟁에서 저울추가 본성 쪽으로 기울면서 생물학적 결정론이 더욱 강화되었다. 그러나 2001년 유전자 수가 예상보다 적은 3만여 개로 밝혀지면서 본성보다는 양육이 중요하다는 목소리가 커지기 시작했다. 이를 계기로 본성 대 양육 논쟁이 재연되기에 이르렀다.

① (가) – (나) – (다) – (라)
② (가) – (나) – (라) – (다)
③ (가) – (다) – (나) – (라)
④ (나) – (다) – (라) – (가)
⑤ (나) – (라) – (다) – (가)

명제 ▸ 유형

2023년 적중

02 다음 중 〈보기〉의 명제에 근거하여 반드시 참인 것은?

보기

- 물을 녹색으로 만드는 조류는 냄새 물질을 배출한다.
- 독소 물질을 배출하는 조류는 냄새 물질을 배출하지 않는다.
- 물을 황색으로 만드는 조류는 물을 녹색으로 만들지 않는다.

① 독소 물질을 배출하는 조류는 물을 녹색으로 만들지 않는다.
② 물을 녹색으로 만들지 않는 조류는 냄새 물질을 배출하지 않는다.
③ 독소 물질을 배출하지 않는 조류는 물을 녹색으로 만든다.
④ 냄새 물질을 배출하지 않는 조류는 물을 황색으로 만들지 않는다.
⑤ 냄새 물질을 배출하는 조류는 독소 물질을 배출한다.

코레일 한국철도공사

이산화탄소 ▶ 키워드

2023년 적중

13 다음은 온실가스 총 배출량에 대한 자료이다. 이에 대한 설명으로 옳지 않은 것은?

〈온실가스 총 배출량〉

(단위 : CO_2 eq.)

구분		2016년	2017년	2018년	2019년	2020년	2021년	2022년
총 배출량		592.1	596.5	681.8	685.9	695.2	689.1	690.2
	에너지	505.3	512.2	593.4	596.1	605.1	597.7	601.0
	산업공정	50.1	47.2	51.7	52.6	52.8	55.2	52.2
	농업	21.2	21.7	21.2	21.5	21.4	20.8	20.6
	폐기물	15.5	15.4	15.5	15.7	15.9	15.4	16.4
LULUCF		−57.3	−54.5	−48.5	−44.7	−42.7	−42.4	−44.4
순 배출량		534.8	542.0	633.3	641.2	652.5	646.7	645.8
총 배출량 증감률(%)		2.3	0.7	14.3	0.6	1.4	−0.9	0.2

※ CO_2 eq. : 이산화탄소 등가를 뜻하는 단위로, 온실가스 종류별 지구온난화 기여도를 수치로 표현한 지구온난화지수(GWP; Global Warming Potential)를 곱한 이산화탄소 환산량

※ LULUCF(Land Use, Land Use Change, Forestry) : 인간이 토지 이용에 따라 변화하게 되는 온실가스의 증감

※ (순 배출량)=(총 배출량)+(LULUCF)

① 온실가스 순 배출량은 2020년까지 지속해서 증가하다가 2021년부터 감소한다.

② 2022년 농업 온실가스 배출량은 2016년 대비 3%p 이상 감소하였다.

③ 2017 ~ 2022년 중 온실가스 총 배출량이 전년 대비 감소한 해에는 다른 해에 비해 산업공정 온실가스 배출량이 가장 많았다

글의 제목 ▶ 유형

2023년 적중

24 다음 글의 제목으로 가장 적절한 것은?

'5060세대', 몇 년 전까지만 해도 그들은 사회로부터 '지는 해' 취급을 받았다. '오륙도'라는 꼬리표를 달아 일터에서 밀어내고, 기업은 젊은 고객만 왕처럼 대우했다. 젊은 층의 지갑을 노려야 돈을 벌 수 있다는 것이 기업의 마케팅 전략이었기 때문이다.

그러나 최근 들어 상황이 달라졌다. 5060세대가 새로운 소비 군단으로 주목되기 시작한 가장 큰 이유는 고령화 사회로 접어들면서 시니어(Senior) 마켓 시장이 급속도로 커지고 있는 데다 이들이 돈과 시간을 가장 넉넉하게 가진 세대이기 때문이다. 한 경제연구원에 따르면 50대 이상 인구 비중이 30%에 이르면서 50대 이상을 겨냥한 시장 규모가 100조 원대까지 성장할 예정이다.

통계청이 집계한 가구주 나이별 가계수지 자료를 보면, 한국 사회에서는 50대 가구주의 소득이 가장 높다. 월평균 361만 500원으로 40대의 소득보다도 높은 것으로 집계됐다. 가구주 나이가 40대인 가구의 가계수지를 보면, 소득은 50대보다 적으면서도 교육 관련 지출(45만 6,400원)이 압도적으로 높아 소비 여력이 낮은 편이다. 그러나 50대 가구주의 경우 소득이 높으면서 소비 여력 또한 충분하다. 50대 가구주의 처분가능소득은 288만 7,500원으로 전 연령층에서 가장 높다.

이들이 신흥 소비군단으로 떠오르면서 '애플(APPLE)족'이라는 마케팅 용어까지 등장했다. 활동적이고(Active) 자부심이 강하며(Pride) 안정적으로(Peace) 고급문화(Luxury)를 즐기는 경제력(Economy) 있는 50대 이후 세대를 뜻하는 말이다. 통계청은 여행과 레저를 즐기는 5060세대를 '주목해야 할 블루슈머*7' 가운데 하나로 선정했다. 과거 5060세대는 자식을 보험으로 여기며 자식에게 의존하면서 살아가는 전통적인 노인이었다. 그러나 애플족은 자녀로부터 독립해 자기만의 새로운 인생을 추구한다. '통크족(TONK; Two Only, No Kids)'이라는 별칭이 붙는 이유이다. 통크족이나 애플족은 젊은 층의 전유물로 여겨졌던 자기중심

도로교통공단

근무 요일 계산 ▶ 유형

2023년 적중

54 D회사의 영업지원팀 문팀장은 새로 출시한 제품 홍보를 지원하기 위해 월요일부터 목요일까지 매일 남녀 한 명씩을 홍보팀으로 보내야 한다. 영업지원팀에는 현재 남자 사원 4명(기태, 남호, 동수, 지원)과 여자 사원 4명(고은, 나영, 다래, 리화)이 근무하고 있다. 〈조건〉을 만족할 때, 다음 중 옳지 않은 것은?

조건

(가) 매일 다른 사람을 보내야 한다.
(나) 기태는 화요일과 수요일에 휴가를 간다.
(다) 동수는 다래의 바로 이전 요일에 보내야 한다.
(라) 고은은 월요일에는 근무할 수 없다.
(마) 남호와 나영은 함께 근무할 수 없다.
(바) 지원은 기태 이전에 근무하지만 화요일은 갈 수 없다.
(사) 리화는 고은과 나영 이후에 보낸다.

① 고은이 수요일에 근무한다면 기태는 리화와 함께 근무한다.
② 다래가 수요일에 근무한다면 화요일에는 동수와 고은이 근무한다.
③ 리화가 수요일에 근무한다면 남호는 화요일에 근무한다.
④ 고은이 화요일에 근무한다면 지원은 월요일에 근무할 수 없다.

문서 단축키 ▶ 유형

2023년 적중

65 다음 프로그램에서 최근 작업 문서를 열 때 사용하는 단축키는?

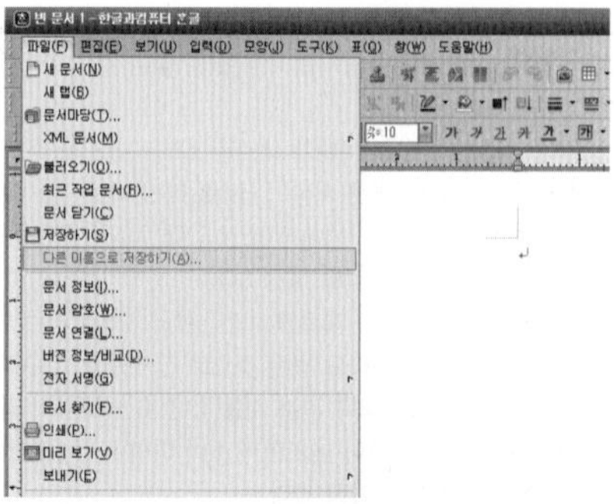

① 〈Alt〉+〈N〉
② 〈Ctrl〉+〈N〉, 〈M〉
③ 〈Alt〉+〈S〉
④ 〈Alt〉+〈F3〉

LH 한국토지주택공사

주택 청약 ▶ 키워드

2023년 적중

19 LH 한국토지주택공사에서 국민임대 예비입주자 신청을 받고 있다. 다음의 청약 가점을 적용할 때 〈보기〉의 신청자 중 청약 가점이 가장 높은 사람은?(단, 신청자 중 제조업 종사 시 임원은 없다)

〈LH 국민임대 예비입주자 청약 가점〉

가점항목	가점 구분	배점(점)	가점상한
1. 세대주(신청자) 나이	50세 이상	3	24점
	40세 이상	2	
	30세 이상	1	
2. 부양가족 수	3인 이상	3	
	2인	2	
	1인	1	
3. 당해 주택건설지역 거주기간	5년 이상	3	
	3년 이상 5년 미만	2	
	1년 이상 3년 미만	1	
4. 만 65세 이상 직계존속 포함	1년 이상 부양자	3	
5. 미성년 자녀수(태아 포함)	자녀 3명 이상	3	
	자녀 2명	2	
6. 청약저축 납입횟수	60회 이상	3	
	48회 이상 60회 미만	2	
	36회 이상 48회 미만	1	

K-water 한국수자원공사

출장비 ▶ 키워드

2023년 적중

01 다음은 임직원 출장여비 지급규정과 K차장의 출장비 지출 내역이다. K차장이 받을 수 있는 여비는?

〈임직원 출장여비 지급규정〉

- 출장여비는 일비, 숙박비, 식비, 교통비로 구성된다.
- 일비는 출장일 수에 따라 매일 10만 원씩 지급한다.
- 숙박비는 숙박일 수에 따라 실비 지급한다. 다만, 항공 또는 선박 여행 시 항공기 내 또는 선박 내에서의 숙박은 숙박비를 지급하지 아니한다.
- 식비는 일수에 따라 식사 여부에 상관없이 1일 3식으로 지급하며, 1식당 1만 원씩 지급한다. 단, 항공 또는 선박 여행 시에는 기내식이 포함되지 않을 경우만 지급한다.
- 교통비는 교통편의 운임 혹은 유류비 산출액을 실비 지급한다.

〈K차장의 출장비 지출 내역〉

3월 8일	3월 9일	3월 10일
• 인천 – 일본 항공편 84,000원 (아침 기내식은 포함되지 않음.) • 점심 식사 7,500원 • 일본 J공항 – B호텔 택시비 10,000원 • 저녁 식사 12,000원 • B호텔 숙박비 250,000원	• 아침 식사 8,300원 • 호텔 – 거래처 택시비 16,300원 • 점심 식사 10,000원 • 거래처 – 호텔 택시비 17,000원 • B호텔 숙박비 250,000원	• 아침 식사 5,000원 • 일본 – 인천 항공편 89,000원 (점심 기내식 포함)

도서 200% 활용하기 STRUCTURES

1 기출복원문제로 출제 경향 파악

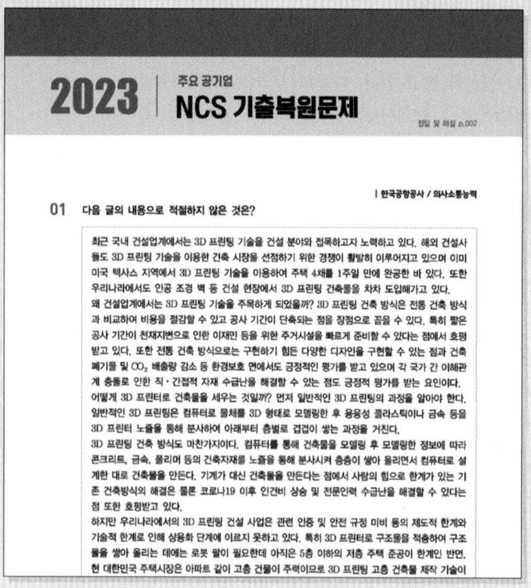

2023 | 주요 공기업 NCS 기출복원문제

정답 및 해설 p.002

| 한국공항공사 / 의사소통능력

01 다음 글의 내용으로 적절하지 않은 것은?

최근 국내 건설업계에서는 3D 프린팅 기술을 건설 분야와 접목하고자 노력하고 있다. 해외 건설사들도 3D 프린팅 기술을 이용한 건축 시장을 선점하기 위한 경쟁이 활발히 이루어지고 있으며 이미 미국 텍사스 지역에서 3D 프린팅 기술을 이용하여 주택 4채를 1주일 만에 완공한 바 있다. 또한 우리나라에서도 인공 조경 벽 등 건설 현장에서 3D 프린팅 건축물을 차차 도입해가고 있다.
왜 건설업계에서는 3D 프린팅 기술을 주목하게 되었을까? 3D 프린팅 건축 방식은 전통 건축 방식과 비교하여 비용을 절감할 수 있고 공사 기간이 단축되는 점을 장점으로 꼽을 수 있다. 특히 짧은 공사 기간이 천재지변으로 인한 이재민 등을 위한 주거시설을 빠르게 준비할 수 있는 점에서 호평받고 있다. 또한 전통 건축 방식으로는 구현하기 힘든 다양한 디자인을 구현할 수 있는 점과 건축 폐기물 및 CO_2 배출량 감소 등 환경보호 면에서도 긍정적인 평가를 받고 있으며 각 국가 간 이해관계 충돌로 인한 직·간접적 자재 수급난을 해결할 수 있는 정도 긍정적 평가를 받는 요인이다.
어떻게 3D 프린터로 건축물을 세우는 것일까? 먼저 일반적인 3D 프린팅의 과정을 알아야 한다. 일반적인 3D 프린팅은 컴퓨터로 물체를 3D 형태로 모델링한 후 용융성 플라스틱이나 금속 등을 3D 프린터 노즐을 통해 분사하여 아래부터 층별로 겹겹이 쌓는 과정을 거친다.
3D 프린팅 건축 방식도 마찬가지이다. 컴퓨터를 통해 건축물을 모델링 후 모델링한 정보에 따라 콘크리트, 금속, 폴리머 등의 건축자재를 노즐을 통해 분사시켜 층층이 쌓아 올리면서 컴퓨터로 설계한 대로 건축물을 만든다. 기계가 대신 건축물을 만든다는 점에서 사람의 힘으로 한계가 있는 기존 건축방식의 해결은 물론 코로나19 이후 인건비 상승 및 전문인력 수급난을 해결할 수 있다는 점 또한 호평받고 있다.
하지만 우리나라에서의 3D 프린팅 건설 사업은 관련 인증 및 안전 규정 미비 등의 제도적 한계와 기술적 한계로 인해 상용화 단계에 이르지 못하고 있다. 특히 3D 프린터로 구조물을 적층하여 구조물을 쌓아 올리는 데에는 로봇 팔이 필요한데 아직은 5층 이하의 저층 주택 준공이 한계인 반면, 현 대한민국 주택시장은 아파트 같이 고층 건물이 주력이므로 3D 프린팅 고층 건축물 제작 기술이

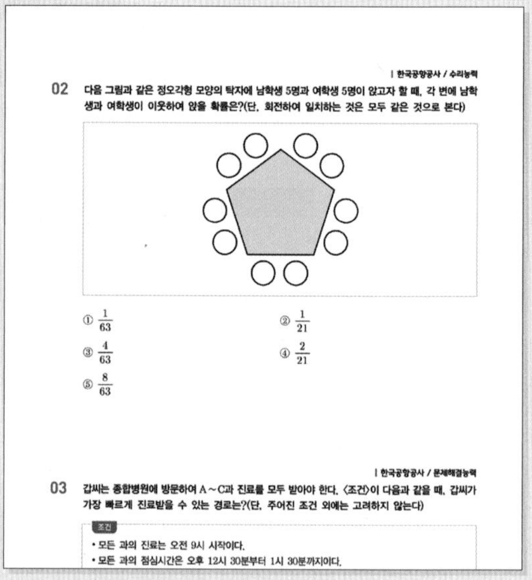

| 한국공항공사 / 수리능력

02 다음 그림과 같은 정오각형 모양의 탁자에 남학생 5명과 여학생 5명이 앉고자 할 때, 각 변에 남학생과 여학생이 이웃하여 앉을 확률은?(단, 회전하여 일치하는 것은 모두 같은 것으로 본다)

① $\frac{1}{63}$ ② $\frac{1}{21}$
③ $\frac{4}{63}$ ④ $\frac{2}{21}$
⑤ $\frac{8}{63}$

| 한국공항공사 / 문제해결능력

03 갑씨는 종합병원에 방문하여 A ~ C과 진료를 모두 받아야 한다. 〈조건〉이 다음과 같을 때, 갑씨가 가장 빠르게 진료받을 수 있는 경로는?(단, 주어진 조건 외에는 고려하지 않는다)

조건
- 모든 과의 진료는 오전 9시 시작이다.
- 모든 과의 점심시간은 오후 12시 30분부터 1시 30분까지이다.

▸ 2023년 주요 공기업 NCS 기출복원문제를 수록하여 공기업별 NCS 필기 경향을 파악할 수 있도록 하였다.

2 출제유형분석 + 유형별 실전예제로 필기전형 완벽 대비

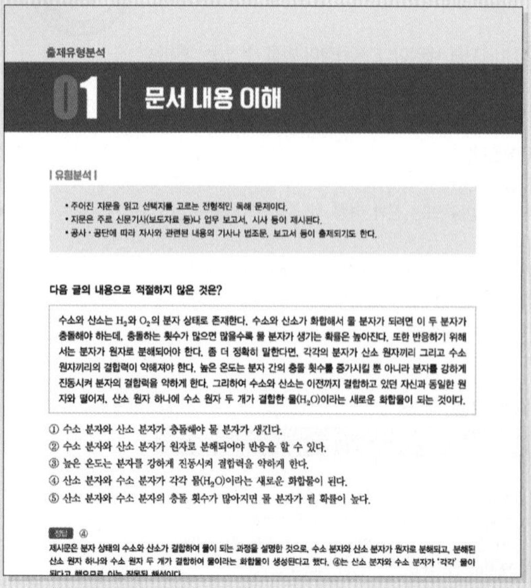

출제유형분석

01 | 문서 내용 이해

| 유형분석 |

- 주어진 지문을 읽고 선택지를 고르는 전형적인 독해 문제이다.
- 지문은 주로 신문기사(보도자료 등)나 업무 보고서, 시사 등이 제시된다.
- 공사·공단에 따라 자사와 관련된 내용의 기사나 법조문, 보고서 등이 출제되기도 한다.

다음 글의 내용으로 적절하지 않은 것은?

수소와 산소는 H_2와 O_2의 분자 상태로 존재한다. 수소와 산소가 화합해서 물 분자가 되려면 이 두 분자가 충돌해야 하는데, 충돌하는 횟수가 많으면 많을수록 물 분자가 생기는 확률은 높아진다. 또한 반응하기 위해서는 분자가 원자로 분해되어야 한다. 좀 더 정확히 말한다면, 각각의 분자가 산소 원자끼리 그리고 수소 원자끼리의 결합력이 약해져야 한다. 높은 온도는 분자 간의 충돌 횟수를 증가시킬 뿐 아니라 분자를 강하게 진동시켜 분자의 결합력을 약하게 한다. 그리하여 수소와 산소는 이전까지 결합하고 있던 자신과 동일한 원자와 떨어져, 산소 원자 하나에 수소 원자 두 개가 결합한 물(H_2O)이라는 새로운 화합물이 되는 것이다.

① 수소 분자와 산소 분자가 충돌해야 물 분자가 생긴다.
② 수소 분자와 산소 분자가 원자로 분해되어야 반응을 할 수 있다.
③ 높은 온도는 분자를 강하게 진동시켜 결합력을 약하게 한다.
④ 산소 분자와 수소 분자가 각각 물(H_2O)이라는 새로운 화합물이 된다.
⑤ 산소 분자와 수소 분자의 충돌 횟수가 많아지면 물 분자가 될 확률이 높다.

정답 ④
제시문은 분자 상태의 수소와 산소가 결합하여 물이 되는 과정을 설명한 것으로, 수소 분자와 산소 분자가 원자로 분해되고, 분해된 산소 원자 하나와 수소 원자 두 개가 결합하여 물이라는 화합물이 생성된다고 했다. ④는 산소 분자와 수소 분자가 '각각' 물이 되었다고 했으므로 이는 잘못된 해석이다.

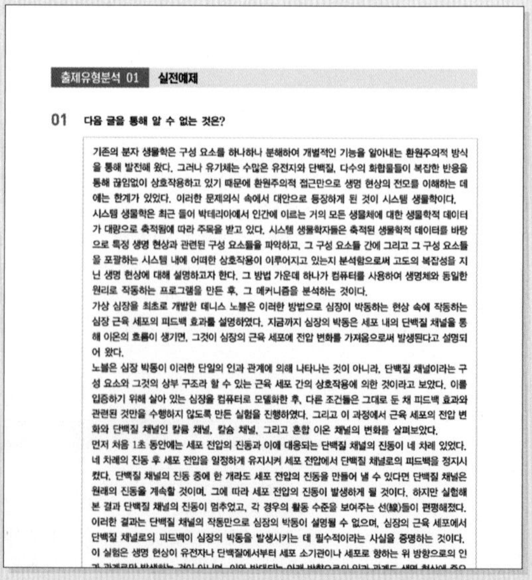

출제유형분석 01 실전예제

01 다음 글을 통해 알 수 없는 것은?

기존의 분자 생물학은 구성 요소를 하나하나 분해하여 개별적인 기능을 알아내는 환원주의적 방식을 통해 발전해 왔다. 그러나 유기체는 수많은 유전자와 단백질, 다수의 화합물들이 복잡한 반응을 통해 끊임없이 상호작용하고 있기 때문에 환원주의적 접근만으로 생명 현상의 전모를 이해하는 데에는 한계가 있었다. 이러한 문제의식 속에서 대안으로 등장하게 된 것이 시스템 생물학이다.
시스템 생물학은 최근 들어 박테리아에서 인간에 이르는 거의 모든 생물체에 대한 생물학적 데이터가 대량으로 축적됨에 따라 주목을 받고 있다. 시스템 생물학자들은 축적된 생물학적 데이터를 바탕으로 특정 생명 현상과 관련된 구성 요소들을 파악하고, 그 구성 요소들 간에 그리고 그 구성 요소들을 포괄하는 시스템 내에 어떠한 상호작용이 이루어지고 있는지 분석함으로써 고도의 복잡성을 지닌 생명 현상에 대해 설명하고자 한다. 그 방법 가운데 하나가 컴퓨터를 사용하여 생명체와 동일한 원리로 작동하는 프로그램을 만든 후, 그 메커니즘을 분석하는 것이다.
가상 심장을 최초로 개발한 데니스 노블은 이러한 방법으로 심장이 박동하는 현상 속에 작동하는 심장 근육 세포의 피드백 효과를 설명하였다. 지금까지 심장의 박동은 세포 내의 단백질 채널을 통해 이온의 흐름이 생기면, 그것이 심장의 근육 세포에 전압 변화를 가져옴으로써 발생된다고 설명되어 왔다.
노블은 심장 박동이 이러한 단일의 인과 관계에 의해 나타나는 것이 아니라, 단백질 채널이라는 구성 요소와 그것의 상부 구조라 할 수 있는 근육 세포 간의 상호작용에 의한 것이라고 보았다. 이를 입증하기 위해 살아 있는 심장을 컴퓨터로 모델화한 후, 다른 조건들은 그대로 둔 채 피드백 효과와 관련된 것만을 수행하지 않도록 만든 실험을 진행하였다. 그리고 이 과정에서 근육 세포의 전압 변화와 단백질 채널인 칼륨 채널, 칼슘 채널, 그리고 혼합 이온 채널의 변화를 살펴보았다.
먼저 처음 1초 동안에는 세포 전압의 진동과 이에 대응되는 단백질 채널의 진동이 네 차례 있었다. 네 차례의 진동 후 세포 전압을 일정하게 유지시켜 세포 전압에서 단백질 채널로의 피드백을 정지시켰다. 단백질 채널의 진동 중에 한 개라도 세포 전압의 진동을 만들어 낼 수 있다면 단백질 채널은 원래의 진동을 계속할 것이며, 그에 따라 세포 전압의 진동이 발생하게 될 것이다. 하지만 실험해 본 결과 단백질 채널의 진동이 멈추었고, 각 경우의 활동 수준을 보여주는 선(線)들이 편평해졌다.
이러한 결과는 단백질 채널의 작동만으로 심장의 박동이 설명될 수 없으며, 심장의 근육 세포에서 단백질 채널로의 피드백이 심장의 박동을 발생시키는 데 필수적이라는 사실을 증명하는 것이다.
이 실험은 생명 현상이 유전자나 단백질에서부터 세포 소기관이나 세포로 향하는 위 방향으로의 인과 관계로만 발생하는 것이 아니며, 이와 반대되는 아래 방향으로의 인과 관계도 생명 현상에 중요

▸ NCS 출제 영역에 대한 출제유형분석과 유형별 실전예제를 수록하여 NCS 문제에 대한 접근 전략을 익히고 점검할 수 있도록 하였다.

3 최종점검 모의고사 + OMR을 활용한 실전 연습

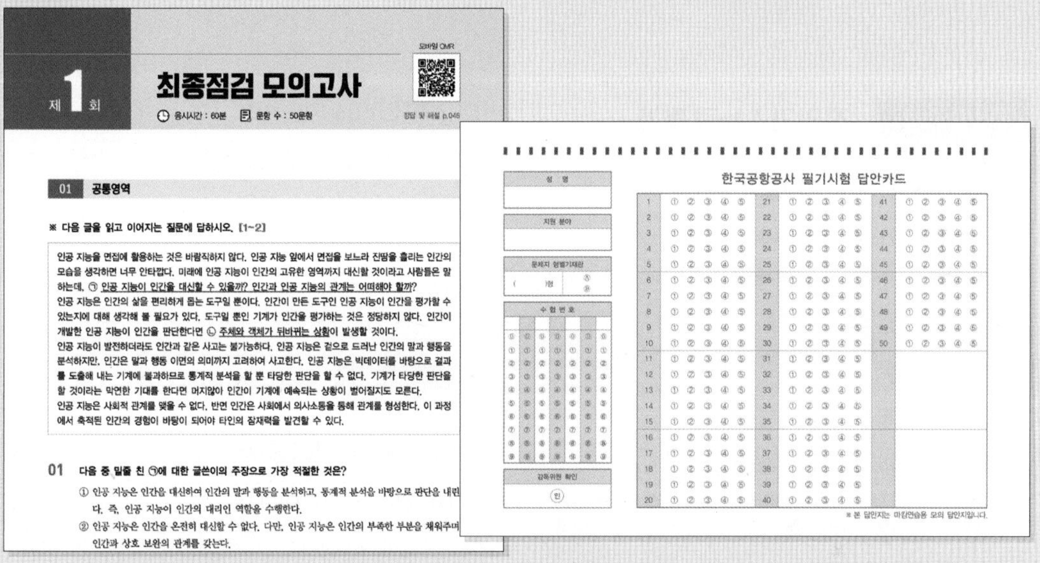
제 1 회 최종점검 모의고사

모바일 OMR

응시시간 : 60분 문항 수 : 50문항

정답 및 해설 p.046

01 공통영역

※ 다음 글을 읽고 이어지는 질문에 답하시오. [1~2]

인공 지능을 면접에 활용하는 것은 바람직하지 않다. 인공 지능 앞에서 면접을 보느라 진땀을 흘리는 인간의 모습을 생각하면 너무 안타깝다. 미래에 인공 지능이 인간의 고유한 영역까지 대신할 것이라고 사람들은 말하는데, ㉠ 인공 지능이 인간을 대신할 수 있을까? 인간과 인공 지능의 관계는 어떠해야 할까?
인공 지능은 인간의 삶을 편리하게 돕는 도구일 뿐이다. 인간이 만든 도구인 인공 지능이 인간을 평가할 수 있는지에 대해 생각해 볼 필요가 있다. 도구일 뿐인 기계가 인간을 평가하는 것은 정당하지 않다. 인간이 개발한 인공 지능이 인간을 판단한다면 ㉡ 주체와 객체가 뒤바뀌는 상황이 발생할 것이다.
인공 지능이 발전하더라도 인간과 같은 사고는 불가능하다. 인공 지능은 겉으로 드러난 인간의 말과 행동을 분석하지만, 인간은 말과 행동 이면의 의미까지 고려하여 사고한다. 인공 지능은 빅데이터를 바탕으로 결과를 도출해 내는 기계에 불과하므로 통계적 분석을 할 뿐 타당한 판단을 할 수 없다. 기계가 타당한 판단을 할 것이라는 막연한 기대를 한다면 머지않아 인간이 기계에 예속되는 상황이 벌어질지도 모른다.
인공 지능은 사회적 관계를 맺을 수 없다. 반면 인간은 사회에서 의사소통을 통해 관계를 형성한다. 이 과정에서 축적된 인간의 경험이 바탕이 되어야 타인의 잠재력을 발견할 수 있다.

01 다음 중 밑줄 친 ㉠에 대한 글쓴이의 주장으로 가장 적절한 것은?

① 인공 지능은 인간을 대신하여 인간의 말과 행동을 분석하고, 통계적 분석을 바탕으로 판단을 내린다. 즉, 인공 지능이 인간의 대리인 역할을 수행한다.
② 인공 지능은 인간을 온전히 대신할 수 없다. 다만, 인공 지능은 인간의 부족한 부분을 채워주며 인간과 상호 보완의 관계를 갖는다.

한국공항공사 필기시험 답안카드

성 명 / 지원 분야 / 문제지 형별기재란 ( )형 Ⓐ Ⓑ / 수험번호 / 감독위원 확인 (인)

※ 본 답안지는 마킹연습용 모의 답안지입니다.

▸ 최종점검 모의고사와 OMR 답안카드를 수록하여 실제로 시험을 보는 것처럼 최종 마무리 연습을 할 수 있도록 하였다.
▸ 모바일 OMR 답안채점/성적분석 서비스를 통해 필기전형에 대비할 수 있도록 하였다.

4 인성검사부터 면접까지 한 권으로 최종 마무리

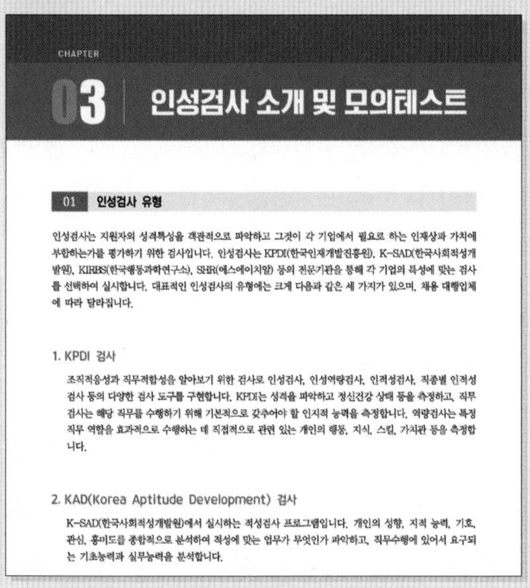
CHAPTER 03 인성검사 소개 및 모의테스트

01 인성검사 유형

인성검사는 지원자의 성격특성을 객관적으로 파악하고 그것이 각 기업에서 필요로 하는 인재상과 가치에 부합하는가를 평가하기 위한 검사입니다. 인성검사는 KPDI(한국인재개발진흥원), K-SAD(한국사회적성개발원), KIRBS(한국행동과학연구소), SHR(에스에이치알) 등의 전문기관을 통해 각 기업의 특성에 맞는 검사를 선택하여 실시합니다. 대표적인 인성검사의 유형에는 크게 다음과 같은 세 가지가 있으며, 채용 대행업체에 따라 달라집니다.

1. KPDI 검사

조직적응성과 직무적합성을 알아보기 위한 검사로 인성검사, 인성역량검사, 인적성검사, 직종별 인적성검사 등의 다양한 검사 도구를 구현합니다. KPDI는 성격을 파악하고 정신건강 상태 등을 측정하고, 직무검사는 해당 직무를 수행하기 위해 기본적으로 갖추어야 할 인지적 능력을 측정합니다. 역량검사는 특정 직무 역할을 효과적으로 수행하는 데 직접적으로 관련 있는 개인의 행동, 지식, 스킬, 가치관 등을 측정합니다.

2. KAD(Korea Aptitude Development) 검사

K-SAD(한국사회적성개발원)에서 실시하는 적성검사 프로그램입니다. 개인의 성향, 지적 능력, 기호, 관심, 흥미도를 종합적으로 분석하여 적성에 맞는 업무가 무엇인가 파악하고, 직무수행에 있어서 요구되는 기초능력과 실무능력을 분석합니다.

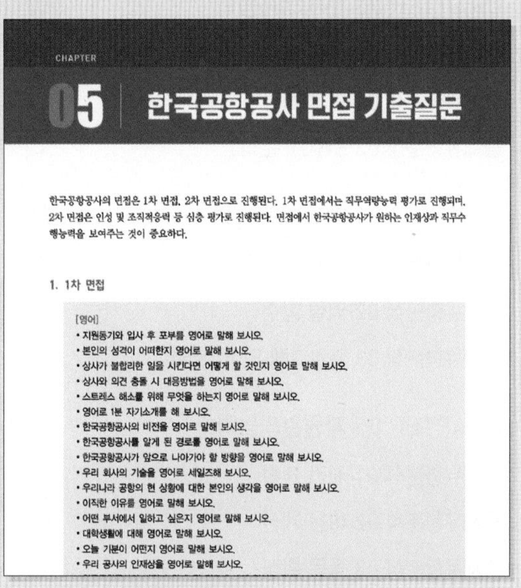
CHAPTER 05 한국공항공사 면접 기출질문

한국공항공사의 면접은 1차 면접, 2차 면접으로 진행된다. 1차 면접에서는 직무역량능력 평가로 진행되며, 2차 면접은 인성 및 조직적응력 등 심층 평가로 진행된다. 면접에서 한국공항공사가 원하는 인재상과 직무수행능력을 보여주는 것이 중요하다.

1. 1차 면접

[영어]
• 지원동기와 입사 후 포부를 영어로 말해 보시오.
• 본인의 성격이 어떠한지 영어로 말해 보시오.
• 상사가 불합리한 일을 시킨다면 어떻게 할 것인지 영어로 말해 보시오.
• 상사와 의견 충돌 시 대응방법을 영어로 말해 보시오.
• 스트레스 해소를 위해 무엇을 하는지 영어로 말해 보시오.
• 영어로 1분 자기소개를 해 보시오.
• 한국공항공사의 비전을 영어로 말해 보시오.
• 한국공항공사를 알게 된 경로를 영어로 말해 보시오.
• 한국공항공사가 앞으로 나아가야 할 방향을 영어로 말해 보시오.
• 우리 회사의 기술을 영어로 세일즈해 보시오.
• 우리나라 공항의 현 상황에 대한 본인의 생각을 영어로 말해 보시오.
• 이직한 이유를 영어로 말해 보시오.
• 어떤 부서에서 일하고 싶은지 영어로 말해 보시오.
• 대학생활에 대해 영어로 말해 보시오.
• 오늘 기분이 어떤지 영어로 말해 보시오.
• 우리 공사의 인재상을 영어로 말해 보시오.

▸ 인성검사 모의테스트를 수록하여 인성검사 유형 및 문항을 확인할 수 있도록 하였다.
▸ 한국공항공사의 면접 기출질문을 수록하여 면접에서 나오는 질문을 미리 파악하고 면접에 대비할 수 있도록 하였다.

이 책의 차례 CONTENTS

Add+

특별부록

2023년 주요 공기업 NCS 기출복원문제

2023 | 주요 공기업 NCS 기출복원문제

정답 및 해설 p.002

| 한국공항공사 / 의사소통능력

01 다음 글의 내용으로 적절하지 않은 것은?

> 최근 국내 건설업계에서는 3D 프린팅 기술을 건설 분야와 접목하고자 노력하고 있다. 해외 건설사들도 3D 프린팅 기술을 이용한 건축 시장을 선점하기 위한 경쟁이 활발히 이루어지고 있으며 이미 미국 텍사스 지역에서 3D 프린팅 기술을 이용하여 주택 4채를 1주일 만에 완공한 바 있다. 또한 우리나라에서도 인공 조경 벽 등 건설 현장에서 3D 프린팅 건축물을 차차 도입해가고 있다.
> 왜 건설업계에서는 3D 프린팅 기술을 주목하게 되었을까? 3D 프린팅 건축 방식은 전통 건축 방식과 비교하여 비용을 절감할 수 있고 공사 기간이 단축되는 점을 장점으로 꼽을 수 있다. 특히 짧은 공사 기간이 천재지변으로 인한 이재민 등을 위한 주거시설을 빠르게 준비할 수 있다는 점에서 호평받고 있다. 또한 전통 건축 방식으로는 구현하기 힘든 다양한 디자인을 구현할 수 있는 점과 건축 폐기물 및 CO_2 배출량 감소 등 환경보호 면에서도 긍정적인 평가를 받고 있으며 각 국가 간 이해관계 충돌로 인한 직·간접적 자재 수급난을 해결할 수 있는 점도 긍정적 평가를 받는 요인이다.
> 어떻게 3D 프린터로 건축물을 세우는 것일까? 먼저 일반적인 3D 프린팅의 과정을 알아야 한다. 일반적인 3D 프린팅은 컴퓨터로 물체를 3D 형태로 모델링한 후 용융성 플라스틱이나 금속 등을 3D 프린터 노즐을 통해 분사하여 아래부터 층별로 겹겹이 쌓는 과정을 거친다.
> 3D 프린팅 건축 방식도 마찬가지이다. 컴퓨터를 통해 건축물을 모델링 후 모델링한 정보에 따라 콘크리트, 금속, 폴리머 등의 건축자재를 노즐을 통해 분사시켜 층층이 쌓아 올리면서 컴퓨터로 설계한 대로 건축물을 만든다. 기계가 대신 건축물을 만든다는 점에서 사람의 힘으로 한계가 있는 기존 건축방식의 해결은 물론 코로나19 이후 인건비 상승 및 전문인력 수급난을 해결할 수 있다는 점 또한 호평받고 있다.
> 하지만 우리나라에서의 3D 프린팅 건설 사업은 관련 인증 및 안전 규정 미비 등의 제도적 한계와 기술적 한계로 인해 상용화 단계에 이르지 못하고 있다. 특히 3D 프린터로 구조물을 적층하여 구조물을 쌓아 올리는 데에는 로봇 팔이 필요한데 아직은 5층 이하의 저층 주택 준공이 한계인 반면, 현 대한민국 주택시장은 아파트 같이 고층 건물이 주력이므로 3D 프린팅 고층 건축물 제작 기술이 개발되어야 하는 과제가 있다.

① 이미 해외에서는 3D 프린터를 이용하여 주택을 시공한 바 있다.
② 3D 프린팅 건축 방식은 전통 건축 방식에 비해 환경오염을 줄일 수 있다.
③ 3D 프린팅 건축 기술은 전문인력 수급난을 해소할 수 있는 새로운 기술이다.
④ 3D 프린팅 건축 기술로 인해 대량의 실업자가 발생할 것이다.
⑤ 현재 우리나라는 3D 프린팅 건축 기술의 제도적 장치 및 기술적 한계를 해결해야만 하는 과제가 있다.

❙ 한국공항공사 / 수리능력

02 다음 그림과 같은 정오각형 모양의 탁자에 남학생 5명과 여학생 5명이 앉고자 할 때, 각 변에 남학생과 여학생이 이웃하여 앉을 확률은?(단, 회전하여 일치하는 것은 모두 같은 것으로 본다)

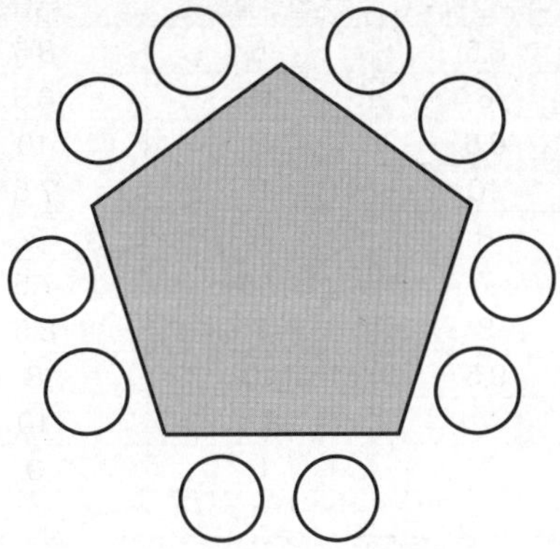

① $\frac{1}{63}$ ② $\frac{1}{21}$

③ $\frac{4}{63}$ ④ $\frac{2}{21}$

⑤ $\frac{8}{63}$

❙ 한국공항공사 / 문제해결능력

03 갑씨는 종합병원에 방문하여 A～C과 진료를 모두 받아야 한다. 〈조건〉이 다음과 같을 때, 갑씨가 가장 빠르게 진료받을 수 있는 경로는?(단, 주어진 조건 외에는 고려하지 않는다)

조건

- 모든 과의 진료는 오전 9시 시작이다.
- 모든 과의 점심시간은 오후 12시 30분부터 1시 30분까지이다.
- A과와 C과는 본관에 있고, B과는 별관에 있다. 본관과 별관 이동에는 셔틀로 약 30분이 소요되며, 점심시간에는 셔틀이 운행하지 않는다.
- A과는 오전 10시부터 오후 3시까지만 진료를 한다.
- B과는 점심시간 후에 사람이 몰려 약 1시간의 대기시간이 필요하다.
- A과 진료는 단순 진료로 30분 정도 소요될 예정이다.
- B과 진료는 치료가 필요하여 1시간 정도 소요될 예정이다.
- C과 진료는 정밀검사가 필요하여 2시간 정도 소요될 예정이다.

① A－B－C ② A－C－B

③ B－C－A ④ C－B－A

⑤ C－A－B

※ 다음은 K사 인턴 참여자에 대한 업무능력을 평가한 성적표이다. 이어지는 질문에 답하시오. **[4~5]**

	A	B	C	D	E	F
1	〈K사 인턴 업무능력 평가〉					
2	이름	업무정확도	업무속도	근무태도	회사적응도	평균
3	고○○	8.5	5	8.5	8.5	
4	김○○	6	10	6.5	9	
5	김○○	6.5	8	10	8.5	
6	나○○	10	8	7.5	6	
7	도○○	8	6	8	9	
8	박○○	7	7.5	7.5	7.5	
9	신○○	8	7	8.5	10	
10	오○○	9.5	10	8	6.5	
11	유○○	7	8.5	10	10	
12	이○○	7	6	9	8.5	
13	이○○	5	9	6	8	
14	전○○	7.5	8.5	7.5	8	
15	차○○	10	6.5	9	10	
16	천○○	8	7.5	7	7.5	

| 한국공항공사 / 정보능력

04 인턴 14명의 평균을 소수점 둘째 자리 이하를 버림하여 구하고자 할 때, [F3]에 들어갈 함수로 옳은 것은?

① =AVERAGE(ROUNDDOWN(B3:E3),1)

② =AVERAGE(ROUNDDOWN(B3:E3,1))

③ =ROUNDDOWN(AVERAGE(B3:E3),1)

④ =ROUNDDOWN(AVERAGE(B3:E3,1))

⑤ =ROUNDDOWN(AVERAGE(B3:E3))

| 한국공항공사 / 정보능력

05 평균이 8.5점 이상인 인턴을 정직원으로 채용하고자 할 때, 채용 가능한 인원의 수를 구하는 함수는?

① =SUMIF(F3:F16,">=8.5")

② =SUMIF(F3:F16,>=8.5)

③ =COUNTIF(F3:F16,">=8.5")

④ =COUNTIF(F3:F16,>=8.5)

⑤ =IF(F3:F16,">=8.5")

06 다음은 어떤 검색엔진에서 원하는 정보를 더 정확히 찾기 위해 사용할 수 있는 검색식에 대한 자료이다. '2020년 도쿄올림픽 메달 순위'에 대한 자료를 얻으려고 검색하고자 할 때, 입력하기에 적절한 검색식은?(단, '2020년 도쿄올림픽 메달 순위' 문구가 정확하게 일치해야 한다)

구분	검색식
입력한 검색어 텍스트의 순서까지 일치	"(검색어)"
특정 텍스트 제외	~ -(제외하려는 텍스트)
여러 단어 중 하나만	(텍스트 1) or (텍스트 2) or …
여러 단어가 포함	(텍스트 1) and (텍스트 2) and …

① 2020년 도쿄올림픽 메달 순위 -하계
② 2020년 도쿄올림픽 메달 순위
③ 2020년 or 도쿄올림픽 메달 or 순위
④ "2020년 도쿄올림픽 메달 순위"
⑤ 2020년 and 도쿄올림픽 and 메달 순위

07 다음 글의 내용으로 가장 적절한 것은?

> 한국철도공사는 철도시설물 점검 자동화에 '스마트 글라스'를 활용하겠다고 밝혔다. 스마트 글라스란 안경처럼 착용하는 스마트 기기로, 검사와 판독, 데이터 송수신과 보고서 작성까지 모든 동작이 음성인식을 바탕으로 작동한다. 이를 활용하여 작업자는 스마트 글라스 액정에 표시된 내용에 따라 철도 시설물을 점검하고, 음성 명령을 통해 시설물의 사진을 촬영한 후 해당 정보와 검사 결과를 전송해 보고서로 작성한다.
> 작업자들은 스마트 글라스의 사용을 통해 직접 자료를 조사하고 측정한 내용을 바탕으로 시스템 속에서 여러 단계를 거쳐 수기 입력하던 기존 방식으로부터 벗어날 수 있게 되었고, 이 일련의 과정들을 중앙 서버를 통해 한 번에 처리할 수 있게 되었다.
> 이와 같은 스마트 기기의 도입은 중앙 서버의 효율적 종합 관리를 가능하게 할 뿐만 아니라 작업자의 안전성 향상에도 크게 기여하였다. 이는 작업자들이 음성인식이 가능한 스마트 글라스를 사용함으로써 두 손이 자유로워져 추락 사고를 방지할 수 있게 되었기 때문이며, 스마트 글라스 내부 센서가 충격과 기울기를 감지할 수 있어 작업자에게 위험한 상황이 발생하면 지정된 컴퓨터에 위험 상황을 바로 통보하는 시스템을 갖추었기 때문이다.
> 한국철도공사는 주요 거점 현장을 시작으로 스마트 글라스를 보급하여 성과 분석을 거치고 내년부터는 보급 현장을 확대하겠다고 밝혔으며, 국내 철도 환경에 맞춰 스마트 글라스 시스템을 개선하기 위해 현장 검증을 진행하고 스마트 글라스를 통해 측정된 데이터를 총괄 제어할 수 있도록 안전점검 플랫폼망도 마련할 예정이다.
> 이와 더불어 스마트 글라스를 통해 기존의 인력 중심 시설점검을 간소화하여 효율성과 안전성을 향상시키고, 나아가 철도 맞춤형 스마트 기술을 도입하여 시설물 점검뿐만 아니라 유지보수 작업도 가능하도록 철도기술 고도화에 힘쓰겠다고 전했다.

① 작업자의 음성인식을 통해 철도시설물의 점검 및 보수 작업이 가능해졌다.
② 스마트 글라스의 도입으로 철도시설물 점검의 무인작업이 가능해졌다.
③ 스마트 글라스의 도입으로 철도시설물 점검 작업 시 안전사고 발생 횟수가 감소하였다.
④ 스마트 글라스의 도입으로 철도시설물 작업 시간 및 인력이 감소하고 있다.
⑤ 스마트 글라스의 도입으로 작업자의 안전사고 발생을 바로 파악할 수 있게 되었다.

08 다음 글에 대한 설명으로 적절하지 않은 것은?

> 2016년 4월 27일 오전 7시 20분경 임실역에서 익산으로 향하던 열차가 전기 공급 중단으로 멈추는 사고가 발생해 약 50여 분간 열차 운행이 중단되었다. 바로 전차선에 지어진 까치집 때문이었는데, 까치가 집을 지을 때 사용하는 젖은 나뭇가지나 철사 등이 전선과 닿거나 차로에 떨어져 합선과 단전을 일으킨 것이다.
>
> 비록 이번 사고는 단전에서 끝났지만, 고압 전류가 흐르는 전차선인 만큼 철사와 젖은 나뭇가지만으로도 자칫하면 폭발사고로 이어질 우려가 있다. 지난 5년간 까치집으로 인한 단전사고는 한 해 평균 3 ~ 4건 발생해 왔으며, 한국철도공사는 사고방지를 위해 까치집 방지 설비를 설치하고 설비가 없는 구간은 작업자가 육안으로 까치집 생성 여부를 확인해 제거하고 있는데, 이렇게 제거해 온 까치집 수가 연평균 8,000개에 달한다. 하지만 까치집은 빠르면 불과 4시간 만에 완성되어 작업자들에게 큰 곤욕을 주고 있다.
>
> 이에 한국철도공사는 전차선로 주변 까치집 제거의 효율성과 신속성을 높이기 위해 인공지능(AI)과 사물인터넷(IoT) 등 첨단 기술을 활용하기에 이르렀다. 열차 운전실에 영상 장비를 설치해 달리는 열차에서 전차선을 촬영한 화상 정보를 인공지능으로 분석함으로써 까치집 등의 위험 요인을 찾아 해당 위치와 현장 이미지를 작업자에게 실시간으로 전송하는 '실시간 까치집 자동 검출 시스템'을 개발한 것이다. 하지만 시속 150km로 빠르게 달리는 열차에서 까치집 등의 위험 요인을 실시간으로 판단해 전송하는 것이다 보니 그 정확도는 65%에 불과했다.
>
> 이에 한국철도공사는 전차선과 까치집을 정확하게 식별하기 위해 인공지능이 스스로 학습하는 '딥러닝' 방식을 도입했고, 전차선을 구성하는 복잡한 구조 및 까치집과 유사한 형태를 빅데이터로 분석해 이미지를 구분하는 학습을 실시한 결과 까치집 검출 정확도는 95%까지 상승했다. 또한 해당 이미지를 실시간 문자메시지로 작업자에게 전송해 위험 요소와 위치를 인지시켜 현장에 적용할 수 있다는 사실도 확인했다. 현재는 이와 더불어 정기열차가 운행하지 않거나 작업자가 접근하기 쉽지 않은 차량 정비 시설 등에 드론을 띄워 전차선의 까치집을 발견 및 제거하는 기술도 시범 운영하고 있다.

① 인공지능도 학습을 통해 그 정확도를 향상시킬 수 있다.
② 빠른 속도에서 인공지능의 사물 식별 정확도는 낮아진다.
③ 사람의 접근이 불가능한 곳에 위치한 까치집의 제거도 가능해졌다.
④ 까치집 자동 검출 시스템을 통해 실시간으로 까치집 제거가 가능해졌다.
⑤ 인공지능 등의 스마트 기술 도입으로 까치집 생성의 감소를 기대할 수 있다.

09 다음 글을 이해한 내용으로 적절하지 않은 것은?

> 열차 내에서의 범죄가 급격하게 증가함에 따라 한국철도공사는 열차 내 범죄 예방과 안전 확보를 위해 2023년까지 현재 운행하고 있는 열차의 모든 객실에 CCTV를 설치하고, 모든 열차 승무원에게 바디캠을 지급하겠다고 밝혔다.
> CCTV는 열차 종류에 따라 운전실에서 비상시 실시간으로 상황을 파악할 수 있는 '네트워크 방식'과 각 객실에서의 영상을 저장하는 '개별 독립 방식'이라는 2가지 방식으로 사용 및 설치가 진행될 예정이며, 객실에는 사각지대를 없애기 위해 4대 가량의 CCTV가 설치된다. 이 중 2대는 휴대 물품 도난 방지 등을 위해 휴대 물품 보관대 주변에 위치하게 된다.
> 이에 따라 한국철도공사는 CCTV 제품 품평회를 가져 제품의 형태와 색상, 재질 등에 대한 의견을 나누고 각 제품이 실제로 열차 운행 시 진동과 충격 등에 적합한지 시험을 거친 후 도입할 예정이다.

① 현재는 모든 열차의 객실 전부에 CCTV가 설치되어 있진 않을 것이다.
② 과거에 비해 승무원에 대한 승객의 범죄행위 증거 취득이 유리해질 것이다.
③ CCTV 설치를 통해 인적 피해와 물적 피해 모두 예방할 수 있을 것이다.
④ CCTV 설치를 통해 실시간으로 모든 객실을 모니터링할 수 있을 것이다.
⑤ CCTV의 내구성뿐만 아니라 외적인 디자인도 제품 선택에 영향을 줄 수 있을 것이다.

10 작년 K대학교에 재학 중인 학생 수는 6,800명이고 남학생 수와 여학생 수의 비는 8 : 9였다. 올해 남학생 수와 여학생 수의 비가 12 : 13만큼 줄어들어 7 : 8이 되었다고 할 때, 올해 K대학교의 전체 재학생 수는?

① 4,440명
② 4,560명
③ 4,680명
④ 4,800명
⑤ 4,920명

11 다음 자료에 대한 설명으로 가장 적절한 것은?

• KTX 마일리지 적립
- KTX 이용 시 결제금액의 5%가 기본 마일리지로 적립됩니다.
- 더블적립(×2) 열차로 지정된 열차는 추가로 5%가 적립됩니다(결제금액의 총 10%).
  ※ 더블적립 열차는 홈페이지 및 코레일톡 애플리케이션에서만 승차권 구매 가능
- 선불형 교통카드 Rail+(레일플러스)로 승차권을 결제하는 경우 1% 보너스 적립도 제공되어 최대 11% 적립이 가능합니다.
- 마일리지를 적립받고자 하는 회원은 승차권을 발급받기 전에 코레일 멤버십카드 제시 또는 회원번호 및 비밀번호 등을 입력해야 합니다.
- 해당 열차 출발 후에는 마일리지를 적립받을 수 없습니다.

• 회원 등급 구분

구분	등급 조건	제공 혜택
VVIP	• 반기별 승차권 구입 시 적립하는 마일리지가 8만 점 이상인 고객 또는 기준일부터 1년간 16만 점 이상 고객 중 매년 반기 익월 선정	• 비즈니스 회원 혜택 기본 제공 • KTX 특실 무료 업그레이드 쿠폰 6매 제공 • 승차권 나중에 결제하기 서비스 (열차 출발 3시간 전까지)
VIP	• 반기별 승차권 구입 시 적립하는 마일리지가 4만 점 이상인 고객 또는 기준일부터 1년간 8만 점 이상 고객 중 매년 반기 익월 선정	• 비즈니스 회원 혜택 기본 제공 • KTX 특실 무료 업그레이드 쿠폰 2매 제공
비즈니스	• 철도 회원으로 가입한 고객 중 최근 1년간 온라인에서 로그인한 기록이 있거나, 회원으로 구매실적이 있는 고객	• 마일리지 적립 및 사용 가능 • 회원 전용 프로모션 참가 가능 • 열차 할인상품 이용 등 기본서비스와 멤버십 제휴서비스 등 부가서비스 이용
패밀리	• 철도 회원으로 가입한 고객 중 최근 1년간 온라인에서 로그인한 기록이 없거나, 회원으로 구매실적이 없는 고객	• 멤버십 제휴서비스 및 코레일 멤버십 라운지 이용 등의 부가서비스 이용 제한 • 휴면 회원으로 분류 시 별도 관리하며, 본인 인증 절차로 비즈니스 회원으로 전환 가능

- 마일리지는 열차 승차 다음날 적립되며, 지연료를 마일리지로 적립하신 실적은 등급 산정에 포함되지 않습니다.
- KTX 특실 무료 업그레이드 쿠폰 유효기간은 6개월이며, 반기별 익월 10일 이내에 지급됩니다.
- 실적의 연간 적립 기준일은 7월 지급의 경우 전년도 7월 1일부터 당해 연도 6월 30일까지 실적이며, 1월 지급은 전년도 1월 1일부터 전년도 12월 31일까지의 실적입니다.
- 코레일에서 지정한 추석 및 설 명절 특별수송기간의 승차권은 실적 적립 대상에서 제외됩니다.
- 회원 등급 조건 및 제공 혜택은 사전 공지 없이 변경될 수 있습니다.
- 승차권 나중에 결제하기 서비스는 총 편도 2건 이내에서 제공되며, 3회 자동 취소 발생(열차 출발 전 3시간 내 미결제) 시 서비스가 중지됩니다. 리무진+승차권 결합 발권은 2건으로 간주되며, 정기권, 특가상품 등은 나중에 결제하기 서비스 대상에서 제외됩니다.

① 코레일에서 운행하는 모든 열차는 이용 때마다 결제금액의 최소 5%가 KTX 마일리지로 적립된다.
② 회원 등급이 높아져도 열차 탑승 시 적립되는 마일리지는 동일하다.
③ 비즈니스 등급은 기업회원을 구분하는 명칭이다.
④ 6개월간 마일리지 4만 점을 적립하더라도 VIP 등급을 부여받지 못할 수 있다.
⑤ 회원 등급이 높아도 승차권을 정가보다 저렴하게 구매할 수 있는 방법은 없다.

※ 다음 자료를 보고 이어지는 질문에 답하시오. **[12~14]**

〈2023년 **한국의 국립공원 기념주화 예약 접수**〉

• 우리나라 자연환경의 아름다움과 생태 보전의 중요성을 널리 알리기 위해 K공사는 한국의 국립공원 기념주화 3종(설악산, 치악산, 월출산)을 발행할 예정임
• 예약 접수일 : 3월 2일(목) ~ 3월 17일(금)
• 배부 시기 : 2023년 4월 28일(금)부터 예약자가 신청한 방법으로 배부
• 기념주화 상세

화종	앞면	뒷면
은화Ⅰ - 설악산		
은화Ⅱ - 치악산		
은화Ⅲ - 월출산		

• 발행량 : 화종별 10,000장씩 총 30,000장
• 신청 수량 : 단품 및 3종 세트로 구분되며 단품과 세트에 중복신청 가능
- 단품 : 1인당 화종별 최대 3장
- 3종 세트 : 1인당 최대 3세트
• 판매 가격 : 액면금액에 판매 부대비용(케이스, 포장비, 위탁판매수수료 등)을 부가한 가격
- 단품 : 각 63,000원(액면가 50,000원+케이스 등 부대비용 13,000원)
- 3종 세트 : 186,000원(액면가 150,000원+케이스 등 부대비용 36,000원)
• 접수 기관 : 우리은행, 농협은행, K공사
• 예약 방법 : 창구 및 인터넷 접수
- 창구 접수
신분증[주민등록증, 운전면허증, 여권(내국인), 외국인등록증(외국인)]을 지참하고 우리·농협은행 영업점을 방문하여 신청
- 인터넷 접수
① 우리·농협은행의 계좌를 보유한 고객은 개시일 9시부터 마감일 23시까지 홈페이지에서 신청
② K공사 온라인 쇼핑몰에서는 가상계좌 방식으로 개시일 9시부터 마감일 23시까지 신청
• 구입 시 유의사항
- 수령자 및 수령지 등 접수 정보가 중복될 경우 단품별 10장, 3종 세트 10세트만 추첨 명단에 등록
- 비정상적인 경로나 방법으로 접수할 경우 당첨을 취소하거나 배송을 제한

| 코레일 한국철도공사 / 문제해결능력

12 다음 중 한국의 국립공원 기념주화 발행 사업의 내용으로 옳은 것은?

① 국민들을 대상으로 예약 판매를 실시하며, 외국인에게는 판매하지 않는다.
② 1인당 구매 가능한 최대 주화 수는 10장이다.
③ 기념주화를 구입하기 위해서는 우리·농협은행 계좌를 사전에 개설해 두어야 한다.
④ 사전예약을 받은 뒤, 예약 주문량에 맞추어 제한된 수량만 생산한다.
⑤ K공사를 통한 예약 접수는 온라인에서만 가능하다.

| 코레일 한국철도공사 / 문제해결능력

13 외국인 A씨는 이번에 발행되는 기념주화를 예약 주문하려고 한다. 다음 상황을 참고했을 때 A씨가 기념주화 구매 예약을 할 수 있는 방법으로 옳은 것은?

〈외국인 A씨의 상황〉

- A씨는 국내 거주 외국인으로 등록된 사람이다.
- A씨의 명의로 국내은행에 개설된 계좌는 총 2개로, 신한은행, 한국씨티은행에 1개씩이다.
- A씨는 우리은행이나 농협은행과는 거래이력이 없다.

① 여권을 지참하고 우리은행이나 농협은행 지점을 방문한다.
② K공사 온라인 쇼핑몰에서 신용카드를 사용한다.
③ 계좌를 보유한 신한은행이나 한국씨티은행의 홈페이지를 통해 신청한다.
④ 외국인등록증을 지참하고 우리은행이나 농협은행 지점을 방문한다.
⑤ 우리은행이나 농협은행의 홈페이지에서 신청한다.

| 코레일 한국철도공사 / 문제해결능력

14 다음은 기념주화를 예약한 5명의 신청내역이다. 이 중 가장 많은 금액을 지불한 사람의 구매 금액은?

(단위 : 세트, 장)

구매자	3종 세트	단품		
		은화Ⅰ - 설악산	은화Ⅱ - 치악산	은화Ⅲ - 월출산
A	2	1	-	-
B	-	2	3	3
C	2	1	1	-
D	3	-	-	-
E	1	-	2	2

① 558,000원
② 561,000원
③ 563,000원
④ 564,000원
⑤ 567,000원

※ 다음 글을 읽고 이어지는 질문에 답하시오. [15~16]

척추는 신체를 지탱하고, 뇌로부터 이어지는 중추신경인 척수를 보호하는 중요한 뼈 구조물이다. 보통 사람들은 허리에 심한 통증이 느껴지면 허리디스크(추간판탈출증)를 떠올리는데, 디스크 이외에도 통증을 유발하는 척추 질환은 다양하다. 특히 노인 인구가 증가하면서 척추관협착증(요추관협착증)의 발병 또한 늘어나고 있다. 허리디스크와 척추관협착증은 사람들이 혼동하기 쉬운 척추 질환으로, 발병 원인과 치료법이 다르기 때문에 두 질환의 차이를 이해하고 통증 발생 시 질환에 맞춰 적절하게 대응할 필요가 있다.

허리디스크는 척추 뼈 사이에 쿠션처럼 완충 역할을 해주는 디스크(추간판)에 문제가 생겨 발생한다. 디스크는 찐득찐득한 수핵과 이를 둘러싸는 섬유륜으로 구성되는데, 나이가 들어 탄력이 떨어지거나, 젊은 나이에도 급격한 충격에 의해서 섬유륜에 균열이 생기면 속의 수핵이 빠져나오면서 주변 신경을 압박하거나 염증을 유발한다. 허리디스크가 발병하면 초기에는 허리 통증으로 시작되어 점차 허벅지에서 발까지 찌릿하게 저리는 방사통을 유발하고, 디스크에서 수핵이 흘러나오는 상황이기 때문에 허리를 굽히거나 앉아 있으면 디스크에 가해지는 압력이 높아져 통증이 더욱 심해진다. 허리디스크는 통증이 심한 질환이지만, 흘러나온 수핵은 대부분 대식세포에 의해 제거되고, 자연치유가 가능하기 때문에 병원에서는 주로 통증을 줄이고, 안정을 취하는 방법으로 보존치료를 진행한다. 하지만 염증이 심해져 중앙 척수를 건드리게 되면 하반신 마비 등의 증세가 나타날 수 있는데, 이러한 경우에는 탈출된 디스크 조각을 물리적으로 제거하는 수술이 필요하다.

반면, 척추관협착증은 대표적인 척추 퇴행성 질환으로 주변 인대(황색 인대)가 척추관을 압박하여 발생한다. 척추관은 척추 가운데 신경 다발이 지나갈 수 있도록 속이 빈 공간인데, 나이가 들면서 척추가 흔들리게 되면 흔들리는 척추를 붙들기 위해 인대가 점차 두꺼워지고, 척추 뼈에 변형이 생겨 결과적으로 척추관이 좁아지게 된다. 이렇게 오랜 기간 동안 변형된 척추 뼈와 인대가 척추관 속의 신경을 눌러 발생하는 것이 척추관협착증이다. 척추관 속의 신경이 눌리게 되면 통증과 함께 저리거나 당기게 되어 보행이 힘들어지며, 지속적으로 압박받을 경우 척추 신경이 경색되어 하반신 마비 증세로 악화될 수 있다. 일반적으로 서 있을 경우보다 허리를 구부렸을 때 척추관이 더 넓어지므로 허리디스크 환자와 달리 앉아 있을 때 통증이 완화된다. 척추관협착증은 자연치유가 되지 않고 척추관이 다시 넓어지지 않으므로 발병 초기를 제외하면 일반적으로 변형된 부분을 제거하는 수술을 하게 된다.

이와 같이 허리디스크와 척추관협착증은 똑같이 허리 통증을 유발하지만 원인과 증상, 치료법이 서로 상이하다. 비교적 고령인 60대 이상의 사람이 만성적으로 서 있을 때 통증이 나타난다면 ___㉠___ 을/를 의심해야 하며, 비교적 젊은 20 ~ 50대의 사람이 앉아 있을 때 통증이 급작스럽게 나타날 때는 ___㉡___ 을/를 의심해야 한다. 척추는 우리의 몸을 지탱하는 중요한 골격이며, 신경계와 밀접한 관련이 있으므로 통증이 발생한다면 자신의 몸 상태를 잘 파악하고, 초기에 치료를 받는 것이 중요하다.

| 국민건강보험공단 / 의사소통능력

15 다음 중 윗글의 내용으로 적절하지 않은 것은?

① 일반적으로 허리디스크는 척추관협착증에 비해 급작스럽게 증상이 나타난다.

② 허리디스크는 서 있을 때 통증이 더 심해진다.

③ 허리디스크에 비해 척추관협착증은 외과적 수술 빈도가 높다.

④ 허리디스크와 척추관협착증 모두 증세가 심해지면 하반신 마비의 가능성이 있다.

16 **다음 중 빈칸 ㉠과 ㉡에 들어갈 단어가 바르게 연결된 것은?**

	㉠	㉡
①	허리디스크	추간판탈출증
②	허리디스크	척추관협착증
③	척추관협착증	요추관협착증
④	척추관협착증	허리디스크

17 **다음 문단을 논리적 순서대로 바르게 나열한 것은?**

(가) 주장애관리는 장애정도가 심한 장애인이 의원뿐만 아니라 병원 및 종합병원급에서 장애 유형별 전문의에게 전문적인 장애관리를 받을 수 있는 서비스이다. 이전에는 대상 관리 유형이 지체장애, 시각장애, 뇌병변장애로 제한되어 있었으나, 3단계부터는 지적장애, 정신장애, 자폐성 장애까지 확대되어 더 많은 중증장애인들이 장애관리를 받을 수 있게 되었다.

(나) 이와 같이 3단계 장애인 건강주치의 시범사업은 기존 1·2단계 시범사업보다 더욱 확대되어 많은 중증장애인들의 참여를 예상하고 있다. 장애인 건강주치의 시범사업에 신청하기 위해서는 국민건강보험공단 홈페이지의 건강IN에서 장애인 건강주치의 의료기관을 찾은 후 해당 의료기관에 방문하여 장애인 건강주치의 이용 신청사실 통지서를 작성하면 신청할 수 있다.

(다) 장애인 건강주치의 제도가 제공하는 서비스는 일반건강관리, 주(主)장애관리, 통합관리로 나누어진다. 일반건강관리 서비스는 모든 유형의 중증장애인이 만성질환 등 전반적인 건강관리를 받을 수 있는 서비스로, 의원급에서 원하는 의사를 선택하여 참여할 수 있다. 1·2단계까지의 사업에서는 만성질환관리를 위해 장애인 본인이 검사비용의 30%를 부담해야 했지만, 3단계부터는 본인부담금 없이 질환별 검사바우처로 제공한다.

(라) 마지막으로 통합관리는 일반건강관리와 주장애관리를 동시에 받을 수 있는 서비스로, 동네에 있는 의원급 의료기관에 속한 지체·뇌병변·시각·지적·정신·자폐성 장애를 진단하는 전문의가 주장애관리와 만성질환관리를 모두 제공한다. 이 3가지 서비스들은 거동이 불편한 환자를 위해 의사나 간호사가 직접 집으로 방문하는 방문 서비스를 제공하고 있으며 기존까지는 연 12회였으나, 3단계 시범사업부터 연 18회로 증대되었다.

(마) 보건복지부와 국민건강보험공단은 2021년 9월부터 3단계 장애인 건강주치의 시범사업을 진행하였다. 장애인 건강주치의 제도는 중증장애인이 인근 지역에서 주치의로 등록 신청한 의사 중 원하는 의사를 선택하여 장애로 인한 건강문제, 만성질환 등 건강상태를 포괄적이고 지속적으로 관리 받을 수 있는 제도로, 2018년 5월 1단계 시범사업을 시작으로 2단계 시범사업까지 완료되었다.

① (다) – (마) – (가) – (나) – (라)
② (다) – (가) – (라) – (마) – (나)
③ (마) – (가) – (라) – (나) – (다)
④ (마) – (다) – (가) – (라) – (나)

18 다음은 K지역의 연도별 건강보험금 부과액 및 징수액에 대한 자료이다. 직장가입자 건강보험금 징수율이 가장 높은 해와 지역가입자의 건강보험금 징수율이 가장 높은 해를 바르게 짝지은 것은?

〈건강보험금 부과액 및 징수액〉

(단위 : 백만 원)

구분		2019년	2020년	2021년	2022년
직장가입자	부과액	6,706,712	5,087,163	7,763,135	8,376,138
	징수액	6,698,187	4,898,775	7,536,187	8,368,972
지역가입자	부과액	923,663	1,003,637	1,256,137	1,178,572
	징수액	886,396	973,681	1,138,763	1,058,943

※ $(\text{징수율})=\frac{(\text{징수액})}{(\text{부과액})}\times100$

	직장가입자	지역가입자
①	2022년	2020년
②	2022년	2019년
③	2021년	2020년
④	2021년	2019년

19 다음은 K병원의 하루 평균 이뇨제, 지사제, 진통제 사용량에 대한 자료이다. 이에 대한 설명으로 옳지 않은 것은?

〈하루 평균 이뇨제, 지사제, 진통제 사용량〉

구분	2018년	2019년	2020년	2021년	2022년	1인 1일 투여량
이뇨제	3,000mL	3,480mL	3,360mL	4,200mL	3,720mL	60mL/일
지사제	30정	42정	48정	40정	44정	2정/일
진통제	6,720mg	6,960mg	6,840mg	7,200mg	7,080mg	60mg/일

※ 모든 의약품은 1인 1일 투여량을 준수하여 투여했다.

① 전년 대비 2022년 사용량 감소율이 가장 큰 의약품은 이뇨제이다.
② 5년 동안 지사제를 투여한 환자 수의 평균은 18명 이상이다.
③ 이뇨제 사용량은 증가와 감소를 반복하였다.
④ 매년 진통제를 투여한 환자 수는 이뇨제를 투여한 환자 수의 2배 이하이다.

20 다음은 분기별 상급병원, 종합병원, 요양병원의 보건인력 현황에 대한 자료이다. 분기별 전체 보건인력 중 전체 사회복지사 인력의 비율로 옳지 않은 것은?

〈상급병원, 종합병원, 요양병원의 보건인력 현황〉

(단위 : 명)

구분		2022년 3분기	2022년 4분기	2023년 1분기	2023년 2분기
상급병원	의사	20,002	21,073	22,735	24,871
	약사	2,351	2,468	2,526	2,280
	사회복지사	391	385	370	375
종합병원	의사	32,765	33,084	34,778	33,071
	약사	1,941	1,988	2,001	2,006
	사회복지사	670	695	700	720
요양병원	의사	19,382	19,503	19,761	19,982
	약사	1,439	1,484	1,501	1,540
	사회복지사	1,887	1,902	1,864	1,862
계		80,828	82,582	86,236	86,707

※ 보건인력은 의사, 약사, 사회복지사 인력 모두를 포함한다.

① 2022년 3분기 : 약 3.65%
② 2022년 4분기 : 약 3.61%
③ 2023년 1분기 : 약 3.88%
④ 2023년 2분기 : 약 3.41%

21 다음은 건강생활실천지원금제에 대한 자료이다. 〈보기〉의 신청자 중 예방형과 관리형에 해당하는 사람을 바르게 분류한 것은?

〈건강생활실천지원금제〉

• 사업설명 : 참여자 스스로 실천한 건강생활 노력 및 건강개선 결과에 따라 지원금을 지급하는 제도
• 시범지역

지역	예방형	관리형
서울	노원구	중랑구
경기 · 인천	안산시, 부천시	인천 부평구, 남양주시, 고양일산(동구, 서구)
충청권	대전 대덕구, 충주시, 충남 청양군(부여군)	대전 동구
전라권	광주 광산구, 전남 완도군, 전주시(완주군)	광주 서구, 순천시
경상권	부산 중구, 대구 남구, 김해시, 대구 달성군	대구 동구, 부산 북구
강원 · 제주권	원주시, 제주시	원주시

• 참여대상 : 주민등록상 주소지가 시범지역에 해당되는 사람 중 아래에 해당하는 사람

구분	조건
예방형	만 20 ~ 64세인 건강보험 가입자(피부양자 포함) 중 국민건강보험공단에서 주관하는 일반건강검진 결과 건강관리가 필요한 사람*
관리형	고혈압 · 당뇨병 환자

*건강관리가 필요한 사람 : 다음에 모두 해당하거나 ①, ② 또는 ①, ③에 해당하는 사람
① 체질량지수(BMI) 25kg/m^2 이상
② 수축기 혈압 120mmHg 이상 또는 이완기 혈압 80mmHg 이상
③ 공복혈당 100mg/dL 이상

보기

〈건강생활실천지원금제 신청자 목록〉

신청자	주민등록상 주소지	체질량지수	수축기 혈압 / 이완기 혈압	공복혈당	기저질환
A	서울 강북구	22kg/m^2	117mmHg / 78mmHg	128mg/dL	–
B	서울 중랑구	28kg/m^2	125mmHg / 85mmHg	95mg/dL	–
C	경기 안산시	26kg/m^2	142mmHg / 92mmHg	99mg/dL	고혈압
D	인천 부평구	23kg/m^2	145mmHg / 95mmHg	107mg/dL	고혈압
E	광주 광산구	28kg/m^2	119mmHg / 78mmHg	135mg/dL	당뇨병
F	광주 북구	26kg/m^2	116mmHg / 89mmHg	144mg/dL	당뇨병
G	부산 북구	27kg/m^2	118mmHg / 75mmHg	132mg/dL	당뇨병
H	강원 철원군	28kg/m^2	143mmHg / 96mmHg	115mg/dL	고혈압
I	제주 제주시	24kg/m^2	129mmHg / 83mmHg	108mg/dL	–

※ 단, 모든 신청자는 만 20 ~ 64세이며, 건강보험에 가입하였다.

	예방형	관리형
①	A, E	C, D
②	B, E	F, I
③	C, E	D, G
④	F, I	C, H

22 K동에서는 임신한 주민에게 출산장려금을 지원하고자 한다. 출산장려금 지급 기준 및 K동에 거주하는 임산부에 대한 정보가 다음과 같을 때, 출산장려금을 가장 먼저 받을 수 있는 사람은?

〈K동 출산장려금 지급 기준〉

- 출산장려금 지급액은 모두 같으나, 지급 시기는 모두 다르다.
- 지급 순서 기준은 임신일, 자녀 수, 소득 수준 순서이다.
- 임신일이 길수록, 자녀가 많을수록, 소득 수준이 낮을수록 먼저 받는다(단, 자녀는 만 19세 미만의 아동 및 청소년으로 제한한다).
- 임신일, 자녀 수, 소득 수준이 모두 같으면 같은 날에 지급한다.

〈K동 거주 임산부 정보〉

임산부	임신일	자녀	소득 수준
A	150일	만 1세	하
B	200일	만 3세	상
C	100일	만 10세, 만 6세, 만 5세, 만 4세	상
D	200일	만 7세, 만 5세, 만 3세	중
E	200일	만 20세, 만 16세, 만 14세, 만 10세	상

① A임산부　　② B임산부

③ D임산부　　④ E임산부

23 다음 글의 주제로 가장 적절한 것은?

> 현재 우리나라의 진료비 지불제도 중 가장 주도적으로 시행되는 지불제도는 행위별수가제이다. 행위별수가제는 의료기관에서 의료인이 제공한 의료서비스(행위, 약제, 치료 재료 등)에 대해 서비스별로 가격(수가)을 정하여 사용량과 가격에 의해 진료비를 지불하는 제도로, 의료보험 도입 당시부터 채택하고 있는 지불제도이다. 그러나 최근 관련 전문가들로부터 이러한 지불제도를 개선해야 한다는 목소리가 많이 나오고 있다.
> 조사에 의하면 우리나라의 국민의료비를 증대시키는 주요 원인은 고령화로 인한 진료비 증가와 행위별수가제로 인한 비용의 무한 증식이다. 현재 우리나라의 국민의료비는 OECD 회원국 중 최상위를 기록하고 있으며 앞으로 더욱 심화될 것으로 예측된다. 특히 행위별수가제는 의료행위를 할수록 지불되는 진료비가 증가하므로 CT, MRI 등 영상검사를 중심으로 의료 남용이나 과다 이용 문제가 발생하고 있고, 병원의 이익 증대를 위하여 환자에게는 의료비 부담을, 의사에게는 업무 부담을, 건강보험에는 재정 부담을 증대시키고 있다.
> 이러한 행위별수가제의 문제점을 개선하기 위해 일부 질병군에서는 환자가 입원해서 퇴원할 때까지 발생하는 진료에 대하여 질병마다 미리 정해진 금액을 내는 제도인 포괄수가제를 시행 중이며, 요양병원, 보건기관에서는 입원 환자의 질병, 기능 상태에 따라 입원 1일당 정액수가를 적용하는 정액수가제를 병행하여 실시하고 있지만 비용 산정의 경직성, 의사 비용과 병원 비용의 비분리 등 여러 가지 문제점이 있어 현실적으로 효과를 내지 못하고 있다는 지적이 나오고 있다.
> 기획재정부와 보건복지부는 시간이 지날수록 건강보험 적자가 계속 증대되어 머지않아 고갈될 위기에 있다고 발표하였다. 당장 행위별수가제를 전면적으로 폐지할 수는 없으므로 기존의 다른 수가제의 문제점을 개선하여 확대하는 등 의료비 지불방식의 다변화가 구조적으로 진행되어야 할 것이다.

① 신포괄수가제의 정의
② 행위별수가제의 한계점
③ 의료비 지불제도의 역할
④ 건강보험의 재정 상황
⑤ 다양한 의료비 지불제도 소개

| 건강보험심사평가원 / 의사소통능력

24 다음 중 제시된 단어와 그 뜻이 바르게 연결되지 않은 것은?

① 당위(當爲) : 마땅히 그렇게 하거나 되어야 하는 것
② 구상(求償) : 자연적인 재해나 사회적인 피해를 당하여 어려운 처지에 있는 사람을 도와줌
③ 명문(明文) : 글로 명백히 기록된 문구 또는 그런 조문
④ 유기(遺棄) : 어떤 사람이 종래의 보호를 거부하여 그를 보호받지 못하는 상태에 두는 일
⑤ 추계(推計) : 일부를 가지고 전체를 미루어 계산함

| 건강보험심사평가원 / 수리능력

25 질량이 2kg인 공을 지표면으로부터 높이가 50cm인 지점에서 지표면을 향해 수직으로 4m/s의 속력으로 던져 공이 튀어 올랐다. 다음 〈조건〉을 보고 가장 높은 지점에서 공의 위치에너지를 구하면?(단, 에너지 손실은 없으며, 중력가속도는 10m/s^2으로 가정한다)

조건

- (운동에너지)=$\left[\frac{1}{2}\times(\text{질량})\times(\text{속력})^2\right]$J
  (위치에너지)=[(질량)×(중력가속도)×(높이)]J
  (역학적 에너지)=[(운동에너지)+(위치에너지)]J
- 에너지 손실이 없다면 역학적 에너지는 어떠한 경우에도 변하지 않는다.
- 공이 지표면에 도달할 때 위치에너지는 0이고, 운동에너지는 역학적 에너지와 같다.
- 공이 튀어 오른 후 가장 높은 지점에서 운동에너지는 0이고, 위치에너지는 역학적 에너지와 같다.
- 운동에너지와 위치에너지를 구하는 식에 대입하는 질량의 단위는 kg, 속력의 단위는 m/s, 중력가속도의 단위는 m/s^2, 높이의 단위는 m이다.

① 26J ② 28J
③ 30J ④ 32J
⑤ 34J

| 건강보험심사평가원 / 수리능력

26 A부장이 시속 200km의 속력으로 달리는 기차로 1시간 30분 걸리는 출장지에 자가용을 타고 출장을 갔다. 시속 60km의 속력으로 가고 있는데, 속력을 유지한 채 가면 약속시간보다 1시간 늦게 도착할 수 있어 도중에 시속 90km의 속력으로 달려 약속시간보다 30분 일찍 도착하였다. A부장이 시속 90km의 속력으로 달린 거리는?(단, 달리는 동안 속력은 시속 60km로 달리는 도중에 시속 90km로 바뀌는 경우를 제외하고는 그 속력을 유지하는 것으로 가정한다)

① 180km
② 210km
③ 240km
④ 270km
⑤ 300km

| 건강보험심사평가원 / 수리능력

27 S공장은 어떤 상품을 원가에 23%의 이익을 남겨 판매하였으나, 잘 팔리지 않아 판매가에서 1,300원 할인하여 판매하였다. 이때 얻은 이익이 원가의 10%일 때, 상품의 원가는?

① 10,000원
② 11,500원
③ 13,000원
④ 14,500원
⑤ 16,000원

| 건강보험심사평가원 / 수리능력

28 A～G 7명은 일렬로 배치된 의자에 다음 〈조건〉과 같이 앉는다. 이때 가능한 경우의 수는?

조건
- A는 양 끝에 앉지 않는다.
- G는 가운데에 앉는다.
- B는 G의 바로 옆에 앉는다.

① 60가지
② 72가지
③ 144가지
④ 288가지
⑤ 366가지

▎건강보험심사평가원 / 수리능력

29 S유치원에 다니는 아이 11명의 키는 평균 113cm이다. 키가 107cm인 원생이 유치원을 나가게 되어 원생이 10명이 되었을 때, 남은 유치원생 10명의 평균 키는?

① 113cm
② 113.6cm
③ 114.2cm
④ 114.8cm
⑤ 115.4cm

▎서울교통공사 / 의사소통능력

30 다음 글과 같이 한자어 및 외래어를 순화한 내용으로 적절하지 않은 것은?

> 열차를 타다 보면 한 번쯤은 다음과 같은 안내방송을 들어 봤을 것이다.
> "○○역 인근 '공중사상사고' 발생으로 KTX 열차가 지연되고 있습니다."
> 이때 들리는 안내방송 중 한자어인 '공중사상사고'를 한 번에 알아듣기란 일반적으로 쉽지 않다. 실제로 S교통공사 관계자는 승객들로부터 안내방송 문구가 적절하지 않다는 지적을 받아 왔다고 밝혔으며, 이에 S교통공사는 국토교통부와 협의를 거쳐 보다 이해하기 쉬운 안내방송을 전달하기 위해 문구를 바꾸는 작업에 착수하기로 결정하였다고 전했다.
> 우선 가장 먼저 수정하기로 한 것은 한자어 및 외래어로 표기된 철도 용어이다. 그중 대표적인 것이 '공중사상사고'이다. S교통공사 관계자는 이를 '일반인의 사상사고'나 '열차 운행 중 인명사고' 등과 같이 이해하기 쉬운 말로 바꿀 예정이라고 밝혔다. 이 외에도 열차 지연 예상 시간, 사고복구 현황 등 열차 내 안내방송을 승객에게 좀 더 알기 쉽고 상세하게 전달할 것이라고 전했다.

① 열차시격 → 배차간격
② 전차선 단전 → 선로 전기 공급 중단
③ 우회수송 → 우측 선로로 변경
④ 핸드레일(Handrail) → 안전손잡이
⑤ 키스 앤 라이드(Kiss and Ride) → 환승정차구역

31 다음 글에서 언급되지 않은 내용은?

> 전 세계적인 과제로 탄소중립이 대두되자 친환경적 운송수단인 철도가 주목받고 있다. 특히 국제에너지기구는 철도를 에너지 효율이 가장 높은 운송 수단으로 꼽으며, 철도 수송을 확대하면 세계 수송 부문에서 온실가스 배출량이 그렇지 않을 때보다 약 6억 톤이 줄어들 수 있다고 하였다.
> 특히 철도의 에너지 소비량은 도로의 22분의 1이고, 온실가스 배출량은 9분의 1에 불과해, 탄소 배출이 높은 도로 운행의 수요를 친환경 수단인 철도로 전환한다면 수송 부문 총배출량이 획기적으로 감소될 것이라 전망하고 있다.
> 이에 발맞춰 우리나라의 S철도공단도 '녹색교통'인 철도 중심 교통체계를 구축하기 위해 박차를 가하고 있으며, 정부 역시 '2050 탄소중립 실현' 목표에 발맞춰 저탄소 철도 인프라 건설・관리로 탄소를 지속적으로 감축하고자 노력하고 있다.
> S철도공단은 철도 인프라 생애주기 관점에서 탄소를 감축하기 위해 먼저 철도 건설 단계에서부터 친환경・저탄소 자재를 적용해 탄소 배출을 줄이고 있다. 실제로 중앙선 안동 ~ 영천 간 궤도 설계 당시 철근 대신에 저탄소 자재인 유리섬유 보강근을 콘크리트 궤도에 적용했으며, 이를 통한 탄소 감축효과는 약 6,000톤으로 추정된다. 이 밖에도 저탄소 철도 건축물 구축을 위해 2025년부터 모든 철도건축물을 에너지 자립률 60% 이상(3등급)으로 설계하기로 결정했으며, 도심의 철도 용지는 지자체와 협업을 통해 도심 속 철길 숲 등 탄소 흡수원이자 지역민의 휴식처로 철도부지 특성에 맞게 조성되고 있다.
> S철도공단은 이와 같은 철도로의 수송 전환으로 약 20%의 탄소 감축 목표를 내세웠으며, 이를 위해서는 정부의 노력도 필요하다고 강조하였다. 특히 수송 수단 간 공정한 가격 경쟁이 이루어질 수 있도록 도로 차량에 집중된 보조금 제도를 화물차의 탄소배출을 줄이기 위한 철도 전환교통 보조금으로 확대하는 등 실질적인 방안의 필요성을 제기하고 있다.

① 녹색교통으로 철도 수송이 대두된 배경
② 철도 수송 확대를 통해 기대할 수 있는 효과
③ 국내의 탄소 감축 방안이 적용된 설계 사례
④ 정부의 철도 중심 교통체계 구축을 위해 시행된 조치
⑤ S철도공단의 철도 중심 교통체계 구축을 위한 방안

32 다음 글의 주제로 가장 적절한 것은?

> 지난 5월 아이슬란드에 각종 파이프와 열교환기, 화학물질 저장탱크, 압축기로 이루어져 있는 '조지올라 재생가능 메탄올 공장'이 등장했다. 이곳은 이산화탄소로 메탄올을 만드는 첨단 시설로, 과거 2011년 아이슬란드 기업 '카본리사이클링인터내셔널(CRI)'이 탄소 포집·활용(CCU) 기술의 실험을 위해서 지은 곳이다.
> 이곳에서는 인근 지열발전소에서 발생하는 적은 양의 이산화탄소(CO_2)를 포집한 뒤 물을 분해해 조달한 수소(H_2)와 결합시켜 재생 메탄올(CH_3OH)을 제조하였으며, 이때 필요한 열과 냉각수 역시 지열발전소의 부산물을 이용했다. 이렇게 만들어진 메탄올은 자동차, 선박, 항공 연료는 물론 플라스틱 제조 원료로 활용되는 등 여러 곳에서 활용되었다.
> 하지만 이렇게 메탄올을 만드는 것이 미래 원료 문제의 근본적인 해결책이 될 수는 없었다. 왜냐하면 메탄올이 만드는 에너지보다 메탄올을 만드는 데 들어가는 에너지가 더 필요하다는 문제점에 더하여 액화천연가스(LNG)를 메탄올로 변환할 경우 이전보다 오히려 탄소배출량이 증가하고, 탄소배출량을 감소시키기 위해서는 태양광과 에너지 저장장치를 활용해 메탄올 제조에 필요한 에너지를 모두 조달해야만 하기 때문이다.
> 또한 탄소를 포집해 지하에 영구 저장하는 탄소포집 저장방식과 달리, 탄소를 포집해 만든 연료나 제품은 사용 중에 탄소를 다시 배출할 가능성이 있어 이에 대한 논의가 분분한 상황이다.

① 탄소 재활용의 득과 실
② 재생 에너지 메탄올의 다양한 활용
③ 지열발전소에서 탄생한 재활용 원료
④ 탄소 재활용을 통한 미래 원료의 개발
⑤ 미래의 에너지 원료로 주목받는 재활용 원료, 메탄올

❙ 서울교통공사 / 수리능력

33 다음은 A ~ C철도사의 연도별 차량 수 및 승차인원에 대한 자료이다. 이에 대한 설명으로 옳지 않은 것은?

〈철도사별 차량 수 및 승차인원〉

구분	2020년			2021년			2022년		
철도사	A	B	C	A	B	C	A	B	C
차량 수(량)	2,751	103	185	2,731	111	185	2,710	113	185
승차인원(천 명)	775,386	26,350	35,650	768,776	24,746	33,130	755,376	23,686	34,179

① C철도사가 운영하는 차량 수는 변동이 없다.

② 매년 전체 승차인원 중 A철도사 철도를 이용하는 승차인원의 비율이 가장 높다.

③ A ~ C철도사의 철도를 이용하는 연간 전체 승차인원 수는 매년 감소하였다.

④ 3년간 차량 1량당 연간 평균 승차인원 수는 B철도사가 가장 적다.

⑤ C철도사의 차량 1량당 연간 승차인원 수는 매년 200천 명 미만이다.

❙ 한국산업인력공단 / 수리능력

34 다음은 A ~ H국의 연도별 석유 생산량에 대한 자료이다. 이에 대한 설명으로 옳은 것은?

〈연도별 석유 생산량〉

(단위 : bbl/day)

국가	2018년	2019년	2020년	2021년	2022년
A	10,356,185	10,387,665	10,430,235	10,487,336	10,556,259
B	8,251,052	8,297,702	8,310,856	8,356,337	8,567,173
C	4,102,396	4,123,963	4,137,857	4,156,121	4,025,936
D	5,321,753	5,370,256	5,393,104	5,386,239	5,422,103
E	258,963	273,819	298,351	303,875	335,371
F	2,874,632	2,633,087	2,601,813	2,538,776	2,480,221
G	1,312,561	1,335,089	1,305,176	1,325,182	1,336,597
H	100,731	101,586	102,856	103,756	104,902

① 석유 생산량이 매년 증가한 국가의 수는 6개이다.

② 2018년 대비 2022년에 석유 생산량 증가량이 가장 많은 국가는 A이다.

③ 매년 E국가의 석유 생산량은 H국가 석유 생산량의 3배 미만이다.

④ 연도별 석유 생산량 상위 2개 국가의 생산량 차이는 매년 감소한다.

⑤ 2018년 대비 2022년에 석유 생산량 감소율이 가장 큰 국가는 F이다.

| 한국산업인력공단 / 수리능력

35 A씨는 최근 승진한 공무원 친구에게 선물로 개당 12만 원인 수석을 보내고자 한다. 다음 부정청탁 및 금품 등 수수의 금지에 관한 법률에 따라 선물을 보낼 때, 최대한 많이 보낼 수 있는 수석의 수는?(단, A씨는 공무원인 친구와 직무 연관성이 없는 일반인이며, 선물은 한 번만 보낸다)

> **금품 등의 수수 금지(부정청탁 및 금품 등 수수의 금지에 관한 법률 제8조 제1항)**
> 공직자 등은 직무 관련 여부 및 기부·후원·증여 등 그 명목에 관계없이 동일인으로부터 1회에 100만 원 또는 매 회계연도에 300만 원을 초과하는 금품 등을 받거나 요구 또는 약속해서는 아니 된다.

① 7개
② 8개
③ 9개
④ 10개
⑤ 11개

| 한국산업인력공단 / 수리능력

36 S대리는 업무 진행을 위해 본사에서 거래처로 외근을 가고자 한다. 본사에서 거래처까지 가는 길이 다음과 같을 때, 본사에서 출발하여 C와 G를 거쳐 거래처로 간다면 S대리의 최소 이동거리는?(단, 어떤 곳을 먼저 가도 무관하다)

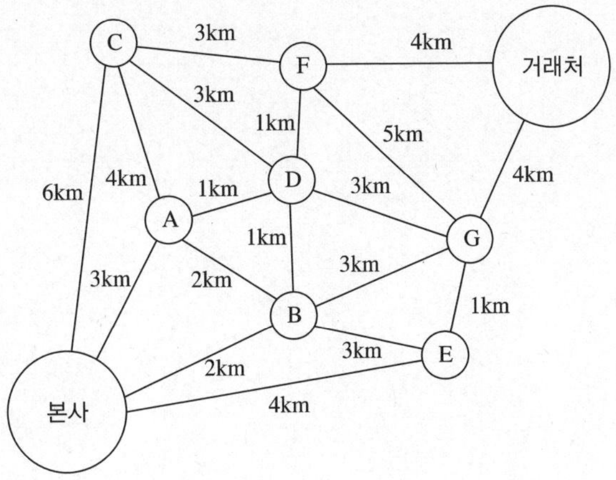

① 8km
② 9km
③ 13km
④ 16km
⑤ 18km

37 총무부에 근무하는 A사원은 각 부서에 필요한 사무용품을 조사한 결과, 볼펜 30자루, 수정테이프 8개, 연필 20자루, 지우개 5개가 필요하다고 한다. 다음 〈조건〉에 따라 비품을 구매할 때, 지불할 수 있는 가장 저렴한 금액은?(단, 필요한 비품 수를 초과하여 구매할 수 있고, 지불하는 금액은 배송료를 포함한다)

조건

- 볼펜, 수정테이프, 연필, 지우개의 판매 금액은 다음과 같다(단, 모든 품목은 낱개로 판매한다).

품목	가격(원/1EA)	비고
볼펜	1,000	20자루 이상 구매 시 개당 200원 할인
수정테이프	2,500	10개 이상 구매 시 개당 1,000원 할인
연필	400	12자루 이상 구매 시 연필 전체 가격의 25% 할인
지우개	300	10개 이상 구매 시 개당 100원 할인

- 품목당 할인을 적용한 금액의 합이 3만 원을 초과할 경우, 전체 금액의 10% 할인이 추가로 적용된다.
- 전체 금액의 10% 할인 적용 전 금액이 5만 원 초과 시 배송료는 무료이다.
- 전체 금액의 10% 할인 적용 전 금액이 5만 원 이하 시 배송료 5,000원이 별도로 적용된다.

① 51,500원
② 51,350원
③ 46,350원
④ 45,090원
⑤ 42,370원

38 S사는 개발 상품 매출 순이익에 기여한 직원에게 성과급을 지급하고자 한다. 기여도에 따른 성과급 지급 기준과 〈보기〉를 참고하여 성과급을 차등지급할 때, 가장 많은 성과급을 지급받는 직원은? (단, 팀장에게 지급하는 성과급은 기준 금액의 1.2배이다)

〈기여도에 따른 성과급 지급 기준〉

매출 순이익	개발 기여도			
	1% 이상 5% 미만	5% 이상 10% 미만	10% 이상 20% 미만	20% 이상
1천만 원 미만	–	–	매출 순이익의 1%	매출 순이익의 2%
1천만 원 이상 3천만 원 미만	5만 원	매출 순이익의 1%	매출 순이익의 2%	매출 순이익의 5%
3천만 원 이상 5천만 원 미만	매출 순이익의 1%	매출 순이익의 2%	매출 순이익의 3%	매출 순이익의 5%
5천만 원 이상 1억 원 미만	매출 순이익의 1%	매출 순이익의 3%	매출 순이익의 5%	매출 순이익의 7.5%
1억 원 이상	매출 순이익의 1%	매출 순이익의 3%	매출 순이익의 5%	매출 순이익의 10%

보기

〈개발 상품 매출 순이익 및 개발 기여도〉

직원	직책	매출 순이익	개발 기여도
A	팀장	4,000만 원	25%
B	팀장	2,500만 원	12%
C	팀원	1억 2,500만 원	3%
D	팀원	7,500만 원	7%
E	팀원	800만 원	6%

① A
② B
③ C
④ D
⑤ E

39 다음은 S시의 학교폭력 상담 및 신고 건수에 대한 자료이다. 이에 대한 설명으로 옳지 않은 것은?

〈학교폭력 상담 및 신고 건수〉

(단위 : 건)

구분	2022년 7월	2022년 8월	2022년 9월	2022년 10월	2022년 11월	2022년 12월
상담	977	805	3,009	2,526	1,007	871
상담 누계	977	1,782	4,791	7,317	8,324	9,195
신고	486	443	1,501	804	506	496
신고 누계	486	929	2,430	3,234	3,740	4,236
구분	2023년 1월	2023년 2월	2023년 3월	2023년 4월	2023년 5월	2023년 6월
상담	(　)	(　)	4,370	3,620	1,004	905
상담 누계	9,652	10,109	14,479	18,099	19,103	20,008
신고	305	208	2,781	1,183	557	601
신고 누계	4,541	4,749	7,530	(　)	(　)	(　)

① 2023년 1월과 2023년 2월의 학교폭력 상담 건수는 같다.

② 학교폭력 상담 건수와 신고 건수 모두 2023년 3월에 가장 많다.

③ 전월 대비 학교폭력 상담 건수가 가장 크게 감소한 월과 학교폭력 신고 건수가 가장 크게 감소한 월은 다르다.

④ 전월 대비 학교폭력 상담 건수가 증가한 월은 학교폭력 신고 건수도 같이 증가하였다.

⑤ 2023년 6월까지의 학교폭력 신고 누계 건수는 10,000건 이상이다.

40 다음은 5년 동안 발전원별 발전량 추이에 대한 자료이다. 이에 대한 설명으로 옳지 않은 것은?

〈2018 ~ 2022년 발전원별 발전량 추이〉

(단위 : GWh)

자원	2018년	2019년	2020년	2021년	2022년
원자력	127,004	138,795	140,806	155,360	179,216
석탄	247,670	226,571	221,730	200,165	198,367
가스	135,072	126,789	138,387	144,976	160,787
신재생	36,905	38,774	44,031	47,831	50,356
유류·양수	6,605	6,371	5,872	5,568	5,232
계	553,256	537,300	550,826	553,900	593,958

① 매년 원자력 자원 발전량과 신재생 자원 발전량의 증감 추이는 같다.
② 석탄 자원 발전량의 전년 대비 감소폭이 가장 큰 해는 2021년이다.
③ 신재생 자원 발전량 대비 가스 자원 발전량이 가장 큰 해는 2018년이다.
④ 매년 유류·양수 자원 발전량은 전체 발전량의 1% 이상을 차지한다.
⑤ 전체 발전량의 전년 대비 증가폭이 가장 큰 해는 2022년이다.

41 다음 중 〈보기〉에 해당하는 문제해결방법이 바르게 연결된 것은?

보기

㉠ 중립적인 위치에서 그룹이 나아갈 방향과 주제에 대한 공감을 이룰 수 있도록 도와주어 깊이 있는 커뮤니케이션을 통해 문제점을 이해하고 창조적으로 해결하도록 지원하는 방법이다.

㉡ 상이한 문화적 토양을 가진 구성원이 사실과 원칙에 근거한 토론을 바탕으로 서로의 생각을 직설적인 논쟁이나 협상을 통해 의견을 조정하는 방법이다.

㉢ 구성원이 같은 문화적 토양을 가지고 서로를 이해하는 상황에서 권위나 공감에 의지하여 의견을 중재하고, 타협과 조정을 통해 해결을 도모하는 방법이다.

	㉠	㉡	㉢
①	하드 어프로치	퍼실리테이션	소프트 어프로치
②	퍼실리테이션	하드 어프로치	소프트 어프로치
③	소프트 어프로치	하드 어프로치	퍼실리테이션
④	퍼실리테이션	소프트 어프로치	하드 어프로치
⑤	하드 어프로치	소프트 어프로치	퍼실리테이션

42 A~G 7명은 주말 여행지를 고르기 위해 투표를 진행하였다. 다음 〈조건〉과 같이 투표를 진행하였을 때, 투표를 하지 않은 사람을 모두 고르면?

조건

- D나 G 중 적어도 한 명이 투표하지 않으면, F는 투표한다.
- F가 투표하면, E는 투표하지 않는다.
- B나 E 중 적어도 한 명이 투표하지 않으면, A는 투표하지 않는다.
- A를 포함하여 투표한 사람은 모두 5명이다.

① B, E
② B, F
③ C, D
④ C, F
⑤ F, G

| 한국가스공사 / 정보능력

43 **다음과 같이 G마트에서 파는 물건을 상품코드와 크기에 따라 엑셀 프로그램으로 정리하였다. 상품코드가 S3310897이고, 크기가 '중'인 물건의 가격을 구하는 함수로 옳은 것은?**

	A	B	C	D	E	F
1						
2		상품코드	소	중	대	
3		S3001287	18,000	20,000	25,000	
4		S3001289	15,000	18,000	20,000	
5		S3001320	20,000	22,000	25,000	
6		S3310887	12,000	16,000	20,000	
7		S3310897	20,000	23,000	25,000	
8		S3311097	10,000	15,000	20,000	
9						

① =HLOOKUP(S3310897,$B$2:$E$8,6,0)

② =HLOOKUP("S3310897",$B$2:$E$8,6,0)

③ =VLOOKUP("S3310897",$B$2:$E$8,2,0)

④ =VLOOKUP("S3310897",$B$2:$E$8,6,0)

⑤ =VLOOKUP("S3310897",$B$2:$E$8,3,0)

| 한국가스공사 / 정보능력

44 **다음 중 Windows Game Bar 녹화 기능에 대한 설명으로 옳지 않은 것은?**

① 〈Windows 로고 키〉+〈Alt〉+〈G〉를 통해 백그라운드 녹화 기능을 사용할 수 있다.

② 백그라운드 녹화 시간은 변경할 수 있다.

③ 녹화한 영상의 저장 위치는 변경할 수 없다.

④ 각 메뉴의 단축키는 본인이 원하는 키 조합에 맞추어 변경할 수 있다.

⑤ 게임 성능에 영향을 줄 수 있다.

※ 다음 글을 읽고 이어지는 질문에 답하시오. [45~47]

우리나라에서 500MW 규모 이상의 발전설비를 보유한 발전사업자(공급의무자)는 신재생에너지 공급의무화 제도(RPS; Renewable Portfolio Standard)에 의해 의무적으로 일정 비율 이상을 기존의 화석연료를 변환시켜 이용하거나 햇빛·물·지열·강수·생물유기체 등 재생 가능한 에너지를 변환시켜 이용하는 에너지인 신재생에너지로 발전해야 한다. 이에 따라 공급의무자는 매년 정해진 의무공급비율에 따라 신재생에너지를 사용하여 전기를 공급해야 하는데 의무공급비율은 매년 확대되고 있으므로 여기에 맞춰 태양광, 풍력 등 신재생에너지 발전설비를 추가로 건설하기에는 여러 가지 한계점이 있다. ___㉠___ 공급의무자는 의무공급비율을 외부 조달을 통해 충당하게 되는데 이를 인증하는 것이 신재생에너지 공급인증서(REC; Renewable Energy Certificates)이다. 공급의무자는 신재생에너지 발전사에서 판매하는 REC를 구매하는 것으로 의무공급비율을 달성하게 되며, 이를 이행하지 못할 경우 미이행 의무량만큼 해당 연도 평균 REC 거래가격의 1.5배 이내에서 과징금이 부과된다.

신재생에너지 공급자가 공급의무자에게 REC를 판매하기 위해서는 먼저 「신에너지 및 재생에너지 개발·이용·보급 촉진법(신재생에너지법)」 제12조의7에 따라 공급인증기관(에너지관리공단 신재생에너지센터, 한국전력거래소 등)으로부터 공급 사실을 증명하는 공급인증서를 신청해야 한다. 인증 신청을 받은 공급인증기관은 신재생에너지 공급자, 신재생에너지 종류별 공급량 및 공급기간, 인증서 유효기간을 명시한 공급인증서를 발급해 주는데, 여기서 공급인증서의 유효기간은 발급받은 날로부터 3년이며, 공급량은 발전방식에 따라 실제 공급량에 가중치를 곱해 표기한다. 이렇게 발급받은 REC는 공급인증기관이 개설한 거래시장인 한국전력거래소에서 거래할 수 있으며, 거래시장에서 공급의무자가 구매하여 의무공급량에 충당한 공급인증서는 효력을 상실하여 폐기하게 된다.

RPS 제도를 통한 REC 거래는 최근 더욱 확대되고 있다. 시행 초기에는 전력거래소에서 신재생에너지 공급자와 공급의무자 간 REC를 거래하였으나, 2021년 8월 이후 에너지관리공단에서 운영하는 REC 거래시장을 통해 한국형 RE100에 동참하는 일반기업들도 신재생에너지 공급자로부터 REC를 구매할 수 있게 되었고 여기서 구매한 REC는 기업의 온실가스 감축실적으로 인정되어 인센티브 등 다양한 혜택을 받을 수 있게 된다.

| 한국남동발전 / 의사소통능력

45 다음 중 윗글의 내용으로 적절하지 않은 것은?

① 공급의무자는 의무공급비율 달성을 위해 반드시 신재생에너지 발전설비를 건설해야 한다.
② REC 거래를 위해서는 먼저 공급인증기관으로부터 인증서를 받아야 한다.
③ 일반기업도 REC 구매를 통해 온실가스 감축실적을 인정받을 수 있다.
④ REC에 명시된 공급량은 실제 공급량과 다를 수 있다.

❙ 한국남동발전 / 의사소통능력

46 다음 중 빈칸 ㉠에 들어갈 접속부사로 가장 적절한 것은?

① 한편　② 그러나
③ 그러므로　④ 예컨대

❙ 한국남동발전 / 자원관리능력

47 다음 자료를 토대로 신재생에너지법상 바르게 거래된 것은?

〈REC 거래내역〉

(거래일 : 2023년 10월 12일)

설비명	에너지원	인증서 발급일	판매처	거래시장 운영소
A발전소	풍력	2020.10.06	E기업	에너지관리공단
B발전소	천연가스	2022.10.12	F발전	한국전력거래소
C발전소	태양광	2020.10.24	G발전	한국전력거래소
D발전소	수력	2021.04.20	H기업	한국전력거래소

① A발전소　② B발전소
③ C발전소　④ D발전소

※ 다음 기사를 읽고 이어지는 질문에 답하시오. [48~49]

N전력공사가 밝힌 에너지 공급비중을 살펴보면 2022년 우리나라의 발전비중 중 가장 높은 것은 석탄(32.51%)이고, 두 번째는 액화천연가스(27.52%) 즉 LNG 발전이다. LNG의 경우 석탄에 비해 탄소 배출량이 적어 화석연료와 신재생에너지의 전환단계인 교량 에너지로서 최근 크게 비중이 늘었지만, 여전히 많은 양의 탄소를 배출한다는 문제점이 있다. 지구 온난화 완화를 위해 어떻게든 탄소 배출량을 줄여야 하는 상황에서 이에 대한 현실적인 대안으로 수소혼소 발전이 주목받고 있다. ____(가)____
수소혼소 발전이란 기존의 화석연료인 LNG와 친환경에너지인 수소를 혼합 연소하여 발전하는 방식이다. 수소는 지구에서 9번째로 풍부하여 고갈될 염려가 없고, 연소 시 탄소를 배출하지 않는 친환경에너지이다. 발열량 또한 1kg당 142MJ로, 다른 에너지원에 비해 월등이 높아 같은 양으로 훨씬 많은 에너지를 생산할 수 있다. ____(나)____
그러나 수소를 발전 연료로서 그대로 사용하기에는 여러 가지 문제점이 있다. 수소는 LNG에 비해 7 ~ 8배 빠르게 연소되므로 제어에 실패하면 가스 터빈에서 급격하게 발생한 화염이 역화하여 폭발할 가능성이 있다. 또한 높은 온도로 연소되므로 그만큼 공기 중의 질소와 반응하여 많은 질소산화물(NOx)을 발생시키는데, 이는 미세먼지와 함께 대기오염의 주요 원인이 된다. 마지막으로 연료로 사용할 만큼 정제된 수소를 얻기 위해서는 물을 전기분해해야 하는데, 여기에는 많은 전력이 들어가므로 수소 생산 단가가 높아진다는 단점이 있다. ____(다)____
이러한 수소의 문제점을 해결하기 위한 대안이 바로 수소혼소 발전이다. 인프라적인 측면에서 기존의 LNG 발전설비를 활용할 수 있기 때문에 수소혼소 발전은 친환경에너지로 전환하는 사회적·경제적 충격을 완화할 수 있다. 또한 수소를 혼입하는 비율이 많아질수록 그만큼 LNG를 대체하게 되므로 기술발전으로 인해 혼입하는 수소의 비중이 높아질수록 발전으로 인한 탄소의 발생을 줄일 수 있다. 아직 많은 기술적·경제적 문제점이 남아있지만, 세계의 많은 나라들은 탄소 배출량 저감을 위해 수소혼소 발전 기술에 적극적으로 뛰어들고 있다. 우리나라 또한 2024년 세종시에 수소혼소 발전이 가능한 열병합발전소가 들어설 예정이며, 한화, 포스코 등 많은 기업들이 수소혼소 발전 실현을 위해 사업을 추진하고 있다. ____(라)____

| 한국남동발전 / 의사소통능력

48 다음 중 윗글의 내용으로 적절하지 않은 것은?

① 수소혼소 발전은 기존 LNG 발전설비를 활용할 수 있다.
② 수소를 연소할 때에도 공해물질은 발생한다.
③ 수소혼소 발전은 탄소를 배출하지 않는 발전 기술이다.
④ 수소혼소 발전에서 수소를 더 많이 혼입할수록 탄소 배출량은 줄어든다.

| 한국남동발전 / 의사소통능력

49 다음 중 〈보기〉의 문장이 들어갈 위치로 가장 적절한 곳은?

보기
따라서 수소는 우리나라의 2050 탄소중립을 실현하기 위한 최적의 에너지원이라 할 수 있다.

① (가) ② (나)
③ (다) ④ (라)

50 다음은 N사의 비품 구매 신청 기준이다. 부서별로 비품 수량 현황과 기준을 참고하여 비품을 신청해야 할 때, 비품 신청 수량이 바르게 연결되지 않은 부서는?

〈비품 구매 신청 기준〉

비품	연필	지우개	볼펜	수정액	테이프
최소 수량	30자루	45개	60자루	30개	20개

- 팀별 비품 보유 수량이 비품 구매 신청 기준 이하일 때, 해당 비품을 신청할 수 있다.
- 각 비품의 신청 가능한 개수는 최소 수량에서 부족한 수량 이상 최소 보유 수량의 2배 이하이다.

[예] 연필 20자루, 지우개 50개, 볼펜 50자루, 수정액 40개, 테이프 30개가 있다면 지우개, 수정액, 테이프는 신청할 수 없고, 연필은 10자루 이상 60자루 이하, 볼펜은 10자루 이상 120자루 이하를 신청할 수 있다.

〈N사 부서별 비품 수량 현황〉

팀 \ 비품	연필	지우개	볼펜	수정액	테이프
총무팀	15자루	30개	20자루	15개	40개
연구개발팀	45자루	60개	50자루	20개	30개
마케팅홍보팀	40자루	40개	15자루	5개	10개
인사팀	25자루	50개	80자루	50개	5개

	부서	연필	지우개	볼펜	수정액	테이프
①	총무팀	15자루	15개	40자루	15개	0개
②	연구개발팀	0자루	0개	100자루	20개	0개
③	마케팅홍보팀	20자루	10개	50자루	50개	40개
④	인사팀	45자루	0개	0자루	0개	30개

지식에 대한 투자가 가장 이윤이 많이 남는 법이다.

– 벤자민 프랭클린 –

PART 1

직업기초능력평가

CHAPTER 01

의사소통능력

합격 Cheat Key

의사소통능력은 평가하지 않는 공사·공단이 없을 만큼 필기시험에서 중요도가 높은 영역으로, 세부 유형은 문서 이해, 문서 작성, 의사 표현, 경청, 기초 외국어로 나눌 수 있다. 문서 이해·문서 작성과 같은 지문에 대한 주제 찾기, 내용 일치 문제의 출제 비중이 높으며, 문서의 특성을 파악하는 문제도 출제되고 있다.

1 문제에서 요구하는 바를 먼저 파악하라!

의사소통능력에서 가장 중요한 것은 제한된 시간 안에 빠르고 정확하게 답을 찾아내는 것이다. 의사소통능력에서는 지문이 아니라 문제가 주인공이므로 지문을 보기 전에 문제를 먼저 파악해야 하며, 문제에 따라 전략적으로 빠르게 풀어내는 연습을 해야 한다.

2 잠재되어 있는 언어 능력을 발휘하라!

세상에 글은 많고 우리가 학습할 수 있는 시간은 한정적이다. 이를 극복할 수 있는 방법은 다양한 글을 접하는 것이다. 실제 시험장에서 어떤 내용의 지문이 나올지 아무도 예측할 수 없으므로 평소에 신문, 소설, 보고서 등 여러 글을 접하는 것이 필요하다.

3 상황을 가정하라!

업무 수행에 있어 상황에 따른 언어 표현은 중요하다. 같은 말이라도 상황에 따라 다르게 해석될 수 있기 때문이다. 그런 의미에서 자신의 의견을 효과적으로 전달할 수 있는 능력을 평가하는 것이다. 업무를 수행하면서 발생할 수 있는 여러 상황을 가정하고 그에 따른 올바른 언어표현을 정리하는 것이 필요하다.

4 말하는 이의 입장에서 생각하라!

잘 듣는 것 또한 하나의 능력이다. 상대방의 이야기에 귀 기울이고 공감하는 태도는 업무를 수행하는 관계 속에서 필요한 요소이다. 그런 의미에서 다양한 상황에서 듣는 능력을 평가하는 것이다. 말하는 이가 요구하는 듣는 이의 태도를 파악하고, 이에 따른 판단을 할 수 있도록 언제나 말하는 사람의 입장이 되는 연습이 필요하다.

01 문서 내용 이해

| 유형분석 |

- 주어진 지문을 읽고 선택지를 고르는 전형적인 독해 문제이다.
- 지문은 주로 신문기사(보도자료 등)나 업무 보고서, 시사 등이 제시된다.
- 공사·공단에 따라 자사와 관련된 내용의 기사나 법조문, 보고서 등이 출제되기도 한다.

다음 글의 내용으로 적절하지 않은 것은?

수소와 산소는 H_2와 O_2의 분자 상태로 존재한다. 수소와 산소가 화합해서 물 분자가 되려면 이 두 분자가 충돌해야 하는데, 충돌하는 횟수가 많으면 많을수록 물 분자가 생기는 확률은 높아진다. 또한 반응하기 위해서는 분자가 원자로 분해되어야 한다. 좀 더 정확히 말한다면, 각각의 분자가 산소 원자끼리 그리고 수소 원자끼리의 결합력이 약해져야 한다. 높은 온도는 분자 간의 충돌 횟수를 증가시킬 뿐 아니라 분자를 강하게 진동시켜 분자의 결합력을 약하게 한다. 그리하여 수소와 산소는 이전까지 결합하고 있던 자신과 동일한 원자와 떨어져, 산소 원자 하나에 수소 원자 두 개가 결합한 물(H_2O)이라는 새로운 화합물이 되는 것이다.

① 수소 분자와 산소 분자가 충돌해야 물 분자가 생긴다.
② 수소 분자와 산소 분자가 원자로 분해되어야 반응을 할 수 있다.
③ 높은 온도는 분자를 강하게 진동시켜 결합력을 약하게 한다.
④ 산소 분자와 수소 분자가 각각 물(H_2O)이라는 새로운 화합물이 된다.
⑤ 산소 분자와 수소 분자의 충돌 횟수가 많아지면 물 분자가 될 확률이 높다.

정답 ④

제시문은 분자 상태의 수소와 산소가 결합하여 물이 되는 과정을 설명한 것으로, 수소 분자와 산소 분자가 원자로 분해되고, 분해된 산소 원자 하나와 수소 원자 두 개가 결합하여 물이라는 화합물이 생성된다고 했다. ④는 산소 분자와 수소 분자가 '각각' 물이 된다고 했으므로 이는 잘못된 해석이다.

풀이 전략!

주어진 선택지에서 키워드를 체크한 후, 지문의 내용과 비교해 가면서 내용의 일치 유무를 빠르게 판단한다.

출제유형분석 01 실전예제

01 다음 글을 통해 알 수 없는 것은?

기존의 분자 생물학은 구성 요소를 하나하나 분해하여 개별적인 기능을 알아내는 환원주의적 방식을 통해 발전해 왔다. 그러나 유기체는 수많은 유전자와 단백질, 다수의 화합물들이 복잡한 반응을 통해 끊임없이 상호작용하고 있기 때문에 환원주의적 접근만으로 생명 현상의 전모를 이해하는 데에는 한계가 있었다. 이러한 문제의식 속에서 대안으로 등장하게 된 것이 시스템 생물학이다.

시스템 생물학은 최근 들어 박테리아에서 인간에 이르는 거의 모든 생물체에 대한 생물학적 데이터가 대량으로 축적됨에 따라 주목을 받고 있다. 시스템 생물학자들은 축적된 생물학적 데이터를 바탕으로 특정 생명 현상과 관련된 구성 요소들을 파악하고, 그 구성 요소들 간에 그리고 그 구성 요소들을 포괄하는 시스템 내에 어떠한 상호작용이 이루어지고 있는지 분석함으로써 고도의 복잡성을 지닌 생명 현상에 대해 설명하고자 한다. 그 방법 가운데 하나가 컴퓨터를 사용하여 생명체와 동일한 원리로 작동하는 프로그램을 만든 후, 그 메커니즘을 분석하는 것이다.

가상 심장을 최초로 개발한 데니스 노블은 이러한 방법으로 심장이 박동하는 현상 속에 작동하는 심장 근육 세포의 피드백 효과를 설명하였다. 지금까지 심장의 박동은 세포 내의 단백질 채널을 통해 이온의 흐름이 생기면, 그것이 심장의 근육 세포에 전압 변화를 가져옴으로써 발생된다고 설명되어 왔다.

노블은 심장 박동이 이러한 단일의 인과 관계에 의해 나타나는 것이 아니라, 단백질 채널이라는 구성 요소와 그것의 상부 구조라 할 수 있는 근육 세포 간의 상호작용에 의한 것이라고 보았다. 이를 입증하기 위해 살아 있는 심장을 컴퓨터로 모델화한 후, 다른 조건들은 그대로 둔 채 피드백 효과와 관련된 것만을 수행하지 않도록 만든 실험을 진행하였다. 그리고 이 과정에서 근육 세포의 전압 변화와 단백질 채널인 칼륨 채널, 칼슘 채널, 그리고 혼합 이온 채널의 변화를 살펴보았다.

먼저 처음 1초 동안에는 세포 전압의 진동과 이에 대응되는 단백질 채널의 진동이 네 차례 있었다. 네 차례의 진동 후 세포 전압을 일정하게 유지시켜 세포 전압에서 단백질 채널로의 피드백을 정지시켰다. 단백질 채널의 진동 중에 한 개라도 세포 전압의 진동을 만들어 낼 수 있다면 단백질 채널은 원래의 진동을 계속할 것이며, 그에 따라 세포 전압의 진동이 발생하게 될 것이다. 하지만 실험해 본 결과 단백질 채널의 진동이 멈추었고, 각 경우의 활동 수준을 보여주는 선(線)들이 편평해졌다. 이러한 결과는 단백질 채널의 작동만으로 심장의 박동이 설명될 수 없으며, 심장의 근육 세포에서 단백질 채널로의 피드백이 심장의 박동을 발생시키는 데 필수적이라는 사실을 증명하는 것이다.

이 실험은 생명 현상이 유전자나 단백질에서부터 세포 소기관이나 세포로 향하는 위 방향으로의 인과 관계로만 발생하는 것이 아니며, 이와 반대되는 아래 방향으로의 인과 관계도 생명 현상에 중요하게 작용하고 있음을 말해준다. 노블은 이러한 실험을 바탕으로 하여, 유전자를 중심으로 한 환원주의적 방식에서 벗어나 유기체 내의 다양한 생명 현상에 대해 전체적이고 통합적인 관점으로 접근할 필요가 있다고 주장하였다.

① 시스템 생물학이 출현하게 된 배경
② 기존 분자 생물학의 주된 연구 방식
③ 시스템 생물학자들의 다양한 연구 성과
④ 심장 박동 현상에 대한 노블의 실험 과정
⑤ 생명 현상의 인과 관계에 대한 노블의 주장

※ 다음 글의 내용으로 적절하지 않은 것을 고르시오. [2~3]

02

컴퓨터로 작업을 하다가 전원이 꺼져 작업하던 데이터가 사라져 낭패를 본 경험이 한 번쯤은 있을 것이다. 이는 현재 컴퓨터에서 주 메모리로 D램을 사용하기 때문이다. D램은 전기장의 영향을 받으면 극성을 띠게 되는 물질을 사용하는데 극성을 띠면 1, 그렇지 않으면 0이 된다. 그런데 D램에 사용되는 물질의 극성은 지속적으로 전원을 공급해야만 유지된다. 그래서 D램은 읽기나 쓰기 작업을 하지 않아도 전력이 소모되며, 전원이 꺼지면 데이터가 모두 사라진다는 문제점을 안고 있다.

이러한 D램의 문제를 해결할 수 있는 차세대 램 메모리로 가장 주목을 받고 있는 것은 M램이다. M램은 두 장의 자성 물질 사이에 얇은 절연막을 끼워 넣어 접합한 구조로 되어 있다. 절연막은 일반적으로 전류의 흐름을 막는 것이지만 M램에서는 절연막이 매우 얇아 전류가 통과할 수 있다. 그리고 자성 물질은 자석처럼 일정한 자기장 방향을 가지는데, 아래위 자성 물질의 자기장 방향에 따라 저항이 달라진다. 자기장 방향이 반대일 경우 저항이 커져 전류가 약해지지만, 자기장 방향이 같을 경우 저항이 약해져 상대적으로 강한 전류가 흐르게 된다. M램은 이 전류의 강도 차이를 감지해 전류가 상대적으로 약할 때 0, 강할 때 1로 읽게 된다. 자성 물질은 강한 전기 자극을 가하면 자기장 방향이 바뀌는데, 이를 이용해 한쪽 자성 물질의 자기장 방향만 바꿈으로써 쓰기 작업도 할 수 있다.

자성 물질의 자기장 방향은 전기 자극을 가해주지 않는 이상 변하지 않기 때문에 M램에서는 D램에서처럼 지속적으로 전원을 공급할 필요가 없다. 그렇기 때문에 D램에 비해 훨씬 적은 양의 전력을 사용하면서도 속도가 빠르며, 전원이 꺼져도 데이터를 잃어버릴 염려가 없다. 이런 장점들로 인해 M램이 일반화되면 컴퓨터뿐만 아니라 스마트폰이나 태블릿 PC와 같은 모바일 기기들의 성능은 크게 향상될 것이다.

그러나 M램이 일반화되기 위해서는 기술적 과제들도 많다. M램은 매우 얇은 막들을 쌓은 구조이기 때문에 이러한 얇은 막들이 원하는 기능을 하도록 제어하는 것은 기존의 반도체 공정으로는 매우 어렵다. 그리고 현재 사용하고 있는 자성 물질을 고도로 집적할 경우 자성 물질의 자기장이 인접한 자성 물질에 영향을 주는 문제도 있다. 이러한 문제를 해결할 수 있는 새로운 재료의 개발과 제조 공정의 개선이 이루어진다면 세계 반도체 시장의 판도도 크게 바뀔 것으로 보인다.

① D램과 M램 모두 0 또는 1로 정보를 기록한다.

② M램은 자성 물질의 자기장이 강할수록 성능이 우수하다.

③ M램에서는 전류의 강도 차이를 감지해 데이터를 읽는다.

④ D램은 전원을 공급해주지 않으면 0의 값을 가지게 된다.

⑤ D램에서는 읽기나 쓰기 작업을 하지 않아도 전력이 소모된다.

03

미술작품을 연구함에 있어 문헌사료의 중요성은 선사시대 미술연구의 한계를 통해서 절감할 수 있다. 울산의 천전리 암각화의 연구 성과를 예로 든다면 청동기 시대에 새겨졌다는 공통된 의견만 있을 뿐, 암각화의 제작 배경이나 작품의 내용에 대한 해석은 연구자의 주관적인 의견 제시에 그칠 수밖에 없다. 그러므로 고대 미술작품과 관련된 직·간접적인 기록이 존재하지 않는다면 그 작품은 감상의 범주를 벗어나기 어렵다.
미술사 연구의 시작은 작품의 제작시기를 파악하는 것에서부터 출발한다. 일반적으로 미술사에서는 양식사적 비교 편년에 의해 작품의 제작시기를 판단하는데, 이때 무엇보다도 중요한 것이 양식비교의 기준이 되는 작품이 존재해야 한다는 것이다. 비교 편년의 기준이 되는 작품을 흔히 '기준작'이라고 하는데, 기준작의 전제조건은 제작시기가 작품에 명시되어 있거나, 작품의 제작과 연관된 신뢰할 만한 기록을 보유한 작품이어야 한다는 점에서 기준작의 설정은 기록의 도움을 받을 수밖에 없다. 그러나 기준작의 설정을 전적으로 기록에만 의존하는 것도 곤란하다. 왜냐하면 물질자료와 달리 기록은 상황에 따라 왜곡되거나 윤색될 수도 있고, 후대에 가필되는 경우도 있기 때문이다. 따라서 작품에 명문이 있다 하더라도 기준작으로 삼기 위해서는 그것이 과연 신뢰할 만한 사료인가에 대한 엄정한 사료적 비판이 선행되어야 한다.
예를 들어, 일본 호류지 금당의 금동약사여래좌상 광배의 뒷면에는 스이코 천황과 쇼토쿠 태자가 요메이 천황의 유언에 따라 607년에 조성했다는 명문이 있다. 하지만 일본 학계에서는 이 불상을 7세기 초의 기준작으로 거론하지 않는다. 그 이유는 명문의 서체와 조각양식 및 제작기법 분석을 통해 이 불상이 670년 호류지가 화재로 소실된 이후 재건되면서 새롭게 조성되었다는 견해가 지배적이기 때문이다. 이러한 사례는 기준작의 선정을 위해서 작품과 관련기록에 대한 엄격한 사료의 비판이 전제되어야 한다는 것을 잘 보여준다.
한국 불교미술사에서 석굴암은 8세기 중엽 신라 불교미술의 기준작으로 확고하게 정착되어 있다. 절대연대가 확인되지 않은 통일신라 시대 불교미술품은 석굴암을 기준으로 이전과 이후로 구분하여 제작시기를 파악하고 있으며, 석굴암이 8세기 중엽의 기준작으로 설정된 근본적인 원인은 13세기 말에 편찬된 『삼국유사』 제5권의 '불국사 창건기록'에 근거하고 있다.

① 미술작품을 연구함에 있어 문헌사료의 직·간접적인 기록이 중요하다.
② 미술작품의 기록이 존재하지 않는다면, 연구자의 주관적인 의견에서 벗어나기 어렵다.
③ 전적으로 문헌사료의 기록에 의존해 기준작을 설정하는 것이 중요하다.
④ 석굴암은 8세기 중엽 신라 불교미술의 기준작으로 확고하게 정착되었다.
⑤ 금동약사여래좌상은 작품과 관련기록에 대한 비판이 전제되어야 함을 보여준다.

※ 다음 글의 내용으로 가장 적절한 것을 고르시오. [4~5]

04

사람의 키는 주로 다리뼈의 길이에 의해서 결정된다. 다리뼈는 뼈대와 뼈끝판, 그리고 뼈끝으로 구성되어 있다. 막대기 모양의 뼈대는 뼈 형성세포인 조골세포를 가지고 있다. 그리고 뼈끝은 다리뼈의 양쪽 끝 부분이며 뼈끝과 뼈대의 사이에는 여러 개의 연골세포층으로 구성된 뼈끝판이 있다. 뼈끝판의 세포층 중 뼈끝과 경계면에 있는 세포층에서만 세포분열이 일어난다.
연골세포의 세포분열이 일어날 때, 뼈대 쪽에 가장 가깝게 있는 연골세포의 크기가 커지면서 뼈끝판이 두꺼워진다. 크기가 커진 연골세포는 결국 죽으면서 빈 공간을 남기고 이렇게 생긴 공간이 뼈대에 있는 조골세포로 채워지면서 뼈가 형성된다. 이 과정을 되풀이하면서 뼈끝판이 두꺼워지는 만큼 뼈대의 길이 성장이 일어나는데, 이는 연골세포의 분열이 계속되는 한 지속된다.
사춘기 동안 뼈의 길이 성장에는 여러 호르몬이 관여하는데, 이 중 뇌에서 분비하는 성장호르몬은 직접 뼈에 작용하여 뼈를 성장시킨다. 또한 성장호르몬은 간세포에 작용하여 뼈의 길이 성장 과정 전체를 촉진하는 성장인자를 분비하도록 한다. 이외에도 갑상샘 호르몬과 남성호르몬인 안드로겐도 뼈의 길이 성장에 영향을 미친다. 성장호르몬이 뼈에 작용하기 위해서는 갑상샘 호르몬의 작용이 있어야 하기 때문에 갑상샘 호르몬은 뼈의 성장에 중요한 요인이다. 안드로겐은 뼈의 성장을 촉진함으로써 사춘기 남자의 급격한 성장에 일조한다. 부신에서 분비되는 안드로겐은 이 시기에 나타나는 뼈의 길이 성장에 관여한다. 하지만 사춘기가 끝날 때, 안드로겐은 뼈끝판 전체에서 뼈가 형성되도록 하여 뼈의 길이 성장을 정지시킨다. 결국 사춘기 이후에는 호르몬에 의한 뼈의 길이 성장이 일어나지 않는다.

① 사람의 키를 결정짓는 다리뼈는 연골세포의 세포분열로 인해 성장하게 된다.
② 뼈끝판의 세포층 중 뼈대와 경계면에 있는 세포층에서만 세포분열이 일어난다.
③ 사춘기 이후에 뼈의 길이가 성장하였다면, 호르몬이 그 원인이다.
④ 성장호르몬은 간세포에 작용하여 뼈 성장을 촉진하는 성장인자를 분비하는 등 뼈 성장에 간접적으로 도움을 준다.
⑤ 남성호르몬인 안드로겐은 뼈의 굵기 성장에 영향을 미친다.

05

미디어 플랫폼의 다변화로 콘텐츠 이용에 관한 선택권이 다양해졌지만 장애인은 OTT로 콘텐츠 하나 보기가 어려운 현실이다.
지난 2022 장애인 미디어 접근 콘퍼런스에서 최선호 한국시각장애인연합회 정책팀장은 "올해 한 기사를 보니 한 시각장애인 분이 OTT는 넷플릭스나 유튜브로 보고 있다고 돼 있었는데, 두 가지가 다 외국 플랫폼이었다는 것이 마음이 아팠다. 외국과 우리나라에서 장애인을 바라보는 시각의 차이가 바로 이런 것이구나 생각했다."며 "장애인을 소비자로 보느냐 시혜대상으로 보느냐 사업자가 어떤 생각을 갖고 있느냐에 따라 콘텐츠를 어떻게 제작할 것인가의 차이가 있다고 본다."고 말했다.
실제 시각장애인은 OTT의 기본 기능도 이용하기 어렵다. 국내 OTT에서는 동영상 재생 버튼을 설명하는 대체 텍스트(문구)가 제공되지 않아 시각장애인들이 재생 버튼을 선택할 수 없었으며 동영상 시청 중에는 일시 정지할 수 있는 버튼, 음량 조정 버튼, 설정 버튼 등이 화면에서 사라졌다. 재생 버튼에 대한 설명이 제공되는 넷플릭스도 영상 재생 시점을 10초 앞으로, 또는 뒤로 이동하는 버튼은 이용하기 어렵다.
이에 국내 OTT 업계의 경우 장애인 이용을 위한 기술을 개발·확대한다는 계획을 밝히며 정부 지원이 필요하다고 덧붙였다. 정부도 규제와 의무보다는 사업자의 자율적인 부분을 인정해주고 사업자를 위한 지원책을 마련하여야 한다. 이는 OTT 시장이 철저한 자본에 의한 경쟁시장이며, 자본이 있는 만큼 서비스가 고도화되고, 고도화를 통해 이용자 편의성을 높일 수 있기 때문이다.

① 외국 OTT 플랫폼은 장애인을 위한 서비스를 활발히 제공하고 있다.
② 국내 OTT 플랫폼은 장애인을 위한 서비스를 제공하고 있지 않다.
③ 외국 OTT 플랫폼은 국내 플랫폼보다 장애인을 시혜 대상으로 바라보고 있다.
④ 우리나라 장애인은 외국인보다 상대적으로 OTT 플랫폼의 이용이 어렵다.
⑤ 정부는 OTT 플랫폼에 장애인 편의 기능을 마련할 것을 촉구했지만 지원책은 미비했다.

02 주제 · 제목 찾기

| 유형분석 |

- 주어진 지문을 파악하여 전달하고자 하는 핵심 주제를 고르는 문제이다.
- 정보를 종합하고 중요한 내용을 구별하는 능력이 필요하다.
- 설명문부터 주장, 반박문까지 다양한 성격의 지문이 제시되므로 글의 성격별 특징을 알아 두는 것이 좋다.

다음 글의 제목으로 가장 적절한 것은?

구비문학에서는 기록문학과 같은 의미의 단일한 작품 또는 원본이라는 개념이 성립하기 어렵다. 윤선도의 『어부사시사』와 채만식의 『태평천하』는 엄밀하게 검증된 텍스트를 놓고 이것이 바로 그 작품이라 할 수 있지만, '오누이 장사 힘내기' 전설이라든가 '진주 낭군' 같은 민요는 서로 조금씩 다른 구연물이 다 그 나름의 개별적 작품이면서 동일 작품의 변이형으로 인정되기도 하는 것이다. 이야기꾼은 그의 개인적 취향이나 형편에 따라 설화의 어떤 내용을 좀 더 실감나게 손질하여 구연할 수 있으며, 때로는 그 일부를 생략 혹은 변경할 수 있다. 모내기할 때 부르는 '모노래'는 전승적 가사를 많이 이용하지만, 선창자의 재간과 그때그때의 분위기에 따라 새로운 노래 토막을 끼워 넣거나 일부를 즉흥적으로 개작 또는 창작하는 일도 흔하다.

① 구비문학의 현장성
② 구비문학의 유동성
③ 구비문학의 전승성
④ 구비문학의 구연성
⑤ 구비문학의 사실성

정답 ②

구비문학에서는 단일한 작품, 원본이라는 개념이 성립하기 어렵다. 선창자의 재간과 그때그때의 분위기에 따라 새롭게 변형되거나 창작되는 일이 흔하다. 다시 말해 정해진 틀이 있다기보다는 상황이나 분위기에 따라 바뀌는 것이 가능하다. 유동성이란 형편이나 때에 따라 변화될 수 있음을 뜻하는 말이다. 따라서 글의 제목은 '구비문학의 유동성'이라고 볼 수 있다.

풀이 전략!

'결국', '즉', '그런데', '그러나', '그러므로' 등의 접속어 뒤에 주제가 드러나는 경우가 많다는 것에 주의하면서 지문을 읽는다.

출제유형분석 02 실전예제

01 다음 글의 중심 내용으로 가장 적절한 것은?

> 통계는 다양한 분야에서 사용되며 막강한 위력을 발휘하고 있다. 그러나 모든 도구나 방법이 그렇듯이, 통계 수치에도 함정이 있다. 함정에 빠지지 않으려면 통계 수치의 의미를 정확히 이해하고, 도구와 방법을 올바르게 사용해야 한다. 친구 5명이 만나서 이야기를 나누다가 연봉이 화제가 되었다. 2천만 원이 4명, 7천만 원이 1명이었는데, 평균을 내면 3천만 원이다. 이 숫자에 대해 4명은 "나는 봉급이 왜 이렇게 적을까?"하며 한숨을 내쉬었다. 그러나 이 평균값 3천만 원이 5명의 집단을 대표하는 데에 아무 문제가 없을까? 물론 계산 과정에는 하자가 없지만, 평균을 집단의 대푯값으로 사용하는 데에 어떤 한계가 있을 수 있는지 깊이 생각해 보지 않는다면, 우리는 잘못된 생각에 빠질 수도 있다. 평균은 극단적으로 아웃라이어(비정상적인 수치)에 민감하다. 집단 내에 아웃라이어가 하나만 있어도 평균이 크게 바뀐다는 것이다. 위의 예에서 1명의 연봉이 7천만 원이 아니라 100억 원이었다고 하자. 그러면 평균은 20억 원이 넘게 된다.
> 나머지 4명은 자신의 연봉이 평균치의 100분의 1밖에 안 된다며 슬퍼해야 할까? 연봉 100억 원인 사람이 아웃라이어이듯이 처음의 예에서 연봉 7천만 원인 사람도 아웃라이어인 것이다. 두드러진 아웃라이어가 있는 경우에는 평균보다는 최빈값이나 중앙값이 대푯값으로서 더 나을 수 있다.

① 평균은 집단을 대표하는 수치로서는 매우 부적당하다.
② 통계는 숫자 놀음에 불과하므로 통계 수치에 일희일비할 필요가 없다.
③ 평균보다는 최빈값이나 중앙값을 대푯값으로 사용해야 한다.
④ 통계 수치의 의미와 한계를 정확히 인식하고 사용할 필요가 있다.
⑤ 통계는 올바르게 활용하면 다양한 분야에서 사용할 수 있는 도구이다.

※ 다음 글의 제목으로 가장 적절한 것을 고르시오. [2~3]

02

우리는 처음 만난 사람의 외모를 보고, 그를 어떤 방식으로 대우해야 할지를 결정할 때가 많다. 그가 여자인지 남자인지, 얼굴색이 흰지 검은지, 나이가 많은지 적은지 혹은 그의 스타일이 조금은 상류층의 모습을 띠고 있는지 아니면 너무나 흔해서 별 특징이 드러나 보이지 않는 외모를 하고 있는지 등을 통해 그들과 나의 차이를 재빨리 감지한다. 일단 감지가 되면 우리는 둘 사이의 지위 차이를 인식하고 우리가 알고 있는 방식으로 그를 대하게 된다. 한 개인이 특정 집단에 속한다는 것은 단순히 다른 집단의 사람과 다르다는 것뿐만 아니라, 그 집단이 다른 집단보다는 지위가 높거나 우월하다는 믿음을 갖게 한다. 모든 인간은 평등하다는 우리의 신념에도 불구하고 왜 인간들 사이의 이러한 위계화(位階化)를 당연한 것으로 받아들일까? 위계화란 특정 부류의 사람들은 자원과 권력을 소유하고 다른 부류의 사람들은 낮은 사회적 지위를 갖게 되는 사회적이며 문화적인 체계이다. 다음에서 우리는 이러한 불평등이 어떠한 방식으로 경험되고 조직화되는지를 살펴보기로 하자.

인간이 불평등을 경험하게 되는 방식은 여러 측면으로 나눌 수 있다. 산업 사회에서의 불평등은 계층과 계급의 차이를 통해서 정당화되는데, 이는 재산, 생산 수단의 소유 여부, 학력, 집안 배경 등등의 요소들의 결합에 의해 사람들 사이의 위계를 만들어 낸다. 또한 모든 사회에서 인간은 태어날 때부터 얻게 되는 인종, 성, 종족 등의 생득적 특성과 나이를 통해 불평등을 경험한다. 이러한 특성들은 단순히 생물학적인 차이를 지칭하는 것이 아니라, 개인의 열등성과 우등성을 가늠하게 만드는 사회적 개념이 되곤 한다.

한편 불평등이 재생산되는 다양한 사회적 기제들이 때로는 관습이나 전통이라는 이름 아래 특정 사회의 본질적인 문화적 특성으로 간주되고 당연시되는 경우가 많다. 불평등은 체계적으로 조직되고 개인에 의해 경험됨으로써 문화의 주요 부분이 되었고, 그 결과 같은 문화권 내의 구성원들 사이에 권력 차이와 그에 따른 폭력이나 비인간적인 행위들이 자연스럽게 수용될 때가 많다.

문화 인류학자들은 사회 집단의 차이와 불평등, 사회의 관습 또는 전통이라고 얘기되는 문화 현상에 대해 어떤 입장을 취해야 할지 고민을 한다. 문화 인류학자가 이러한 문화 현상은 고유한 역사적 산물이므로 나름대로 가치를 지닌다는 입장만을 반복하거나 단순히 관찰자로서의 입장에 안주한다면, 이러한 차별의 형태를 제거하는 데 도움을 줄 수 없다. 실제로 문화 인류학 연구는 기존의 권력관계를 유지시켜주는 다양한 문화적 이데올로기를 분석하고, 인간 간의 차이가 우등성과 열등성을 구분하는 지표가 아니라 동등한 다름일 뿐이라는 것을 일깨우는 데 기여해 왔다.

① 차이와 불평등
② 차이의 감지 능력
③ 문화 인류학의 역사
④ 위계화의 개념과 구조
⑤ 관습과 전통의 계승과 창조

03

우리 고유의 발효식품이자 한식 제1의 반찬인 김치는 천년이 넘는 역사를 함께해 온 우리 삶의 일부이다. 채소를 오래 보관하여 먹기 위한 절임 음식으로 시작된 김치는 양념을 버무리고 숙성시키는 우리만의 발효과학 식품으로 변신하였고, 김장은 우리 민족의 가장 중요한 행사 중 하나가 되었다. 다른 나라에도 소금 등에 채소를 절인 절임 음식이 존재하지만, 절임 후 양념으로 2차 발효시키는 음식으로는 우리 김치가 유일하다. 김치는 발효과정을 통해 원재료보다 영양이 한층 더 풍부하게 변신하며, 암과 노화, 비만 등의 예방과 억제에 효과적인 기능성을 보유한 슈퍼 발효 음식으로 탄생한다.
김치는 지역마다, 철마다, 또 특별한 의미를 담아 다양하게 변신하여 300가지가 넘는 종류로 탄생하는데, 기후와 지역 등에 따라서 다채로운 맛을 담은 김치들이 있으며, 주재료로 채소뿐만 아니라 수산물이나 육류를 이용한 독특한 김치도 있고, 같은 김치라도 사람에 따라 특별한 김치로 재탄생되기도 한다. 지역과 집안마다 저마다의 비법으로 담그기 때문에 유서 깊은 종가마다 비법으로 만든 특별한 김치가 전해오며, 김치를 담그고 먹는 일도 수행의 연속이라 여기는 사찰에서는 오신채를 사용하지 않은 김치가 존재한다.
우리 문화의 정수이자 자존심인 김치는 현대에 들어서는 문화와 전통이 결합한 복합 산업으로 펼쳐지고 있다. 김치에 들어가는 수많은 재료에 관련된 산업의 생산액은 3.3조 원이 넘으며, 주로 배추김치로 형성된 김치 생산은 약 2.3조 원의 시장을 형성하고 있고, 시판 김치의 경우 대기업의 시장 주도력이 증가하고 있다. 소비자 요구에 맞춘 다양한 포장 김치가 등장하고, 김치냉장고는 1.1조 원의 시장을 형성하고 있으며, 정성과 기다림을 상징하는 김치는 문화산업의 소재로 활용되며, 김치 문화는 관광 관련 산업으로 활성화되고 있다. 김치의 영양 기능성과 김치 유산균을 활용한 여러 기능성 제품이 개발되고, 부식뿐 아니라 새로운 요리의 식재료로서 김치는 39조 원의 외식산업 시장을 뒷받침하고 있다.

① 김치의 탄생
② 김치산업의 활성화 방안
③ 우리 민족의 축제, 김장
④ 지역마다 다양한 종류의 김치
⑤ 우리 민족의 전통이자 자존심, 김치

04 다음 글을 읽고 '한국인의 수면 시간'과 관련된 글을 쓴다고 할 때, 글의 주제로 가장 적절하지 않은 것은?

> 인간은 평생 3분의 1 정도를 잠으로 보낸다. 잠은 낮에 사용한 에너지를 보충하고, 피로를 회복하는 중요한 과정이다. 하지만 한국인은 잠이 부족하다. 한국인의 수면 시간은 7시간 41분밖에 되지 않으며, 2016년 기준 경제협력개발기구(OECD) 회원국 가운데 꼴찌를 차지했다. 한 조사에 따르면, 전 국민의 17% 정도가 주 3회 이상 불면 증상을 갖고 있으며, 이는 연령이 높아짐에 따라 늘어났다. 이에 따라 불면증, 기면증, 수면무호흡증 등 수면장애로 병원을 찾는 사람은 2016년 기준 291만 8,976명으로 5년 새 13% 증가했다. 수면장애를 방치하면 삶의 질 저하는 물론 만성 두통, 심혈관계 질환 등이 발생할 수 있다. 불면증은 수면 질환의 대명사로, 가장 흔하고 복합적인 질환이다. 불면증은 면역기능 저하, 인지감퇴뿐만 아니라 일상생활에 장애를 초래할 수 있으며, 우울증, 인지장애 등을 유발할 수 있다.
>
> 코를 골며 자다가 몇 초에서 몇 분 동안 호흡을 멈추는 수면무호흡증도 있다. 이 역시 인지기능 저하와 심혈관계질환 등 합병증을 일으킨다. 특히 수면무호흡증은 비만과 관계가 깊고, 졸음운전의 원인이 되기도 한다.
>
> 최근 고령 인구 증가로 뇌 퇴행성 질환인 렘수면 행동장애(RBD; Rem Sleep Behavior Disorder)도 늘고 있다. 이 병은 잠자는 동안 악몽을 꾸면서 소리를 지르고, 팔다리를 움직이고, 벽을 치고, 침대에서 뛰어내리는 등 난폭한 행동을 한다. 이 병을 앓는 상당수는 파킨슨병, 치매 환자로 이어진다. 또한 잠들기 전에 다리에 이상 감각이나 통증이 생기는 하지불안증후군도 수면의 질을 떨어뜨리는 병이다. 낮 동안 졸리는 기면증(嗜眠症) 역시 일상생활에 심각한 장애를 초래한다.
>
> 한 정신건강의학과 교수는 "수면 문제는 결국 심혈관계질환, 치매와 파킨슨병 등의 퇴행성 질환, 우울증, 졸음운전의 원인이 되므로 전문적인 치료를 받아야 한다."고 했다.

① 한국인의 부족한 수면 시간
② 수면 마취제의 부작용
③ 수면장애의 종류
④ 수면장애의 심각성
⑤ 전문 치료가 필요한 수면장애

05 다음 글에서 필자가 주장하는 핵심 내용으로 가장 적절한 것은?

> 우리는 혈연, 지연, 학연 등에 의거한 생활양식 내지 행위원리를 연고주의라 한다. 특히 이에 대해 지극히 부정적인 의미를 부여하며 대부분의 한국병이 연고주의와 직·간접적인 어떤 관련을 갖는 것으로 진단한다. 그러나 여기서 주목할 만한 한 가지 사실은 연고주의가 그 자체로서는 반드시 역기능적인 어떤 것으로 치부될 이유가 없다는 점이다.
> 연고주의는 그 자체로서 비판받아야 할 것이라기보다는 나름의 고유한 가치를 갖는 사회적 자산이다. 이미 공동체적 요인이 청산·해체되어 버리고, 공동체에 대한 기억마저 사라진 서구 선진사회의 사람들은 오히려 삭막하고 황량한 사회생활의 긴장으로부터 해방되기 위해 새로운 형태의 공동체를 모색·시도하고 있다. 그에 비하면 우리의 연고주의는 인간적 온기를 지닌 것으로 그 나름의 가치 있는 삶의 원리가 아닐 수 없다.

① 연고주의는 그 자체로서 고유한 가치를 갖는 사회적 자산이다.
② 연고주의는 반드시 역기능적인 면을 가지는 것은 아니다.
③ 연고주의는 인간적 온기를 느끼게 하는 삶의 활력소이다.
④ 오늘날 연고주의에 대해 부정적 의미를 부여하기 쉽다.
⑤ 연고주의는 계속해서 유지하고 보존해야 하는 것이다.

03 문단 나열

| 유형분석 |

- 각 문단의 내용을 파악하고 논리적 순서에 맞게 배열하는 복합적인 문제이다.
- 전체적인 글의 흐름을 이해하는 것이 중요하며, 각 문장의 지시어나 접속어에 주의한다.

다음 문단을 논리적 순서대로 바르게 나열한 것은?

(가) 여기에 반해 동양에서는 보름달에 좋은 이미지를 부여한다. 예를 들어, 우리나라의 처녀귀신이나 도깨비는 달빛이 흐린 그믐 무렵에나 활동하는 것이다. 그런데 최근에는 동서양의 개념이 마구 뒤섞여 보름달을 배경으로 악마의 상징인 늑대가 우는 광경이 동양의 영화에 나오기도 한다.

(나) 동양에서 달은 '음(陰)'의 기운을, 해는 '양(陽)'의 기운을 상징한다는 통념이 자리를 잡았다. 그래서 달을 '태음', 해를 '태양'이라고 불렀다. 동양에서는 해와 달의 크기가 같은 덕에 음과 양도 동등한 자격을 갖춘다. 즉, 음과 양은 어느 하나가 좋고 다른 하나는 나쁜 것이 아니라 서로 보완하는 관계를 이루는 것이다.

(다) 옛날부터 형성된 이러한 동서양 간의 차이는 오늘날까지 영향을 끼치고 있다. 동양에서는 달이 밝으면 달맞이를 하는데, 서양에서는 달맞이를 자살 행위처럼 여기고 있다. 특히 보름달은 서양인들에게 거의 공포의 상징과 같은 존재이다. 예를 들어, 13일의 금요일에 보름달이 뜨게 되면 사람들이 외출조차 꺼린다.

(라) 하지만 서양의 경우는 다르다. 서양에서 낮은 신이, 밤은 악마가 지배한다는 통념이 자리를 잡았다. 따라서 밤의 상징인 달에 좋지 않은 이미지를 부여하게 되었다. 이는 해와 달의 명칭을 보면 알 수 있다. 라틴어로 해를 'Sol', 달을 'Luna'라고 하는데 정신병을 뜻하는 단어 'Lunacy'의 어원이 바로 'Luna'이다.

① (가) – (나) – (라) – (다)
② (나) – (라) – (가) – (다)
③ (나) – (라) – (다) – (가)
④ (나) – (다) – (가) – (라)
⑤ (다) – (나) – (라) – (가)

정답 ③

제시문은 동양과 서양에서 서로 다른 의미를 부여하고 있는 달에 대해 설명하고 있는 글이다. 따라서 (나) 동양에서 나타나는 해와 달의 의미 → (라) 동양과 상반되는 서양에서의 해와 달의 의미 → (다) 최근까지 지속되고 있는 달에 대한 서양의 부정적 의미 → (가) 동양에서의 변화된 달의 이미지의 순서대로 나열하는 것이 적절하다.

풀이 전략!

상대적으로 시간이 부족하다고 느낄 때는 선택지를 참고하여 문장의 순서를 생각해 본다.

출제유형분석 03 실전예제

※ 다음 문단을 논리적 순서대로 바르게 나열한 것을 고르시오. [1~5]

01

(가) 하지만 막상 앱을 개발하려 할 때 부딪히는 여러 난관이 있다. 여행지나 주차장에 한 정보를 모으는 것도 문제이고, 정보를 지속적으로 갱신하는 것도 문제이다. 이런 문제 때문에 결국 아이디어를 포기하는 경우가 많다.
(나) 그러나 이제는 아이디어를 포기하지 않아도 된다. 바로 공공 데이터가 있기 때문이다. 공공 데이터는 공공 기관에서 생성, 취득하여 관리하고 있는 정보 중 전자적 방식으로 처리되어 누구나 이용할 수 있도록 국민들에게 제공된 것을 말한다.
(다) 현재 정부에서는 공공 데이터 포털 사이트를 개설하여 국민들이 쉽게 이용할 수 있도록 하고 있다. 공공 데이터 포털 사이트에서는 800여 개 공공 기관에서 생성한 15,000여 건의 공공 데이터를 제공하고 있으며, 제공하는 공공 데이터의 양을 꾸준히 늘리고 있다.
(라) 앱을 개발하려는 사람들은 아이디어가 넘친다. 사람들이 여행 준비를 위해 많은 시간을 허비하는 것을 보면 한 번에 여행 코스를 짜 주는 앱을 만들어 보고 싶어 하고, 도심에 주차장을 못 찾아 헤매는 사람들을 보면 주차장을 쉽게 찾아 주는 앱을 만들어 보고 싶어 한다.

① (가) – (라) – (나) – (다)
② (가) – (나) – (다) – (라)
③ (가) – (다) – (나) – (라)
④ (라) – (가) – (나) – (다)
⑤ (라) – (나) – (다) – (가)

02

(가) 이글루가 따듯해질 수 있는 원리를 과정에 따라 살펴보면, 먼저 눈 벽돌로 이글루를 만든 후에 이글루 안에서 불을 피워 온도를 높인다.
(나) 에스키모 하면 연상되는 것 중의 하나가 이글루이다.
(다) 이 과정을 반복하면서 눈 벽돌집은 얼음집으로 변하게 되며, 눈 사이에 들어 있던 공기는 빠져나가지 못하고 얼음 속에 갇히게 되면서 내부가 따듯해진다.
(라) 이글루는 눈을 벽돌 모양으로 잘라 만든 집임에도 불구하고 사람이 거주할 수 있을 정도로 따듯하다.
(마) 온도가 올라가면 눈이 녹으면서 벽의 빈틈을 메워주고 어느 정도 눈이 녹으면 출입구를 열어 물이 얼도록 한다.

① (라) – (나) – (다) – (마) – (가)
② (나) – (라) – (다) – (마) – (가)
③ (라) – (다) – (나) – (가) – (마)
④ (나) – (라) – (가) – (마) – (다)
⑤ (가) – (다) – (나) – (라) – (마)

03

(가) 세종대왕은 백성들이 어려운 한자를 익히지 못해 글을 읽고 쓰지 못하는 것을 안타깝게 여겼다. 당시에는 오직 사대부들만 한자를 배워 지식을 독점했기 때문에 권력 역시 이들의 것이었다. 세종대왕은 이를 가엾게 여기다가, 온 국민이 쉽게 깨우칠 수 있는 문자를 만들었다.

(나) 훈민정음을 세상에 설명하기 위해 1446년(세종 28년) 정인지 등의 학자가 세종대왕의 명령을 받고 한문으로 편찬한 해설서인 『훈민정음 해례본』을 편찬하고, 정인지 · 안지 · 권제 등을 명해 조선 왕조 창업을 노래한 『용비어천가』를 펴냈다.

(다) 이러한 반대를 물리치고, 세종대왕은 1446년 훈민정음을 세상에 알리게 된다. 실제로 '백성을 가르치는 바른 소리'라는 뜻의 훈민정음의 서문을 보면 평생 글을 모른 채 살아가는 사람들에 대한 애민정신이 명확히 드러난다.

(라) 각고의 노력 끝에 훈민정음이 만들었지만, 대신들은 물론 집현전 학자들까지도 한글 창제에 대해 거세게 반발했다. 최만리, 정찬손 등의 학자들이 반대 상소를 올리자 세종대왕이 "이두를 제작한 뜻이 백성을 편리하게 하려 함이라면, 지금의 언문(한글)도 백성을 편리하게 하려 하는 것이다."라고 질타한 일화가 『세종실록』에 남아 있을 정도다.

① (가) – (라) – (다) – (나)
② (가) – (나) – (라) – (다)
③ (나) – (다) – (가) – (라)
④ (나) – (다) – (라) – (가)
⑤ (나) – (라) – (다) – (가)

04

(가) 그런데 자연의 일양성은 선험적으로 알 수 있는 것이 아니라 경험에 기대어야 알 수 있는 것이다. 즉, '귀납이 정당한 추론이다.'라는 주장은 '자연은 일양적이다.'라는 다른 지식을 전제로 하는데, 그 지식은 다시 귀납에 의해 정당화되어야 하는 경험 지식이므로 귀납의 정당화는 순환 논리에 빠져 버린다는 것이다. 이것이 귀납의 정당화 문제이다.

(나) 귀납은 논리학에서 연역이 아닌 모든 추론, 즉 전제가 결론을 개연적으로 뒷받침하는 모든 추론을 가리킨다. 귀납은 기존의 정보나 관찰 증거 등을 근거로 새로운 사실을 추가하는 지식 확장적 특성을 지닌다.

(다) 이와 관련하여 흄은 과거의 경험을 근거로 미래를 예측하는 귀납이 정당한 추론이 되려면 미래의 세계가 과거에 우리가 경험해 온 세계와 동일하다는 자연의 일양성, 곧 한결같음이 가정되어야 한다고 보았다.

(라) 이 특성으로 인해 귀납은 근대 과학 발전의 방법적 토대가 되었지만, 한편으로 귀납 자체의 논리 한계를 지적하는 문제들에 부딪히기도 한다.

① (가) – (라) – (나) – (다)
② (가) – (나) – (다) – (라)
③ (가) – (다) – (나) – (라)
④ (나) – (다) – (라) – (가)
⑤ (나) – (라) – (다) – (가)

05

(가) 이러한 수평적 연결은 사물인터넷 서비스로 새로운 성장 동력을 모색할 수 있다. 예를 들어, 스마트 컵인 프라임베실(개인에게 필요한 수분 섭취량을 알려줌), 스마트 접시인 탑뷰(음식의 양을 측정함), 스마트 포크인 해피포크(식사 습관개선을 돕는 스마트 포크. 식사 속도와 시간, 1분간 떠먹는 횟수 등을 계산해 식사 습관을 분석함)를 연결하면 식생활 습관을 관리할 수 있을 것이다. 이를 식당, 병원, 헬스케어 센터에서 이용하면 고객의 식생활을 부가 서비스로 관리할 수 있다.

(나) 마치 100m 달리기를 하듯 각자의 트랙에서 목표를 향해 전력 질주하던 시대가 있었다. 선택과 집중의 논리로 수직 계열화를 통해 효율을 확보하고, 성능을 개선하고자 했었다. 그런데 세상이 변하고 있다. 고객 혹은 사용자를 중심으로 기존의 제품과 서비스가 재정의되고 있는 것이다. 이러한 산업의 패러다임적 전환을 신성장 동력이라 말한다.

(다) 기존의 가스 경보기를 만들려면 미세한 가스도 놓치지 않는 센서의 성능, 오래 지속되는 배터리, 크게 알릴 수 있는 알람 소리, 인테리어에 잘 어울리는 멋진 제품 디자인이 필요하다. 그런데 아무리 좋은 가스 경보기를 만들어도 사람의 안전을 담보하지는 못한다. 만약 집에서 가스 경보기가 울리면 아마 창문을 열어 환기시키고, 가스 밸브를 잠그고, 119에 신고를 해야 할 것이다. 사람의 안전을 담보하는, 즉 연결 지배성이 높은 가스 경보기는 이런 일을 모두 해내야 한다. 이런 가스 경보기를 만들려면 전기, 전자, 통신, 기계, 인테리어, 디자인 등의 도메인들이 사용자 경험을 중심으로 연결돼야 한다. 이를 수평적 연결이라 부른다.

(라) 똑똑한 사물인터넷은 점점 더 다양해진다. SK텔레콤의 '누구'나 아마존 '에코' 같은 스마트 스피커는 사용자가 언제 어디든, 일상에서 인공 비서로 사용되는 시대가 되었다. 그리고 귀뚜라미 보일러의 사물인터넷 서비스는 보일러 쪽으로 직접 가지 않아도 스마트폰 전용 앱으로 보일러를 관리한다. 이제 보일러가 언제, 얼마나, 어떻게 쓰이는지, 그리고 보일러의 상태는 어떠한지, 사용하는 방식과 에너지 소모 등의 정보도 얻을 수 있다. 4차 산업혁명의 전진기지 역할을 하는 사물인터넷 서비스는 이제 거스를 수 없는 대세이다.

① (나) – (가) – (다) – (라)
② (나) – (다) – (가) – (라)
③ (다) – (가) – (라) – (나)
④ (다) – (나) – (가) – (라)
⑤ (다) – (라) – (나) – (가)

04 추론하기

| 유형분석 |

- 주어진 지문을 바탕으로 도출할 수 있는 내용을 찾는 문제이다.
- 선택지의 내용을 정확하게 확인하고 지문의 정보와 비교하여 추론하는 능력이 필요하다.

다음 글에서 밑줄 친 ㉠의 사례가 아닌 것은?

㉠ 닻내림 효과란 닻을 내린 배가 크게 움직이지 않듯 처음 접한 정보가 기준점이 돼 판단에 영향을 미치는 일종의 편향(왜곡) 현상을 말한다. 즉, 사람들이 어떤 판단을 하게 될 때 초기에 접한 정보에 집착해, 합리적 판단을 내리지 못하는 현상을 일컫는 행동경제학 용어이다. 대부분의 사람은 제시된 기준을 그대로 받아들이지 않고, 기준점을 토대로 약간의 조정과정을 거치기는 하나, 그런 조정과정이 불완전하므로 최초 기준점에 영향을 받는 경우가 많다.

① 연봉 협상 시 본인의 적정 기준보다 더 높은 금액을 제시한다.
② 원래 1만 원이던 상품에 2만 원의 가격표를 붙이고 50% 할인한 가격에 판매한다.
③ 명품업체가 매장에서 최고가 상품들의 가격표를 보이게 진열하여 다른 상품들이 그다지 비싸지 않은 것처럼 느끼게 만든다.
④ 홈쇼핑에서 '이번 시즌 마지막 세일', '오늘 방송만을 위한 한정 구성' '매진 임박' 등의 표현을 사용하여 판매한다.
⑤ '온라인 정기구독 연간 25$'와 '온라인 및 오프라인 정기구독 연간 125$' 사이에 '오프라인 정기구독 연간 125$'의 항목을 넣어 판촉한다.

정답 ④

④는 밴드왜건 효과(편승효과)의 사례로, 이는 유행에 따라 상품을 구입하는 소비현상을 뜻하는 경제용어이다. 밴드왜건은 악대를 선두에 세우고 다니는 운송수단으로 요란한 음악을 연주하여 사람들을 모았으며, 금광이 발견되었다는 소식을 들으면 많은 사람을 이끌고 몰려갔다. 이러한 현상을 기업에서는 충동구매를 유도하는 마케팅 활동으로 활용하고, 정치계에서는 특정 유력 후보를 위한 선전용으로 활용한다.

풀이 전략!

주어진 제시문이 어떠한 내용을 다루고 있는지 파악한 후 선택지의 키워드를 확실하게 체크하고, 제시문의 정보에서 도출할 수 있는 내용을 찾는다.

출제유형분석 04 실전예제

01 다음 글에서 추론할 수 있는 내용은?

> 조선이 임진왜란 중에도 필사적으로 보존하고자 한 서적이 바로 조선왕조실록이다. 실록은 원래 서울의 춘추관과 성주·충주·전주 4곳의 사고(史庫)에 보관되었으나, 임진왜란 이후 전주 사고의 실록만 온전한 상태였다. 전란이 끝난 후 단 1벌 남은 실록을 다시 여러 벌 등서하자는 주장이 제기되었다. 우여곡절 끝에 실록 인쇄가 끝난 것은 1606년이었다. 재인쇄 작업의 결과 원본을 포함해 모두 5벌의 실록을 갖추게 되었다. 원본은 강화도 마니산에 봉안하고 나머지 4벌은 서울의 춘추관과 평안도 묘향산, 강원도의 태백산과 오대산에 봉안했다.
>
> 이 5벌 중에서 서울 춘추관의 것은 1624년 이괄의 난 때 불에 타 없어졌고, 묘향산의 것은 1633년 후금과의 관계가 악화되자 전라도 무주의 적상산에 사고를 새로 지어 옮겼다. 강화도 마니산의 것은 1636년 병자호란 때 청군에 의해 일부 훼손되었던 것을 현종 때 보수하여 숙종 때 강화도 정족산에 다시 봉안했다. 결국 내란과 외적 침입으로 인해 5곳 가운데 1곳의 실록은 소실되었고, 1곳의 실록은 장소를 옮겼으며, 1곳의 실록은 손상을 입었던 것이다.
>
> 정족산, 태백산, 적상산, 오대산 4곳의 실록은 그 후 안전하게 지켜졌다. 그러나 일본이 다시 여기에 손을 대었다. 1910년 조선 강점 이후 일제는 정족산과 태백산에 있던 실록을 조선총독부로 이관하고 적상산의 실록은 구황궁 장서각으로 옮겼으며 오대산의 실록은 일본 동경제국대학으로 반출했다. 일본으로 반출한 것은 1923년 관동대지진 때 거의 소실되었다. 정족산과 태백산의 실록은 1930년에 경성제국대학으로 옮겨져 지금까지 서울대학교에 보존되어 있다. 한편 장서각의 실록은 6·25전쟁 때 북으로 옮겨져 현재 김일성종합대학에 소장되어 있다.

① 재인쇄하였던 실록은 모두 5벌이다.
② 태백산에 보관하였던 실록은 현재 일본에 있다.
③ 현재 한반도에 남아 있는 실록은 모두 4벌이다.
④ 적상산에 보관하였던 실록은 일부가 훼손되었다.
⑤ 현존하는 가장 오래된 실록은 서울대학교에 있다.

PART 1

02 다음 글을 통해 추론할 수 없는 것은?

> 제약 연구원이란 제약 회사에서 약을 만드는 과정에 참여하는 사람을 말한다. 제약 연구원은 이러한 모든 단계에 참여하지만, 특히 신약 개발 단계와 임상 시험 단계에서 가장 중점적인 역할을 한다. 일반적으로 약을 만드는 과정은 새로운 약품을 개발하는 신약 개발 단계, 임상 시험을 통해 개발된 신약의 약효를 확인하는 임상 시험 단계, 식약처에 신약이 판매될 수 있도록 허가를 요청하는 약품 허가 요청 단계, 마지막으로 의료진과 환자를 대상으로 신약에 대해 홍보하는 영업 및 마케팅의 단계로 나눈다.
>
> 제약 연구원이 되기 위해서는 일반적으로 약학을 전공해야 한다고 생각하기 쉽지만, 약학 전공자 이외에도 생명 공학・화학 공학・유전 공학 전공자들이 제약 연구원으로 활발하게 참여하고 있다. 만일 신약 개발의 전문가가 되고 싶다면 해당 분야에서 오랫동안 연구한 경험이 필요하기 때문에 대학원에서 석사나 박사 학위를 취득하는 것이 유리하다.
>
> 제약 연구원이 되기 위해서는 전문적인 지식도 중요하지만, 사람의 생명과 관련된 일인 만큼, 무엇보다도 꼼꼼함과 신중함, 책임 의식이 필요하다. 또한 제약 회사라는 공동체 안에서 일을 하는 것이므로 원만한 일의 진행을 위해서 의사소통 능력도 필수적으로 요구된다. 오늘날 제약 분야가 빠르게 성장하고 있다는 점을 고려할 때, 일에 대한 도전 의식, 호기심과 탐구심 등도 제약 연구원에게 필요한 능력으로 꼽을 수 있다.

① 제약 연구원은 약품 허가 요청 단계에 참여한다.
② 오늘날 제약 연구원에게 요구되는 능력이 많아졌다.
③ 생명 공학이나 유전 공학 전공자도 제약 연구원으로 일할 수 있다.
④ 신약 개발 전문가가 되려면 반드시 석사나 박사를 취득해야 한다.
⑤ 제약 연구원과 관련된 정보가 부족하다면 약학을 전공해야만 제약 연구원이 될 수 있다고 생각할 수 있다.

03 A사원은 사내 웹진을 읽다가 정보란에서 아래의 글을 읽게 되었다. 다음 글을 읽고 질문의 답을 찾을 수 없는 것은?

> 해안에서 밀물에 의해 해수가 해안선에 제일 높게 들어온 곳과 썰물에 의해 제일 낮게 빠진 곳의 사이에 해당하는 부분을 조간대라고 한다. 지구상에서 생물이 살기에 열악한 환경 중 한 곳이 바로 이 조간대이다. 이곳의 생물들은 물에 잠겨 있을 때와 공기 중에 노출될 때라는 상반된 환경에 삶을 맞춰야 한다. 갯바위에 부서지는 파도의 파괴력도 견뎌내야 한다. 또한 빗물이라도 고이면 민물이라는 환경에도 적응해야 하며, 강한 햇볕으로 바닷물이 증발하고 난 다음에는 염분으로 범벅된 몸을 추슬러야 한다. 이러한 극단적이고 변화무쌍한 환경에 적응할 수 있는 생물만이 조간대에서 살 수 있다.
>
> 조간대는 높이에 따라 상부, 중부, 하부로 나뉜다. 바다로부터 가장 높은 곳인 상부는 파도가 강해야만 물이 겨우 닿는 곳이다. 그래서 조간대 상부에 사는 생명체는 뜨거운 태양열을 견뎌내야 한다. 중부는 만조 때는 물에 잠기지만 간조 때는 공기 중에 노출되는 곳이다. 그런데 물이 빠져 공기 중에 노출되었다 해도 파도에 의해 어느 정도의 수분은 공급된다. 가장 아래에 위치한 하부는 간조 때를 제외하고는 항상 물에 잠겨 있다. 땅 위 환경의 영향을 적게 받는다는 점에선 다소 안정적이긴 해도 파도의 파괴력을 이겨내기 위해 강한 부착력을 지녀야 한다는 점에서 생존이 쉽지 않은 곳이다.
>
> 조간대에 사는 생물들은 불안정하고 척박한 바다 환경에 적응하기 위해 높이에 따라 수직적으로 종이 분포한다. 조간대를 찾았을 때 총알고둥류와 따개비들을 발견했다면 그곳이 조간대에서 물이 가장 높이 올라오는 지점인 것이다. 이들은 상당 시간 물 밖에 노출되어도 수분 손실을 막기 위해 패각과 덮개 판을 꼭 닫은 채 물이 밀려올 때까지 버텨낼 수 있다.

① 조간대에서 총알고둥류가 사는 곳은 어느 지점인가?
② 조간대의 중부에 사는 생물에는 어떠한 것이 있는가?
③ 조간대에서 높이에 따라 생물의 종이 수직으로 분포하는 이유는 무엇인가?
④ 조간대에 사는 생물들이 견뎌야 하는 환경적 조건에는 어떠한 것이 있는가?
⑤ 조간대의 상부에 사는 생물들의 환경 적응 방식의 예로는 어떠한 것이 있는가?

04 다음 글을 읽고 추론한 내용으로 가장 적절한 것은?

> 한 연구원이 어떤 실험을 계획하고 참가자들에게 이렇게 설명했다.
> "여러분은 지금부터 둘씩 조를 지어 함께 일을 하게 됩니다. 여러분의 파트너는 다른 작업장에서 여러분과 똑같은 일을, 똑같은 노력을 기울여야 할 것입니다. 이번 실험에 대한 보수는 각 조당 5만 원입니다."
> 실험 참가자들이 작업을 마치자 연구원은 참가자들을 세 부류로 나누어 각각 2만 원, 2만 5천 원, 3만 원의 보수를 차등 지급하면서, 그들이 다른 작업장에서 파트너가 받은 액수를 제외한 나머지 보수를 받은 것으로 믿게 하였다.
> 그 후 연구원은 실험 참가자들에게 몇 가지 설문을 했다. '보수를 받고 난 후에 어떤 기분이 들었는지, 나누어 받은 돈이 공정하다고 생각하는지'를 묻는 것이었다. 연구원은 설문을 하기 전에 3만 원을 받은 참가자가 가장 행복할 것이라고 예상했다. 그런데 결과는 예상과 달랐다. 3만 원을 받은 사람은 2만 5천 원을 받은 사람보다 덜 행복해 했다. 자신이 과도하게 보상을 받아 부담을 느꼈기 때문이다. 2만 원을 받은 사람도 덜 행복해 한 것은 마찬가지였다. 받아야 할 만큼 충분히 받지 못했다고 생각했기 때문이다.

① 인간은 공평한 대우를 받을 때 더 행복해 한다.
② 인간은 남보다 능력을 더 인정받을 때 더 행복해 한다.
③ 인간은 타인과 협력할 때 더 행복해 한다.
④ 인간은 상대를 위해 자신의 몫을 양보했을 때 더 행복해 한다.
⑤ 인간은 자신이 설정한 목표를 달성했을 때 가장 행복해 한다.

05 다음 글을 바탕으로 〈보기〉에서 추론할 수 있는 내용으로 가장 적절한 것은?

독립신문은 우리나라 최초의 민간 신문이다. 사장 겸 주필(신문의 최고 책임자)은 서재필 선생이, 국문판 편집과 교정은 최고의 국어학자로 유명한 주시경 선생이, 그리고 영문판 편집은 선교사 호머 헐버트가 맡았다. 창간 당시 독립신문은 이들 세 명에 기자 두 명과 몇몇 인쇄공들이 합쳐 단출하게 시작했다.

신문은 우리가 흔히 사용하는 'A4 용지'보다 약간 큰 '국배판(218×304mm)' 크기로 제작됐고, 총 4면 중 3면은 순 한글판으로, 나머지 1면은 영문판으로 발행했다. 제1호는 '독닙신문'이고 영문판은 'Independent(독립)'로 조판했고, 내용을 살펴보면 제1면에는 대체로 논설과 광고가 실렸으며, 제2면에는 관보·외국통신·잡보가, 제3면에는 물가·우체시간표·제물포 기선 출입항 시간표와 광고가 게재됐다.

독립신문은 민중을 개화시키고 교육하기 위해 발간된 것이지만, 그 이름에서부터 알 수 있듯 스스로 우뚝 서는 독립국을 만들고자 자주적 근대화 사상을 강조했다. 창간호 표지에는 '뎨일권 뎨일호. 조선 서울 건양 원년 사월 초칠일 금요일'이라고 표기했는데, '건양(建陽)'은 조선의 연호이고, 한성 대신 서울을 표기한 점과 음력 대신 양력을 쓴 점 모두 중국 사대주의에서 벗어난 자주독립을 꾀한 것으로 볼 수 있다.

독립신문이 발행되자 사람들은 모두 깜짝 놀랄 수밖에 없었다. 순 한글로 만들어진 것은 물론 유려한 편집 솜씨에 조판과 내용까지 완벽했기 때문이다. 무엇보다 제4면을 영어로 발행해 국내 사정을 외국에 알린다는 점은 호시탐탐 한반도를 노리던 일본 당국에 큰 부담을 안겨주었고, 더는 자기네들 마음대로 조선의 사정을 왜곡 보도할 수 없게 되었다.

날이 갈수록 독립신문을 구독하려는 사람은 늘어났고, 처음 300부씩 인쇄되던 신문이 곧 500부로, 나중에는 3,000부까지 확대된다. 오늘날에는 한 사람이 신문 한 부를 읽으면 폐지 처리하지만, 과거에는 돌려가며 읽는 경우가 많았고 시장이나 광장에서 글을 아는 사람이 낭독해주는 일도 빈번했기에 한 부의 독자 수는 50명에서 100명에 달했다. 이런 점을 감안해보면 실제 독립신문의 독자 수는 10만 명을 넘어섰다고 가늠해 볼 수 있다.

보기

우리 신문이 한문은 아니 쓰고 다만 국문으로만 쓰는 것은 상하귀천이 다 보게 함이라. 또 국문을 이렇게 구절을 떼어 쓴즉 아무라도 이 신문을 보기가 쉽고 신문 속에 있는 말을 자세히 알아보게 함이라.

① 교통이 발달하지 않던 과거에는 활자 매체인 신문이 소식 전달에 있어 절대적인 역할을 차지했다.
② 민중을 개화시키고 교육하기 위해 발간된 것으로 역사적·정치적으로 큰 의의를 가진다.
③ 한글을 사용해야 누구나 읽을 수 있다는 점을 인식해 한문우월주의에 영향을 받지 않고, 소신 있는 행보를 했다.
④ 일본이 한반도를 집어삼키려 하던 혼란기에 우리만의 신문을 펴낼 수 있었음에 큰 의의가 있다.
⑤ 중국의 지배에서 벗어나 자주독립을 꾀하고 스스로 우뚝 서는 독립국을 만들고자 자주적 사상을 강조했다.

05 빈칸 넣기

| 유형분석 |

- 주어진 지문을 바탕으로 빈칸에 들어갈 내용을 찾는 문제이다.
- 선택지의 내용을 정확하게 확인하고 빈칸 앞뒤 문맥을 파악하는 능력이 필요하다.

다음 글의 빈칸에 들어갈 내용으로 가장 적절한 것은?

힐링(Healing)은 사회적 압박과 스트레스 등으로 손상된 몸과 마음을 치유하는 방법을 포괄적으로 일컫는 말이다. 우리보다 먼저 힐링이 정착된 서구에서는 질병 치유의 대체 요법 또는 영적·심리적 치료 요법 등을 지칭하고 있다. 국내에서도 최근 힐링과 관련된 갖가지 상품이 유행하고 있다. 간단한 인터넷 검색을 통해 수천 가지의 상품을 확인할 수 있을 정도이다. 종교적 명상, 자연 요법, 운동 요법 등 다양한 형태의 힐링 상품이 존재한다. 심지어 고가의 힐링 여행이나 힐링 주택 등의 상품도 나오고 있다. 그러나 ______________________________ 우선 명상이나 기도 등을 통해 내면에 눈뜨고, 필라테스나 요가를 통해 육체적 건강을 회복하여 자신감을 얻는 것부터 출발할 수 있다.

① 힐링이 먼저 정착된 서구의 힐링 상품들을 참고해야 할 것이다.
② 많은 돈을 들이지 않고서도 쉽게 할 수 있는 일부터 찾는 것이 좋을 것이다.
③ 이러한 상품들의 값이 터무니없이 비싸다고 느껴지지는 않을 것이다.
④ 자신을 진정으로 사랑하는 법을 알아야 할 것이다.
⑤ 혼자만 할 수 있는 힐링 상품을 찾는 것보다는 다른 사람과 함께 하는 힐링 상품을 찾는 것이 좋을 것이다.

정답 ②

빈칸의 전후 문장을 통해 내용을 파악해야 한다. 우선 '그러나'를 통해 빈칸에는 앞의 내용에 상반되는 내용이 오는 것임을 알 수 있다. 따라서 수천 가지의 힐링 상품이나 고가의 상품들을 참고하는 것과는 상반된 내용을 찾으면 된다. 또한, 빈칸 뒤의 내용이 주위에서 쉽게 할 수 있는 힐링 방법을 통해 자신감을 얻는 것부터 출발해야 한다는 내용이므로, 빈칸에는 많은 돈을 들이지 않고도 쉽게 할 수 있는 일부터 찾아야 한다는 내용이 담긴 문장이 오는 것이 적절하다.

풀이 전략!

빈칸 앞뒤의 문맥을 파악한 후 선택지에서 가장 어울리는 내용을 찾는다. 빈칸 앞에 접속사가 있다면 이를 활용한다.

출제유형분석 05 실전예제

※ 다음 글의 빈칸에 들어갈 내용으로 가장 적절한 것을 고르시오. [1~5]

01

자율주행차란 운전자가 핸들과 가속페달, 브레이크 등을 조작하지 않아도 정밀한 지도, 위성항법시스템(GPS) 등 차량의 각종 센서로 상황을 파악해 스스로 목적지까지 찾아가는 자동차를 말한다. 국토교통부는 자율주행차의 상용화를 위해 '부분자율주행차(레벨 3)' 안전기준을 세계 최초로 도입했다고 밝혔다. 이에 따라 7월부터는 자동으로 차로를 유지하는 기능이 탑재된 레벨 3 부분자율주행차의 출시와 판매가 가능해진다. 국토부가 마련한 안전기준에 따르면 레벨 3 부분자율주행차는 운전자 탑승이 확인된 후에만 작동할 수 있다. 자동 차로 유지기능은 운전자가 직접 운전하지 않아도 자율주행시스템이 차선을 유지하면서 주행하고 긴급 상황 등에 대응하는 기능이다. 기존 '레벨 2'는 차로 유지기능을 작동했을 때 차량이 차선을 이탈하면 경고 알람이 울리는 정도여서 운전자가 직접 운전을 해야 했지만, 레벨 3 안전기준이 도입되면 지정된 작동영역 안에서는 자율주행차의 책임 아래 ______________________________

① 운전자가 탑승하지 않더라도 자율주행이 가능해진다.
② 운전자가 직접 조작하지 않더라도 자동으로 속도 조절이 가능해진다.
③ 운전자가 운전대에서 손을 떼고도 차로를 유지하며 자율주행이 가능해진다.
④ 운전자가 직접 조작하지 않더라도 차량 간 일정한 거리 유지가 가능해진다.
⑤ 운전자가 차선을 이탈할 경우 경고 알람이 울리므로 운전자의 집중이 요구된다.

PART 1

02

오늘날 인류가 왼손보다 오른손을 선호하는 경향은 어디서 비롯되었을까? 오른손을 귀하게 여기고 왼손을 천대하는 현상은 어쩌면 산업화 이전 사회에서 배변 후 사용할 휴지가 없었다는 사실과 관련이 있을 법하다. 맨손으로 배변 뒤처리를 하는 것은 불쾌할 뿐더러 병균을 옮길 위험을 수반하는 일이었다. 이런 위험성을 낮추는 간단한 방법은 음식을 먹거나 인사할 때 다른 손을 사용하는 것이었다. 기술 발달 이전의 사회는 대개 왼손을 배변 뒤처리에, 오른손을 먹고 인사하는 일에 사용했다. 나는 이런 배경이 인간 사회에 널리 나타나는 '오른쪽'에 대한 긍정과 '왼쪽'에 대한 반감을 어느 정도 설명해 줄 수 있으리라고 생각했다. 그러나 이 설명은 왜 애초에 오른손이 먹는 일에, 그리고 왼손이 배변 처리에 사용되었는지 설명해 주지 못한다. ______________________
따라서 근본적인 설명은 다른 곳에서 찾아야 할 것 같다.
한쪽 손을 주로 쓰는 경향은 뇌의 좌우반구의 기능 분화와 관련되어 있는 것으로 보인다. 보고된 증거에 따르면, 왼손잡이는 읽기와 쓰기, 개념적·논리적 사고 같은 좌반구 기능에서 오른손잡이보다 상대적으로 미약한 대신 상상력, 패턴 인식, 창의력 등 전형적인 우반구 기능에서는 상대적으로 기민한 경우가 많다.
나는 이성 대 직관의 힘겨루기, 뇌의 두 반구 사이의 힘겨루기가 오른손과 왼손의 힘겨루기로 표면화된 것이 아닐까 생각한다. 즉, 원래 오른손이 왼손보다 더 능숙했기 때문이 아니라 뇌의 좌반구가 인간의 행동을 지배하는 권력을 갖게 되었기 때문에 오른손 선호에 이르렀다는 생각이다.

① 동서양을 막론하고 왼손잡이 사회는 확인된 바 없기 때문이다.
② 기능적으로 왼손이 오른손보다 섬세하기 때문이다.
③ 모든 사람들이 오른쪽을 선호하는 것이 아니기 때문이다.
④ 양손의 기능을 분담시키지 않는 사람이 존재할 수도 있기 때문이다.
⑤ 현대사회에 들어서 왼손잡이가 늘어나고 있기 때문이다.

03

현대인들이 부족한 잠으로 인해 만성 피로를 겪고 있다. 성인 평균 권장 수면시간은 7 ~ 8시간이지만, 이를 지키는 이들은 우리나라 성인 기준 단 4%에 불과하다. 2016년 국가별 일평균 수면시간 조사에 따르면, 한국인의 하루 평균 수면시간은 7시간 41분으로 OECD 18개 회원국 중 최하위를 기록했다. 또한, 직장인의 수면시간은 이보다도 짧은 6시간 6분, 권장 수면시간에 2시간 가까이 부족한 수면시간으로 현대인 대부분이 수면 부족에 시달린다 해도 과언이 아닐 정도이다.
수면시간 총량이 적은 것도 문제지만 더 심각한 점은 ________________, 즉 수면의 질 또한 높지 않다는 것이다. 수면장애 환자는 '단순히 일이 많아서', 또는 '잠버릇 때문에' 발생한 일시적인 가벼운 증상 정도로 여기는 사회적 분위기를 고려하면 실제 더 많을 것으로 추정된다. 특히 대표적인 수면장애인 '수면무호흡증'은 피로감 · 불안감 · 우울감은 물론 고혈압 · 당뇨병과 심혈관질환 · 뇌졸중까지 다양한 합병증을 유발할 수 있다는 점에서 진단과 치료가 요구된다.

① '어떻게 잘 잤는지'
② '언제 잠을 잤는지'
③ '어디서 잠을 잤는지'
④ '얼마만큼 많이 잤는지'
⑤ '왜 잠이 부족한 것인지'

04

> 스마트팩토리는 인공지능(AI), 사물인터넷(IoT) 등 다양한 기술이 융합된 자율화 공장으로, 제품 설계와 제조, 유통, 물류 등의 산업 현장에서 생산성 향상에 초점을 맞췄다. 이곳에서는 기계, 로봇, 부품 등의 상호 간 정보 교환을 통해 제조 활동을 하고, 모든 공정 이력이 기록되며, 빅데이터 분석으로 사고나 불량을 예측할 수 있다. 스마트팩토리에서는 컨베이어 생산 활동으로 대표되는 산업 현장의 모듈형 생산이 컨베이어를 대체하고 IoT가 신경망 역할을 한다. 센서와 기기 간 다양한 데이터를 수집하고, 이를 서버에 전송하면 서버는 데이터를 분석해 결과를 도출한다. 서버는 AI 기계학습 기술이 적용돼 빅데이터를 분석하고 생산성 향상을 위한 최적의 방법을 제시한다.
>
> 스마트팩토리의 대표 사례로는 고도화된 시뮬레이션 '디지털 트윈'을 들 수 있다. 디지털 트윈은 데이터를 기반으로 가상공간에서 미리 시뮬레이션하는 기술이다. 시뮬레이션을 위해 빅데이터를 수집하고 분석과 예측을 위한 통신·분석 기술에 가상현실(VR), 증강현실(AR)과 같은 기술을 더한다. 이를 통해 산업 현장에서 작업 프로세스를 미리 시뮬레이션하고, VR·AR로 검증함으로써 실제 시행에 따른 손실을 줄이고, 작업 효율성을 높일 수 있다.
>
> 한편 '에지 컴퓨팅'도 스마트팩토리의 주요 기술 중 하나이다. 에지 컴퓨팅은 산업 현장에서 발생하는 방대한 데이터를 클라우드로 한 번에 전송하지 않고, 에지에서 사전 처리한 후 데이터를 선별해서 전송한다. 서버와 에지가 연동해 데이터 분석 및 실시간 제어를 수행하여 산업 현장에서 생산되는 데이터가 기하급수로 늘어도 서버에 부하를 주지 않는다. 현재 클라우드 컴퓨팅이 중앙 데이터센터와 직접 소통하는 방식이라면 에지 컴퓨팅은 기기 가까이에 위치한 일명 '에지 데이터 센터'와 소통하며, 저장을 중앙 클라우드에 맡기는 형식이다. 이를 통해 데이터 처리 지연 시간을 줄이고 즉각적인 현장 대처를 가능하게 한다.
>
> 이러한 스마트팩토리의 발전은 ______________________ 최근 선진국에서 나타나는 주요 현상 중의 하나는 바로 '리쇼어링'의 가속화이다. 리쇼어링이란 인건비 등 각종 비용 절감을 이유로 해외에 나간 자국 기업들이 다시 본국으로 돌아오는 현상을 의미하는 용어이다. 2000년대 초반까지는 국가적 차원에서 세제 혜택 등의 회유책을 통해 추진되어 왔지만, 스마트팩토리의 등장으로 인해 자국 내 스마트팩토리에서의 제조 비용과 중국이나 멕시코와 같은 제3국에서 제조 후 수출 비용에 큰 차이가 없어 리쇼어링 현상은 더욱 가속화되고 있다.

① 공장의 제조 비용을 절감시키고 있다.
② 공장의 세제 혜택을 사라지게 하고 있다.
③ 공장의 위치를 변화시키고 있다.
④ 수출 비용을 줄이는 데 도움이 된다.
⑤ 공장의 생산성을 높이고 있다.

05

탁월함은 어떻게 습득되는가, 그것을 가르칠 수 있는가? 이 물음에 대하여 아리스토텔레스는 지성의 탁월함은 가르칠 수 있지만, 성품의 탁월함은 비이성적인 것이어서 가르칠 수 없고, 훈련을 통해서 얻을 수 있다고 대답한다.

그는 좋은 성품을 얻는 것을 기술을 습득하는 것에 비유한다. 그에 따르면, 리라(Lyra)를 켬으로써 리라를 켜는 법을 배우며 말을 탐으로써 말을 타는 법을 배운다. 어떤 기술을 얻고자 할 때 처음에는 교사의 지시대로 행동한다. 그리고 반복 연습을 통하여 그 행동이 점점 더 하기 쉽게 되고 마침내 제2의 천성이 된다. 이와 마찬가지로 어린아이는 어떤 상황에서 어떻게 행동해야 진실되고 관대하며 예의를 차리게 되는지 일일이 배워야 한다. 훈련과 반복을 통하여 그런 행위들을 연마하다 보면 그것들을 점점 더 쉽게 하게 되고, 결국에는 스스로 판단할 수 있게 된다.

그는 올바른 훈련이란 강제가 아니고 그 자체가 즐거움이 되어야 한다고 지적한다. 또한 그렇게 훈련받은 사람은 일을 바르게 처리하는 것을 즐기게 되고, 일을 바르게 처리하고 싶어하게 되며, 올바른 일을 하는 것을 어려워하지 않게 된다. 이처럼 성품의 탁월함이란 사람들이 '하는 것'만이 아니라 사람들이 '하고 싶어 하는 것'과도 관련된다. 그리고 한두 번 관대한 행동을 한 것으로 충분하지 않으며, 늘 관대한 행동을 하고 그런 행동에 감정적으로 끌리는 성향을 갖고 있어야 비로소 관대함에 관하여 성품의 탁월함을 갖고 있다고 할 수 있다.

다음과 같은 예를 통해 아리스토텔레스의 견해를 생각해 보자. 갑돌이는 성품이 곧고 자신감이 충만하다. 그가 한 모임에 참석하였는데, 거기서 다수의 사람들이 옳지 않은 행동을 한다고 생각했을 때, 그는 다수의 행동에 대하여 비판의 목소리를 낼 것이며 그렇게 하는 데에 별 어려움을 느끼지 않을 것이다. 한편, 수줍어하고 우유부단한 병식이도 한 모임에 참석하였는데, 그 역시 다수의 행동이 잘못되었다는 판단을 했다고 하자. 이런 경우에 병식이는 일어나서 다수의 행동이 잘못되었다고 말할 수 있겠지만, 그렇게 하려면 엄청난 의지를 발휘해야 할 것이고 자신과 힘든 싸움도 해야 할 것이다. 그런데도 병식이가 그렇게 행동했다면 우리는 병식이가 용기 있게 행동하였다고 칭찬할 것이다. 그러나 아리스토텔레스의 입장에서 성품의 탁월함을 가진 사람은 갑돌이다. 왜냐하면 ______________________ 우리가 어떠한 사람을 존경할 것인가가 아니라, 우리 아이를 어떤 사람으로 키우고 싶은가라는 질문을 받는다면 우리는 아리스토텔레스의 견해에 가까워질 것이다. 왜냐하면 우리는 우리 아이들을 갑돌이와 같은 사람으로 키우고 싶어 할 것이기 때문이다.

① 그는 내적인 갈등 없이 옳은 일을 하기 때문이다.
② 그는 옳은 일을 하는 천성을 타고났기 때문이다.
③ 그는 주체적 판단에 따라 옳은 일을 하기 때문이다.
④ 그는 자신이 옳다는 확신을 가지고 옳은 일을 하기 때문이다.
⑤ 그는 다른 사람들의 칭찬을 의식하지 않고 옳은 일을 하기 때문이다.

PART 1

06 문서 작성 및 수정

| 유형분석 |

- 기본적인 어휘력과 어법에 대한 지식을 필요로 하는 문제이다.
- 글의 내용을 파악하고 문맥을 읽을 줄 알아야 한다.

다음 글에서 밑줄 친 ㉠～㉤의 수정 방안으로 적절하지 않은 것은?

근대화는 전통 사회의 생활양식에 큰 변화를 가져온다. 특히 급속한 근대화로 인해 전통 사회의 해체 과정이 빨라진 만큼 ㉠ 급격한 변화를 일으킨다. 생활양식의 급격한 변화는 전통 사회 문화의 해체 과정이라고 보아도 ㉡ 무던할 정도이다.

전통문화의 해체는 새롭게 변화하는 사회 구조에 대해서 전통적인 문화가 당면하게 되는 적합성(適合性)의 위기에서 초래되는 현상이다. ㉢ 이처럼 근대화 과정에서 외래문화와 전통문화는 숱하게 갈등을 겪었다. ㉣ 오랫동안 생활양식으로 유지되었던 전통 사회의 문화가 사회 구조 변화의 속도에 맞먹을 정도로 신속하게 변화할 수는 없다.

㉤ 그러나 문화적 전통을 확립한다는 것은 과거의 전통문화가 고유성을 유지하면서도 현재의 변화된 사회에 적합성을 가지는 것이라 할 수 있다.

① ㉠ : 필요한 문장 성분이 생략되었으므로 '급격한' 앞에 '문화도'를 추가한다.
② ㉡ : 문맥에 어울리지 않으므로 '무방할'로 고친다.
③ ㉢ : 글의 흐름에 어긋나는 내용이므로 삭제한다.
④ ㉣ : 띄어쓰기가 올바르지 않으므로 '오랫 동안'으로 고친다.
⑤ ㉤ : 앞 문장과의 관계를 고려하여 '따라서'로 고친다.

정답 ④

'오랫동안'은 부사 '오래'와 명사 '동안'이 결합하면서 사이시옷이 들어간 합성어이다. 따라서 한 단어이므로 붙여 써야 한다.

풀이 전략!

문장에서 주어와 서술어의 호응 관계가 적절한지 주어와 서술어를 찾아 확인해 보는 연습을 하며, 문서 작성의 원칙과 주의사항은 미리 알아 두는 것이 좋다.

출제유형분석 06 실전예제

※ 다음 글에서 밑줄 친 ㉠ ~ ㉤의 수정 방안으로 적절하지 않은 것을 고르시오. [1~4]

01

행동경제학은 기존의 경제학과 ㉠ 다른 시선으로 인간을 바라본다. 기존의 경제학은 인간을 철저하게 합리적이고 이기적인 존재로 상정(想定)하여, 인간은 시간과 공간에 관계없이 일관된 선호를 보이며 효용을 극대화하는 방향으로 선택을 한다고 본다. ㉡ 기존의 경제학자들은 인간의 행동이 예측 가능하다는 것을 전제(前提)로 경제 이론을 발전시켜 왔다. 반면 행동경제학에서는 인간이 제한적으로 합리적이며 감성적인 존재라고 보며, 처한 상황에 따라 선호가 바뀌기 때문에 그 행동을 예측하기 어렵다고 생각한다. 또한 인간은 효용을 ㉢ 극대화하기 보다는 어느 정도 만족하는 선에서 선택을 한다고 본다. 행동경제학은 기존의 경제학이 가정하는 인간관을 지나치게 이상적이고 비현실적이라고 비판한다. ㉣ 그러나 행동경제학은 인간이 때로는 이타적인 행동을 하고 비합리적인 행동을 하는 존재라는 점을 인정하며, 현실에 ㉤ 실제하는 인간을 연구 대상으로 한다.

① ㉠ : 문맥을 고려하여 '같은'으로 고친다.
② ㉡ : 문장을 자연스럽게 연결하기 위해 문장 앞에 '그러므로'를 추가한다.
③ ㉢ : 띄어쓰기가 올바르지 않으므로 '극대화하기보다는'으로 고친다.
④ ㉣ : 앞 문장과의 내용을 고려하여 '그래서'로 고친다.
⑤ ㉤ : 맞춤법에 어긋나므로 '실재하는'으로 고친다.

02

> 수험생이 실제로 하고 있는 건강 관리는 전문가들이 추천하는 건강 관리 활동과 차이가 있다. 수험생들은 건강이 나빠지면 가장 먼저 보양 음식을 챙겨 먹는 것으로 ㉠ <u>건강을 되찾으려고 한다</u>. ㉡ <u>수면 시간을 늘리는 것으로 건강 관리를 시도한다</u>. 이러한 시도는 신체에 적신호가 켜졌을 때 컨디션 관리를 통해 그것을 해결하려고 하는 자연스러운 활동으로 볼 수 있다. ㉢ <u>그래서</u> 수험생은 다른 사람들보다 학업에 대한 부담감과 미래에 대한 불안감, 시험에서 오는 스트레스가 높다는 점을 생각해본다면 신체적 건강과 정신적 건강의 연결 고리에 대해 생각해봐야 한다. 실제로 ㉣ <u>전문가들이 수험생 건강 관리를 위한 조언</u>을 보면 정신적 스트레스를 다스리는 것이 중요하다는 점을 알 수 있다. 수험생의 건강에 가장 악영향을 끼치는 것은 자신감과 긍정적인 생각의 부족이다. 시험에 떨어지거나 낮은 성적을 받는 것에 대한 심리적 압박감이 건강을 크게 위협한다는 것이다. ㉤ <u>성적에 대한 부담감은 누구에게나 있지만 성적을 통해서 인생이 좌우되는 것은 아니다</u>. 전문가들은 수험생에게 명상을 하면서 마음을 진정하는 것과, 취미 활동을 통해 긴장을 완화하는 것이 스트레스의 해소에 도움이 된다고 조언한다.

① ㉠ : 의미를 분명히 하기 위해 '건강을 찾으려고 한다'로 수정한다.
② ㉡ : 자연스러운 연결을 위해 '또한'을 앞에 넣는다.
③ ㉢ : 앞뒤 내용이 전환되므로 '하지만'으로 바꾼다.
④ ㉣ : 호응 관계를 고려하여 '전문가들의 수험생 건강 관리를 위한 조언'으로 수정한다.
⑤ ㉤ : 글의 전개상 불필요한 내용이므로 삭제한다.

03

선진국과 ㉠ 제3세계간의 빈부 양극화 문제를 해결하기 위해 등장했던 적정기술은 시대적 요구에 부응하면서 다양한 모습으로 발전하여 올해로 탄생 50주년을 맞았다. 이를 기념하기 위해 우리나라에서도 각종 행사가 열리고 있다. ㉡ 게다가 적정기술의 진정한 의미가 무엇인지, 왜 그것이 필요한지에 대한 인식은 아직 부족한 것이 현실이다.
그렇다면 적정기술이란 무엇인가? 적정기술은 '현지에서 구할 수 있는 재료를 이용해 도구를 직접 만들어 삶의 질을 향상시키는 기술'을 뜻한다. 기술의 독점과 집적으로 인해 개인의 접근이 어려운 첨단기술과 ㉢ 같이 적정기술은 누구나 쉽게 배우고 익혀 활용할 수 있다. 이런 이유로 소비 중심의 현대사회에서 적정기술은 자신의 삶에 필요한 것을 직접 생산하는 자립적인 삶의 방식을 유도한다는 점에서 시사하는 바가 크다.
적정기술이 우리나라에 도입된 것은 2000년대 중반부터이다. 당시 일어난 귀농 열풍과 환경문제에 대한 관심 등 다양한 사회·문화적 맥락 속에서 적정기술에 대한 고민이 싹트기 시작했다. 특히 귀농인들을 중심으로 농촌의 에너지 문제를 해결하기 위한 다양한 방법이 시도되면서 국내에서 활용되는 적정기술은 난방 에너지 문제에 ㉣ 초점이 모아져 있다. 에너지 자립형 주택, 태양열 온풍기·온수기, 생태 단열 등이 좋은 예이다.
우리나라의 적정기술이 에너지 문제에 집중된 이유는 시대적 상황 때문이다. 우리나라는 전력수요 1억 KW 시대 진입을 눈앞에 두고 있는 세계 10위권의 에너지 소비 대국이다. 게다가 에너지 소비량이 늘어나면서 2011년 이후 매년 대규모 정전 사태의 위험성을 경고하는 목소리가 커지고 있다. 이런 상황에서 에너지를 직접 생산하여 삶의 자립성을 추구하는 적정기술은 환경오염과 대형 재난의 위기를 극복하는 하나의 대안이 될 수 있다. 이뿐만 아니라 기술의 공유를 목적으로 하는 새로운 공동체 문화 형성에도 기여하기 때문에 ㉤ 그 어느 때만큼 적정기술의 발전 방향에 대한 진지한 논의가 필요하다.

① ㉠ : 띄어쓰기가 올바르지 않으므로 '제3세계 간의'로 고친다.
② ㉡ : 앞 문장과의 내용을 고려하여 '하지만'으로 고친다.
③ ㉢ : 문맥에 어울리지 않으므로 '달리'로 고친다.
④ ㉣ : 맞춤법에 어긋나므로 '촛점'으로 고친다.
⑤ ㉤ : 문맥의 흐름을 고려하여 '그 어느 때보다'로 수정한다.

04

요즘은 안심하고 야외 활동을 즐기기가 어려워졌다. 초미세먼지로 인한 우리나라의 대기 오염이 부쩍 ㉠ 심각해졌다. 공기의 질은 우리 삶의 질과 직결되어 있다. 그렇기 때문에 초미세먼지가 어떤 것이며 얼마나 위험한지를 알아야 한다. 또한 초미세먼지에 대응하는 방안을 알고 생활 속에서 그 방안을 실천할 수 있어야 한다.
초미세먼지란 입자의 크기가 매우 작은 먼지를 말한다. 입자가 큰 일반적인 먼지는 코나 기관지에서 걸러지지만, 초미세먼지는 걸러지지 않는다. 그래서 초미세먼지가 인체에 미치는 유해성이 매우 크다. ㉡ 초미세먼지는 호흡기의 가장 깊은 곳까지 침투해 혈관으로 들어간다.
우리나라의 초미세먼지는 중국에서 ㉢ 날라온 것들도 있지만 국내에서 발생한 것들도 많다. 화석연료를 사용해 배출된 공장 매연이 초미세먼지의 주요한 국내 발생원이다. 현재 정부에서는 매연을 통한 오염 물질의 배출 총량을 규제하고 대체 에너지원 개발을 장려하는 등 초미세먼지를 줄이기 위한 노력을 하고 있다. 초미세먼지를 줄이기 위해서는 우리의 노력도 필요하다. 과도한 난방을 자제하고, ㉣ 주·정차시 불필요하게 자동차 시동을 걸어 놓는 공회전을 줄이기 위한 캠페인 활동에 참여하는 것 등이 우리가 할 수 있는 일이다.
생활 속에서 초미세먼지에 적절히 대응하기 위해서는 매일 알려 주는 초미세먼지에 대한 기상 예보를 확인하는 것을 습관화해야 한다. 특히 초미세먼지가 나쁨 단계 이상일 때는 외출을 삼가고 부득이 외출할 때는 특수 마스크를 착용해야 한다. ㉤ 그리고 초미세먼지로부터 우리 몸을 보호하기 위해 물을 충분히 마시고, 항산화 식품을 자주 섭취하는 것이 좋다. 항산화 식품으로는 과일과 채소가 대표적이다. 자신의 건강도 지키고 깨끗한 공기도 만들기 위한 실천을 시작해 보자.

① ㉠ : 호응 관계를 고려하여 '심각해졌기 때문이다'로 고친다.
② ㉡ : 문장의 연결 관계를 고려하여 앞의 문장과 위치를 바꾼다.
③ ㉢ : 맞춤법에 어긋나므로 '날아온'으로 고친다.
④ ㉣ : 띄어쓰기가 올바르지 않으므로 '주·정차 시'로 고친다.
⑤ ㉤ : 앞 문장과의 관계를 고려하여 '그러므로'로 고친다.

05 K기업의 신입사원 교육담당자인 귀하는 상사로부터 다음과 같은 메일을 받았다. 신입사원의 업무 역량을 향상시킬 수 있도록 교육할 내용으로 옳지 않은 것은?

> 수신 : ○○○
> 발신 : △△△
>
> ---
>
> 제목 : 신입사원 교육프로그램을 구성할 때 참고해 주세요.
> 내용 :
> ○○○ 씨, 오늘 조간신문을 보다가 공감이 가는 내용이 있어서 보내드립니다.
> 신입사원 교육 시 문서작성 능력을 향상시킬 수 있는 프로그램을 추가하면 좋을 것 같습니다.
>
> 기업체 인사담당자들을 대상으로 한 조사에서 '신입사원의 국어 능력 만족도'는 '그저 그렇다'가 65.4%, '불만족'이 23.1%나 됐는데, 특히 '기획안과 보고서 작성능력'에서 '그렇다'의 응답 비율(53.2%)이 가장 높았다. 기업들이 대학에 개설되기를 희망하는 교과과정을 조사한 결과에서도 가장 많은 41.3%가 '기획문서 작성'을 꼽았다. 특히 인터넷 세대들은 '짜깁기' 기술에는 능해도 논리를 구축해 효과적으로 커뮤니케이션을 하고 상대를 설득하는 능력에서는 크게 떨어진다.

① 문서의미를 전달하는 데 문제가 없다면 끊을 수 있는 부분은 가능한 한 끊어서 문장을 짧게 만들고, 실질적인 내용을 담을 수 있도록 한다.
② 상대방이 이해하기 어려운 글은 좋은 글이 아니므로 우회적인 표현이나 현혹적인 문구는 지양한다.
③ 중요하지 않은 경우 한자의 사용을 자제하며, 만약 사용할 경우 상용한자의 범위 내에서 사용하도록 한다.
④ 문서의 중요한 내용을 미괄식으로 작성하는 것은 문서작성에 중요한 부분이다.
⑤ 문서로 전달하고자 하는 핵심메시지가 잘 드러나도록 작성하며 논리적으로 의견을 전개하도록 한다.

CHAPTER 02

수리능력

합격 Cheat Key

수리능력은 사칙 연산 · 통계 · 확률의 의미를 정확하게 이해하고 이를 업무에 적용하는 능력으로, 기초 연산과 기초 통계, 도표 분석 및 작성의 문제 유형으로 출제된다. 수리능력 역시 채택하지 않는 공사 · 공단이 거의 없을 만큼 필기시험에서 중요도가 높은 영역이다.

특히, 난이도가 높은 공사 · 공단의 시험에서는 도표 분석, 즉 자료 해석 유형의 문제가 많이 출제되고 있고, 응용 수리 역시 꾸준히 출제하는 공사 · 공단이 많기 때문에 기초 연산과 기초 통계에 대한 공식의 암기와 자료 해석 능력을 기를 수 있는 꾸준한 연습이 필요하다.

1 응용 수리의 공식은 반드시 암기하라!

응용 수리는 공사 · 공단마다 출제되는 문제는 다르지만, 사용되는 공식은 비슷한 경우가 많으므로 자주 출제되는 공식을 반드시 암기하여야 한다. 문제에서 묻는 것을 정확하게 파악하여 그에 맞는 공식을 적절하게 적용하는 꾸준한 노력과 공식을 암기하는 연습이 필요하다.

2 자료의 해석은 자료에서 즉시 확인할 수 있는 지문부터 확인하라!

수리능력 중 도표 분석, 즉 자료 해석 능력은 많은 시간을 필요로 하는 문제가 출제되므로, 증가·감소 추이와 같이 눈으로 확인이 가능한 지문을 먼저 확인한 후 복잡한 계산이 필요한 지문을 확인하는 방법으로 문제를 풀이한다면 시간을 조금이라도 아낄 수 있다. 또한, 여러 가지 보기가 주어진 문제 역시 지문을 잘 확인하고 문제를 풀이한다면 불필요한 계산을 생략할 수 있으므로 항상 지문부터 확인하는 습관을 들여야 한다.

3 도표 작성에서 지문에 작성된 도표의 제목을 반드시 확인하라!

도표 작성은 하나의 자료 혹은 보고서와 같은 수치가 표현된 자료를 도표로 작성하는 형식으로 출제되는데, 대체로 표보다는 그래프를 작성하는 형태로 많이 출제된다. 지문을 살펴보면 각 지문에서 주어진 도표에도 소제목이 있는 경우가 대부분이다. 이때, 자료의 수치와 도표의 제목이 일치하지 않는 경우 함정이 존재하는 문제일 가능성이 높으므로 도표의 제목을 반드시 확인하는 것이 중요하다.

01 응용 수리

| 유형분석 |

- 문제에서 제공하는 정보를 파악한 뒤, 사칙연산을 활용하여 계산하는 전형적인 수리문제이다.
- 문제를 풀기 위한 정보가 산재되어 있는 경우가 많으므로 주어진 조건 등을 꼼꼼히 확인해야 한다.

K씨는 저가항공을 이용하여 비수기에 제주도 출장을 가려고 한다. 1인 기준으로 작년에 비해 비행기 왕복 요금은 20% 내렸고, 1박 숙박비는 15% 올라서 올해의 비행기 왕복 요금과 1박 숙박비 합계는 작년보다 10% 증가한 금액인 308,000원이라고 한다. 이때, 1인 기준으로 올해의 비행기 왕복 요금은?

① 31,000원
② 32,000원
③ 33,000원
④ 34,000원
⑤ 35,000원

정답 ②

작년 비행기 왕복 요금을 x원, 작년 1박 숙박비를 y원이라 하면

$-\frac{20}{100}x+\frac{15}{100}y=\frac{10}{100}(x+y)\cdots$ ㉠

$\left(1-\frac{20}{100}\right)x+\left(1+\frac{15}{100}\right)y=308,000\cdots$ ㉡

㉠, ㉡을 정리하면

$y=6x\cdots$ ㉢

$16x+23y=6,160,000\cdots$ ㉣

㉢, ㉣을 연립하면

$16x+138x=6,160,000$

$x=40,000,\ y=240,000$

따라서 올해 비행기 왕복 요금은 $40,000-40,000\times\frac{20}{100}=32,000$원이다.

풀이 전략!

문제에서 묻는 바를 정확하게 확인한 후, 필요한 조건 또는 정보를 구분하여 신속하게 풀어 나간다. 단, 계산에 착오가 생기지 않도록 유의한다.

출제유형분석 01 실전예제

01 농도 8%의 소금물 24g에 4% 소금물 몇 g을 넣으면 5% 소금물이 되겠는가?

① 12g
② 24g
③ 36g
④ 48g
⑤ 72g

02 농도가 9%인 A소금물 300g과 농도가 11.2%인 B소금물 250g을 합쳐서 C소금물을 만들었다. C소금물을 20% 덜어내고, 10g의 소금을 추가했을 때, 만들어진 소금물의 농도는?

① 12%
② 13%
③ 14%
④ 15%
⑤ 16%

03 0 ~ 9까지의 숫자가 적힌 카드를 세 장 뽑아서 홀수인 세 자리의 수를 만들려고 할 때, 가능한 경우의 수는?

① 280가지
② 300가지
③ 320가지
④ 340가지
⑤ 360가지

04 K야구팀의 작년 승률은 40%였고, 올해는 총 120경기 중 65승을 하였다. 작년과 올해의 경기를 합하여 구한 승률이 45%일 때, K야구팀이 승리한 총횟수는?

① 151회
② 152회
③ 153회
④ 154회
⑤ 155회

05 수정이는 부서 사람들과 함께 놀이공원에 방문하려고 한다. 이 놀이공원의 입장료는 1인당 16,000원이며 정가에서 25% 할인된 금액에 10인 단체 티켓을 구매할 수 있다고 할 때, 부서원이 몇 명 이상일 때부터 20명분의 단체 티켓 2장을 구매하는 것이 더 유리한가?(단, 부서원은 10명보다 많다)

① 14명
② 15명
③ 16명
④ 17명
⑤ 18명

06 일정한 속력으로 달리는 기차가 400m 길이의 터널을 완전히 통과하는 데 10초, 800m 길이의 터널을 완전히 통과하는 데 18초가 걸렸다. 이 기차의 속력은?

① 50m/s
② 55m/s
③ 60m/s
④ 75m/s
⑤ 100m/s

07 두 사람이 이번 주 토요일에 함께 미용실을 가기로 약속했다. 두 사람이 약속한 토요일에 함께 미용실에 다녀온 후에는 한 명은 15일마다, 한 명은 20일마다 미용실에 간다. 처음으로 다시 두 사람이 함께 미용실에 가게 되는 날은 무슨 요일인가?

① 월요일
② 화요일
③ 수요일
④ 목요일
⑤ 금요일

08 다정이네 집에는 화분 2개가 있다. 두 화분에 있는 식물의 나이 합은 8세이고, 각 나이의 제곱의 합은 34세가 된다. 이때 두 식물의 나이의 차는?(단, 식물의 나이는 자연수이다)

① 2세
② 3세
③ 4세
④ 5세
⑤ 6세

09 상우는 사과와 감을 사려고 한다. 사과는 하나에 700원, 감은 400원일 때 10,000원을 가지고 과일을 총 20개 사려면 감은 최소 몇 개를 사야 하는가?

① 10개
② 12개
③ 14개
④ 16개
⑤ 17개

02 | 수열 규칙

| 유형분석 |

- 나열된 수의 규칙을 찾아 해결하는 문제이다.
- 등차 · 등비수열 등 다양한 수열 규칙에 대한 사전 학습이 요구된다.

다음과 같이 일정한 규칙으로 수를 나열할 때, 빈칸에 들어갈 수는?

0 3 5 10 17 29 48 ( )

① 55 ② 60
③ 71 ④ 79
⑤ 85

정답 ④

n을 자연수라 하면 $(n+1)$항에서 n항을 더하고 $+2$를 한 값인 $(n+2)$항이 되는 수열이다.
따라서 ( )$=48+29+2=79$이다.

풀이 전략!

- 수열을 풀이할 때는 다음과 같은 규칙이 적용되는지를 순차적으로 판단한다.
  1) 각 항에 일정한 수를 사칙연산(+, −, ×, ÷)하는 규칙
  2) 홀수 항, 짝수 항 규칙
  3) 피보나치 수열과 같은 계차를 이용한 규칙
  4) 군수열을 활용한 규칙
  5) 항끼리 사칙연산을 하는 규칙

주요 수열 규칙

구분	내용
등차수열	앞의 항에 일정한 수를 더해 이루어지는 수열
등비수열	앞의 항에 일정한 수를 곱해 이루어지는 수열
피보나치 수열	앞의 두 항의 합이 그 다음 항의 수가 되는 수열
건너뛰기 수열	두 개 이상의 수열 또는 규칙이 일정한 간격을 두고 번갈아가며 적용되는 수열
계차수열	앞의 항과 차가 일정하게 증가하는 수열
군수열	일정한 규칙성으로 몇 항씩 묶어 나눈 수열

출제유형분석 02 실전예제

※ 다음과 같이 일정한 규칙으로 수를 나열할 때, 빈칸에 들어갈 수를 고르시오. [1~3]

01

$$\frac{6}{15} \quad \frac{18}{15} \quad \frac{18}{45} \quad (\quad) \quad \frac{54}{135}$$

① $\frac{36}{135}$

② $\frac{48}{135}$

③ $\frac{54}{45}$

④ $\frac{36}{54}$

⑤ $\frac{78}{60}$

02

2 12 32 72 152 312 632 ( )

① 1,254

② 1,262

③ 1,264

④ 1,272

⑤ 1,274

03

$$5 \quad 6 \quad 13 \quad \frac{3}{2} \quad \frac{3}{2} \quad 3 \quad 12 \quad (\quad) \quad -1$$

① $\frac{10}{3}$

② $\frac{11}{3}$

③ $\frac{13}{3}$

④ 3

⑤ 5

03 도표 계산

| 유형분석 |

- 주어진 자료를 통해 문제에서 주어진 특정한 값을 찾고, 자료의 변동량을 구할 수 있는지 평가하는 유형이다.
- 각 그래프의 선이 어떤 항목을 의미하는지와 단위를 정확히 확인한다.
- 그림을 통해 계산하지 않고 눈으로 확인할 수 있는 내용(증감추이)이 있는지 확인한다.

다음은 2023년도 A지역 고등학교 학년별 도서 선호 분야 비율에 대한 자료이다. 취업 관련 도서를 선호하는 3학년 학생 수 대비 철학·종교 도서를 선호하는 1학년 학생 수의 비율로 옳은 것은?(단, 모든 계산은 소수점 첫째 자리에서 반올림한다)

〈A지역 고등학교 학년별 도서 선호 분야 비율〉

(단위 : 명, %)

학년	사례 수	장르 소설	문학	자기 계발	취업 관련	예술·문화	역사·지리	과학·기술	정치·사회	철학·종교	경제·경영	기타
소계	1,160	28.9	18.2	7.7	6.8	5.4	6.1	7.9	5.7	4.2	4.5	4.5
1학년	375	29.1	18.1	7.0	6.4	8.7	5.3	7.8	4.1	3.0	6.5	4.0
2학년	417	28.4	18.7	8.9	7.5	3.8	6.3	8.3	8.1	5.0	3.1	1.9
3학년	368	29.3	17.8	7.1	6.6	3.7	6.8	7.6	4.8	4.5	4.1	7.7

① 42%
② 46%
③ 54%
④ 58%
⑤ 72%

정답 ②

취업 관련 도서를 선호하는 3학년 학생 수는 $368\times0.066\fallingdotseq24$명이고, 철학·종교 도서를 선호하는 1학년 학생 수는 $375\times0.03\fallingdotseq11$명이다.

따라서 취업 관련 도서를 선호하는 3학년 학생 수 대비 철학·종교 도서를 선호하는 1학년 학생 수의 비율은 $\frac{11}{24}\times100\fallingdotseq46\%$이다.

풀이 전략!

선택지에 주어진 값의 차이가 크지 않다면 어림값을 활용하는 것이 오히려 풀이 속도를 지연시킬 수 있으므로 주의해야 한다.

출제유형분석 03 실전예제

01 다음은 공공기관 청렴도 평가 현황 자료이다. 내부청렴도가 가장 높은 해와 낮은 해를 차례대로 나열하면?

〈공공기관 청렴도 평가 현황〉

(단위 : 점)

구분	2020년	2021년	2022년	2023년
종합청렴도	6.23	6.21	6.16	6.8
외부청렴도	8.0	8.0	8.0	8.1
내부청렴도				
정책고객평가	6.9	7.1	7.2	7.3
금품제공률	0.7	0.7	0.7	0.5
향응제공률	0.7	0.8	0.8	0.4
편의제공률	0.2	0.2	0.2	0.2

※ 종합청렴도, 외부청렴도, 내부청렴도, 정책고객평가는 각각 10점 만점으로, 10점에 가까울수록 청렴도가 높다는 의미이다.

※ (종합청렴도)={(외부청렴도)×0.6+(내부청렴도)×0.3+(정책고객평가)×0.1}−(감점요인)

※ 금품제공률, 향응제공률, 편의제공률은 감점요인이다.

	가장 높은 해	가장 낮은 해
①	2020년	2022년
②	2021년	2022년
③	2021년	2023년
④	2022년	2023년
⑤	2022년	2021년

PART 1

02 다음은 폐기물협회에서 제공하는 전국 폐기물 발생 현황 자료이다. 빈칸에 해당하는 값으로 옳은 것은?(단, 소수점 둘째 자리에서 반올림한다)

〈전국 폐기물 발생 현황〉

(단위 : 톤 / 일, %)

구분		2018년	2019년	2020년	2021년	2022년	2023년
총계	발생량	359,296	357,861	365,154	373,312	382,009	382,081
	증감률	6.6	−0.4	2.0	2.2	2.3	0.02
의료 폐기물	발생량	52,072	50,906	49,159	48,934	48,990	48,728
	증감률	3.4	−2.2	−3.4	(ㄱ)	0.1	−0.5
사업장 배출시설계 폐기물	발생량	130,777	123,604	137,875	137,961	146,390	149,815
	증감률	13.9	(ㄴ)	11.5	0.1	6.1	2.3
건설 폐기물	발생량	176,447	183,351	178,120	186,417	186,629	183,538
	증감률	2.6	3.9	−2.9	4.7	0.1	−1.7

	(ㄱ)	(ㄴ)
①	−0.5	−5.5
②	−0.5	−4.5
③	−0.6	−5.5
④	−0.6	−4.5
⑤	−0.7	−5.5

03 다음은 2023년 G시 5개 구 주민의 돼지고기 소비량에 대한 자료이다. 〈조건〉을 이용하여 변동계수가 3번째로 큰 구를 구하면?

〈5개 구 주민의 돼지고기 소비량 통계〉

(단위 : kg)

구분	평균(1인당 소비량)	표준편차
A구	(　)	5
B구	(　)	4
C구	30	6
D구	12	4
E구	(　)	8

※ $(\text{변동계수})=\frac{(\text{표준편차})}{(\text{평균})}\times 100$

조건

- A구의 1인당 소비량과 B구의 1인당 소비량을 합하면 C구의 1인당 소비량과 같다.
- A구의 1인당 소비량과 D구의 1인당 소비량을 합하면 E구 1인당 소비량의 2배와 같다.
- E구의 1인당 소비량은 B구의 1인당 소비량보다 6kg 더 많다.

① A구　② B구
③ C구　④ D구
⑤ E구

PART 1

04 다음은 2023년 방송산업 종사자 수를 나타낸 자료이다. 2023년 추세에 언급되지 않은 분야의 인원은 고정되어 있었다고 할 때, 2022년 방송산업 종사자 수는 모두 몇 명인가?

〈2023년 방송산업 종사자 수〉

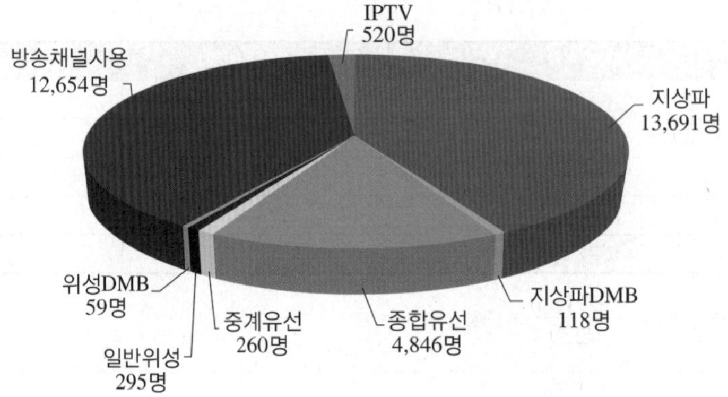

〈2023년 추세〉

지상파 방송사(지상파DMB 포함) 종사자 수는 전년보다 301명(2.2%)이 증가한 것으로 나타났다. 직종별로 방송직에서는 PD(1.4% 감소)와 아나운서(1.1% 감소), 성우, 작가, 리포터, 제작지원 등의 기타 방송직(5% 감소)이 감소했으나, 카메라, 음향, 조명, 미술, 편집 등의 제작관련직(4.8% 증가)과 기자(0.5% 증가)는 증가했다. 그리고 영업홍보직(13.5% 감소), 기술직(6.1% 감소), 임원(0.7% 감소)은 감소했으나, 연구직(11.7% 증가)과 관리행정직(5.8% 증가)은 증가했다.

① 20,081명
② 24,550명
③ 32,142명
④ 32,443명
⑤ 34,420명

05 다음은 K기업의 매출액과 분기별 매출액의 영업팀 구성비를 나타낸 자료이다. 연간 영업팀의 매출 순위와 1위 팀이 기록한 연 매출액을 차례대로 나열한 것은?

〈영업 A ~ D팀의 분기별 매출액〉

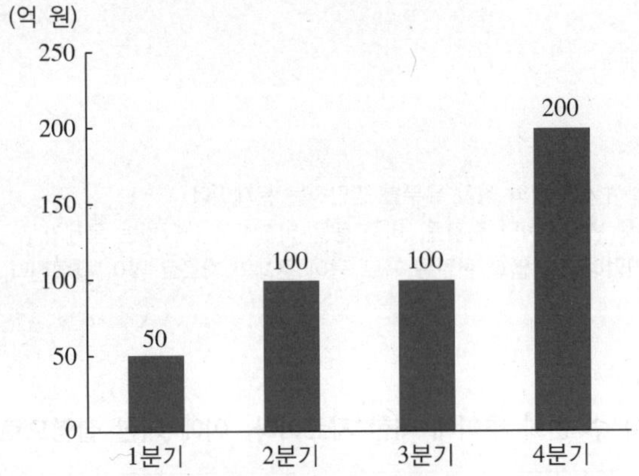

〈분기별 매출액에서 각 영업팀의 구성비〉

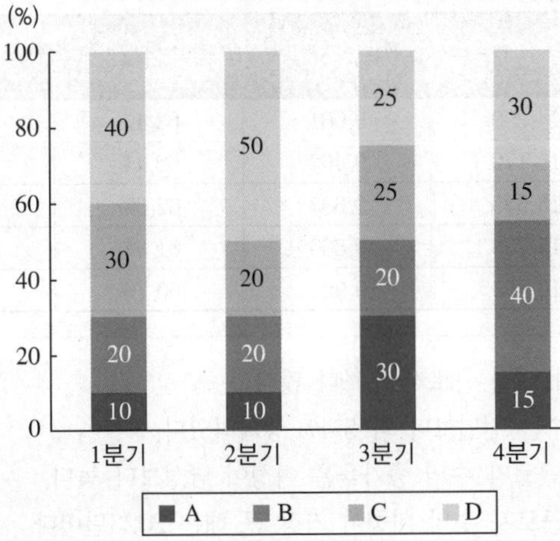

① A－B－C－D, 120억 원
② D－B－A－C, 120억 원
③ D－B－C－A, 155억 원
④ B－A－C－D, 120억 원
⑤ B－A－D－C, 155억 원

04 | 자료 이해

| 유형분석 |

- 제시된 표를 분석하여 선택지의 정답 유무를 판단하는 문제이다.
- 표의 수치 등을 통해 변화량이나 증감률, 비중 등을 비교하여 판단하는 문제가 자주 출제된다.
- 지원하고자 하는 기업이나 산업과 관련된 자료 등이 문제의 자료로 많이 다뤄진다.

다음은 연도별 근로자 수 변화 추이에 대한 자료이다. 이에 대한 설명으로 옳지 않은 것은?

〈연도별 근로자 수 변화 추이〉

(단위 : 천 명)

구분	전체	남성		여성	
			비중		비중
2019년	14,290	9,061	63.4%	5,229	36.6%
2020년	15,172	9,467	62.4%	5,705	37.6%
2021년	15,535	9,633	62.0%	5,902	38.0%
2022년	15,763	9,660	61.3%	6,103	38.7%
2023년	16,355	9,925	60.7%	6,430	39.3%

① 매년 남성 근로자 수가 여성 근로자 수보다 많다.
② 2023년 여성 근로자 수는 전년보다 약 5.4% 증가하였다.
③ 2019년 대비 2023년 근로자 수의 증가율은 여성이 남성보다 높다.
④ 전체 근로자 중 여성 근로자 수의 비중이 가장 큰 해는 2023년이다.
⑤ 2019 ~ 2023년 동안 남성 근로자 수와 여성 근로자 수의 차이는 매년 증가한다.

정답 ⑤

2019 ~ 2023년의 남성 근로자 수와 여성 근로자 수 차이를 구하면 다음과 같다.

- 2019년 : 9,061−5,229=3,832천 명
- 2020년 : 9,467−5,705=3,762천 명
- 2021년 : 9,633−5,902=3,731천 명
- 2022년 : 9,660−6,103=3,557천 명
- 2023년 : 9,925−6,430=3,495천 명

즉, 2019 ~ 2023년 동안 남성 근로자 수와 여성 근로자 수의 차이는 매년 감소한다.

오답분석

①·④ 제시된 자료를 통해 알 수 있다.

② 2022년 대비 2023년 여성 근로자 수의 증가율 : $\frac{6,430-6,103}{6,103}\times 100 \fallingdotseq 5.4\%$

③ 성별 2019년 대비 2023년 근로자 수의 증가율은 다음과 같다.

- 남성 : $\frac{9,925-9,061}{9,061}\times 100 \fallingdotseq 9.54\%$
- 여성 : $\frac{6,430-5,229}{5,229}\times 100 \fallingdotseq 22.97\%$

따라서 여성의 증가율이 더 높다.

풀이 전략!

자료만 보고도 풀 수 있거나 계산이 필요 없는 선택지를 먼저 해결한다.
평소 변화량이나 증감률, 비중 등을 구하는 공식을 알아 두고 있어야 하며, 지원하는 기업이나 산업에 관한 자료 등을 확인하여 비교하는 연습 등을 한다.

01 다음은 A, B 두 국가의 에너지원 수입액에 대한 자료이다. 이에 대한 설명으로 옳은 것은?

〈A, B국의 에너지원 수입액〉

(단위 : 억 달러)

구분 \ 연도		1982년	2002년	2022년
A국	석유	74	49.9	29.5
	석탄	82.4	60.8	28
	LNG	29.2	54.3	79.9
B국	석유	75	39	39
	석탄	44	19.2	7.1
	LNG	30	62	102

① 1982년의 석유 수입액은 A국이 B국보다 많다.
② 2002년의 A국의 석유 및 석탄의 수입액의 합은 LNG 수입액의 2배보다 적다.
③ 2022년의 석탄 수입액은 A국이 B국의 4배보다 적다.
④ 1982년 대비 2022년의 LNG 수입액의 증가율은 A국이 B국보다 크다.
⑤ 1982년 대비 2022년의 석탄 수입액의 감소율은 A국이 B국보다 크다.

02 다음은 2018 ~ 2022년 지표조사와 발굴조사 건수 및 비용에 대한 자료이다. 이에 대한 설명으로 옳은 것은?

〈지표조사와 발굴조사 건수 및 비용〉

(단위 : 건, 억 원)

구분		2018년	2019년	2020년	2021년	2022년
지표조사	건수	1,196	1,136	1,263	1,399	1,652
	비용	82	92	71	77	105
발굴조사	건수	2,266	2,364	2,388	2,442	2,642
	비용	2,509	2,378	2,300	2,438	2,735
합계	건수	3,462	3,500	3,651	3,841	4,294
	비용	2,591	2,470	2,371	2,515	2,840

① 전체 조사의 건당 비용은 매년 감소하고 있다.
② 발굴조사의 건당 비용은 매년 1억 원 이상이다.
③ 연도별 비교 시 발굴조사 비용의 비율이 가장 높은 해는 2020년이다.
④ 연도별 전체 건수에 대한 발굴조사 건수의 비율은 2021년이 2019년보다 높다.
⑤ 2018 ~ 2022년 동안 조사에 쓰인 비용은 1조 3천억 원 이상이다.

03 다음은 자동차 생산 · 내수 · 수출 현황에 대한 자료이다. 이에 대한 설명으로 옳지 않은 것은?

〈자동차 생산 · 내수 · 수출 현황〉

(단위 : 대, %)

구분		2019년	2020년	2021년	2022년	2023년
생산	차량 대수	4,086,308	3,826,682	3,512,926	4,271,741	4,657,094
	증감률	(6.4)	(▽6.4)	(▽8.2)	(21.6)	(9.0)
내수	차량 대수	1,219,335	1,154,483	1,394,000	1,465,426	1,474,637
	증감률	(4.7)	(▽5.3)	(20.7)	(5.1)	(0.6)
수출	차량 대수	2,847,138	2,683,965	2,148,862	2,772,107	3,151,708
	증감률	(7.5)	(▽5.7)	(▽19.9)	(29.0)	(13.7)

① 2019년에는 전년 대비 생산, 내수, 수출이 모두 증가했다.
② 내수가 가장 큰 폭으로 증가한 해에는 생산과 수출이 모두 감소했다.
③ 수출이 증가했던 해는 생산과 내수 모두 증가했다.
④ 내수는 증가했지만 생산과 수출이 모두 감소한 해도 있다.
⑤ 생산이 증가했지만 내수나 수출이 감소한 해가 있다.

04 다음은 2017년부터 2022년까지 K국의 인구성장률과 합계출산율에 대한 자료이다. 이에 대한 설명으로 옳지 않은 것은?

〈인구성장률〉

(단위 : %)

구분	2017년	2018년	2019년	2020년	2021년	2022년
인구성장률	0.53	0.46	0.63	0.54	0.45	0.39

〈합계출산율〉

(단위 : 명)

구분	2017년	2018년	2019년	2020년	2021년	2022년
합계출산율	1.297	1.187	1.205	1.239	1.172	1.052

※ 합계출산율 : 가임여성 1명이 평생 낳을 것으로 예상되는 평균 출생아 수

① K국의 인구성장률은 2019년 이후로 계속해서 감소하고 있다.
② 2017년부터 2022년 동안 인구성장률이 가장 낮았던 해는 합계출산율도 가장 낮았다.
③ 2018년부터 2019년 동안 합계출산율과 인구성장률의 전년 대비 증감추이는 동일하다.
④ 2017년부터 2022년 동안 인구성장률과 합계출산율이 두 번째로 높은 해는 모두 2020년이다.
⑤ 2022년의 인구성장률은 2019년 대비 40% 이상 감소했다.

05 다음은 지식경제부에서 2023년 11월에 발표한 산업경제지표 추이 자료이다. 이에 대한 설명으로 옳지 않은 것은?

〈산업경제지표 추이〉

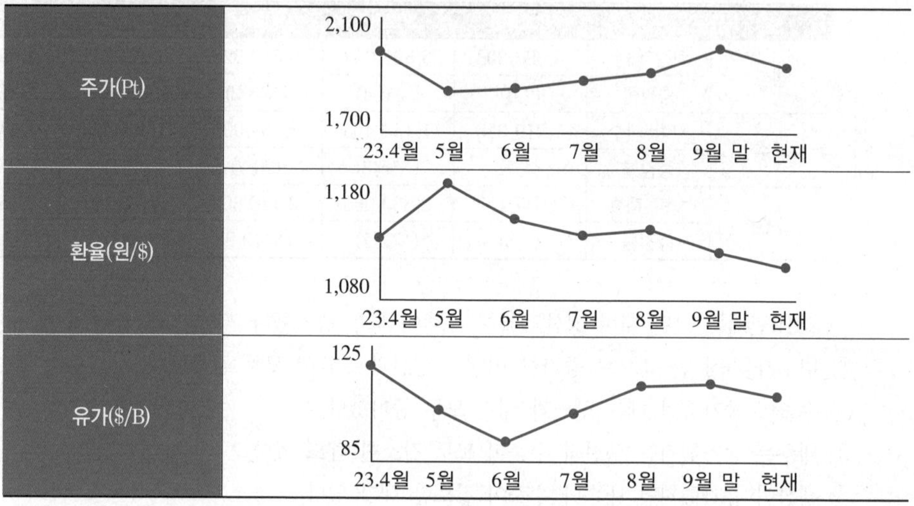

① 주가는 5월에 급락했다가 9월 말까지 서서히 회복세를 보였으나, 현재는 다시 하락해서 2023년 4월선을 회복하지 못하고 있다.

② 환율은 5월 이후 하락세에 있으므로 원화가치는 높아질 것이다.

③ 유가는 6월까지는 큰 폭으로 하락했으나, 그 이후 9월까지 서서히 상승세를 보이고 있다.

④ 숫자상의 변동 폭이 가장 작은 것은 유가이다.

⑤ 2023년 8월을 기점으로 위 세 가지 부분은 모두 하락세를 보이고 있다.

06 다음은 청년층 고용동향에 대한 자료이다. 이에 대한 설명으로 옳지 않은 것은?

〈청년층(15 ~ 26세) 고용률 및 실업률〉

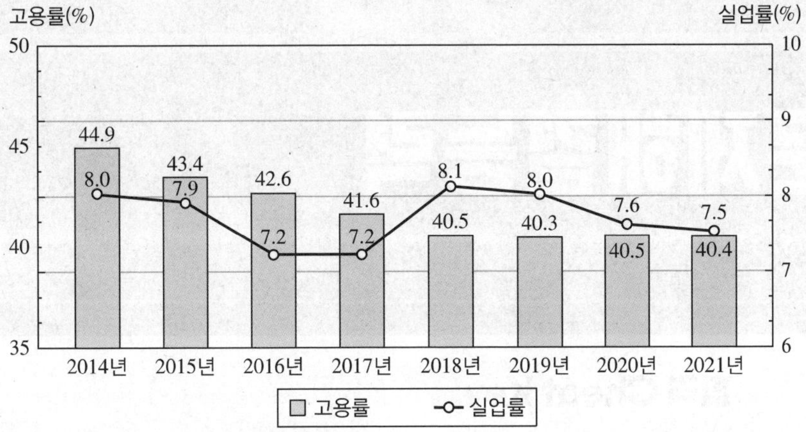

※ 실업률 : [(실업자수)/(경제활동인구)]×100

※ 고용률 : [(취업자수)/(생산가능인구)]×100

〈청년층(15 ~ 26세) 고용동향〉

(단위 : 천 명, %)

구분	2014년	2015년	2016년	2017년	2018년	2019년	2020년	2021년
생산가능인구	9,920	9,843	9,855	9,822	9,780	9,705	9,589	9,517
경제활동인구	4,836	4,634	4,530	4,398	4,304	4,254	4,199	4,156
경제활동참가율	48.8	47.1	46.0	44.8	44.0	43.8	43.8	43.7

※ 생산가능인구 : 만 15세 이상 인구

※ 경제활동인구 : 만 15세 이상 인구 중 취업자와 실업자

※ 경제활동참가율 : [(경제활동인구)/(생산가능인구)]×100

① 2014년부터 2016년까지 청년층 고용률과 실업률의 증감추이는 동일하다.

② 전년과 비교했을 때, 2015년에 경제활동인구가 가장 많이 감소했다.

③ 생산가능인구는 매년 감소하고 있다.

④ 고용률 대비 실업률 비율이 가장 높았던 해는 2018년이다.

⑤ 경제활동참가율은 전체적으로 감소하고 있다.

CHAPTER 03

문제해결능력

합격 Cheat Key

문제해결능력은 업무를 수행하면서 여러 가지 문제 상황이 발생하였을 때, 창의적이고 논리적인 사고를 통하여 이를 올바르게 인식하고 적절히 해결하는 능력으로, 하위 능력에는 사고력과 문제처리능력이 있다.

문제해결능력은 NCS 기반 채용을 진행하는 대다수의 공사·공단에서 채택하고 있으며, 다양한 자료와 함께 출제되는 경우가 많아 어렵게 느껴질 수 있다. 특히, 난이도가 높은 문제로 자주 출제되기 때문에 다른 영역보다 더 많은 노력이 필요할 수는 있지만 그렇기에 차별화를 할 수 있는 득점 영역이므로 포기하지 말고 꾸준하게 노력해야 한다.

1 질문의 의도를 정확하게 파악하라!

문제해결능력은 문제에서 무엇을 묻고 있는지 정확하게 파악하여 먼저 풀이 방향을 설정하는 것이 가장 효율적인 방법이다. 특히, 조건이 주어지고 답을 찾는 창의적·분석적인 문제가 주로 출제되고 있기 때문에 처음에 정확한 풀이 방향이 설정되지 않는다면 문제를 제대로 풀지 못하게 되므로 첫 번째로 출제 의도 파악에 집중해야 한다.

2 중요한 정보는 반드시 표시하라!

출제 의도를 정확히 파악하기 위해서는 문제의 중요한 정보를 반드시 표시하거나 메모하여 하나의 조건, 단서도 잊고 넘어가는 일이 없도록 해야 한다. 실제 시험에서는 시간의 압박과 긴장감으로 정보를 잘못 적용하거나 잊어버리는 실수가 많이 발생하므로 사전에 충분한 연습이 필요하다.

3 반복 풀이를 통해 취약 유형을 파악하라!

문제해결능력은 특히 시간관리가 중요한 영역이다. 따라서 정해진 시간 안에 고득점을 할 수 있는 효율적인 문제 풀이 방법을 찾아야 한다. 이때, 반복적인 문제 풀이를 통해 자신이 취약한 유형을 파악하는 것이 중요하다. 정확하게 풀 수 있는 문제부터 빠르게 풀고 취약한 유형은 나중에 푸는 효율적인 문제 풀이를 통해 최대한 고득점을 맞는 것이 중요하다.

01 명제

| 유형분석 |

- 주어진 문장을 토대로 논리적으로 추론하여 참 또는 거짓을 구분하는 문제이다.
- 대체로 연역추론을 활용한 명제 문제가 출제된다.
- 자료를 제시하고 새로운 결과나 자료에 주어지지 않은 내용을 추론해 가는 형식의 문제가 출제된다.

아마추어 야구 리그에서 활동하는 A ~ D팀은 빨간색, 노란색, 파란색, 보라색 중에서 매년 상징하는 색을 바꾸고 있다. 다음 〈조건〉을 참고할 때, 반드시 참인 것은?

조건

- 하나의 팀은 하나의 상징색을 갖는다.
- 이전에 사용했던 상징색을 다시 사용할 수는 없다.
- A팀과 B팀은 빨간색을 사용한 적이 있다.
- B팀과 C팀은 보라색을 사용한 적이 있다.
- D팀은 노란색을 사용한 적이 있고, 파란색을 선택하였다.

① A팀은 파란색을 사용한 적이 있어 다른 색을 골라야 한다.
② A팀의 상징색은 노란색이 될 것이다.
③ C팀은 파란색을 사용한 적이 있을 것이다.
④ C팀의 상징색은 빨간색이 될 것이다.
⑤ D팀은 보라색을 사용한 적이 있다.

정답 ④

D팀은 파란색을 선택하였으므로 보라색을 사용하지 않고, B팀과 C팀도 보라색을 사용한 적이 있으므로 A팀은 보라색을 선택한다. B팀은 빨간색을 사용한 적이 있고, 파란색과 보라색은 사용할 수 없으므로 노란색을 선택한다. C팀은 나머지 빨간색을 선택한다.

A팀	B팀	C팀	D팀
보라색	노란색	빨간색	파란색

따라서 항상 참인 것은 ④이다.

오답분석

①·③·⑤ 주어진 조건만으로는 판단하기 힘들다.
② A팀의 상징색은 보라색이다.

풀이 전략!

명제와 관련한 기본적인 논법에 대해서는 미리 학습해 두며, 이를 바탕으로 각 문장에 있는 핵심단어 또는 문구를 기호화하여 정리한 후, 선택지와 비교하여 참 또는 거짓을 판단한다.

출제유형분석 01 실전예제

01 경쟁기업인 A사와 B사가 다음 〈조건〉을 만족할 때, 반드시 참인 것은?

> **조건**
> • A사와 B사는 동일한 제품을 같은 가격에 판다.
> • 어제는 A사와 B사의 판매수량 비가 4 : 3이었다.
> • 오늘 A사는 가격을 유지하고, B사는 20%를 할인해서 팔았다.
> • 오늘 A사는 어제와 같은 수량을 팔았고, B사는 어제보다 150개를 더 팔았다.
> • 오늘 A사와 B사의 전체 판매액은 동일하다.

① A사는 어제, 오늘 제품을 2천 원에 팔았다.
② 오늘 A사는 어제 B사보다 제품 80개를 더 팔았다.
③ B사는 오늘 375개의 제품을 팔았다.
④ 오늘 A사와 B사의 판매수량 비는 어제와 동일하다.
⑤ 오늘 B사는 600원을 할인해서 팔았다.

02 어느 호텔 라운지에 둔 화분이 투숙자 중 1명에 의해 깨진 사건이 발생했다. 이 호텔에는 갑, 을, 병, 정, 무 5명의 투숙자가 있었으며, 각 투숙자는 아래와 같이 진술하였다. 5명의 투숙자 중 4명은 진실을 말하고 1명이 거짓말을 하고 있다면, 거짓말을 하고 있는 사람은 누구인가?

> 갑 : '을'은 화분을 깨뜨리지 않았다.
> 을 : 화분을 깨뜨린 사람은 '정'이다.
> 병 : 내가 깨뜨렸다.
> 정 : '을'의 말은 거짓말이다.
> 무 : 나는 깨뜨리지 않았다.

① 갑 ② 을
③ 병 ④ 정
⑤ 무

03 **K베이커리에서는 A ~ D단체에 우유식빵, 밤식빵, 옥수수식빵, 호밀식빵을 다음 〈조건〉에 따라 한 종류씩 납품하려고 한다. 이때 반드시 참인 것은?**

> 조건
> - 이전에 납품했던 종류의 빵은 다시 납품할 수 없다.
> - 우유식빵과 밤식빵은 A에 납품된 적이 있다.
> - 옥수수식빵과 호밀식빵은 C에 납품된 적이 있다.
> - 옥수수식빵은 D에 납품된다.

① 우유식빵은 B에 납품된 적이 있다.
② 옥수수식빵은 A에 납품된 적이 있다.
③ 호밀식빵은 A에 납품될 것이다.
④ 우유식빵은 C에 납품된 적이 있다.
⑤ 호밀식빵은 D에 납품된 적이 있다.

04 **K대학교의 기숙사에 거주하는 A ~ D는 1층부터 4층에 매년 새롭게 방을 배정받고 있으며, 올해도 방을 배정받는다. 다음 〈조건〉을 참고할 때, 반드시 참인 것은?**

> 조건
> - 한 번 배정받은 층에는 다시 배정받지 않는다.
> - A와 D는 2층에 배정받은 적이 있다.
> - B와 C는 3층에 배정받은 적이 있다.
> - A와 B는 1층에 배정받은 적이 있다.
> - A, B, D는 4층에 배정받은 적이 있다.

① C는 4층에 배정될 것이다.
② D는 3층에 배정받은 적이 있을 것이다.
③ C는 1층에 배정받은 적이 있을 것이다.
④ C는 2층에 배정받은 적이 있을 것이다.
⑤ 기숙사에 3년 이상 산 사람은 A밖에 없다.

05 **A ~ D사원은 각각 홍보부, 총무부, 영업부, 기획부 소속으로 3 ~ 6층의 서로 다른 층에서 근무하고 있다. 이들 중 한 명이 거짓말을 하고 있을 때, 다음 중 바르게 추론한 것은?(단, 각 팀은 서로 다른 층에 위치한다)**

> A사원 : 저는 홍보부와 총무부 소속이 아니며, 3층에서 근무하고 있지 않습니다.
> B사원 : 저는 영업부 소속이며, 4층에서 근무하고 있습니다.
> C사원 : 저는 홍보부 소속이며, 5층에서 근무하고 있습니다.
> D사원 : 저는 기획부 소속이며, 3층에서 근무하고 있습니다.

① A사원은 홍보부 소속이다.
② B사원은 영업부 소속이다.
③ 기획부는 3층에 위치한다.
④ 홍보부는 4층에 위치한다.
⑤ D사원은 5층에서 근무하고 있다.

06 **이번 학기에 4개의 강좌 A ~ D가 새로 개설되는데, 강사 갑 ~ 무 중 4명이 한 강좌씩 맡으려 한다. 배정 결과를 궁금해 하는 5명은 다음 〈조건〉과 같이 예측했다. 배정 결과를 보니 갑 ~ 무의 진술 중 한 명의 진술만이 거짓이고 나머지는 참임이 드러났을 때, 다음 중 바르게 추론한 것은?**

> **조건**
> 갑 : 을이 A강좌를 담당하고 병은 강좌를 담당하지 않을 것이다.
> 을 : 병이 B강좌를 담당할 것이다.
> 병 : 정은 D강좌가 아닌 다른 강좌를 담당할 것이다.
> 정 : 무가 D강좌를 담당할 것이다.
> 무 : 을의 말은 거짓일 것이다.

① 갑은 A강좌를 담당한다.
② 을은 C강좌를 담당한다.
③ 병은 강좌를 담당하지 않는다.
④ 정은 D강좌를 담당한다.
⑤ 무는 B강좌를 담당한다.

02 규칙 적용

| 유형분석 |

- 주어진 상황과 규칙을 종합적으로 활용하여 풀어 가는 문제이다.
- 일정, 비용, 순서 등 다양한 내용을 다루고 있어 유형을 한 가지로 단일화하기 어렵다.

갑은 다음 규칙을 참고하여 알파벳을 숫자로 변환하고자 한다. 규칙을 적용한 〈보기〉의 ㉠~㉣ 알파벳에 부여된 숫자의 규칙에 따를 때, 알파벳 Z에 해당하는 각각의 자연수를 모두 더한 값은?

〈규칙〉

① 알파벳 'A'부터 'Z'까지 순서대로 자연수를 부여한다.
　예 A=2라고 하면 B=3, C=4, D=5이다.
② 단어의 음절에 같은 알파벳이 연속되는 경우 ①에서 부여한 숫자를 알파벳이 연속되는 횟수만큼 거듭제곱한다.
　예 A=2이고 단어가 'AABB'이면 AA는 '2^2'이고, BB는 '3^2'이므로 '49'로 적는다.

보기

㉠ AAABBCC는 100000010201110404로 변환된다.
㉡ CDFE는 3465로 변환된다.
㉢ PJJYZZ는 1712126729로 변환된다.
㉣ QQTSR은 625282726으로 변환된다.

① 154　② 176
③ 199　④ 212
⑤ 234

정답 ④

㉠ A=100, B=101, C=102이다. 따라서 Z=125이다.
㉡ C=3, D=4, E=5, F=6이다. 따라서 Z=26이다.
㉢ P가 17임을 볼 때, J=11, Y=26, Z=27이다.
㉣ Q=25, R=26, S=27, T=28이다. 따라서 Z=34이다.
따라서 Z에 해당하는 값을 모두 더하면 125+26+27+34=212이다.

풀이 전략!

문제에 제시된 조건이나 규칙을 정확히 파악한 후, 선택지나 상황에 적용하여 문제를 풀어 나간다.

출제유형분석 02 실전예제

01 다음은 도서코드(ISBN)에 대한 자료이다. 주문한 도서에 대한 설명으로 옳은 것은?

〈[예시] 도서코드(ISBN)〉

국제표준도서번호					부가기호		
접두부	국가번호	발행자번호	서명식별번호	체크기호	독자대상	발행형태	내용분류
123	12	1234567		1	1	1	123

※ 국제표준도서번호는 5개의 군으로 나누어지고 군마다 '–'로 구분한다.

〈도서코드(ISBN) 세부사항〉

접두부	국가번호	발행자번호	서명식별번호	체크기호
978 또는 979	한국 89 미국 05 중국 72 일본 40 프랑스 22	발행자번호 – 서명식별번호 7자리 숫자 예 8491 – 208 : 발행자번호가 8491번인 출판사에서 208번째 발행한 책		0 ~ 9

독자대상	발행형태	내용분류
0 교양 1 실용 2 여성 3 (예비) 4 청소년 5 중·고등 학습참고서 6 초등 학습참고서 7 아동 8 (예비) 9 전문	0 문고본 1 사전 2 신서판 3 단행본 4 전집 5 (예비) 6 도감 7 그림책, 만화 8 혼합자료, 점자자료, 전자책, 마이크로자료 9 (예비)	030 백과사전 100 철학 170 심리학 200 종교 360 법학 470 생명과학 680 연극 710 한국어 770 스페인어 740 영미문학 720 유럽사

〈주문도서〉

978 – 05 – 441 – 1011 – 314710

① 한국에서 출판한 도서이다.
② 441번째 발행된 도서이다.
③ 발행자번호는 총 7자리이다.
④ 한 권으로만 출판되지는 않았다.
⑤ 한국어로 되어 있다.

02 A팀과 B팀은 보안등급 '상'에 해당하는 문서를 나누어 보관하고 있다. 두 팀은 보안을 위해 아래와 같은 규칙에 따라 각 팀의 비밀번호를 지정하였다. 다음 중 A팀 또는 B팀에 들어갈 수 있는 암호배열은?

〈규칙〉

- 1 ~ 9까지의 숫자로 (한 자리 수)×(두 자리 수)=(세 자리 수)=(두 자리 수)×(한 자리 수) 형식의 비밀번호로 구성한다.
- 가운데에 들어갈 세 자리 수의 숫자는 156이며, 숫자는 중복 사용할 수 없다. 즉, 각 팀의 비밀번호에 1, 5, 6이란 숫자가 들어가지 않는다.

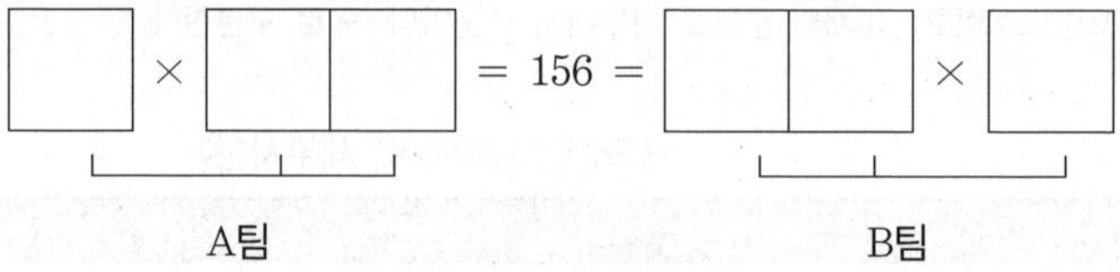

① 23
② 27
③ 29
④ 37
⑤ 39

03 다음 〈조건〉을 근거로 〈보기〉를 계산한 값은?

조건

연산자 A, B, C, D는 다음과 같이 정의한다.

- A : 좌우에 있는 두 수를 더한다. 단, 더한 값이 10 미만이면 좌우에 있는 두 수를 곱한다.
- B : 좌우에 있는 두 수 가운데 큰 수에서 작은 수를 뺀다. 단, 두 수가 같거나 뺀 값이 10 미만이면 두 수를 곱한다.
- C : 좌우에 있는 두 수를 곱한다. 단, 곱한 값이 10 미만이면 좌우에 있는 두 수를 더한다.
- D : 좌우에 있는 두 수 가운데 큰 수를 작은 수로 나눈다. 단, 두 수가 같거나 나눈 값이 10 미만이면 두 수를 곱한다.

※ 연산은 '( )', '{ }'의 순으로 한다.

보기

{(1 A 5) B (3 C 4)} D 6

① 10
② 12
③ 90
④ 210
⑤ 360

04 S제품을 운송하는 A씨는 업무상 편의를 위해 고객의 주문 내역을 임의의 기호로 기록하고 있다. 다음과 같은 주문전화가 왔을 때, A씨가 기록한 기호로 옳은 것은?

〈임의기호〉

재료	연강	고강도강	초고강도강	후열처리강
	MS	HSS	AHSS	PHTS
판매량	낱개	1묶음	1box	1set
	01	10	11	00
지역	서울	경기남부	경기북부	인천
	E	S	N	W
윤활유 사용	청정작용	냉각작용	윤활작용	밀폐작용
	P	C	I	S
용도	베어링	스프링	타이어코드	기계구조
	SB	SS	ST	SM

※ A씨는 [재료] – [판매량] – [지역] – [윤활유 사용] – [용도]의 순서로 기호를 기록한다.

〈주문전화〉

B씨 : 어이~ A씨. 나야, 나. 인천 지점에서 같이 일했던 B. 내가 필요한 것이 있어서 전화했어. 일단 서울 지점의 C씨가 스프링으로 사용할 제품이 필요하다고 하는데 한 박스 정도면 될 것 같아. 이전에 주문했던 대로 연강에 윤활용으로 윤활유 사용한 제품으로 부탁하네. 나는 이번에 경기도 남쪽으로 가는데 거기에 있는 내 사무실 알지? 거기로 초고강도강 타이어코드 용으로 1세트 보내줘. 밀폐용으로 윤활유 사용한 제품으로 부탁해. 저번에 냉각용으로 사용한 제품은 생각보다 좋진 않았어.

① MS11EISB, AHSS00SSST
② MS11EISS, AHSS00SSST
③ MS11EISS, HSS00SSST
④ MS11WISS, AHSS10SSST
⑤ MS11EISS, AHSS00SCST

PART 1

03 SWOT 분석

| 유형분석 |

- 상황에 대한 환경 분석 결과를 통해 주요 과제를 도출하는 문제이다.
- 주로 3C 분석 또는 SWOT 분석을 활용한 문제들이 출제되고 있으므로 해당 분석도구에 대한 사전 학습이 요구된다.

다음은 중국의 셰일 가스 개발에 대한 SWOT 분석결과이다. 약점 요인에서 ㉠에 들어갈 내용으로 적절하지 않은 것은?

S(강점)	W(약점)
• 중국의 셰일 가스 잠재량과 매장량은 미국보다 많음 • 중국의 셰일 층은 두껍고 많은 가스를 함유해 장기간의 안정적인 가스 생산 가능 • 셰일 가스는 석탄 등 다른 연료보다 탄소 배출량이 훨씬 낮음	• 시추 작업에 막대한 양의 물이 소모되는데, 폐수로 인한 지하수 오염 등의 환경 파괴를 초래할 수 있어 폐수 정화·재활용 기술 개발이 시급함 • ㉠
O(기회)	**T(위협)**
• 중국 정부의 셰일 가스 개발계획 공포 • 중국은 세계적인 에너지 소비국이며, 향후 에너지 수요는 지속적인 증가 예상 • 중국 정부는 시장 경쟁을 촉진하기 위해 셰일 가스 광업권의 독점을 금지하며, 외국 자본 등의 참여를 허용함	• 복잡한 지질학적 조건으로 인한 가채자원량의 급감 가능성 • 셰일 가스의 탐사·개발을 지원하는 장려 정책 등 시스템의 부재

① 중국은 파이프라인 네트워크와 전문 노동자 등 인프라가 부족함
② 중국에서 장비·시설·인력 개발 및 채굴 등에 소모되는 비용이 높음
③ 셰일 가스 개발에 대한 제한적인 투자 및 파이프라인 등 관련 인프라의 미비
④ 시추 등 중국의 핵심 기술 수준은 미국 등의 경쟁국보다 상대적으로 낮은 수준임
⑤ 시추 과정에서 배출되는 메탄 가스는 온실가스로 중국의 평균기온을 높일 수 있음

정답 ③

약점은 목표 달성을 저해하는 내부적 요인, 위협은 목표 달성을 저해하는 외부적 요인을 뜻한다. 제한적인 투자는 개발 가능성을 희박하게 만드는 외부적 요인이며, 인프라의 미비 또한 개발·활용 등 셰일 가스 산업의 발전을 제한하고 시장의 성장을 가로막는 외부적 요인이다. 따라서 제한적인 투자와 관련 인프라의 미비는 약점(W) 요인이 아니라 위협(T) 요인에 해당하는 내용이다.

풀이 전략!

문제에 제시된 분석도구를 확인한 후, 분석 결과를 종합적으로 판단하여 각 선택지의 전략 과제와 일치 여부를 판단한다.

출제유형분석 03 실전예제

01 **레저용 차량을 생산하는 K기업에 대한 다음의 SWOT 분석결과를 참고할 때, 〈보기〉 중 각 전략에 따른 대응으로 적절한 것을 모두 고르면?**

SWOT 분석은 조직의 외부환경 분석을 통해 기회와 위협 요인을 파악하고, 조직의 내부 역량 분석을 통해서 조직의 강점과 약점을 파악하여, 이를 토대로 강점은 최대화하고 약점은 최소화하며, 기회는 최대한 활용하고 위협에는 최대한 대처하는 전략을 세우기 위한 분석 방법이다.

〈SWOT 분석 매트릭스〉

구분	강점(Strength)	약점(Weakness)
기회(Opportunity)	**SO전략 : 공격적 전략** 강점으로 기회를 살리는 전략	**WO전략 : 방향전환 전략** 약점을 보완하여 기회를 살리는 전략
위협(Threat)	**ST전략 : 다양화 전략** 강점으로 위협을 최소화하는 전략	**WT전략 : 방어적 전략** 약점을 보완하여 위협을 최소화하는 전략

〈K기업의 SWOT 분석결과〉

강점(Strength)	약점(Weakness)
• 높은 브랜드 이미지·평판 • 훌륭한 서비스와 판매 후 보증수리 • 확실한 거래망, 딜러와의 우호적인 관계 • 막대한 R&D 역량 • 자동화된 공장 • 대부분의 차량 부품 자체 생산	• 한 가지 차종에만 집중 • 고도의 기술력에 대한 과도한 집중 • 생산설비에 막대한 투자 → 차량모델 변경의 어려움 • 한 곳의 생산 공장만 보유 • 전통적인 가족형 기업 운영
기회(Opportunity)	**위협(Threat)**
• 소형 레저용 차량에 대한 수요 증대 • 새로운 해외시장의 출현 • 저가형 레저용 차량에 대한 선호 급증	• 휘발유의 부족 및 가격의 급등 • 레저용 차량 전반에 대한 수요 침체 • 다른 회사들과의 경쟁 심화 • 차량 안전 기준의 강화

보기

ㄱ. ST전략 : 기술개발을 통하여 연비를 개선한다.
ㄴ. SO전략 : 대형 레저용 차량을 생산한다.
ㄷ. WO전략 : 규제강화에 대비하여 보다 안전한 레저용 차량을 생산한다.
ㄹ. WT전략 : 생산량 감축을 고려한다.
ㅁ. WO전략 : 국내 다른 지역이나 해외에 공장들을 분산 설립한다.
ㅂ. ST전략 : 경유용 레저 차량 생산을 고려한다.
ㅅ. SO전략 : 해외 시장 진출보다는 내수 확대에 집중한다.

① ㄱ, ㄴ, ㅁ, ㅂ
② ㄱ, ㄹ, ㅁ, ㅂ
③ ㄱ, ㄹ, ㅁ, ㅅ
④ ㄴ, ㄹ, ㅁ, ㅂ
⑤ ㄴ, ㄹ, ㅂ, ㅅ

02 다음은 K섬유회사에 대한 SWOT 분석자료이다. 분석에 따른 대응 전략으로 적절한 것을 〈보기〉에서 모두 고르면?

S(강점)	W(약점)
• 첨단 신소재 관련 특허 다수 보유	• 신규 생산 설비 투자 미흡 • 브랜드의 인지도 부족
O(기회)	**T(위협)**
• 고기능성 제품에 대한 수요 증가 • 정부 주도의 문화 콘텐츠 사업 지원	• 중저가 의류용 제품의 공급 과잉 • 저임금의 개발도상국과 경쟁 심화

보기

ㄱ. SO전략으로 첨단 신소재를 적용한 고기능성 제품을 개발한다.
ㄴ. ST전략으로 첨단 신소재 관련 특허를 개발도상국의 경쟁업체에 무상 이전한다.
ㄷ. WO전략으로 문화 콘텐츠와 디자인을 접목한 신규 브랜드 개발을 통해 적극적으로 마케팅 한다.
ㄹ. WT전략으로 기존 설비에 대한 재투자를 통해 대량생산 체제로 전환한다.

① ㄱ, ㄷ
② ㄱ, ㄹ
③ ㄴ, ㄷ
④ ㄴ, ㄹ
⑤ ㄷ, ㄹ

03 다음은 국내 금융기관에 대한 SWOT 분석자료이다. 이를 통해 SWOT 전략을 세운다고 할 때, 〈보기〉 중 분석 결과에 대응하는 전략과 그 내용이 바르게 연결된 것을 모두 고르면?

> 국내 대부분의 예금과 대출을 국내 은행이 차지하고 있을 정도로 국내 금융기관에 대한 우리나라 국민들의 충성도는 높은 편이다. 또한 국내 금융기관은 철저한 신용 리스크 관리로 해외 금융기관과 비교해 자산건전성 지표가 매우 우수한 편이다. 시장 리스크 관리도 해외 선진 금융기관 수준에 도달한 것으로 평가받는다. 국내 금융기관은 외환위기와 글로벌 금융위기 등을 거치며 꾸준히 자산건전성을 강화해 왔기 때문이다.
>
> 그러나 은행과 이자 이익에 수익이 편중돼 있다는 점은 국내 금융기관의 가장 큰 약점이 된다. 대부분 예금과 대출 거래 중심의 영업구조로 되어 있기 때문이다. 취약한 해외 비즈니스도 문제로 들 수 있다. 최근 동남아 시장을 중심으로 해외 진출에 박차를 가하고 있지만, 아직은 눈에 띄는 성과가 많지 않은 상황이다.
>
> 많은 어려움에도 불구하고 국내 금융기관의 발전 가능성은 아직 무궁무진하다. 우선 해외 시장으로 눈을 돌리면 다양한 기회가 열려 있다. 전 세계 신용·단기 자금 확대, 글로벌 무역 회복세로 국내 금융기관의 해외 진출 여건은 양호한 편이다. 따라서 해외 시장 개척을 통해 어떻게 신규 수익원을 확보하느냐가 성장의 새로운 기회로 작용할 전망이다. IT 기술 발달에 따른 핀테크의 등장도 새로운 기회가 될 수 있다. 국내의 발달된 인터넷과 모바일뱅킹 서비스, IT 인프라를 활용한 새로운 수익 창출 가능성이 열려 있는 것이다.
>
> 그러나 역설적으로 핀테크의 등장은 오히려 국내 금융기관의 발목을 잡을 수 있다. 블록체인 기술에 기반한 암호화폐, 간편결제와 송금, 로보어드바이저, 인터넷 은행, P2P 대출 등 다양한 핀테크 분야의 새로운 서비스들이 기존 금융 서비스의 대체재로서 출현하고 있기 때문이다. 금융시장 개방에 따른 글로벌 금융기관과의 경쟁 심화도 넘어야 할 산이다. 특히 중국 은행을 비롯한 중국 금융이 급성장하고 있어 이에 대한 대비책 마련이 시급하다.

보기

ㄱ. SO전략 : 높은 국내 시장점유율을 기반으로 국내 핀테크 사업에 진출한다.
ㄴ. WO전략 : 위기관리 역량을 강화하여 해외 금융시장에 진출한다.
ㄷ. ST전략 : 해외 금융기관과 비교해 우수한 자산건전성을 강조하여 글로벌 금융기관과의 경쟁에서 우위를 차지한다.
ㄹ. WT전략 : 해외 비즈니스 역량을 강화하여 해외 금융시장에 진출한다.

① ㄱ, ㄴ
② ㄱ, ㄷ
③ ㄴ, ㄷ
④ ㄴ, ㄹ
⑤ ㄷ, ㄹ

04 K공사에서 근무하는 A사원은 경제자유구역사업에 대한 SWOT 분석결과 자료를 토대로, SWOT 분석에 의한 경영전략에 맞추어 〈보기〉와 같이 판단하였다. 다음 중 A사원이 판단한 SWOT 분석에 의한 경영전략의 내용으로 적절하지 않은 것을 모두 고르면?

〈경제자유구역사업에 대한 SWOT 분석결과〉

구분	분석결과
강점(Strength)	• 성공적인 경제자유구역 조성 및 육성 경험 • 다양한 분야의 경제자유구역 입주희망 국내기업 확보
약점(Weakness)	• 과다하게 높은 외자금액 비율 • 외국계 기업과 국내기업 간의 구조 및 운영상 이질감
기회(Opportunity)	• 국제경제 호황으로 인하여 타국 사업지구 입주를 희망하는 해외시장부문의 지속적 증가 • 국내 진출 해외기업 증가로 인한 동형화 및 협업 사례 급증
위협(Threat)	• 국내 거주 외국인 근로자에 대한 사회적 포용심 부족 • 대대적 교통망 정비로 인한 기성 대도시의 흡수효과 확대

〈SWOT 분석에 의한 경영전략〉

• SO전략 : 강점을 활용해 기회를 포착하는 전략
• ST전략 : 강점을 활용해 위협을 최소화하거나 회피하는 전략
• WO전략 : 약점을 보완하여 기회를 포착하는 전략
• WT전략 : 약점을 보완하여 위협을 최소화하거나 회피하는 전략

보기

ㄱ. 성공적인 경제자유구역 조성 노하우를 활용하여 타국 사업지구로의 진출을 희망하는 해외기업을 유인 및 유치하는 전략은 SO전략에 해당한다.
ㄴ. 다수의 풍부한 경제자유구역 성공 사례를 바탕으로 외국인 근로자를 국내주민과 문화적으로 동화시킴으로써 원활한 지역발전의 토대를 조성하는 전략은 ST전략에 해당한다.
ㄷ. 기존에 국내에 입주한 해외기업의 동형화 사례를 활용하여 국내기업과 외국계 기업의 운영상 이질감을 해소하여 생산성을 증대시키는 전략은 WO전략에 해당한다.
ㄹ. 경제자유구역 인근 대도시와의 연계를 활성화하여 경제자유구역 내 국내·외 기업 간의 이질감을 해소하는 전략은 WT전략에 해당한다.

① ㄱ, ㄴ
② ㄱ, ㄷ
③ ㄴ, ㄷ
④ ㄴ, ㄹ
⑤ ㄷ, ㄹ

05 K가스공사에 대한 SWOT 분석결과가 다음과 같을 때, 〈보기〉 중 SWOT 분석 내용으로 옳은 것을 모두 고르면?

〈SWOT 분석결과〉

구분	분석결과
강점(Strength)	• 해외 가스공급기관 대비 높은 LNG 구매력 • 세계적으로 우수한 배관 인프라
약점(Weakness)	• 타 연료 대비 높은 단가
기회(Opportunity)	• 북아시아 가스관 사업 추진 논의 지속 • 수소 자원 개발 고도화 추진 중
위협(Threat)	• 천연가스에 대한 수요 감소 추세 • 원전 재가동 확대 전망에 따른 에너지 점유율 감소 가능성

보기

ㄱ. 해외 가스공급기관 대비 LNG 확보가 용이하다는 점을 근거로 북아시아 가스관 사업 추진 시 우수한 효율을 이용하는 것은 SO전략에 해당한다.

ㄴ. 지속적으로 감소할 것으로 전망되는 천연가스 수요를 북아시아 가스관 사업을 통해 확보하는 것은 ST전략에 해당한다.

ㄷ. 수소 자원 개발을 고도화하여 다른 연료 대비 상대적으로 높았던 공급단가를 낮추려는 R&D 사업 추진은 WO전략에 해당한다.

ㄹ. 높은 LNG 확보 능력을 이용해 상대적으로 높은 가스 공급단가가 더욱 상승하는 것을 방지하는 것은 WT전략에 해당한다.

① ㄱ, ㄴ
② ㄱ, ㄷ
③ ㄴ, ㄷ
④ ㄴ, ㄹ
⑤ ㄷ, ㄹ

CHAPTER 04

정보능력

합격 Cheat Key

정보능력은 업무를 수행함에 있어 기본적인 컴퓨터를 활용하여 필요한 정보를 수집・분석・활용하는 능력으로, 업무와 관련된 정보를 수집하고, 이를 분석하여 의미 있는 정보를 얻는 능력을 의미한다. 세부 유형은 컴퓨터 활용, 정보 처리로 나눌 수 있다.

1 평소에 컴퓨터 활용 스킬을 틈틈이 익혀라!

윈도우(OS)에서 어떠한 설정을 할 수 있는지, 응용프로그램(엑셀 등)에서 어떠한 기능을 활용할 수 있는지를 평소에 직접 사용해 본다면 문제를 보다 수월하게 해결할 수 있다. 여건이 된다면 컴퓨터 활용 능력에 관련된 자격증 공부를 하는 것도 이론과 실무를 익히는 데 도움이 될 것이다.

2 문제의 규칙을 찾는 연습을 하라!

일반적으로 코드체계나 시스템 논리체계를 제공하고 이를 분석하여 문제를 해결하는 유형이 출제된다. 이러한 문제는 문제해결능력과 같은 맥락으로 규칙을 파악하여 접근하는 방식으로 연습이 필요하다.

3 현재 보고 있는 그 문제에 집중하라!

정보능력의 모든 것을 공부하려고 한다면 양이 너무나 방대하다. 그렇기 때문에 수험서에서 본인이 현재 보고 있는 문제들을 집중적으로 공부하고 기억하려고 해야 한다. 그러나 엑셀의 함수 수식, 연산자 등 암기를 필요로 하는 부분들은 필수적으로 암기를 해서 출제가 되었을 때 오답률을 낮출 수 있도록 한다.

4 사진 · 그림을 기억하라!

컴퓨터 활용 능력을 파악하는 영역이다 보니 컴퓨터 속 옵션, 기능, 설정 등의 사진 · 그림이 문제에 같이 나오는 경우들이 있다. 그런 부분들은 직접 컴퓨터를 통해서 하나하나 확인을 하면서 공부한다면 더 기억에 잘 남게 된다. 조금 귀찮더라도 한 번씩 클릭하면서 확인해 보도록 한다.

01 정보 이해

| 유형분석 |

- 정보능력 전반에 대한 이해를 확인하는 문제이다.
- 정보능력 이론이나 새로운 정보 기술에 대한 문제가 자주 출제된다.

다음 중 정보처리 절차에 대한 설명으로 옳지 않은 것은?

① 정보의 기획은 정보의 입수대상, 주제, 목적 등을 고려하여 전략적으로 이루어져야 한다.
② 정보처리는 기획 – 수집 – 활용 – 관리의 순서로 이루어진다.
③ 다양한 정보원으로부터 목적에 적합한 정보를 수집해야 한다.
④ 정보 관리 시에 고려하여야 할 3요소는 목적성, 용이성, 유용성이다.
⑤ 정보 활용 시에는 합목적성 외에도 합법성이 고려되어야 한다.

정답 ②

정보처리는 기획 – 수집 – 관리 – 활용 순서로 이루어진다.

풀이 전략!

자주 출제되는 정보능력 이론을 확인하고, 확실하게 암기해야 한다. 특히 새로운 정보 기술이나 컴퓨터 전반에 대해 관심을 가지는 것이 좋다.

출제유형분석 01 실전예제

01 정보처리의 기획단계에서 사용하는 방법이 아닌 것은?

① What
② Where
③ When
④ How many
⑤ How much

02 다음은 데이터베이스에 대한 설명이다. 데이터베이스의 특징으로 적절하지 않은 것은?

> 데이터베이스란 대량의 자료를 관리하고 내용을 구조화하여 검색이나 자료 관리 작업을 효과적으로 실행하는 프로그램으로, 삽입, 삭제, 수정, 갱신 등을 통하여 항상 최신의 데이터를 유동적으로 유지할 수 있으며, 이와 같은 다량의 데이터는 사용자의 질의에 대한 신속한 응답 처리를 가능하게 한다. 또한 이러한 데이터를 여러 명의 사용자가 동시에 공유할 수 있고, 각 데이터를 참조할 때는 사용자가 요구하는 내용에 따라 참조가 가능함은 물론 응용프로그램과 데이터베이스를 독립시킴으로써 데이터를 변경시키더라도 응용프로그램은 변경되지 않는다.

① 실시간 접근성
② 계속적인 진화
③ 동시 공유
④ 내용에 의한 참조
⑤ 데이터의 논리적 의존성

03 귀하는 거래처의 컴퓨터를 빌려서 쓰게 되었는데 해당 컴퓨터를 부팅하고 바탕화면에 저장된 엑셀 파일을 열자 어디에 사용될지 모르는 고객의 상세한 신상정보가 담겨 있었다. 다음 중 귀하가 취해야 할 태도로 가장 적절한 것은?

① 고객 신상 정보를 즉시 지우고 빌린 컴퓨터를 사용한다.
② 고객 신상 정보의 훼손을 방지하고자 자신의 USB에 백업해두고 보관해준다.
③ 고객 신상 정보를 저장장치에 복사해서 빌린 거래처 담당자에게 되돌려준다.
④ 거래처에 고객 신상 정보 삭제를 요청한다.
⑤ 고객 신상 정보에 나와 있는 고객에게 연락하여 알려준다.

02 | 엑셀 함수

| 유형분석 |

- 컴퓨터 활용과 관련된 상황에서 문제를 해결하기 위한 행동이 무엇인지 묻는 문제이다.
- 주로 업무수행 중에 많이 활용되는 대표적인 엑셀 함수(COUNTIF, ROUND, MAX, SUM, COUNT, AVERAGE, …)가 출제된다.
- 종종 엑셀시트를 제시하여 각 셀에 들어갈 함수식이 무엇인지 고르는 문제가 출제되기도 한다.

다음 중 엑셀에 제시된 함수식의 결괏값으로 옳지 않은 것은?

	A	B	C	D	E	F
1						
2		120	200	20	60	
3		10	60	40	80	
4		50	60	70	100	
5						
6		함수식			결괏값	
7		=MAX(B2:E4)			㉠	
8		=MODE(B2:E4)			㉡	
9		=LARGE(B2:E4,3)			㉢	
10		=COUNTIF(B2:E4,E4)			㉣	
11		=ROUND(B2,－1)			㉤	
12						

① ㉠=200
② ㉡=60
③ ㉢=100
④ ㉣=1
⑤ ㉤=100

정답 ⑤

ROUND 함수는 지정한 자릿수를 반올림하는 함수이다. 함수식에서 '－1'은 일의 자리를 뜻하며, '－2'는 십의 자리를 뜻한다. 여기서 '－' 기호를 빼면 소수점 자리로 인식한다. 따라서 일의 자리를 반올림하기 때문에 결괏값은 120이다.

풀이 전략!

제시된 상황에서 사용할 엑셀 함수가 무엇인지 파악한 후, 선택지에서 적절한 함수식을 골라 식을 만들어야 한다. 평소 대표적으로 문제에 자주 출제되는 몇몇 엑셀 함수를 익혀두면 풀이시간을 단축할 수 있다.

출제유형분석 02 실전예제

01 다음은 K사의 인사부에서 정리한 사원 목록이다. 이에 대한 설명으로 옳은 것을 〈보기〉에서 모두 고르면?

	A	B	C	D
1	사원번호	성명	직위	부서
2	869872	조재영	부장	경영팀
3	890531	정대현	대리	경영팀
4	854678	윤나리	사원	경영팀
5	812365	이민지	차장	기획팀
6	877775	송윤희	대리	기획팀
7	800123	김가을	사원	기획팀
8	856123	박슬기	부장	영업팀
9	827695	오종민	차장	영업팀
10	835987	나진원	사원	영업팀
11	854623	최윤희	부장	인사팀
12	847825	이경서	사원	인사팀
13	813456	박소미	대리	총무팀
14	856123	최영수	사원	총무팀

보기

ㄱ. 부서를 기준으로 내림차순으로 정렬되었다.
ㄴ. 부서를 우선 기준으로, 직위를 다음 기준으로 정렬하였다.
ㄷ. 성명을 기준으로 내림차순으로 정렬되었다.

① ㄱ
② ㄴ
③ ㄱ, ㄴ
④ ㄱ, ㄷ
⑤ ㄴ, ㄷ

※ K공사에 근무 중인 S사원은 체육대회를 준비하고 있다. S사원은 체육대회에 사용될 물품 구입비를 다음과 같이 엑셀로 정리하였다. 이어지는 질문에 답하시오. **[2~3]**

	A	B	C	D	E
1	구분	물품	개수	단가(원)	비용(원)
2	의류	A팀 체육복	15	20,000	300,000
3	식품류	과자	40	1,000	40,000
4	식품류	이온음료수	50	2,000	100,000
5	의류	B팀 체육복	13	23,000	299,000
6	상품	수건	20	4,000	80,000
7	상품	USB	10	10,000	100,000
8	의류	C팀 체육복	14	18,000	252,000
9	식품류	김밥	30	3,000	90,000

02 S사원은 표에서 단가가 두 번째로 높은 물품의 금액을 알고자 한다. 다음 중 S사원이 입력해야 할 함수로 옳은 것은?

① =MAX(D2:D9,2)
② =MIN(D2:D9,2)
③ =MID(D2:D9,2)
④ =LARGE(D2:D9,2)
⑤ =INDEX(D2:D9,2)

03 S사원은 구입물품 중 의류의 총개수를 파악하고자 한다. 다음 중 S사원이 입력해야 할 함수로 옳은 것은?

① =SUMIF(A2:A9,A2,C2:C9)
② =COUNTIF(C2:C9,C2)
③ =VLOOKUP(A2,A2:A9,1,0)
④ =HLOOKUP(A2,A2:A9,1,0)
⑤ =AVERAGEIF(A2:A9,A2,C2:C9)

※ A씨는 지점별 매출 및 매입 현황을 정리하고 있다. 이어지는 질문에 답하시오. **[4~5]**

	A	B	C	D	E	F
1	지점명	매출	매입			
2	주안점	2,500,000	1,700,000			
3	동암점	3,500,000	2,500,000		최대 매출액	
4	간석점	7,500,000	5,700,000		최소 매출액	
5	구로점	3,000,000	1,900,000			
6	강남점	4,700,000	3,100,000			
7	압구정점	3,000,000	1,500,000			
8	선학점	2,500,000	1,200,000			
9	선릉점	2,700,000	2,100,000			
10	교대점	5,000,000	3,900,000			
11	서초점	3,000,000	1,900,000			
12	합계					

04 다음 중 매출과 매입의 합계를 구할 때 사용해야 하는 함수로 옳은 것은?

① REPT
② CHOOSE
③ SUM
④ AVERAGE
⑤ DSUM

05 다음 중 [F3] 셀을 구하는 함수식으로 옳은 것은?

① =MIN(B2:B11)
② =MAX(B2:C11)
③ =MIN(C2:C11)
④ =MAX(C2:C11)
⑤ =MAX(B2:B11)

PART 1

03 프로그램 언어(코딩)

| 유형분석 |

- 프로그램의 실행 결과를 코딩을 통해 파악하여 이를 풀이하는 문제이다.
- 대체로 문제에서 규칙을 제공하고 있으며, 해당 규칙을 적용하여 새로운 코드번호를 만들거나 혹은 만들어진 코드번호를 해석하는 등의 문제가 출제된다.

다음 프로그램의 실행 결과로 옳은 것은?

```
#include <stdio.h>

#define SUB(a, b) a - b
#define PRT(c) printf("%d", c)

int main(void)
{
    int result;
    int a1 = 1, a2 = 2;
    result = SUB(a1, a2);
    PRT(result);
    return 0;
}
```

① 0
② 1
③ −1
④ 2
⑤ −2

정답 ③

#define 선행처리 지시문에 인수로 함수의 정의를 전달하며, 함수처럼 동작하는 매크로를 만든다. SUB(a, b)와 PRT(c)의 매크로 함수를 정의한다. SUB(a1, a2)에서 a1은 정수 1, a2는 정수 2를 사용한다. result는 1−2의 값으로 −1이 저장된다. PRT(c)에는 result값을 출력하므로 −1이 출력된다.

풀이 전략!

문제에서 실행 프로그램 내용이 주어지면 핵심 키워드를 확인한다. 코딩 프로그램을 통해 요구되는 내용을 알아맞혀 정답 유무를 판단한다.

출제유형분석 03 실전예제

※ 다음 프로그램의 실행 결과로 옳은 것을 고르시오. [1~2]

01

```
#include <stdio.h>
int main( )
{
    int sum = 0;
    int x;
    for(x = 1;x < = 100;x+ +)
      sum+ = x;
    printf("1 + 2 + … + 100 = %d\n", sum);
      return 0;
}
```

① 5010 ② 5020
③ 5040 ④ 5050
⑤ 6000

02

```
#include <stdio.h>
void main() {
  int i, tot = 0;
  int a[10] = {10, 37, 23, 4, 8, 71, 23, 9, 52, 41};
  for(i = 0; i < 10; i+ +) {
    tot+ = a[i];
    if(tot > = 100) {
       break;
    }
  }
  printf("%d₩n", tot);
}
```

① 82 ② 100
③ 143 ④ 153
⑤ 176

CHAPTER 05

자원관리능력

합격 Cheat Key

자원관리능력은 현재 NCS 기반 채용을 진행하는 많은 공사·공단에서 핵심영역으로 자리 잡아, 일부를 제외한 대부분의 시험에서 출제되고 있다.

세부 유형은 비용 계산, 해외파견 지원금 계산, 주문 제작 단가 계산, 일정 조율, 일정 선정, 행사 대여 장소 선정, 최단거리 구하기, 시차 계산, 소요시간 구하기, 해외파견 근무 기준에 부합하는 또는 부합하지 않는 직원 고르기 등으로 나눌 수 있다.

1 시차를 먼저 계산하라!

시간 자원 관리의 대표유형 중 시차를 계산하여 일정에 맞는 항공권을 구입하거나 회의시간을 구하는 문제에서는 각각의 나라 시간을 한국 시간으로 전부 바꾸어 계산하는 것이 편리하다. 조건에 맞는 나라들의 시간을 전부 한국 시간으로 바꾸고 한국 시간과의 시차만 더하거나 빼면 시간을 단축하여 풀 수 있다.

2 선택지를 잘 활용하라!

계산을 해서 값을 요구하는 문제 유형에서는 선택지를 먼저 본 후 자리 수가 몇 단위로 끝나는지 확인해야 한다. 예를 들어 412,300원, 426,700원, 434,100원인 선택지가 있다고 할 때, 제시된 조건에서 100원 단위로 나올 수 있는 항목을 찾아 그 항목만 계산하는 방법이 있다. 또한, 일일이 계산하는 문제가 많다. 예를 들어 640,000원, 720,000원, 810,000원 등의 수를 이용해 푸는 문제가 있다고 할 때, 만 원 단위를 절사하고 계산하여 64, 72, 81처럼 요약하는 방법이 있다.

3 최적의 값을 구하는 문제인지 파악하라!

물적 자원 관리의 대표유형에서는 제한된 자원 내에서 최대의 만족 또는 이익을 얻을 수 있는 방법을 강구하는 문제가 출제된다. 이때, 구하고자 하는 값을 x, y로 정하고 연립방정식을 이용해 x, y 값을 구한다. 최소 비용으로 목표생산량을 달성하기 위한 업무 및 인력 할당, 정해진 시간 내에 최대 이윤을 낼 수 있는 업체 선정, 정해진 인력으로 효율적 업무 배치 등을 구하는 문제에서 사용되는 방법이다.

4 각 평가항목을 비교하라!

인적 자원 관리의 대표유형에서는 각 평가항목을 비교하여 기준에 적합한 인물을 고르거나, 저렴한 업체를 선정하거나, 총점이 높은 업체를 선정하는 문제가 출제된다. 이런 유형은 평가항목에서 가격이나 점수 차이에 영향을 많이 미치는 항목을 찾아 $1 \sim 2$개의 선택지를 삭제하고, 남은 $3 \sim 4$개의 선택지만 계산하여 시간을 단축할 수 있다.

01 시간 계획

| 유형분석 |

- 시간 자원과 관련된 다양한 정보를 활용하여 풀어 가는 유형이다.
- 대체로 교통편 정보나 국가별 시차 정보가 제공되며, 이를 근거로 '현지 도착시간 또는 약속된 시간 내에 도착하기 위한 방안'을 고르는 문제가 출제된다.

해외영업부 A대리는 B부장과 함께 샌프란시스코에 출장을 가게 되었다. 샌프란시스코의 시각은 한국보다 16시간 느리고, 비행 시간은 10시간 25분일 때 샌프란시스코 현지 시각으로 11월 17일 오전 10시 35분에 도착하는 비행기를 타려면 한국 시각으로 인천공항에 몇 시까지 도착해야 하는가?

구분	날짜	출발 시각	비행 시간	날짜	도착 시각
인천 → 샌프란시스코	11월 17일		10시간 25분	11월 17일	10:35
샌프란시스코 → 인천	11월 21일	17:30	12시간 55분	11월 22일	22:25

※ 단, 비행기 출발 1시간 전에 공항에 도착해 티켓팅을 해야 한다.

① 12:10
② 13:10
③ 14:10
④ 15:10
⑤ 16:10

정답 ④

인천에서 샌프란시스코까지 비행 시간은 10시간 25분이므로, 샌프란시스코 도착 시각에서 거슬러 올라가면 샌프란시스코 시각으로 00시 10분에 출발한 것이 된다. 이때 한국은 샌프란시스코보다 16시간 빠르기 때문에 한국 시각으로는 16시 10분에 출발한 것이다. 하지만 비행기 티켓팅을 위해 출발 1시간 전에 인천공항에 도착해야 하므로 15시 10분까지 공항에 가야 한다.

풀이 전략!

문제에서 묻는 것을 정확히 파악한다. 특히 제한사항에 대해서는 빠짐없이 확인해 두어야 한다. 이후 제시된 정보(시차 등)에서 필요한 것을 선별하여 문제를 풀어 간다.

출제유형분석 01 실전예제

01 K전력공사에서 근무하고 있는 김대리는 경기본부로 전기점검을 나가고자 한다. 〈조건〉에 따라 점검일을 결정할 때, 다음 중 김대리가 경기본부 전기점검을 진행할 수 있는 기간은?

〈10월 달력〉

일	월	화	수	목	금	토
				1	2	3
4	5	6	7	8	9	10
11	12	13	14	15	16	17
18	19	20	21	22	23	24
25	26	27	28	29	30	31

조건

- 김대리는 10월 중에 경기본부로 전기점검을 나간다.
- 전기점검은 2일 동안 진행되며, 이틀 동안 연이어 진행하여야 한다.
- 점검은 주중에만 진행된다.
- 김대리는 10월 1일부터 10월 7일까지 연수에 참석하므로 해당 기간에는 점검을 진행할 수 없다.
- 김대리는 10월 27일부터는 부서이동을 하므로, 27일부터는 전기점검을 포함한 모든 담당 업무를 후임자에게 인계하여야 한다.
- 김대리는 목요일마다 경인건설본부로 출장을 가며, 출장일에는 전기점검 업무를 진행할 수 없다.

① 10월 6 ~ 7일
② 10월 11 ~ 12일
③ 10월 14 ~ 15일
④ 10월 20 ~ 21일
⑤ 10월 27 ~ 28일

02 다음은 K회사 신제품개발1팀의 하루 업무 스케줄에 대한 자료이다. 신입사원 A씨는 스케줄을 바탕으로 금일 회의 시간을 정하려고 한다. 1시간 동안 진행될 팀 회의의 가장 적절한 시간대는?

〈K회사 신제품개발1팀 스케줄〉

시간	직위별 스케줄				
	부장	차장	과장	대리	사원
09:00 ~ 10:00	업무회의				
10:00 ~ 11:00					비품요청
11:00 ~ 12:00			시장조사	시장조사	시장조사
12:00 ~ 13:00	점심식사				
13:00 ~ 14:00	개발전략수립		시장조사	시장조사	시장조사
14:00 ~ 15:00		샘플검수	제품구상	제품구상	제품구상
15:00 ~ 16:00			제품개발	제품개발	제품개발
16:00 ~ 17:00					
17:00 ~ 18:00			결과보고	결과보고	

① 09:00 ~ 10:00
② 10:00 ~ 11:00
③ 14:00 ~ 15:00
④ 16:00 ~ 17:00
⑤ 17:00 ~ 18:00

03 자동차 부품을 생산하는 K기업은 반자동과 자동 생산라인을 하나씩 보유하고 있다. 최근 일본의 자동차 회사와 수출계약을 체결하여 자동차 부품 34,500개를 납품하였다. 아래 K기업의 생산조건을 고려할 때, 일본에 납품할 부품을 생산하는 데 소요된 시간은 얼마인가?

〈자동차 부품 생산조건〉

- 반자동라인은 4시간에 300개의 부품을 생산하며, 그중 20%는 불량품이다.
- 자동라인은 3시간에 400개의 부품을 생산하며, 그중 10%는 불량품이다.
- 반자동라인은 8시간마다 2시간씩 생산을 중단한다.
- 자동라인은 9시간마다 3시간씩 생산을 중단한다.
- 불량 부품은 생산 후 폐기하고 정상인 부품만 납품한다.

① 230시간
② 240시간
③ 250시간
④ 260시간
⑤ 280시간

04 해외로 출장을 가는 김대리는 다음과 같이 이동하려고 계획하고 있다. 연착 없이 계획대로 출장지에 도착했다면, 도착했을 때의 현지 시각은?

- 서울 시각으로 5일 오후 1시 35분에 출발하는 비행기를 타고, 경유지 한 곳을 거쳐 출장지에 도착한다.
- 경유지는 서울보다 1시간 빠르고, 출장지는 경유지보다 2시간 느리다.
- 첫 번째 비행은 3시간 45분이 소요된다.
- 경유지에서 3시간 50분을 대기하고 출발한다.
- 두 번째 비행은 9시간 25분이 소요된다.

① 오전 5시 35분
② 오전 6시
③ 오후 5시 35분
④ 오후 6시
⑤ 오전 7시

05 다음은 K제품의 생산계획을 나타낸 자료이다. 〈조건〉에 따라 공정이 진행될 때, 첫 번째 완제품이 생산되기 위해서는 최소 몇 시간이 소요되는가?

〈K제품 생산계획〉

공정	선행공정	소요시간
A	없음	3
B	A	1
C	B, E	3
D	없음	2
E	D	1
F	C	2

조건

- 공정별로 1명의 작업 담당자가 공정을 수행한다.
- A공정과 D공정의 작업 시점은 같다.
- 공정 간 제품의 이동 시간은 무시한다.

① 6시간
② 7시간
③ 8시간
④ 9시간
⑤ 10시간

02 비용 계산

| 유형분석 |

- 예산 자원과 관련된 다양한 정보를 활용하여 풀어 가는 문제이다.
- 대체로 한정된 예산 내에서 수행할 수 있는 업무 및 예산 가격을 묻는 문제가 출제된다.

연봉 실수령액을 구하는 식이 〈보기〉와 같을 때, 연봉이 3,480만 원인 A씨의 연봉 실수령액은?(단, 원 단위는 절사한다)

보기

- (연봉 실수령액)=(월 실수령액)×12
- (월 실수령액)=(월 급여)−[(국민연금)+(건강보험료)+(고용보험료)+(장기요양보험료)+(소득세)+(지방세)]
- (국민연금)=(월 급여)×4.5%
- (건강보험료)=(월 급여)×3.12%
- (고용보험료)=(월 급여)×0.65%
- (장기요양보험료)=(건강보험료)×7.38%
- (소득세)=68,000원
- (지방세)=(소득세)×10%

① 30,944,400원
② 31,078,000원
③ 31,203,200원
④ 32,150,800원
⑤ 32,497,600원

정답 ①

A씨의 월 급여는 3,480÷12=290만 원이다.

국민연금, 건강보험료, 고용보험료를 제외한 금액을 계산하면

290만 원−{290만 원×(0.045+0.0312+0.0065)}

→ 290만 원−(290만 원×0.0827)

→ 290만 원−239,830=2,660,170원

- 장기요양보험료 : (290만 원×0.0312)×0.0738≒6,670원(∵ 원 단위 절사)
- 지방세 : 68,000×0.1=6,800원

따라서 A씨의 월 실수령액은 2,660,170−(6,670+68,000+6,800)=2,578,700원이고,

연봉 실수령액은 2,578,700×12=30,944,400원이다.

풀이 전략!

제한사항인 예산을 고려하여 문제에서 묻는 것을 정확히 파악한 후, 제시된 정보에서 필요한 것을 선별하여 문제를 풀어 간다.

출제유형분석 02 실전예제

01 **수인이는 베트남 여행을 위해 K국제공항에서 환전하기로 하였다. 다음은 L환전소의 당일 환율 및 수수료를 나타낸 자료이다. 수인이가 한국 돈으로 베트남 현금 1,670만 동을 환전한다고 할 때, 수수료까지 포함하여 필요한 돈은 얼마인가?(단, 모든 계산과정에서 구한 값은 일의 자리에서 버림한다)**

〈L환전소 환율 및 수수료〉

- 베트남 환율 : 483원/만 동
- 수수료 : 0.5%
- 우대사항 : 50만 원 이상 환전 시 70만 원까지 수수료 0.4%로 인하 적용
  100만 원 이상 환전 시 총금액 수수료 0.4%로 인하 적용

① 808,840원
② 808,940원
③ 809,840원
④ 809,940원
⑤ 810,040원

02 **다음 글을 바탕으로 전세 보증금이 1억 원인 전세 세입자가 월세 보증금 1천만 원에 전월세 전환율 한도 수준까지의 월세 전환을 원할 경우, 월 임대료 지불액은 얼마인가?**

나날이 치솟는 전세 보증금! 집주인이 2년 만에 전세 보증금을 올려달라고 하는데 사실 월급쟁이로 생활비를 쓰고 남은 돈을 저축하자면 그 목돈을 마련하지 못해 전세자금 대출을 알아보곤 한다. 그럴 때 생각해 볼 수 있는 것이 반전세나 월세 전환이다. 이렇게 되면 임대인들도 보증금 몇 천만 원에서 나오는 이자보다 월 임대료가 매달 나오는 것이 좋다 보니 먼저 요구하기도 한다. 바로 그것이 '전월세 전환율'이다.

전월세 전환율은 [(월 임대료)×(12개월)/{(전세 보증금)−(월세 보증금)]×100으로 구할 수 있다. 그렇다면 전월세 전환율 비율의 제한은 어떻게 형성되는 걸까?

우리나라는 「주택임대차보호법」에서 산정률 제한을 두고 있다. 보통 10%, 기준금리 4배수 중 낮은 비율의 범위를 초과할 수 없다고 규정하고 있기 때문에 현재 기준금리가 1.5%로 인상되어 6%가 제한선이 된다.

① 450,000원
② 470,000원
③ 500,000원
④ 525,000원
⑤ 550,000원

PART 1

03 K공사는 연말 시상식을 개최하여 한 해 동안 모범이 되거나 훌륭한 성과를 낸 직원을 독려하고자 한다. 상 종류 및 수상인원, 상품에 대한 정보가 다음과 같을 때, 총상품구입비는 얼마인가?

〈시상내역〉

상 종류	수상인원	상품
사내선행상	5	인당 금 도금 상패 1개, 식기 1세트
사회기여상	1	인당 은 도금 상패 1개, 신형 노트북 1대
연구공로상	2	인당 금 도금 상패 1개, 안마의자 1개, 태블릿 PC 1대
성과공로상	4	인당 은 도금 상패 1개, 만년필 2개, 태블릿 PC 1대
청렴모범상	2	인당 동 상패 1개, 안마의자 1개

- 상패 제작비용
  - 금 도금 상패 : 개당 55,000원(5개 이상 주문 시 개당 가격 10% 할인)
  - 은 도금 상패 : 개당 42,000원(주문수량 4개당 1개 무료 제공)
  - 동 상패 : 개당 35,000원
- 물품 구입비용(개당)
  - 식기 세트 : 450,000원
  - 신형 노트북 : 1,500,000원
  - 태블릿PC : 600,000원
  - 만년필 : 100,000원
  - 안마의자 : 1,700,000원

① 14,085,000원 ② 15,050,000원

③ 15,534,500원 ④ 16,805,000원

⑤ 17,200,000원

04 다음 A～D 4명이 저녁 식사를 하고 〈조건〉에 따라 돈을 지불했을 때, C가 낸 금액은 얼마인가?

조건

- A는 B, C, D가 지불한 금액 합계의 20%를 지불했다.
- C는 A와 B가 지불한 금액 합계의 40%를 지불했다.
- A와 B가 지불한 금액 합계와 C와 D가 지불한 금액 합계는 같다.
- D가 지불한 금액에서 16,000원을 빼면 A가 지불한 금액과 같다.

① 18,000원
② 20,000원
③ 22,000원
④ 24,000원
⑤ 26,000원

PART 1

05 K기업은 창고업체를 통해 A～C 세 제품군을 보관하고 있다. 각 제품군에 대한 정보를 참고하여 다음 〈조건〉에 따라 K기업이 보관료로 지급해야 할 총금액은 얼마인가?

구분	매출액(억 원)	용량	
		용적(CUBIC)	무게(톤)
A제품군	300	3,000	200
B제품군	200	2,000	300
C제품군	100	5,000	500

조건

- A제품군은 매출액의 1%를 보관료로 지급한다.
- B제품군은 1CUBIC당 20,000원의 보관료를 지급한다.
- C제품군은 1톤당 80,000원의 보관료를 지급한다.

① 3억 2천만 원
② 3억 4천만 원
③ 3억 6천만 원
④ 3억 8천만 원
⑤ 4억 원

03 품목 확정

| 유형분석 |

- 물적 자원과 관련된 다양한 정보를 활용하여 풀어 가는 문제이다.
- 주로 공정도·제품·시설 등에 대한 가격·특징·시간 정보가 제시되며, 이를 종합적으로 고려하는 문제가 출제된다.

K씨는 로봇청소기를 합리적으로 구매하기 위해 모델별로 성능을 비교·분석하였다. 〈보기〉에 따라 K씨가 선택할 로봇청소기 모델로 옳은 것은?

〈로봇청소기 모델별 성능 분석표〉

모델	청소 성능		주행 성능			소음 방지	자동 복귀	안전성	내구성	경제성
	바닥	카펫	자율주행 성능	문턱 넘김	추락 방지					
A	★★★	★	★★	★★	★★	★★★	★★★	★★★	★★★	★★
B	★★	★★★	★★★	★★★	★	★★★	★★	★★★	★★★	★★
C	★★★	★★★	★★★	★	★★★	★★★	★★★	★★★	★★★	★
D	★★	★★	★★★	★★	★	★★	★★	★★★	★★	★★
E	★★★	★★★	★★	★★★	★★	★★★	★★	★★★	★★★	★★★

※ ★★★ : 적합, ★★ : 보통, ★ : 미흡

보기

K씨 : 로봇청소기는 내구성과 안전성이 1순위이고 집에 카펫은 없으니 바닥에 대한 청소 성능이 2순위야. 글을 쓰는 아내를 위해서 소음도 중요하겠지, 문턱이나 추락할만한 공간은 없으니 자율주행성능만 좋은 것으로 살펴보면 되겠네. 나머지 기준은 크게 신경 안 써도 될 것 같아.

① A모델
② B모델
③ C모델
④ D모델
⑤ E모델

정답 ③

내구성과 안전성 모두 적합한 로봇청소기 모델은 A, B, C, E이며, 바닥에 대한 청소 성능의 경우 A, C, E가 적합하다. 소음방지의 경우는 A, B, C, E가 적합하고, 자율주행성능은 B, C, D가 적합하다. 따라서 K씨는 내구성, 안전성, 바닥에 대한 청소 성능, 소음방지, 자율주행성능에 모두 적합한 C모델을 선택할 것이다.

풀이 전략!

문제에서 묻고자 하는 바를 정확히 파악하는 것이 중요하다. 문제에서 제시한 물적 자원의 정보를 문제의 의도에 맞게 선별하면서 풀어 간다.

01 **최대리는 노트북을 사고자 K전자 홈페이지에 방문하였다. 노트북 A ~ E를 최종 후보로 선정 후 〈조건〉에 따라 점수를 부여하여 점수가 가장 높은 제품을 고를 때, 최대리가 고를 노트북은?**

〈노트북 최종 후보〉

구분	A	B	C	D	E
저장용량 / 저장매체	512GB / HDD	128GB / SSD	1,024GB / HDD	128GB / SSD	256GB / SSD
배터리 지속시간	최장 10시간	최장 14시간	최장 8시간	최장 13시간	최장 12시간
무게	2kg	1.2kg	2.3kg	1.5kg	1.8kg
가격	120만 원	70만 원	135만 원	90만 원	85만 원

조건

- 항목별로 순위를 정하여 5점 ~ 1점을 순차적으로 부여한다(단, 동일한 성능일 경우 동일한 점수를 부여한다).
- 저장용량은 클수록, 배터리 지속시간은 길수록, 무게는 가벼울수록, 가격은 저렴할수록 높은 점수를 부여한다.
- 저장매체가 SSD일 경우 3점을 추가로 부여한다.

① A　② B
③ C　④ D
⑤ E

02 K공사에서 근무하는 A사원은 새로 도입되는 교통관련 정책 홍보자료를 만들어서 배포하려고 한다. 다음 중 가장 저렴한 비용으로 인쇄할 수 있는 업체로 옳은 것은?

〈인쇄업체별 비용 견적〉

(단위 : 원)

구분	페이지당 비용	표지 가격		권당 제본 비용	할인
		유광	무광		
A인쇄소	50	500	400	1,500	–
B인쇄소	70	300	250	1,300	–
C인쇄소	70	500	450	1,000	100부 초과 시 초과 부수만 총비용에서 5% 할인
D인쇄소	60	300	200	1,000	–
E인쇄소	100	200	150	1,000	총 인쇄 페이지 5,000페이지 초과 시 총비용에서 20% 할인

※ 홍보자료는 관내 20개 지점에 배포하고, 각 지점마다 10부씩 배포한다.

※ 홍보자료는 30페이지 분량으로 제본하며, 표지는 유광표지로 한다.

① A인쇄소
② B인쇄소
③ C인쇄소
④ D인쇄소
⑤ E인쇄소

03 K회사 마케팅 팀장은 팀원 50명에게 연말 선물을 하기 위해 물품을 구매하려고 한다. 아래는 업체별 품목 가격과 팀원들의 품목 선호도를 나타낸 자료이다. 다음 〈조건〉에 따라 팀장이 구매하는 물품과 업체를 순서대로 바르게 나열한 것은?

〈업체별 품목 가격〉

구분		한 벌당 가격(원)
A업체	티셔츠	6,000
	카라 티셔츠	8,000
B업체	티셔츠	7,000
	후드 집업	10,000
	맨투맨	9,000

〈팀원 품목 선호도〉

순위	품목
1	카라 티셔츠
2	티셔츠
3	후드 집업
4	맨투맨

조건

- 팀원의 선호도를 우선으로 품목을 선택한다.
- 총구매금액이 30만 원 이상이면 총금액에서 5%를 할인해 준다.
- 차순위 품목이 1순위 품목보다 총금액이 20% 이상 저렴하면 차순위를 선택한다.

① 티셔츠, A업체
② 카라 티셔츠, A업체
③ 티셔츠, B업체
④ 후드 집업, B업체
⑤ 맨투맨, B업체

04 K공사는 직원용 컴퓨터를 교체하려고 한다. 다음 〈조건〉을 만족하는 컴퓨터로 옳은 것은?

〈컴퓨터별 가격 현황〉

구분	A컴퓨터	B컴퓨터	C컴퓨터	D컴퓨터	E컴퓨터
모니터	20만 원	23만 원	20만 원	19만 원	18만 원
본체	70만 원	64만 원	60만 원	54만 원	52만 원
세트 (모니터+본체)	80만 원	75만 원	70만 원	66만 원	65만 원
성능평가	중	상	중	중	하
할인혜택	-	세트로 15대 이상 구매 시 총금액에서 100만 원 할인	모니터 10대 초과 구매 시 초과 대수 15% 할인	-	-

조건

- 예산은 1,000만 원이다.
- 교체할 직원용 컴퓨터는 모니터와 본체 각각 15대이다.
- 성능평가에서 '중' 이상을 받은 컴퓨터로 교체한다.
- 컴퓨터 구매는 세트 또는 모니터와 본체 따로 구매할 수 있다.

① A컴퓨터
② B컴퓨터
③ C컴퓨터
④ D컴퓨터
⑤ E컴퓨터

05 사진관은 올해 찍은 사진을 모두 모아서 한 개의 USB에 저장하려고 한다. 사진의 용량 및 찍은 사진 수가 자료와 같을 때, 최소 몇 GB의 USB가 필요한가?(단, 1MB=1,000KB, 1GB=1,000MB 이며, USB 용량은 소수점 자리는 버림한다)

〈올해 찍은 사진 자료〉

구분	크기(cm)	용량	개수
반명함	3×4	150KB	8,000개
신분증	3.5×4.5	180KB	6,000개
여권	5×5	200KB	7,500개
단체사진	10×10	250KB	5,000개

① 3GB
② 4GB
③ 5GB
④ 6GB
⑤ 7GB

04 인원 선발

| 유형분석 |

- 인적 자원과 관련된 다양한 정보를 활용하여 풀어 가는 문제이다.
- 주로 근무명단, 휴무일, 업무할당 등의 주제로 다양한 정보를 활용하여 종합적으로 풀어 가는 문제가 출제된다.

어느 버스회사에서 (가)시에서 (나)시를 연결하는 버스 노선을 개통하기 위해 새로운 버스를 구매하려고 한다. 다음 〈조건〉과 같이 노선을 운행하려고 할 때, 최소 몇 대의 버스를 구매해야 하며, 이때 필요한 운전사는 최소 몇 명인가?

조건

- 새 노선의 왕복 시간은 2시간이다(승하차 시간을 포함).
- 배차시간은 15분 간격이다.
- 운전사의 휴식시간은 매 왕복 후 30분씩이다.
- 첫차는 5시 정각에, 막차는 23시 정각에 (가)시를 출발한다.
- 모든 차는 (가)시에 도착하자마자 (나)시로 곧바로 출발하는 것을 원칙으로 한다.
  즉, (가)시에 도착하는 시간이 바로 (나)시로 출발하는 시간이다.
- 모든 차는 (가)시에서 출발해서 (가)시로 복귀한다.

	버스	운전사
①	6대	8명
②	8대	10명
③	10대	12명
④	12대	14명
⑤	14대	16명

정답 ②

왕복 시간이 2시간, 배차 간격이 15분이라면 첫차가 재투입되는 데 필요한 앞차의 수는 첫차를 포함해서 8대이다(∵ 15분×8대=2시간이므로 8대 버스가 운행된 이후 9번째에 첫차 재투입 가능).

운전사는 왕복 후 30분의 휴식을 취해야 하므로 첫차를 운전했던 운전사는 2시간 30분 뒤에 운전을 시작할 수 있다. 따라서 8대의 버스로 운행하더라도 운전자는 150분 동안 운행되는 버스 150÷15=10대를 운전하기 위해서는 10명의 운전사가 필요하다.

풀이 전략!

문제에서 신입사원 채용이나 인력배치 등의 주제가 출제될 경우에는 주어진 규정 혹은 규칙을 꼼꼼히 확인하여야 한다. 이를 근거로 각 선택지가 어긋나지 않는지 검토하며 문제를 풀어 간다.

출제유형분석 04 실전예제

01 다음은 K학교의 성과급 기준표이다. 이를 적용해 K학교 교사들의 성과급 배점을 계산하고자 할 때, 〈보기〉의 A ~ E교사 중 가장 높은 배점을 받을 교사는?

〈성과급 기준표〉

구분	평가사항	배점기준	
수업지도	주당 수업시간	24시간 이하	14점
		25시간	16점
		26시간	18점
		27시간 이상	20점
	수업 공개 유무	교사 수업 공개	10점
		학부모 수업 공개	5점
생활지도	담임 유무	담임교사	10점
		비담임교사	5점
담당업무	업무 곤란도	보직교사	30점
		비보직교사	20점
경력	호봉	10호봉 이하	5점
		11 ~ 15호봉	10점
		16 ~ 20호봉	15점
		21 ~ 25호봉	20점
		26 ~ 30호봉	25점
		31호봉 이상	30점

※ 수업지도 항목에서 교사 수업 공개, 학부모 수업 공개를 모두 진행했을 경우 10점으로 배점하며, 수업 공개를 하지 않았을 경우 배점은 없다.

보기

구분	주당 수업시간	수업 공개 유무	담임 유무	업무 곤란도	호봉
A교사	20시간	–	담임교사	비보직교사	32호봉
B교사	29시간	–	비담임교사	비보직교사	35호봉
C교사	26시간	학부모 수업 공개	비담임교사	보직교사	22호봉
D교사	22시간	교사 수업 공개	담임교사	보직교사	17호봉
E교사	25시간	교사 수업 공개, 학부모 수업 공개	비담임교사	비보직교사	30호봉

① A교사
② B교사
③ C교사
④ D교사
⑤ E교사

02 다음은 K기업 직원들의 이번 주 초과근무 계획표이다. 하루에 5명 이상 초과근무를 할 수 없고, 초과근무 시간은 각자 일주일에 10시간을 초과할 수 없다고 한다. 1명만 초과근무 일정을 수정할 수 있을 때, 규칙에 어긋난 요일과 그 날에 속한 사람 중 변경해야 할 직원은 누구인가?(단, 주말은 1시간당 1.5시간으로 계산한다)

〈초과근무 계획표〉

성명	초과근무 일정	성명	초과근무 일정
김혜정	월요일 3시간, 금요일 3시간	김재건	수요일 1시간
이설희	토요일 6시간	신혜선	수요일 4시간, 목요일 3시간
임유진	토요일 3시간, 일요일 1시간	한예리	일요일 6시간
박주환	목요일 2시간	정지원	월요일 6시간, 목요일 3시간
이지호	화요일 4시간	최명진	화요일 5시간
김유미	금요일 6시간, 토요일 2시간	김우석	목요일 1시간
정해리	월요일 5시간	이상엽	목요일 6시간, 일요일 3시간

	요일	직원
①	월요일	김혜정
②	목요일	정지원
③	목요일	이상엽
④	토요일	임유진
⑤	토요일	김유미

03 다음 중 주어진 자료를 보고 하루 동안 고용할 수 있는 최대 인원은?

총예산	본예산	500,000원
	예비비	100,000원
고용비	1인당 수당	50,000원
	산재보험료	(수당)×0.504%
	고용보험료	(수당)×1.3%

① 10명
② 11명
③ 12명
④ 13명
⑤ 14명

04 K공사는 동절기에 인력을 감축하여 운영한다. 다음 〈조건〉을 참고할 때, 동절기 업무시간 단축 대상자는?

〈동절기 업무시간 단축 대상자 현황〉

성명	업무성과 평가	통근거리	자녀 유무
최나래	C	3km	×
박희영	B	5km	○
이지규	B	52km	×
박슬기	A	55km	○
황보연	D	30km	○
김성배	B	75km	×
이상윤	C	60km	○
이준서	B	70km	○
김태란	A	68km	○
한지혜	C	50km	×

조건

- K공사의 동절기 업무시간 단축 대상자는 총 2명이다.
- 업무성과 평가에서 상위 40% 이내에 드는 경우 동절기 업무시간 단축 대상자 후보가 된다.
  ※ 단, A>B>C>D 순서로 매기고, 동순위자 발생 시 동순위자를 모두 고려한다.
- 통근거리가 50km 이상인 경우에만 동절기 업무시간 단축 대상자가 될 수 있다.
- 동순위자 발생 시 자녀가 있는 경우에는 동절기 업무시간 단축 대상 우선순위를 준다.
- 위의 조건에서 대상자가 정해지지 않은 경우, 통근거리가 가장 먼 직원부터 대상자로 선정한다.

① 황보연, 이상윤
② 박슬기, 김태란
③ 이준서, 김태란
④ 이준서, 김성배
⑤ 김성배, 이지규

PART 1

05 K공사 재무회계부에서는 주말 사무보조 직원을 채용하기 위해 공고문을 게재하였으며, 지원자 명단은 다음과 같다. 다음 자료를 참고하였을 때, 최소비용으로 가능한 한 많은 인원을 채용하고자 한다면 총 몇 명의 지원자를 채용할 수 있겠는가?(단, 급여는 지원자가 희망하는 금액으로 지급한다)

〈사무보조 직원 채용 공고문〉

- 업무내용 : 문서수발, 전화응대 등
- 지원자격 : 경력, 성별, 나이, 학력 무관
- 근무조건 : 장기(6개월 이상, 협의 불가) / 주말 11:00 ~ 22:00(협의 가능)
- 급여 : 협의 후 결정
- 연락처 : 02-000-0000

〈지원자 명단〉

성명	희망근무기간	근무가능시간	최소근무시간 (하루 기준)	희망임금 (시간당 / 원)
박소다	10개월	11:00 ~ 18:00	3시간	7,500
서창원	12개월	12:00 ~ 20:00	2시간	8,500
한승희	8개월	18:00 ~ 22:00	2시간	7,500
김병우	4개월	11:00 ~ 18:00	4시간	7,000
우병지	6개월	15:00 ~ 20:00	3시간	7,000
김래원	10개월	16:00 ~ 22:00	2시간	8,000
최지홍	8개월	11:00 ~ 18:00	3시간	7,000

※ 지원자 모두 주말 이틀 중 하루만 출근하기를 원함

※ 하루에 2회 이상 출근은 불가함

① 2명 ② 3명

③ 4명 ④ 5명

⑤ 6명

성공은 자신의 한계를 넘어서는 과정에서 찾아진다.

- 마이클 조던 -

CHAPTER 06

기술능력

합격 Cheat Key

기술능력은 업무를 수행함에 있어 도구, 장치 등을 포함하여 필요한 기술에 어떠한 것들이 있는지 이해하고, 실제 업무를 수행함에 있어 적절한 기술을 선택하여 적용하는 능력이다.

세부 유형은 기술 이해 · 기술 선택 · 기술 적용으로 나눌 수 있다. 제품설명서나 상황별 매뉴얼을 제시하는 문제 또는 명령어를 제시하고 규칙을 대입할 수 있는지 묻는 문제가 출제되기 때문에 이런 유형들을 공략할 수 있는 전략을 세워야 한다.

1 긴 지문이 출제될 때는 보기의 내용을 미리 보라!

기술능력에서 자주 출제되는 제품설명서나 상황별 매뉴얼을 제시하는 문제에서는 기술을 이해하고, 상황에 알맞은 원인 및 해결방안을 고르는 문제가 출제된다. 실제 시험장에서 문제를 풀 때는 시간적 여유가 없기 때문에 보기를 먼저 읽고, 그 다음 긴 지문을 보면서 동시에 보기와 일치하는 내용이 나오면 확인해 가면서 푸는 것이 좋다.

2 모듈형에도 대비하라!

모듈형 문제의 비중이 늘어나는 추세이므로 공기업을 준비하는 취업준비생이라면 모듈형 문제에 대비해야 한다. 기술능력의 모듈형 이론 부분을 학습하고 모듈형 문제를 풀어보고 여러 번 읽으며 이론을 확실히 익혀두면 실제 시험장에서 이론을 묻는 문제가 나왔을 때 단번에 답을 고를 수 있다.

3 전공 이론도 익혀 두어라!

지원하는 직렬의 전공 이론이 기술능력으로 출제되는 경우가 많기 때문에 전공 이론을 익혀두는 것이 좋다. 깊이 있는 지식을 묻는 문제가 아니더라도 출제되는 문제의 소재가 전공과 관련된 내용일 가능성이 크기 때문에 최소한 지원하는 직렬의 전공 용어는 확실히 익혀 두어야 한다.

4 쉽게 포기하지 말라!

직업기초능력에서 주요 영역이 아니면 소홀한 경우가 많다. 시험장에서 기술능력을 읽어 보지도 않고 포기하는 경우가 많은데 차근차근 읽어보면 지문만 잘 읽어도 풀 수 있는 문제들이 출제되는 경우가 있다. 이론을 모르더라도 풀 수 있는 문제인지 파악해보자.

01 기술 이해

| 유형분석 |

- 기술 시스템의 개념과 발전 단계에 대한 지식을 평가한다.
- 각 단계의 순서와 그에 따른 특징을 숙지하여야 한다.
- 단계별로 요구되는 핵심 역할이 다름에 유의한다.

다음 중 기술 시스템의 발전 단계에 따라 빈칸 ㉠ ~ ㉣에 들어갈 내용을 순서대로 바르게 나열한 것은?

발전 단계	특징	핵심 역할
발명 · 개발 · 혁신의 단계	기술 시스템이 탄생하고 성장	기술자
↓		
㉠	성공적인 기술이 다른 지역으로 이동	기술자
↓		
㉡	기술 시스템 사이의 경쟁	㉢
↓		
기술 공고화 단계	경쟁에서 승리한 기술 시스템의 관성화	㉣

	㉠	㉡	㉢	㉣
①	기술 이전의 단계	기술 경쟁의 단계	기업가	자문 엔지니어
②	기술 경쟁의 단계	기술 이전의 단계	금융전문가	자문 엔지니어
③	기술 이전의 단계	기술 경쟁의 단계	기업가	기술자
④	기술 경쟁의 단계	기술 이전의 단계	금융전문가	기업가
⑤	기술 이전의 단계	기술 경쟁의 단계	금융전문가	기술자

정답 ①

기술 시스템의 발전 단계는 '발명 · 개발 · 혁신의 단계 → ㉠ 기술 이전의 단계 → ㉡ 기술 경쟁의 단계 → 기술 공고화 단계'를 거쳐 발전한다. 또한 기술 시스템의 발전 단계에는 단계별로 핵심적인 역할을 하는 사람들이 있다. 기술 경쟁의 단계에서는 ㉢ 기업가들의 역할이 더 중요해지고, 기술 공고화 단계에서는 이를 활성 · 유지 · 보수 등을 하기 위한 ㉣ 자문 엔지니어와 금융전문가 등의 역할이 중요해진다.

풀이 전략!

기술 시스템이란 개별 기술들이 네트워크로 결합하여 새로운 기술로 만들어지는 것을 뜻한다. 따라서 개별 기술들이 '개발 → 이전 → 경쟁 → 공고화'의 절차를 가지고 있음을 숙지하여 문제를 풀어야 한다.

출제유형분석 01 실전예제

01 다음은 기술선택을 위한 절차를 나타낸 자료이다. 빈칸 ㉠~㉣에 들어갈 내용을 순서대로 바르게 나열한 것은?

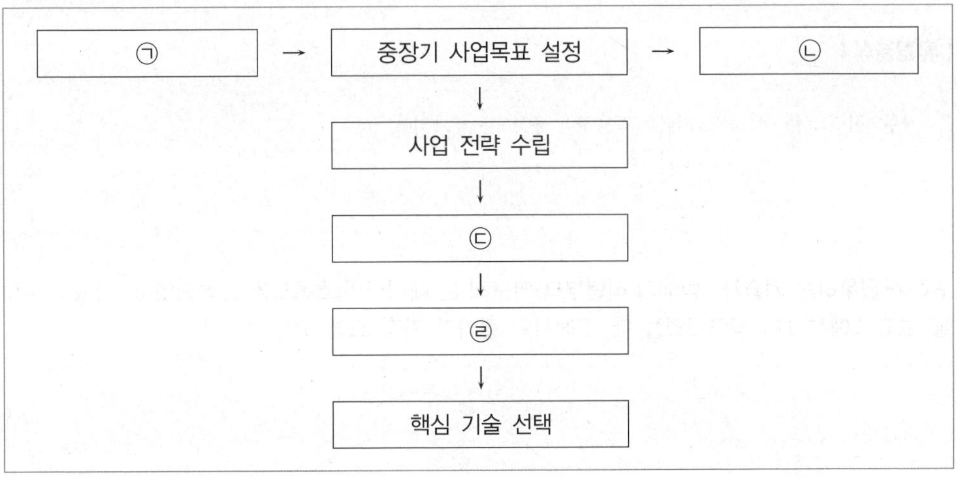

	㉠	㉡	㉢	㉣
①	내부 역량 분석	외부 환경 분석	요구 기술 분석	기술 전략 수립
②	내부 역량 분석	외부 환경 분석	기술 전략 수립	요구 기술 분석
③	외부 환경 분석	내부 역량 분석	요구 기술 분석	기술 전략 수립
④	외부 환경 분석	내부 역량 분석	기술 전략 수립	요구 기술 분석
⑤	외부 환경 분석	기술 전략 수립	내부 역량 분석	요구 기술 분석

02 다음 글에서 설명하고 있는 것은?

> 농부는 농기계와 화학비료를 써서 밀을 재배하고 수확한다. 이렇게 생산된 밀은 보관업자, 운송업자, 제분회사, 제빵 공장을 거쳐 시장으로 판매된다. 보다 높은 생산성을 위해 화학비료를 연구하고, 공장을 가동하기 위해 공작기계와 전기를 생산한다. 보다 빠른 운송을 위해서 트럭이나 기차, 배가 개발되었고, 보다 효과적인 운송수단과 농기계를 운용하기 위해 증기기관에서 석유에너지로 발전하였다. 이렇듯 우리의 식탁에 올라오는 빵은 여러 기술이 네트워크로 결합하여 시너지를 내고 있는 결과물이다.

① 기술시스템
② 기술혁신
③ 기술경영
④ 기술이전
⑤ 기술경쟁

02 기술 적용

| 유형분석 |

- 주어진 자료를 해석하고 기술을 적용하여 풀어가는 문제이다.
- 꼼꼼하고 분석적인 접근이 필요한 논리연산, 사용설명서 등의 문제들이 출제된다.

귀하가 근무하는 기술자격팀에서 작년부터 연구해 온 데이터의 흐름도가 완성되었다. 다음 자료와 〈조건〉을 보고 A에서 1이 입력되었을 때, F에서의 결과가 가장 크게 되는 값은?

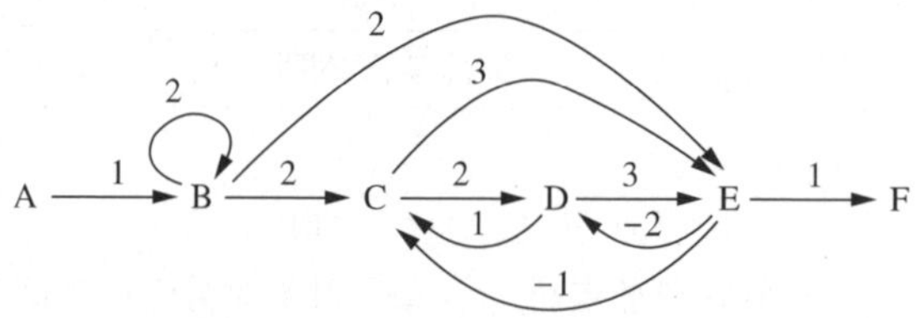

조건

- 데이터는 화살표 방향으로만 이동할 수 있으며, 같은 경로를 여러 번 반복해서 이동할 수 있다.
- 화살표 위의 숫자는 그 경로를 통해 데이터가 1회 이동할 때마다 데이터에 곱해지는 수치를 의미한다.
- 각 경로를 따라 데이터가 이동할 때, 1회 이동 시간은 1시간이며, 데이터의 총 이동 시간은 10시간을 초과할 수 없다.
- 데이터의 대소 관계는 [음수<0<양수]의 원칙에 따른다.

① 256
② 384
③ 432
④ 864
⑤ 1,296

정답 ④

결과가 가장 큰 값을 구해야 하므로 최대한 큰 수가 있는 구간으로 이동해야 하며, 세 번째 조건에 따라 총 10번의 이동이 가능하다. 반복 이동으로 가장 커질 수 있는 구간은 D－E 구간이지만 음수가 있으므로 왕복 2번을 이동하여 값을 양수로 만들어야 한다. D－E 구간에서 4번 이동하고 마지막에 E－F 구간 1번 이동하는 것을 제외하면 출발점인 A에서 D－E 구간을 왕복하기 전까지 총 5번을 이동할 수 있다. D－E 구간으로 가기 전 가장 큰 값은 C에서 E로 가는 것이므로 C－E－D－E－D－E－F로 이동한다.
또한, 출발점인 A에서 C까지 4번 이동하려면 A－B－B－B－C밖에 없다.
따라서 A－B－B－B－C－E－D－E－D－E－F 순서로 이동한다.
∴ $1\times2\times2\times2\times3\times(-2)\times3\times(-2)\times3\times1=864$

풀이 전략!

문제 해결을 위해 필요한 정보와 기술능력이 무엇인지 먼저 파악한 후, 제시된 자료를 분석적으로 읽고 문제를 풀이한다.

출제유형분석 02 실전예제

01 K정보통신회사에 입사한 귀하는 시스템 모니터링 및 관리 업무를 담당하게 되었다. 다음 내용을 참고할 때, 〈보기〉의 Final Code로 옳은 것은?

다음 모니터에 나타나는 정보를 이해하고 시스템 상태를 판독하여 적절한 코드 입력 방식을 파악하시오.

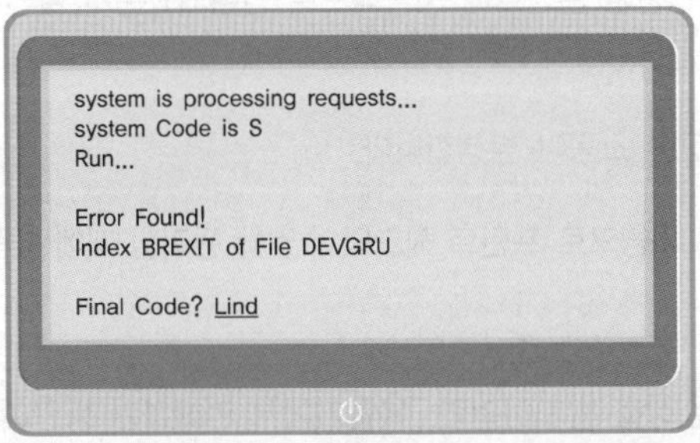

항목	세부사항
Index ◇◇◇ of File ◇◇◇	• 오류 문자 : Index 뒤에 나타나는 문자 • 오류 발생 위치 : File 뒤에 나타나는 문자
Error Value	오류 문자와 오류 발생 위치를 의미하는 문자에 사용된 알파벳을 비교하여 일치하는 알파벳의 개수를 확인
Final Code	Error Value를 통하여 시스템 상태 판단

판단 기준	Final Code
일치하는 알파벳의 개수=0	Svem
0<일치하는 알파벳의 개수≤1	Atur
1<일치하는 알파벳의 개수≤3	Lind
3<일치하는 알파벳의 개수≤5	Nugre
일치하는 알파벳의 개수>5	Qutom

보기

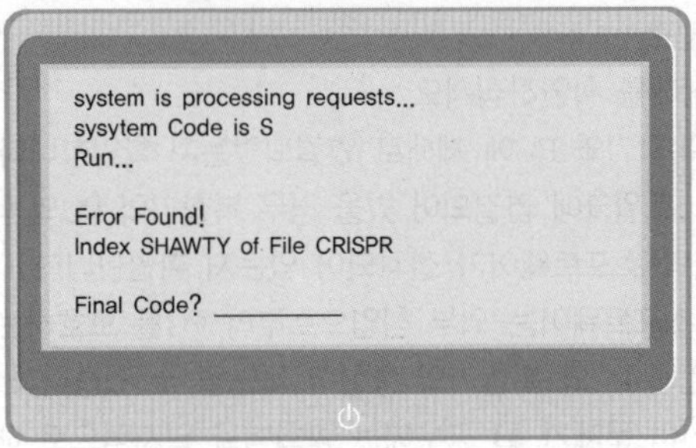

① Svem
② Atur
③ Lind
④ Nugre
⑤ Qutom

※ K씨는 이번 달 내로 모든 사무실의 복합기를 ★★복합기로 교체하라는 지시를 받았다. 모든 사무실의 복합기를 교체하였지만, 추후 문제가 생길 것을 대비해 신형 복합기의 문제 해결법을 인트라넷에 게시하였다. 이어지는 질문에 답하시오. **[2~3]**

〈문제 해결법〉

Q. 복합기가 비정상적으로 종료됩니다.

A. 제품의 전원 어댑터가 전원 콘센트에 정상적으로 연결되었는지 확인하십시오.

Q. 제품에서 예기치 못한 소음이 발생합니다.

A. 복합기의 자동 서비스 기능으로 프린트 헤드의 수명을 관리할 때에 제품에서 예기치 못한 소음이 발생할 수 있습니다.

▲ 참고

- 프린트 헤드의 손상을 방지하려면, 복합기에서 인쇄하는 동안에는 복합기를 끄지 마십시오.
- 복합기의 전원을 끌 때에는 반드시 전원 버튼을 사용하고, 복합기가 정지할 때까지 기다린 후 전원을 끄십시오.
- 잉크 카트리지를 모두 바르게 장착했는지 확인합니다.
- 잉크 카트리지가 하나라도 없을 경우, 복합기는 프린트 헤드를 보호하기 위해 자동으로 서비스 기능을 수행할 수 있습니다.

Q. 복합기가 응답하지 않습니다(인쇄되지 않음).

A. 1. 인쇄 대기열에 걸려 있는 인쇄 작업이 있는지 확인하십시오.
- 인쇄 대기열을 열어 모든 문서 작업을 취소한 다음 PC를 재부팅합니다.
- PC를 재부팅한 후 인쇄를 다시 시작합니다.

2. ★★소프트웨어 설치를 확인하십시오.
- 인쇄 도중 복합기가 꺼지면 PC 화면에 경고 메시지가 나타납니다.
- 메시지가 나타나지 않을 경우 ★★소프트웨어가 제대로 설치되지 않았을 수 있습니다.
- ★★소프트웨어를 완전히 제거한 다음 다시 설치합니다. 자세한 내용은 [프린터 소프트웨어 삭제하기]를 참고하십시오.

3. 케이블 및 연결 상태를 확인하십시오.
- USB 케이블이 복합기와 PC에 제대로 연결되었는지 확인합니다.
- 복합기가 무선 네트워크에 연결되어 있을 경우 복합기와 PC의 네트워크 연결 상태를 확인합니다.
- PC에 개인 방화벽 소프트웨어가 설치되어 있는지 확인합니다.
  - 개인 방화벽 소프트웨어는 외부 침입으로부터 PC를 보호하는 보안 프로그램입니다.
  - 방화벽으로 인해 PC와 복합기의 통신이 차단될 수 있습니다.
  - 복합기와 통신이 문제가 될 경우에는 방화벽을 일시적으로 해제하십시오. 해제 후에도 문제가 발생하면 방화벽에 의한 문제가 아니므로 방화벽을 다시 실행하십시오.

Q. 인쇄 속도가 느립니다.

A. 1. 인쇄 품질 설정을 확인하십시오.
- 인쇄 품질(해상도)이 최상 및 최대 DPI로 설정되었을 경우 인쇄 품질이 향상되나 인쇄 속도가 느려질 수 있습니다.

2. 잉크 카트리지의 잉크 잔량을 확인하십시오.
- 잉크 카트리지에 남아 있는 예상 잉크량을 확인합니다.
- 잉크 카트리지가 소모된 상태에서 인쇄를 할 경우 인쇄 속도가 느려질 수 있습니다.
- 위와 같은 방법으로 해결되지 않을 경우 복합기에 문제가 있을 수 있으므로, ★★서비스 센터에 서비스를 요청하십시오.

PART 1

02 **A사원은 ★★복합기에서 소음이 발생하자 문제 해결법을 통해 복합기의 자동 서비스 기능으로 프린트 헤드의 수명을 관리할 때 소음이 발생할 수 있다는 것을 알았다. 다음 중 A사원이 숙지할 수 있는 참고 사항으로 옳지 않은 것은?**

① 프린트 헤드의 손상을 방지하려면, 복합기에서 인쇄하는 동안에는 복합기를 끄지 않는다.

② 복합기의 전원을 끌 때에는 반드시 전원 버튼을 사용하고, 복합기가 정지할 때까지 기다린 후 전원을 끈다.

③ 잉크 카트리지를 모두 바르게 장착했는지 확인한다.

④ 프린트 헤드 정렬 및 청소를 불필요하게 실시하면 많은 양의 잉크가 소모된다.

⑤ 잉크 카트리지가 하나라도 없을 경우, 복합기는 프린트 헤드를 보호하기 위해 자동으로 서비스 기능을 수행하게 된다.

03 **팀장에게 보고서를 제출하기 위해 인쇄를 하려던 Z사원은 보고서가 인쇄되지 않는다는 것을 알았다. 다음 중 Z사원이 복합기 문제를 해결할 수 있는 방안으로 옳지 않은 것은?**

① 인쇄 작업이 대기 중인 문서가 있는지 확인한다.

② 복합기 소프트웨어를 완전히 제거한 다음 다시 설치한다.

③ USB 케이블이 복합기와 PC에 제대로 연결되었는지 확인한다.

④ 잉크 카트리지에 남아 있는 예상 잉크량을 확인한다.

⑤ 대기 문서를 취소한 후 PC를 재부팅한다.

훌륭한 가정만 한 학교가 없고, 덕이 있는 부모만 한 스승은 없다.

– 마하트마 간디 –

PART 2

최종점검 모의고사

제1회
최종점검 모의고사

※ 한국공항공사 최종점검 모의고사는 채용공고와 전년도 후기를 기준으로 구성한 것으로, 실제 시험과 다를 수 있습니다.

■ 취약영역 분석

| 01 | 공통영역

번호	O/×	영역	번호	O/×	영역	번호	O/×	영역
01		의사소통능력	16		수리능력	31		정보능력
02			17			32		
03			18			33		
04			19			34		
05			20			35		
06			21		문제해결능력	36		
07			22			37		
08			23			38		
09			24			39		
10			25			40		
11		수리능력	26					
12			27					
13			28					
14			29					
15			30					

| 02 | 개별영역

번호	41	42	43	44	45	46	47	48	49	50
O/×	자원관리능력(행정) / 기술능력(전산 · 시설 · 기술)									

평가 문항	50문항	평가 시간	60분
시작시간	:	종료시간	:
취약 영역			

모바일 OMR

제 1 회 최종점검 모의고사

응시시간 : 60분 문항 수 : 50문항

정답 및 해설 p.046

01 공통영역

※ 다음 글을 읽고 이어지는 질문에 답하시오. [1~2]

인공 지능을 면접에 활용하는 것은 바람직하지 않다. 인공 지능 앞에서 면접을 보느라 진땀을 흘리는 인간의 모습을 생각하면 너무 안타깝다. 미래에 인공 지능이 인간의 고유한 영역까지 대신할 것이라고 사람들은 말하는데, ㉠ 인공 지능이 인간을 대신할 수 있을까? 인간과 인공 지능의 관계는 어떠해야 할까?
인공 지능은 인간의 삶을 편리하게 돕는 도구일 뿐이다. 인간이 만든 도구인 인공 지능이 인간을 평가할 수 있는지에 대해 생각해 볼 필요가 있다. 도구일 뿐인 기계가 인간을 평가하는 것은 정당하지 않다. 인간이 개발한 인공 지능이 인간을 판단한다면 ㉡ 주체와 객체가 뒤바뀌는 상황이 발생할 것이다.
인공 지능이 발전하더라도 인간과 같은 사고는 불가능하다. 인공 지능은 겉으로 드러난 인간의 말과 행동을 분석하지만, 인간은 말과 행동 이면의 의미까지 고려하여 사고한다. 인공 지능은 빅데이터를 바탕으로 결과를 도출해 내는 기계에 불과하므로 통계적 분석을 할 뿐 타당한 판단을 할 수 없다. 기계가 타당한 판단을 할 것이라는 막연한 기대를 한다면 머지않아 인간이 기계에 예속되는 상황이 벌어질지도 모른다.
인공 지능은 사회적 관계를 맺을 수 없다. 반면 인간은 사회에서 의사소통을 통해 관계를 형성한다. 이 과정에서 축적된 인간의 경험이 바탕이 되어야 타인의 잠재력을 발견할 수 있다.

01 다음 중 밑줄 친 ㉠에 대한 글쓴이의 주장으로 가장 적절한 것은?

① 인공 지능은 인간을 대신하여 인간의 말과 행동을 분석하고, 통계적 분석을 바탕으로 판단을 내린다. 즉, 인공 지능이 인간의 대리인 역할을 수행한다.

② 인공 지능은 인간을 온전히 대신할 수 없다. 다만, 인공 지능은 인간의 부족한 부분을 채워주며 인간과 상호 보완의 관계를 갖는다.

③ 현재의 인공 지능은 인간을 대체할 수 없다. 그러나 기술이 계속 발전한다면 미래의 인공 지능은 인간과 같은 사고를 하게 될 것이다.

④ 인공 지능이 인간을 대신한다는 것은 어불성설이다. 인간과의 사회적 의사소통을 통해 경험을 충분히 쌓은 뒤에야 인간과 대등한 관계를 맺을 수 있다.

⑤ 인공 지능은 인간을 대체할 수 없다. 인간의 삶을 결정하는 주체는 인간이고, 인공 지능은 인간이 이용하는 객체일 뿐이다.

02 다음 중 밑줄 친 ㉡에 해당하는 한자성어로 가장 적절한 것은?

① 괄목상대(刮目相對)
② 청출어람(靑出於藍)
③ 과유불급(過猶不及)
④ 당랑거철(螳螂拒轍)
⑤ 객반위주(客反爲主)

03 다음 (가)~(라) 문단을 논리적 순서대로 바르게 나열한 것은?

(가) 초연결사회란 사람, 사물, 공간 등 모든 것들이 인터넷으로 서로 연결돼, 모든 것에 대한 정보가 생성 및 수집되고 공유·활용되는 것을 말한다. 즉, 모든 사물과 공간에 새로운 생명이 부여되고 이들의 소통으로 새로운 사회가 열리고 있는 것이다.

(나) 최근 '초연결사회(Hyper Connected Society)'란 말을 주위에서 심심치 않게 들을 수 있다. 인터넷을 통해 사람 간의 연결은 물론 사람과 사물, 심지어 사물 간의 연결 등 말 그대로 '연결의 영역 초월'이 이뤄지고 있다.

(다) 나아가 초연결사회는 단지 기존의 인터넷과 모바일 발전의 맥락이 아닌 우리가 살아가는 방식 전체, 즉 사회의 관점에서 미래사회의 새로운 패러다임으로 큰 변화를 가져올 전망이다.

(라) 초연결사회에서는 인간 대 인간은 물론, 기기와 사물 같은 무생물 객체끼리도 네트워크를 바탕으로 상호 유기적인 소통이 가능해진다. 컴퓨터, 스마트폰으로 소통하던 과거와 달리 초연결 네트워크로 긴밀히 연결되어 오프라인과 온라인이 융합되고, 이를 통해 새로운 성장과 가치 창출의 기회가 증가할 것이다.

① (가) – (나) – (다) – (라)
② (가) – (나) – (라) – (다)
③ (나) – (가) – (다) – (라)
④ (나) – (가) – (라) – (다)
⑤ (다) – (나) – (가) – (라)

04 다음 글의 내용으로 적절하지 않은 것은?

최저임금제도는 정부가 근로자들을 보호하고 일자리의 질을 향상시키기 위해 근로자들이 임금을 일정 수준 이하로 받지 않도록 보장하여 경제적인 안정성을 제공하는 제도이다.
최저임금제도는 일자리의 안정성과 경제의 포용성을 촉진한다. 일정 수준 이상으로 설정된 최저임금은 근로자들에게 최소한의 생계비를 보장하고 근로 환경에서의 안정성을 확보할 수 있게 한다. 이는 근로자들의 생활의 질과 근로 만족도를 향상시키는 데 기여한다.
최저임금제도는 불공정한 임금구조를 해소하고 경제적인 격차를 완화하는 데 도움을 준다. 일부 기업에서는 경쟁력 확보나 이윤 극대화를 위해 근로자들에게 낮은 임금을 지불하는 경우가 있다. 최저임금제도는 이런 부당한 임금 지급을 방지하고 사회적인 형평성을 증진시킨다.
또한 최저임금제도는 소비 활성화와 경기 부양에도 기여한다. 근로자들이 안정된 임금을 받게 되면 소비력이 강화되고, 소비 지출이 증가한다. 이는 장기적으로 기업의 생산과 판매를 촉진시켜 경기를 활성화한다.
그러나 최저임금제도는 일부 기업들에게 추가적인 경제적 부담으로 다가올 수 있다. 인건비 인상으로 인한 비용 부담 증가는 일자리의 제약이나 물가 상승으로 이어질 수 있다. 그러므로 정부는 적절한 최저임금 수준을 설정하고 기업의 경쟁력을 고려하여 적절한 대응 방안을 모색해야 한다.
이와 같이 최저임금제도는 노동자 보호와 경제적 포용성을 위한 중요한 정책 수단이다. 그러나 최저임금제도만으로는 모든 경제적 문제를 해결할 수 없으며 근로시간, 근로조건 등 다른 노동법과의 조화가 필요하다.

① 최저임금제도는 기업 입장에서 아무런 이득이 없다.
② 최저임금제도는 기업의 경제적 부담을 증가시킬 수 있다.
③ 최저임금제도는 근로자의 소비를 증가시킨다.
④ 최저임금제도는 경제적 격차를 완화하는 데 도움을 준다.
⑤ 최저임금제도를 통해 근로자들은 최소한의 생계비를 보장받을 수 있다.

05 다음 글을 읽고 인조를 비판할 수 있는 내용으로 적절하지 않은 것은?

1636년(인조 14년) 4월 국세를 확장한 후금의 홍타이지(태종)는 스스로 황제라 칭하고, 국호를 청으로, 수도는 심양에 정하였다. 심양으로의 천도는 명나라를 완전히 압박하여 중원 장악의 기틀을 마련하기 위함이었다. 후금은 명 정벌에 앞서 그 배후가 될 수 있는 조선을 확실히 장악하기 위해 조선에 군신관계를 맺을 것도 요구해 왔다. 이러한 청 태종의 요구는 인조와 조선 조정을 격분시켰다.

결국, 강화회담의 성립으로 전쟁은 종료되었지만, 정묘호란 이후에도 후금에 대한 강경책의 목소리가 높았다. 1627년 정묘호란을 겪으면서 맺은 형제관계조차도 무효로 하고자 하는 상황에서, 청 태종을 황제로 섬길 것을 요구하는 무례에 분노했던 것이다. 이제껏 오랑캐라고 무시했던 후금을 명나라와 동등하게 대우하여야 한다는 조처는 인조와 서인 정권의 생리에 절대 맞지가 않았다. 특히 후금이 통사적인 조건의 10배가 넘는 무역을 요구해 오자 인조의 분노는 폭발하였다.

전쟁의 여운이 어느 정도 사라진 1634년 인조는 "이기고 짐은 병가의 상사이다. 금나라 사람이 강하긴 하지만 싸울 때마다 반드시 이기지는 못할 것이며, 아군이 약하지만 싸울 때마다 반드시 패하지도 않을 것이다. 옛말에 '의지가 있는 용사는 목이 떨어질 각오를 한다.'고 하였고, 또 '군사가 교만하면 패한다.'고 하였다. 오늘날 무사들이 만약 자신을 잊고 순국한다면 이 교만한 오랑캐를 무찌르기는 어려운 일이 아니다."는 하교를 내리면서 전쟁을 결코 피하지 않을 것임을 선언하였다. 조선은 또다시 전시 체제에 돌입했다.

신흥강국 후금에 대한 현실적인 힘을 무시하고 의리와 명분을 고집한 집권층의 닫힌 의식은 스스로 병란을 자초한 꼴이 되었다. 정묘호란 때 그렇게 당했으면서도 내부의 국방력에 대한 철저한 점검이 없이 맞불 작전으로 후금에 맞서는 최악의 길을 택한 것이다.

① 오랑캐의 나라인 후금을 명나라와 동등하게 대우한다는 것은 있을 수 없습니다.
② 감정 따로 현실 따로인 법, 힘과 국력이 문제입니다. 현실을 직시해야 합니다.
③ 그들의 요구를 물리친다면 승산 없는 전쟁으로 결과는 불 보듯 뻔합니다.
④ 명분만 내세워 준비 없이 수행하는 전쟁은 더 큰 피해를 입게 될 것입니다.
⑤ 후금은 전쟁을 피해야 할 북방의 최고 강자로 성장한 나라입니다.

PART 2

06 다음 글의 내용 전개 방식으로 가장 적절한 것은?

우리가 어떤 개체의 행동이나 상태 변화를 설명하고 예측하고자 할 때는 물리적 태세, 목적론적 태세, 지향적 태세라는 전략을 활용할 수 있다. 소금을 물에 넣고, 물속의 소금에 어떤 변화가 일어날지 예측하기 위해서는 소금과 물 그리고 그것을 지배하는 물리적 법칙을 적용해야 한다. 이는 대상의 물리적 구성 요소와 그것을 지배하는 법칙을 통해 그 변화를 예측한 것이다. 이와 같은 전략을 '물리적 태세'라 한다.

'목적론적 태세'는 개체의 설계 목적이나 기능을 파악하여 그 행동을 설명하고 예측하는 전략이다. 가령 컴퓨터의 〈F8〉 키가 어떤 기능을 하는지 알기만 하면 〈F8〉 키를 누를 때 컴퓨터가 어떤 반응을 보일지 예측할 수 있다. 즉, 〈F8〉 키를 누르면 컴퓨터가 맞춤법을 검사할 것이라고 충분히 예측할 수 있다.

마지막으로 '지향적 태세'는 지향성의 개념을 사용하여 개체의 행동을 설명하고 예측하는 전략이다. 여기서 '지향성'이란 어떤 대상을 향한 개체의 의식, 신념, 욕망 등을 가리킨다. 가령 쥐의 왼쪽에 고양이가 나타났을 경우를 가정해 보자. 쥐의 행동을 예측하기 위해서는 어떤 전략을 사용해야 할까? 물리적 태세를 취해 쥐의 물리적 구성 요소나 쥐의 행동 양식을 지배하는 물리적 법칙을 파악할 수는 없다. 또한, 쥐가 어떤 기능이나 목적을 수행하도록 설계된 개체로 보기도 어려우므로 목적론적 태세도 취할 수 없다. 따라서 우리는 쥐가 살고자 하는 지향성을 지닌 개체라고 전제하고, 그 행동을 예측하는 것이 타당할 것이다. 즉, 쥐는 생존 욕구 때문에 '왼쪽에 고양이가 있으니, 그쪽으로 가면 잡아먹힐 위험이 있다. 그러니 왼쪽으로는 가지 말아야지.'라는 믿음을 가질 것이다. 우리는 쥐가 고양이가 있는 왼쪽으로 가는 행동을 하지 않을 것으로 예측할 수 있다. 그런데 예측 과정에서 선행되어야 하는 것은 쥐가 살아남기 위해 합리적으로 행동하는 개체라는 점을 인식해야 한다는 것이다. 따라서 지향적 태세를 취한다는 것은 예측 대상이 합리적으로 행동하는 개체임을 가정하는 것이다.

유기체는 생존과 번성의 욕구를 성취하기 위한 지향성을 지닌다. 그리고 환경에 성공적으로 적응하기 위해 정보를 수집하고, 축적된 정보에 새로운 정보를 결합하여 가장 합리적이라고 판단되는 행동을 선택한다. 이처럼 대부분의 유기체는 외부 세계와의 관계 속에서 지향성을 지니며 진화해 왔다. 지향적 태세는 우리가 대상을 바라보는 새로운 자세와 관점을 제공했다는 점에서 의의를 찾을 수 있다.

① 구체적 사례를 통해 추상적인 개념을 설명하고 있다.
② 다양한 관점을 소개하면서 이를 서로 절충하고 있다.
③ 전문가의 견해를 토대로 현상의 원인을 분석하고 있다.
④ 기존 이론의 문제점을 밝히고 새로운 이론을 제시하고 있다.
⑤ 시대적 흐름에 따른 핵심 개념의 변화 과정을 규명하고 있다.

07 다음 글의 내용을 지지하지 않는 것은?

지구와 태양 사이의 거리와 지구가 태양 주위를 도는 방식은 인간의 생존에 유리한 여러 특징을 지니고 있다. 인간을 비롯한 생명이 생존하려면 행성이 액체 상태의 물을 포함하면서 너무 뜨겁거나 차갑지 않아야 한다. 이를 위해 행성은 태양과 같은 별에서 적당히 떨어져 있어야 한다. 이 적당한 영역을 '골디락스 영역'이라고 한다. 또한, 지구가 태양의 중력장 주위를 도는 타원 궤도는 충분히 원에 가깝다. 따라서 연중 태양에서 오는 열에너지가 비교적 일정하게 유지될 수 있다. 만약 태양과의 거리가 일정하지 않았다면 지구는 여름에는 바다가 모두 끓어 넘치고, 겨울에는 거대한 얼음덩어리가 되는 불모의 행성이었을 것이다.

우리 우주에 작용하는 근본적인 힘의 세기나 물리법칙도 인간을 비롯한 생명의 탄생에 유리하도록 미세하게 조정되어 있다. 예를 들어 근본적인 힘인 강한 핵력이나 전기력의 크기가 현재 값에서 조금만 달랐다면, 별의 내부에서 탄소처럼 무거운 원소는 만들어질 수 없었고 행성도 만들어질 수 없었을 것이다. 최근 들어 물리학자들은 이들 힘을 지배하는 법칙이 현재와 다르다면 우주는 구체적으로 어떤 모습이 될지 컴퓨터 모형으로 계산했다. 그 결과를 보면 강한 핵력의 강도가 겨우 0.5% 다르거나 전기력의 강도가 겨우 4% 다를 경우에도 탄소나 산소는 우주에서 합성되지 않는다. 따라서 생명 탄생의 가능성도 사라진다. 결국, 강한 핵력이나 전기력을 지배하는 법칙들을 조금이라도 건드리면 우리가 존재할 가능성은 사라지는 것이다.

결론적으로 지구 주위 환경뿐만 아니라 보편적 자연법칙까지도 인류와 같은 생명이 진화해 살아가기에 알맞은 범위 안에 제한되어 있다고 할 수 있다. 만일 그러한 제한이 없었다면 태양계나 지구가 탄생할 수 없었을 뿐만 아니라 생명 또한 진화할 수 없었을 것이다. 우리가 아는 행성이나 생명이 탄생할 가능성을 열어두면서 물리법칙을 변경할 수 있는 폭은 매우 좁다.

① 탄소가 없는 상황에서도 생명은 자연적으로 진화할 수 있다.
② 중력법칙이 현재와 조금만 달라도 지구는 태양으로 빨려 들어간다.
③ 원자핵의 질량이 현재보다 조금 더 크다면 우리 몸을 이루는 원소는 합성되지 않는다.
④ 별 주위의 '골디락스 영역'에 행성이 위치할 확률은 매우 낮지만, 지구는 그 영역에 위치한다.
⑤ 핵력의 강도가 현재와 약간만 달라도 별의 내부에서 무거운 원소가 거의 전부 사라진다.

※ 다음은 색채심리학을 소개하는 기사 내용이다. 이어지는 질문에 답하시오. [8~9]

색채는 상징성과 이미지를 지니는 동시에 인간과 심리적 교감을 나눈다. 과거 노란색은 중국 황제를 상징했고, 보라색은 로마 황제의 색이었다. 또한, 붉은색은 공산주의의 상징이었다. 백의민족이라 불린 우리 민족은 태양의 광명인 흰색을 숭상했던 것으로 보여진다. 이처럼 각 색채는 희망·열정·사랑·생명·죽음 등 다양한 상징을 갖고 있다. 여기에 각 색깔이 주는 독특한 자극은 인간의 감성과 심리에 큰 영향을 미치고 있으며, 이는 색채심리학이라는 학문의 등장으로 이어졌다.
색채심리학이란 색채와 관련된 인간의 행동(반응)을 연구하는 심리학을 말한다. 색채심리학에서는 색각(色覺)의 문제로부터, 색채가 가지는 인상·조화감 등에 이르는 여러 문제를 다룬다. 그뿐만 아니라, 생리학·예술·디자인·건축 등과도 관계를 가진다. 특히, 색채가 어떠하며, 우리 눈에 그것이 어떻게 보이고, 어떤 느낌을 주는지는 색채심리학이 다루는 연구대상 중 가장 주요한 부분이다.
우리는 보통 몇 가지의 색을 동시에 보게 된다. 이럴 경우 몇 가지의 색이 상호작용을 하므로, 한 가지의 색을 볼 때와는 다른 현상이 일어난다. 그 대표적인 것이 대비(對比) 현상이다. 색채의 대비는 2개 이상의 색을 동시에 보거나, 계속해서 볼 때 일어나는 현상이다. 전자를 '동시대비', 후자를 '계속대비'라 한다. 이때 제시되는 색은 서로 영향을 미치며, 각기 지니고 있는 색의 특성을 더욱더 강조하는 경향이 생긴다.
이러한 색의 대비현상을 살펴보면, 색에는 색상·명도(색의 밝기 정도)·채도(색의 선명도)의 3가지 속성이 있으며, 이에 따라, 색상대비·명도대비·채도대비의 3가지 대비를 볼 수 있다. 색상대비는 색상이 다른 두 색을 동시에 이웃하여 놓았을 때 두 색이 서로의 영향으로 색상 차가 나는 현상이다. 다음으로 명도대비는 명도가 다른 두 색을 이웃하거나 배색하였을 때, 밝은색은 더욱 밝게, 어두운색은 더욱 어둡게 보이는 현상으로 볼 수 있다. 그리고 채도대비는 채도가 다른 두 색을 인접시켰을 때 서로의 영향을 받아 채도가 높은 색은 더욱 높아 보이고 채도가 낮은 색은 더욱 낮아 보이는 현상을 말한다.
오늘날 색의 대비 현상은 일상생활에서 많이 활용되고 있다. 색채를 활용하여 먼 거리에서 더 잘 보이게 하거나 뚜렷하게 보이도록 해야 할 때가 있는데, 그럴 경우에는 배경과 그 앞에 놓이는 그림의 속성 차를 크게 해야 한다. 일반적으로 배경색과 그림색의 속성이 다르면 다를수록 그림은 명확하게 인지되고, 멀리서도 잘 보인다. 색의 대비 중 이와 같은 현상에 가장 영향을 미치는 것은 명도대비이며 그다음이 색상대비, 채도대비의 순이다. 특히, 멀리서도 잘 보여야 하는 표지류 등은 대비량이 큰 색을 사용한다.
색이 우리 눈에 보이는 현상으로는 이 밖에도 잔상색·순응색 등이 있다. 흰 종이 위에 빨간 종이를 놓고 잠깐 동안 주시한 다음 빨간 종이를 없애면, 흰 종이 위에 빨간 청록색이 보인다. 이것이 이른바 보색잔상으로서 비교적 밝은 면에서 잔상을 관찰했을 때 나타나는 현상이다. 그러나 암흑 속이나 백광색의 자극을 받을 때는 매우 복잡한 양상을 띤다. 또, 조명광이나 물체색(物體色)을 오랫동안 계속 쳐다보고 있으면, 그 색에 순응되어 색의 지각이 약해진다. 그래서 조명에 의해 물체색이 바뀌어도 자신이 알고 있는 고유의 색으로 보이게 되는데 이러한 현상을 '색순응'이라고 한다.

08 윗글을 읽고 이해한 내용으로 적절하지 않은 것은?

① 색채의 대비 중 2개 이상의 색을 계속 보는 경우를 계속대비라고 한다.
② 색을 계속 응시하면, 색의 보이는 상태가 변화됨을 알 수 있다.
③ 색채심리학은 색채가 우리에게 어떤 느낌을 주는지도 연구한다.
④ 배경과 그림의 속성 차를 작게 할수록 뚜렷하게 보이는 효과가 있다.
⑤ 멀리서도 잘 보여야 하는 경우는 대비량이 큰 색을 사용한다.

PART 2

09 윗글을 읽고 추론한 내용으로 가장 적절한 것은?

① 어두운 밝기의 회색이 검은색 바탕 위에 놓일 경우 밝아 보이는데, 이는 채도대비로 볼 수 있다.
② 연두색 배경 위에 놓인 노란색은 좀 더 붉은색을 띠게 되는데, 이는 색상대비로 볼 수 있다.
③ 파란색 선글라스를 통해 푸르게 보이던 것이 곧 익숙해져서 본래의 색으로 느끼는 것은 보색잔상으로 볼 수 있다.
④ 색의 물체를 응시한 후 흰 벽으로 눈을 옮기면 전자의 색에 칠하여진 동형의 상을 볼 수 있는데 이는 색순응으로 볼 수 있다.
⑤ 무채색 위에 둔 유채색이 훨씬 선명하게 보이는 현상은 명도대비로 볼 수 있다.

10 **다음 글에 대한 결론으로 가장 적절한 것은?**

경제 활동 주체들은 이윤이 극대화될 수 있는 지점을 찾아 입지하려는 경향을 지닌다. 이를 설명하는 이론이 '산업입지론'인데, 고전적인 산업입지 이론으로는 '최소비용입지론'과 '최대수요입지론'이 있다.
최소비용입지론은 산업의 입지에 관계없이 수요는 고정되어 있고 수입은 일정하다고 가정한다. 다른 비용들이 동일하다면 운송비가 최소화되는 지점이 최적 입지가 되며, 최소 운송비 지점을 바탕으로 다른 비용 요소들을 고려한다. 운송비는 원료 등 생산투입요소를 공장까지 운송하는 데 소요되는 '원료 운송비'와 생산한 제품을 시장까지 운송하는 데 소요되는 '제품 운송비'로 구성된다. 최소비용입지론에서는 원료지수(MI)를 도입하여 사용된 원료의 무게와 생산된 제품의 무게를 따진다. 그 결과 원료 산지와 시장 중 어느 쪽으로 가까이 입지할 때 운송비가 유리해지는가를 기준으로 산업의 입지를 판단한다.

[원료지수(MI)]=(사용된 원료의 무게)÷(생산된 제품의 무게)

MI>1일 때는 시장까지 운송해야 하는 제품의 무게에 비해 사용되는 원료의 무게가 더 큰 경우로, 공정 과정에서 원료의 무게가 줄어든다. 이런 상황에서는 가능하면 원료산지에 가깝게 입지할수록 운송비의 부담을 줄일 수 있어 원료 지향적 입지가 이루어진다. 반대로 MI<1인 경우는 산지에서 운송해 온 재료 외에 생산 공정 과정에서 재료가 더해져 제품의 무게가 늘어나는 경우인데, 이때는 제품 운송비의 부담이 더 크므로 시장에 가까이 입지할수록 운송비 부담이 줄게 되어 시장 지향적인 입지 선택을 하게 된다. MI=1인 경우는 원료 산지와 시장 사이 어느 지점에 입지하든 운송비에 차이는 없게 된다.
최대수요입지론은 산업입지와 상관없이 비용은 고정되어 있다고 가정한다. 이 이론에서는 경쟁 업체와 가격 변동을 고려하여 수요가 극대화되는 입지를 선정한다. 최초로 입지를 선정하는 업체는 시장의 어디든 입지할 수 있으나 소비자의 이동 거리를 최소화하기 위하여 시장의 중심에 입지한다. 그 다음 입지를 선정해야 하는 경쟁 업체는 가격 변화에 따라 수요가 변하는 정도가 크지 않은 경우, 시장의 중심에서 멀어질수록 시장을 뺏기게 되므로 경쟁 업체가 있더라도 가능한 중심에 가깝게 입지하려고 한다. 하지만 가격 변화에 따라 수요가 크게 변하는 경우, 두 경쟁자는 서로 적절히 떨어져 입지하여 보다 낮은 가격으로 제품을 공급하려고 한다.

① 소비자의 수요는 가격보다 업체의 서비스에 의해 결정된다.
② 업체끼리 서로 경쟁하기보다는 상생하는 것이 더 중요하다.
③ 경제활동 주체가 언제나 합리적인 선택을 할 수 없다.
④ 시장의 경쟁자가 많지 않은 상황에서는 효과적인 입지 선정이 힘들다.
⑤ 여러 요소를 감안하더라도 최적의 입지 선택을 위해서는 거리에 따른 경제적 효과를 고려해야 된다.

11 다음과 같이 일정한 규칙으로 수를 나열할 때, 빈칸에 들어갈 알맞은 수는?

1　1　2　3　5　8　13　21　34　(　)

① 54　② 55
③ 56　④ 57
⑤ 58

PART 2

12 6%의 소금물 700g에서 한 컵의 소금물을 퍼내고, 퍼낸 양만큼 13%의 소금물을 넣었더니 9%의 소금물이 되었다. 이때, 퍼낸 소금물의 양은?

① 300g　② 320g
③ 350g　④ 390g
⑤ 450g

13 A기차와 B기차가 36m/s의 일정한 속력으로 달리고 있다. 600m 길이의 터널을 완전히 통과하는 데 A기차가 25초, B기차가 20초 걸렸다면 각 기차의 길이로 알맞게 짝지어진 것은?

	A기차	B기차
①	200m	150m
②	300m	100m
③	150m	120m
④	200m	130m
⑤	300m	120m

14 소비자물가지수란 가계가 일상생활을 영위하기 위해 구입하는 상품 가격과 서비스 요금의 변동을 종합적으로 측정하기 위해 작성하는 지수를 의미한다. K나라에서는 국민들이 오로지 보리와 쌀만을 사고 팔고 서비스는 존재하지 않는다고 가정할 때, 2021 ~ 2023년 보리와 쌀의 가격은 아래의 표와 같다. 매년 K나라 국민은 보리 200g, 쌀 300g을 소비한다고 가정했을 때, 2023년도 물가상승률은 얼마인가?(단, 2021년이 기준 연도이며, 소비자물가지수를 100으로 가정한다)

〈1g당 보리 및 쌀 가격〉

(단위 : 원)

구분	보리	쌀
2021년	120	180
2022년	150	220
2023년	180	270

※ $[\text{물가상승률}(\%)]=\frac{(\text{해당 연도 소비자물가지수})-(\text{기준 연도 소비자물가지수})}{(\text{기준 연도 소비자물가지수})}\times 100$

※ 소비자물가는 연간 국민이 소비한 상품 및 서비스의 총가격이다.

① 10%
② 30%
③ 50%
④ 100%
⑤ 150%

15 다음은 국가별 연도별 이산화탄소 배출량에 대한 자료이다. 〈조건〉에 따라 빈칸 ㉠~㉣에 해당하는 국가명을 순서대로 나열한 것은?

〈국가별 연도별 이산화탄소 배출량〉

(단위 : 백만 톤 CO_2eq)

구분	1995년	2005년	2015년	2020년	2021년
일본	1,041	1,141	1,112	1,230	1,189
미국	4,803	5,642	5,347	5,103	5,176
㉠	232	432	551	572	568
㉡	171	312	498	535	556
㉢	151	235	419	471	507
독일	940	812	759	764	723
인도	530	890	1,594	1,853	2,020
㉣	420	516	526	550	555
중국	2,076	3,086	7,707	8,980	9,087
러시아	2,163	1,474	1,529	1,535	1,468

조건

- 한국과 캐나다는 제시된 5개 연도의 이산화탄소 배출량 순위에서 8위를 두 번 했다.
- 사우디의 2020년 대비 2021년의 이산화탄소 배출량 증가율은 5% 이상이다.
- 이란과 한국의 이산화탄소 배출량의 합은 2015년부터 이란과 캐나다의 배출량의 합보다 많아진다.

① 캐나다, 이란, 사우디, 한국
② 한국, 사우디, 이란, 캐나다
③ 한국, 이란, 캐나다, 사우디
④ 이란, 한국, 사우디, 캐나다
⑤ 한국, 이란, 사우디, 캐나다

16 다음은 A국 여행자들이 자주 방문하는 공항 주변 S편의점의 월별 매출액을 나타낸 표이다. 전체 해외 여행자 수와 A국 여행자 수의 2019년도부터 2020년도의 추세를 아래의 도표와 같이 나타내었을 때, 이에 대한 설명으로 옳지 않은 것은?

〈S편의점 월별 매출액(만 원)〉

2019년(상)	1월	2월	3월	4월	5월	6월
매출액	1,020	1,350	1,230	1,550	1,602	1,450
2019년(하)	7월	8월	9월	10월	11월	12월
매출액	1,520	950	890	750	730	680
2020년(상)	1월	2월	3월	4월	5월	6월
매출액	650	600	550	530	605	670
2020년(하)	7월	8월	9월	10월	11월	12월
매출액	700	680	630	540	550	510

〈전체 해외 여행자 수 및 A국 여행자 수(명)〉

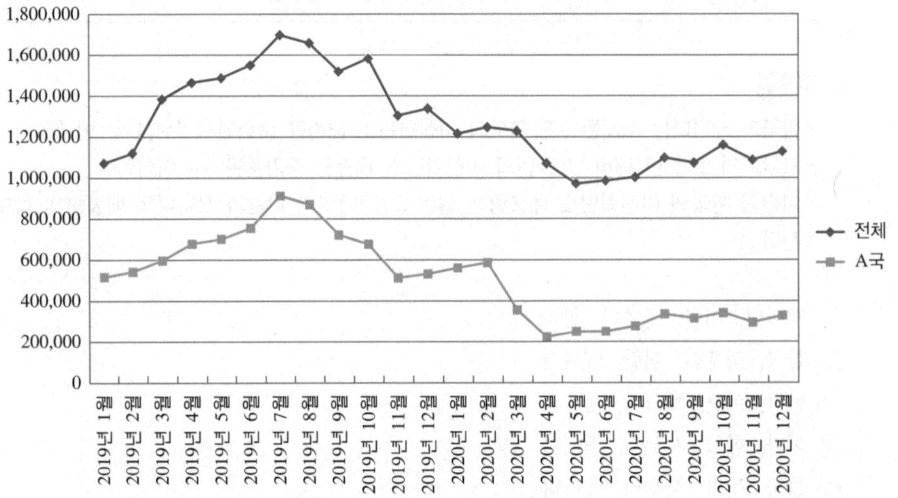

① S편의점의 매출액은 해외 여행자 수에 영향을 받고 있다.
② 2019년 7월을 정점으로 A국 여행자들이 줄어드는 추세이다.
③ 전체 해외 여행자 수에서 A국의 영향력이 매우 높은 편이다.
④ S편의점의 매출액은 2019년 7월부터 2020년 12월까지 평균적으로 매달 30만 원씩 감소하였다.
⑤ 2020년 2～3월 A국 여행자들이 급감하였다.

17 다음은 실적별 및 투여경로별 의약품 생산 및 수입 실적 현황에 대한 자료이다. 이에 대한 〈보기〉의 설명 중 옳지 않은 것을 모두 고르면?

〈2019년 실적별 및 투여경로별 의약품 생산 및 수입 실적 현황〉

(단위 : 개, 억 원)

실적별	투여경로별	전체의약품		전문의약품		일반의약품	
		품목 수	금액	품목 수	금액	품목 수	금액
생산실적	전체	19,494	159,048	13,901	134,131	5,593	24,917
	경구약	14,659	111,025	10,308	91,225	4,351	19,800
	주사제	2,460	34,313	2,460	34,313	0	0
	외용약 등	2,375	13,710	1,133	8,593	1,242	5,117
수입실적	전체	2,194	43,717	1,954	42,262	240	1,455
	경구약	916	23,429	817	22,590	99	839
	주사제	789	15,851	789	15,851	0	0
	외용약 등	489	4,437	348	3,821	141	616

〈2020년 실적별 및 투여경로별 의약품 생산 및 수입 실적 현황〉

(단위 : 개, 억 원)

실적별	투여경로별	전체의약품		전문의약품		일반의약품	
		품목 수	금액	품목 수	금액	품목 수	금액
생산실적	전체	19,632	172,181	13,982	143,646	5,650	28,535
	경구약	14,766	118,945	10,346	96,478	4,420	22,467
	주사제	2,476	37,979	2,476	37,979	0	0
	외용약 등	2,390	15,257	1,160	9,189	1,230	6,068
수입실적	전체	2,202	42,717	1,979	41,336	223	1,381
	경구약	926	21,246	836	20,545	90	701
	주사제	779	16,359	779	16,359	0	0
	외용약 등	497	5,112	364	4,432	133	680

※ 모든 의약품은 경구약, 주사제, 외용약 등으로만 구분된다.

보기

ㄱ. 2019년과 2020년 모두 일반의약품 품목 수가 전문의약품 품목 수보다 모든 품목에서 많다.
ㄴ. 전체 수입경구약 품목 수는 2019년 대비 2020년에 5% 이상 감소하였다.
ㄷ. 2020년 경구약 전문의약품의 생산금액은 수입금액의 3.5배 이상이다.
ㄹ. 전체의약품의 생산금액과 전문의약품의 생산금액은 2019년과 2020년 모두 전년 대비 20% 이상 증가하였다.

① ㄱ, ㄴ
② ㄱ, ㄹ
③ ㄴ, ㄷ
④ ㄱ, ㄴ, ㄹ
⑤ ㄴ, ㄷ, ㄹ

PART 2

18 다음은 우리나라의 예산분야별 재정지출 추이를 나타낸 자료이다. 이에 대한 설명으로 옳은 것은?

〈우리나라 예산분야별 재정지출 추이〉

(단위 : 조 원, %)

구분	2016년	2017년	2018년	2019년	2020년	연평균 증가율
예산	137.3	147.5	153.7	165.5	182.8	7.4
기금	59.0	61.2	70.4	72.9	74.5	6.0
교육	24.5	27.6	28.8	31.4	35.7	9.9
사회복지·보건	32.4	49.6	56.0	61.4	67.5	20.1
R&D	7.1	7.8	8.9	9.8	10.9	11.3
SOC	27.1	18.3	18.4	18.4	18.9	−8.6
농림·해양·수산	12.3	14.1	15.5	15.9	16.5	7.6
산업·중소기업	11.4	11.9	12.4	12.6	12.6	2.5
환경	3.5	3.6	3.8	4.0	4.4	5.9
국방비	18.1	21.1	22.5	24.5	26.7	10.2
통일·외교	1.5	2.0	2.6	2.4	2.6	16.7
문화·관광	2.3	2.6	2.8	2.9	3.1	7.7
공공질서·안전	7.6	9.4	11.0	10.9	11.6	11.2
균형발전	5.0	5.5	6.3	7.2	8.1	12.8
기타	43.5	35.2	35.1	37.0	38.7	−2.9
총지출	196.3	208.7	224.1	238.4	257.3	7.0

※ (총지출)=(예산)+(기금)

① 총지출에 대한 기금의 비중이 가장 컸던 해는 2016년이다.

② 교육 분야의 지출 증가율이 전년 대비 가장 높은 해는 2017년이다.

③ 전년과 지출액이 동일한 해가 있는 분야는 2개이다.

④ 사회복지·보건 분야가 차지하는 비율은 매년 가장 높다.

⑤ 기금의 연평균 증가율보다 낮은 연평균 증가율을 보이는 분야는 3개이다.

19 다음은 2022년 국내 신규 박사학위 취득자 분포에 대한 자료이다. 이에 대한 〈보기〉의 설명 중 옳은 것을 모두 고르면?

〈연령별 박사학위 취득자 분포〉

(단위 : 명)

구분	남성	여성
30세 미만	196	141
30세 이상 35세 미만	1,811	825
35세 이상 40세 미만	1,244	652
40세 이상 45세 미만	783	465
45세 이상 50세 미만	577	417
50세 이상	1,119	466
합계	5,730	2,966

〈전공계열별 박사학위 취득자 분포〉

(단위 : 명)

구분	남성	여성
인문계열	357	368
사회계열	1,024	649
공학계열	2,441	332
자연계열	891	513
의약계열	581	537
교육·사범계열	172	304
예술·체육계열	266	260
합계	5,732	2,963

보기

ㄱ. 남성 박사학위 취득자 중 50세 이상이 차지하는 비율은 여성 박사학위 취득자 중 50세 이상이 차지하는 비율보다 높다.

ㄴ. 전공계열별 박사학위 취득자 중 여성보다 남성의 비율이 높은 순위는 1위가 공학계열, 2위가 사회계열, 3위가 자연계열 순서이다.

ㄷ. 남성의 연령별 박사학위 취득자 수가 많은 순서와 여성의 연령별 박사학위 취득자 수가 많은 순서는 같다.

ㄹ. 연령대가 올라갈수록 남녀 박사학위 취득자 수의 차이는 점점 커지고 있다.

① ㄱ, ㄴ

② ㄱ, ㄷ

③ ㄱ, ㄹ

④ ㄴ, ㄷ

⑤ ㄴ, ㄹ

20 다음은 2023년 A국의 강수량에 대한 자료이다. 이를 그래프로 바르게 변환한 것은?

〈연 강수량〉

(단위 : mm, 위)

구분	1월	2월	3월	4월	5월	6월	7월	8월	9월	10월	11월	12월
강수량	15.3	29.8	24.1	65.0	29.5	60.7	308.0	241.0	92.1	67.6	12.7	21.9
역대순위	32	23	39	30	44	43	14	24	26	13	44	27

①
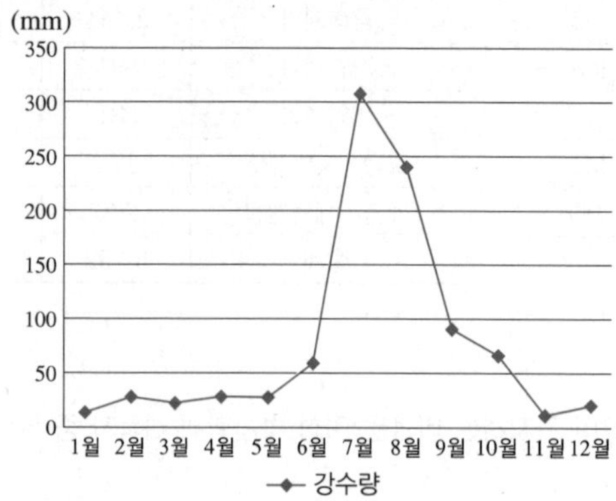

②
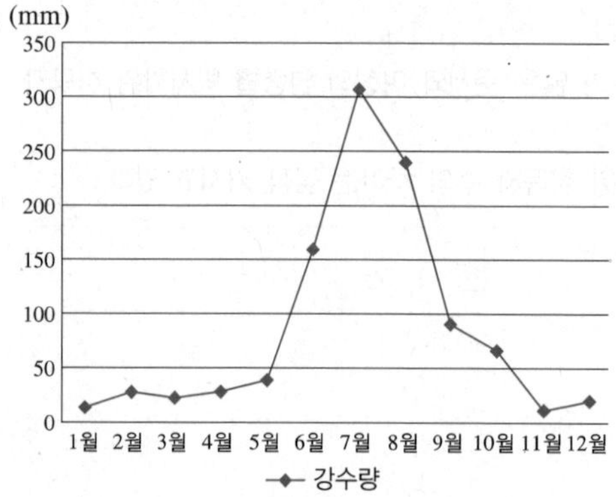

③
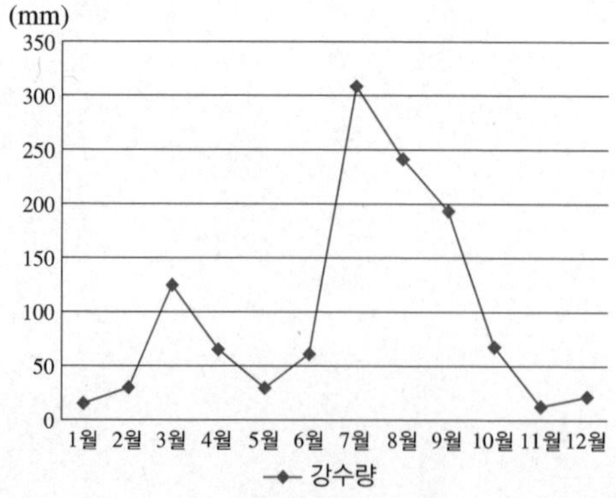

④
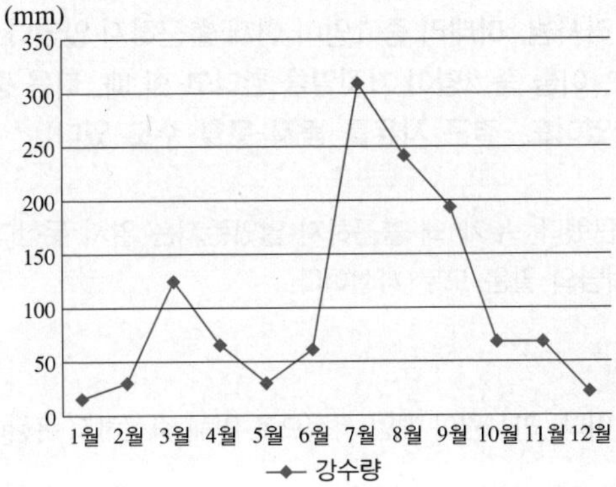
(mm)
350
300
250
200
150
100
50
0
1월 2월 3월 4월 5월 6월 7월 8월 9월 10월 11월 12월
강수량

⑤
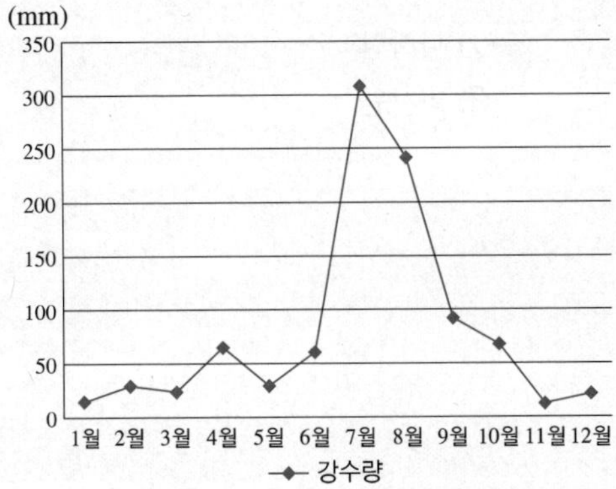
(mm)
350
300
250
200
150
100
50
0
1월 2월 3월 4월 5월 6월 7월 8월 9월 10월 11월 12월
강수량

21 K공사의 A팀 가대리, 나사원, 다사원, 라사원, 마대리 중 1명이 어제 출근하지 않았다. 이와 관련하여 5명의 직원이 다음과 같이 말했고, 이들 중 2명이 거짓말을 한다고 할 때, 다음 중 출근하지 않은 사람은 누구인가?(단, 출근을 하였어도, 결근 사유를 듣지 못할 수도 있다)

> 가대리 : 나는 출근했고, 마대리도 출근했다. 누가 왜 출근하지 않았는지는 알지 못한다.
> 나사원 : 다사원은 출근하였다. 가대리님의 말은 모두 사실이다.
> 다사원 : 라사원은 출근하지 않았다.
> 라사원 : 나사원의 말은 모두 사실이다.
> 마대리 : 출근하지 않은 사람은 라사원이다. 라사원이 개인 사정으로 인해 출석하지 못한다고 가대리님에게 전했다.

① 가대리
② 나사원
③ 다사원
④ 라사원
⑤ 마대리

22 각각 다른 심폐기능 등급을 받은 A～E 5명 중 등급이 가장 낮은 2명의 환자에게 건강관리 안내문을 발송하려 한다. 심폐기능 측정 결과가 다음과 같을 때, 발송 대상자로 바르게 짝지어진 것은?

〈심폐기능 측정 결과〉

- E보다 심폐기능이 좋은 환자는 2명 이상이다.
- E는 C보다 한 등급 높다.
- B는 D보다 한 등급 높다.
- A보다 심폐기능이 나쁜 환자는 2명이다.

① B, C
② B, D
③ B, E
④ C, D
⑤ C, E

23 **다음 영업팀 A사원에게 해줄 수 있는 조언으로 가장 적절한 것은?**

> 제약회사의 영업팀에 근무 중인 A사원은 성장세를 보이고 있는 타사에 비해 자사의 수익과 성과가 지나치게 적다는 것을 알았다. 그 이유에 대해 알아보기 위해 타사에 근무하고 있는 친구에게 물어본 결과 친구의 회사에서는 영업사원을 대상으로 판매 교육을 진행한다는 것을 알게 되었다. A사원은 이를 바탕으로 개선 방향에 대한 보고서를 제출하였으나, A사원의 상사는 구체적인 문제해결방법이 될 수 없다며 A사원의 보고서를 반려하였다.

① 문제와 해결방안이 상위 시스템과 어떻게 연결되어 있는지 생각하는 전략적 사고가 필요합니다.
② 기존에 가지고 있는 인식의 틀을 전환하여 새로운 관점에서 세상과 사물을 바라보는 발상의 전환이 필요합니다.
③ 전체를 각각의 요소로 나누어 각 요소마다 의미를 도출한 후 구체적인 문제해결방법을 실행하는 분석적 사고가 필요합니다.
④ 문제해결에 필요한 기술, 재료, 방법 등 필요한 자원 확보 계획을 수립하고, 내·외부자원을 효과적으로 활용해야 합니다.
⑤ 문제해결방법에 대한 기본 지식이 부족하므로 체계적인 교육을 통해 문제해결을 위한 기본 지식과 스킬을 습득해야 합니다.

PART 2

24 **자선 축구대회에 한국, 일본, 중국, 미국 대표팀이 초청되었다. 각 팀은 〈조건〉에 따라 월요일부터 금요일까지 서울, 수원, 인천, 대전 경기장을 돌아가며 사용한다고 할 때, 다음 중 옳지 않은 것은?**

> 조건
> - 각 경기장에는 한 팀씩 연습하며 연습을 쉬는 팀은 없다.
> - 모든 팀은 모든 경기장에서 적어도 한 번 이상 연습을 해야 한다.
> - 외국에서 온 팀의 첫 훈련은 공항에서 가까운 수도권 지역에 배정한다.
> - 이동거리 최소화를 위해 각 팀은 한 번씩 경기장 한 곳을 이틀 연속해서 사용해야 한다.
> - 미국은 월요일, 화요일에 수원에서 연습을 한다.
> - 목요일에 인천에서는 아시아 팀이 연습을 할 수 없다.
> - 금요일에 중국은 서울에서, 미국은 대전에서 연습을 한다.
> - 한국은 인천에서 연속으로 연습을 한다.

① 목요일, 금요일에 연속으로 같은 지역에서 연습하는 팀은 없다.
② 수요일에 대전에서는 일본이 연습을 한다.
③ 대전에서는 한국, 중국, 일본, 미국의 순서로 연습을 한다.
④ 한국은 화요일, 수요일에 같은 지역에서 연습을 한다.
⑤ 미국과 일본은 한 곳을 연속해서 사용하는 날이 같다.

25 국내 금융그룹의 SWOT 분석결과가 다음과 같을 때, 분석결과에 대응하는 전략과 그 내용이 바르게 짝지어진 것은?

국내 금융그룹 SWOT 분석결과	
〈S(강점)〉	〈W(약점)〉
• 탄탄한 국내 시장 지배력 • 뛰어난 위기관리 역량 • 우수한 자산건전성 지표 • 수준 높은 금융 서비스	• 은행과 이자수익에 편중된 수익구조 • 취약한 해외 비즈니스와 글로벌 경쟁력 • 낙하산식 경영진 교체와 관치금융 우려 • 외화 자금 조달 리스크
〈O(기회)〉	〈T(위협)〉
• 해외 금융시장 진출 확대 • 기술 발달에 따른 핀테크의 등장 • IT 인프라를 활용한 새로운 수익 창출 • 계열사 간 협업을 통한 금융 서비스	• 새로운 금융 서비스의 등장 • 은행의 영향력 약화 가속화 • 글로벌 금융사와의 경쟁 심화 • 비용 합리화에 따른 고객 신뢰 저하

① SO전략 : 해외 비즈니스TF팀 신설로 상반기 해외 금융시장 진출 대비
② ST전략 : 금융 서비스를 다방면으로 확대해 글로벌 경쟁사와의 경쟁에서 우위 차지
③ WO전략 : 국내의 탄탄한 시장점유율을 기반으로 핀테크 사업 진출
④ WT전략 : 국내 금융사의 우수한 자산건전성 지표를 홍보하여 고객 신뢰 회복
⑤ WT전략 : 해외 금융시장 진출을 확대하여 안정적인 외화 자금 조달을 통한 위기관리

26 A～D 4명이 다음 〈조건〉에 따라 구두를 샀다고 할 때, A는 주황색 구두를 포함하여 어떤 색의 구두를 샀는가?(단, 빨간색 – 초록색, 주황색 – 파란색, 노란색 – 남색은 보색 관계이다)

조건

• 세일하는 품목은 빨간색, 주황색, 노란색, 초록색, 파란색, 남색, 보라색으로 각 한 켤레씩 남았다.
• A는 주황색을 포함하여 두 켤레를 샀다.
• C는 빨간색 구두를 샀다.
• B, D는 파란색을 사지 않았다.
• C, D는 같은 수의 구두를 샀다.
• B는 C가 산 구두와 보색 관계인 구두를 샀다.
• D는 B가 산 구두와 보색 관계인 구두를 샀다.
• 모두 한 켤레 이상씩 샀으며, 네 사람은 세일품목을 모두 샀다.

① 노란색　　② 초록색
③ 파란색　　④ 남색
⑤ 보라색

27 귀하는 점심식사 중 식당에 있는 TV에서 정부의 정책에 대한 뉴스가 나오는 것을 보았다. 함께 점심을 먹는 동료들과 뉴스를 보고 나눈 대화의 내용으로 적절하지 않은 것은?

〈뉴스〉

앵커 : 저소득층에게 법률서비스를 제공하는 정책을 구상 중입니다. 정부는 무료로 법률자문을 하겠다고 자원하는 변호사를 활용하는 자원봉사제도, 정부에서 법률 구조공단 등의 기관을 신설하고 변호사를 유급으로 고용하여 법률서비스를 제공하는 유급법률구조제도, 정부가 법률서비스의 비용을 대신 지불하는 법률보호제도 등의 세 가지 정책대안 중 하나를 선택할 계획입니다.

이 정책대안을 비교하는 데 고려해야 할 정책목표는 비용저렴성, 접근용이성, 정치적 실현가능성, 법률서비스의 전문성입니다. 정책대안과 정책목표의 상관관계는 화면으로 보여드립니다. 각 대안이 정책목표를 달성하는 데 유리한 경우는 (+)로, 불리한 경우는 (−)로 표시하였으며, 유・불리 정도는 같습니다. 정책목표에 대한 가중치의 경우, '0'은 해당 정책목표를 무시하는 것을, '1'은 해당 정책목표를 고려하는 것을 의미합니다.

〈정책대안과 정책목표의 상관관계〉

정책목표	가중치		정책대안		
	A안	B안	자원봉사제도	유급법률구조제도	법률보호제도
비용저렴성	0	0	+	−	−
접근용이성	1	0	−	+	−
정치적 실현가능성	0	0	+	−	+
전문성	1	1	−	+	−

① 아마도 전문성 면에서는 유급법률구조제도가 자원봉사제도보다 더 좋은 정책 대안으로 평가받게 되겠군.

② A안에 가중치를 적용할 경우 유급법률구조제도가 가장 적절한 정책대안으로 평가받게 되지 않을까?

③ 반대로 B안에 가중치를 적용할 경우 자원봉사제도가 가장 적절한 정책대안으로 평가받게 될 것 같아.

④ A안과 B안 중 어떤 것을 적용하더라도 정책대안 비교의 결과는 달라지지 않을 것으로 보여.

⑤ 비용저렴성을 달성하기에 가장 유리한 정책대안은 자원봉사제도로군.

28 귀하는 자동차도로 고유번호 부여 규정을 근거로 하여 도로에 노선번호를 부여할 계획이다. 다음 그림에서 점선은 '영토'를, 실선은 '고속국도'를 표시한 것이며, (가), (나), (다), (라)는 '간선노선'을, (마), (바)는 '보조간선노선'을 나타낸 것이다. 다음 중 노선번호를 올바르게 부여한 것은?

〈자동차도로 고유번호 부여 규정〉

자동차도로는 관리상 고속국도, 일반국도, 특별광역시도, 지방도, 시도, 군도, 구도의 일곱 가지로 구분된다. 이들 각 도로에는 고유번호가 부여되어 있고, 이는 지형도 상의 특정 표지판 모양 안에 표시되어 있다. 그러나 군도와 구도는 구간이 짧고 노선 수가 많아 노선번호가 중복될 우려가 있어 표지 상에 번호를 표기하지 않는다.

고속국도 가운데 간선노선의 경우 두 자리 숫자를 사용하며, 남북을 연결하는 경우는 서에서 동으로 가면서 숫자가 증가하는데 끝자리에 5를 부여하고, 동서를 연결하는 경우는 남에서 북으로 가면서 숫자가 증가하는데 끝자리에 0을 부여한다.

보조간선노선은 간선노선 사이를 연결하는 고속국도로서 이 역시 두 자리 숫자로 표기한다. 그런데 보조간선노선이 남북을 연결하는 모양에 가까우면 첫자리는 남쪽 시작점의 간선노선 첫자리를 부여하고 끝자리에는 5를 제외한 홀수를 부여한다. 한편 동서를 연결하는 모양에 가까우면 첫자리는 동서를 연결하는 간선노선 가운데 해당 보조간선노선의 바로 아래쪽에 있는 간선노선의 첫자리를 부여하며, 이때 끝자리는 0을 제외한 짝수를 부여한다.

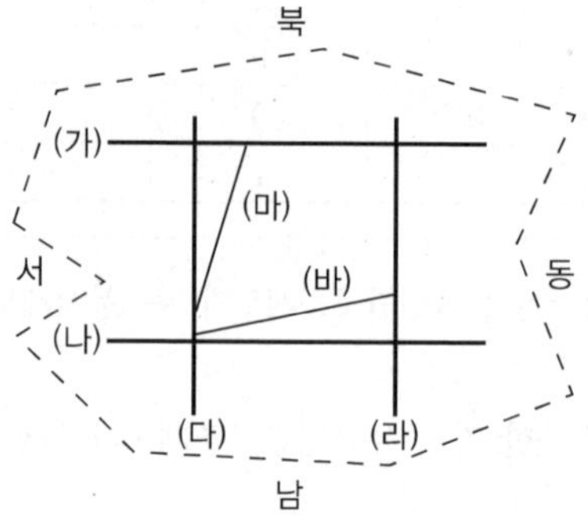

	(가)	(나)	(다)	(라)	(마)	(바)
①	25	15	10	20	19	12
②	20	10	15	25	18	14
③	25	15	20	10	17	12
④	20	10	15	25	17	12
⑤	20	15	15	25	17	14

29 K공단에서는 지역가입자의 생활수준 및 연간 자동차세액 점수표를 기준으로 지역보험료를 산정한다. 지역가입자 A ~ E의 조건을 보고 보험료를 바르게 계산한 것은?(단, 원 단위 이하는 절사한다)

〈생활수준 및 경제활동 점수표〉

<table>
<tr><th colspan="2">구분</th><th>1구간</th><th>2구간</th><th>3구간</th><th>4구간</th><th>5구간</th><th>6구간</th><th>7구간</th></tr>
<tr><td rowspan="6">가입자 성별 및 연령별</td><td rowspan="2">남성</td><td>20세 미만</td><td rowspan="2">60세 이상 65세 미만</td><td>20세 이상 30세 미만</td><td rowspan="2">30세 이상 50세 미만</td><td rowspan="3">–</td><td rowspan="3">–</td><td rowspan="3">–</td></tr>
<tr><td>65세 이상</td><td>50세 이상 60세 미만</td></tr>
<tr><td>점수</td><td>1.4점</td><td>4.8점</td><td>5.7점</td><td>6.6점</td></tr>
<tr><td rowspan="2">여성</td><td>20세 미만</td><td rowspan="2">60세 이상 65세 미만</td><td>25세 이상 30세 미만</td><td>20세 이상 25세 미만</td><td rowspan="3">–</td><td rowspan="3">–</td><td rowspan="3">–</td></tr>
<tr><td>65세 이상</td><td>50세 이상 60세 미만</td><td>30세 이상 50세 미만</td></tr>
<tr><td>점수</td><td>1.4점</td><td>3점</td><td>4.3점</td><td>5.2점</td></tr>
<tr><td colspan="2">재산정도 (만 원)</td><td>450 이하</td><td>450 초과 900 이하</td><td>900 초과 1,500 이하</td><td>1,500 초과 3,000 이하</td><td>3,000 초과 7,500 이하</td><td>7,500 초과 15,000 이하</td><td>15,000 초과</td></tr>
<tr><td colspan="2">점수</td><td>1.8점</td><td>3.6점</td><td>5.4점</td><td>7.2점</td><td>9점</td><td>10.9점</td><td>12.7점</td></tr>
<tr><td colspan="2">연간 자동차세액 (만 원)</td><td>6.4 이하</td><td>6.4 초과 10 이하</td><td>10 초과 22.4 이하</td><td>22.4 초과 40 이하</td><td>40 초과 55 이하</td><td>55 초과 66 이하</td><td>66 초과</td></tr>
<tr><td colspan="2">점수</td><td>3점</td><td>6.1점</td><td>9.1점</td><td>12.2점</td><td>15.2점</td><td>18.3점</td><td>21.3점</td></tr>
</table>

※ (지역보험료)=[(생활수준 및 경제활동 점수)+(재산등급별 점수)+(자동차등급별 점수)]×(부과점수당 금액)

※ 모든 사람의 재산등급별 점수는 200점, 자동차등급별 점수는 100점으로 가정한다.

※ 부과점수당 금액은 183원이다.

	성별	연령	재산정도	연간 자동차세액	지역보험료
① A씨	남성	32세	2,500만 원	12.5만 원	57,030원
② B씨	여성	56세	5,700만 원	35만 원	58,130원
③ C씨	남성	55세	20,000만 원	43만 원	60,010원
④ D씨	여성	23세	1,400만 원	6만 원	57,380원
⑤ E씨	남성	47세	13,000만 원	37만 원	59,350원

30 다음은 K구청의 민원사무처리규정 일부이다. 이를 참고하여 A ~ C씨가 요청한 민원이 처리 · 완료되는 시점을 각각 바르게 구한 것은?

■ 민원사무처리기본표(일부)

소관별	민원명	처리기간(일)	수수료(원)
공통	진정, 단순질의, 건의	7	없음
	법정질의	14	없음
주민복지	가족, 종중, 법인묘지설치허가	7 ~ 30	없음
	개인묘지설치(변경)신고	5	없음
	납골시설(납골묘, 납골탑)설치신고	7 ~ 21	없음
종합민원실	토지(임야)대장등본	즉시	500
	지적(임야)도등본	즉시	700
	토지이용계획확인서	1	1,000
	등록사항 정정	3	없음
	토지거래계약허가	15	없음
	부동산중개사무소 등록	7	개인 : 20,000 / 법인 : 3,000
	토지(임야)분할측량	7	별도

■ 민원사무처리기간 산정방식(1일 근무시간은 8시간으로 한다)

• 민원사무처리기간을 "즉시"로 정한 경우
 – 정당한 사유가 없으면 접수 후 3근무시간 내에 처리하여야 한다.
• 민원사무처리기간을 "5일" 이하로 정한 경우
 – 민원 접수 시각부터 "시간" 단위로 계산한다.
 – 토요일과 공휴일은 산입하지 않는다.
• 민원사무처리기간을 "6일" 이상으로 정한 경우
 – 초일을 산입하여 "일" 단위로 계산한다.
 – 토요일은 산입하되, 공휴일은 산입하지 않는다.
• 신청서의 보완이 필요한 기간은 처리기간에 포함되지 않는다.

[4월 29일(금) 민원실 민원접수 현황]

01. 10시 / A씨 / 부동산중개사무소 개점으로 인한 등록신청서 제출
02. 12시 / B씨 / 토지의 소유권을 이전하는 계약을 체결하고자 허가서 제출
03. 14시 / C씨 / 토지대장에서 잘못된 부분이 있어 정정요청서 제출
※ 공휴일 : 5/5 어린이날, 5/6 임시공휴일, 5/14 석가탄신일

	A씨	B씨	C씨
①	5/9(월)	5/19(목)	5/4(수) 10시
②	5/9(월)	5/19(목)	5/4(수) 14시
③	5/9(월)	5/23(월)	5/10(월) 14시
④	5/10(화)	5/19(목)	5/3(화) 14시
⑤	5/10(화)	5/23(월)	5/4(수) 14시

31 **다음 중 정상적인 프로그램으로 위장하여 사용자의 정보를 탈취하거나 컴퓨터를 조종하는 악성코드는?**

① 트로이목마
② 웜
③ 랜섬웨어
④ 스파이웨어
⑤ 애드웨어

32 **다음 중 온라인에서의 개인정보 오남용으로 인한 피해를 예방하기 위한 행동으로 적절하지 않은 것은?**

① 회원가입을 하거나 개인정보를 제공할 때 개인정보 취급방침 및 약관을 꼼꼼히 살핀다.
② 회원가입 시 비밀번호를 타인이 유추하기 어렵도록 설정하고 이를 주기적으로 변경한다.
③ 아무 자료나 함부로 다운로드하지 않는다.
④ 온라인에 자료를 올릴 때 개인정보가 포함되지 않도록 한다.
⑤ 금융거래 시 금융정보 등은 암호화하여 저장하고, PC방, 공용 컴퓨터 등 개방 환경을 이용한다.

33 **K사에는 시각 장애를 가진 S사원이 있다. S사원의 원활한 컴퓨터 사용을 위해 동료 사원들이 도움을 주고자 대화를 나누었다. 다음 사원 중 바르게 설명한 사람은?**

① A사원 : S사원은 Windows [제어판]에서 [접근성 센터]의 기능에 도움을 받는 게 좋겠어.
② B사원 : 아니야. [동기화 센터]의 기능을 활용해야지.
③ C사원 : [파일 탐색기]의 [옵션]을 활용하면 도움이 될 거야.
④ D사원 : [관리 도구]의 기능이 좋을 것 같아.
⑤ E사원 : [프로그램 및 기능]에서 도움을 받아야 하지 않을까?

34 **다음 중 빈칸 ㉠, ㉡에 들어갈 기능으로 옳은 것은?**

> __㉠__ 은/는 특정 값의 변화에 따른 결괏값의 변화 과정을 한 번의 연산으로 빠르게 계산하여 표의 형태로 표시해 주는 도구이고, __㉡__ 은/는 비슷한 형식의 여러 데이터의 결과를 하나의 표로 통합하여 요약해 주는 도구이다.

	㉠	㉡
①	데이터 표	통합
②	정렬	시나리오 관리자
③	데이터 표	피벗 테이블
④	해 찾기	데이터 유효성 검사
⑤	통합	정렬

35 **파이썬 프로그램에서 다음 리스트의 최댓값과 최솟값을 출력하려고 한다. 빈칸에 들어갈 알맞은 함수를 순서대로 나열한 것은?**

```
>>> data = [1, 2, 3, 4, 5, 6, 7]
>>> a = [   ㉠   ]
>>> b = [   ㉡   ]
>>> print("최댓값은", a, "이고, 최솟값은", b, "이다.")
```

	㉠	㉡
①	maximum(data)	minimum(data)
②	maximum(a.data)	minimum(b.data)
③	max(data)	min(data)
④	max(a.data)	min(b.data)
⑤	max(a)	min(b)

36 다음 시트에서 판매수량과 추가판매의 합계를 구하기 위해서 [B6] 셀에 들어갈 수식으로 옳은 것은?

	A	B	C
1	일자	판매수량	추가판매
2	06월19일	30	8
3	06월20일	48	
4	06월21일	44	
5	06월22일	42	12
6	합계	184	

① =SUM(B2,C2,C5)
② =LEN(B2:B5,3)
③ =COUNTIF(B2:B5,">=12")
④ =SUM(B2:B5)
⑤ =SUM(B2:B5,C2,C5)

PART 2

37 다음은 K사의 신입공채 지원자들에 대한 평가점수를 정리한 자료이다. 다음 자료에서 [B9] 셀에 보기와 같은 함수를 실행하였을 때, [B9]의 결괏값으로 옳지 않은 것은?

	A	B	C	D	E
1	이름	협동점수	태도점수	발표점수	필기점수
2	부경필	75	80	92	83
3	김효남	86	93	74	95
4	박현정	64	78	94	80
5	백자영	79	86	72	97
6	이병현	95	82	79	86
7	노경미	91	86	80	79
8					
9	점수				

[B9]에 입력된 함수		[B9]의 결괏값
① =AVERAGE(LARGE(B2:E2,3),SMALL(B5:E5,2))	→	79.5
② =SUM(MAX(B3:E3),MIN(B7:E7))	→	174
③ =AVERAGE(MAX(B7:E7),COUNTA(B6:E6))	→	50
④ =SUM(MAXA(B4:E4),COUNT(B3:E3))	→	98
⑤ =AVERAGE(SMALL(B3:E3,3),LARGE(B7:E7,3))	→	86.5

38 다음 프로그램의 실행 결과로 옳은 것은?

```
#include <stdio.h>
#define XN(n) x ## n

int main(void)
{
        int XN(1) = 10;
        int XN(2) = 20;
        printf("%d", x2);

        return 0;
}
```

① 1
② 2
③ 10
④ 20
⑤ 0

39 다음 파이썬 프로그램의 실행 결과로 옳은 것은?

```
>>> print(int(50/5))
```

① 50
② 5
③ 1
④ 10
⑤ 0

40 다음 프로그램의 실행 결과로 옳은 것은?

```
#include <stdio.h>
int main()
{
        for(int i = 0; i < 5; i++) {
                for(int j = 0; j <= i; j++) {
                                printf("*");
                }
                printf("₩n");
        }
}
```

①
```
*
**
***
****
*****
```

②
```
*****
*****
*****
*****
*****
```

③
```
*****
****
***
**
*
```

④
```
*
***
***
*****
*****
```

⑤
```
*
**
***
****
```

| 01 | 자원관리능력(행정)

41 A도시락 전문점은 요일별 도시락 할인 이벤트를 진행하고 있다. K공사가 지난 한 주간 A도시락 전문점에서 구매한 내역이 〈보기〉와 같을 때, K공사의 지난주 도시락 구매비용은?

〈A도시락 요일별 할인 이벤트〉

요일	월		화		수		목		금	
할인품목	치킨마요		동백		돈가스		새치고기		진달래	
구분	원가	할인가	원가	할인가	원가	할인가	원가	할인가	원가	할인가
가격(원)	3,400	2,900	5,000	3,900	3,900	3,000	6,000	4,500	7,000	5,500

요일	토		일				매일			
할인품목	치킨제육		육개장		김치찌개		치킨(대)		치킨(중)	
구분	원가	할인가	원가	할인가	원가	할인가	원가	할인가	원가	할인가
가격(원)	4,300	3,400	4,500	3,700	4,300	3,500	10,000	7,900	5,000	3,900

※ 요일별 할인품목이 아닌 품목들은 원가로 계산한다.

보기

〈K공사의 A도시락 구매내역〉

요일	월	화	수	목	금	토	일
구매내역	동백 3개 치킨마요 10개	동백 10개 김치찌개 3개	돈가스 8개 치킨(중) 2개	새치고기 4개 치킨(대) 2개	진달래 4개 김치찌개 7개	돈가스 2개 치킨제육 10개	육개장 10개 새치고기 4개

① 299,800원
② 308,600원
③ 316,400원
④ 326,800원
⑤ 332,400원

42 K공사는 2024년 상반기 인사이동을 통해 품질안전본부의 승진대상자 중 승진할 직원 2명을 선정하고자 한다. 승진자 결정방식 및 승진대상자 정보가 아래와 같을 때, 다음 중 승진하게 되는 직원이 바르게 짝지어진 것은?

〈승진자 결정방식〉

- 품질안전본부의 승진대상자인 갑, 을, 병, 정, 무 중 승진점수가 높은 직원 2명이 승진하게 된다.
- 승진점수는 업무실적점수(20점 만점), 사고점수(10점 만점), 근무태도점수(10점 만점), 가점 및 벌점(최대 5점)을 합산하여 산정한다.
- 업무실적점수 산정기준(20점 만점)

등급	A	B	C	D
점수	20	17	13	10

- 사고점수 산정기준(10점 만점)
  - 만점인 10점에서 사고유형 및 건수에 따라 차감하여 계산한다.

구분	1건당 벌점
경미 / 과실	1점
중대 / 고의	3점

- 근무태도점수 산정기준(10점 만점)

등급	우수	보통	미흡
점수	10	7	4

- 가점 및 벌점 부여기준(최대 5점)
  - 무사고(모든 유형의 사고 건수 0건) : 가점 2점
  - 수상실적 : 1회당 가점 2점
  - 사고유형 중 중대 / 고의 사고 건수 2건 이상 : 벌점 4점

〈승진대상자 정보〉

구분	업무실적등급	사고건수		근무태도등급	수상실적
		경미 / 과실	중대 / 고의		
갑	A	–	1	보통	1회
을	B	1	–	우수	2회
병	C	2	–	보통	–
정	A	1	1	미흡	–
무	D	–	–	우수	1회

① 갑, 을
② 갑, 병
③ 을, 무
④ 병, 정
⑤ 정, 무

43 다음은 주중과 주말 교통상황에 대한 자료이다. 이에 대한 〈보기〉의 설명 중 옳은 것을 모두 고르면?

〈주중 · 주말 예상 교통량〉

(단위 : 만 대)

구분	전국	수도권 → 지방	지방 → 수도권
주말 교통량	490	50	51
주중 교통량	380	42	35

〈대도시 간 예상 최대 소요시간〉

구분	서울 – 대전	서울 – 부산	서울 – 광주	서울 – 강릉	남양주 – 양양
주말	2시간 40분	5시간 40분	4시간 20분	3시간 20분	2시간 20분
주중	1시간 40분	4시간 30분	3시간 20분	2시간 40분	1시간 50분

보기

ㄱ. 대도시 간 예상 최대 소요시간은 모든 구간에서 주중이 주말보다 적게 걸린다.
ㄴ. 주중 전국 교통량 중 수도권에서 지방으로 가는 교통량의 비율은 10% 이상이다.
ㄷ. 지방에서 수도권으로 가는 주말 예상 교통량은 주중 예상 교통량의 2배 이상이다.
ㄹ. 서울 – 광주 구간 주중 예상 최대 소요시간은 서울 – 강릉 구간 주말 예상 최대 소요시간과 같다.

① ㄱ, ㄴ
② ㄴ, ㄷ
③ ㄷ, ㄹ
④ ㄱ, ㄴ, ㄹ
⑤ ㄴ, ㄷ, ㄹ

44 K무역회사는 유럽의 P회사와 체결한 수출계약 건으로 물품을 보내려고 한다. 물품은 20ft 컨테이너로 내부에 가득 채워 보낼 예정이다. 물품은 A와 B로 구성되어 있어 개별로 포장되며, 물품 A 2박스와 물품 B 1박스가 결합했을 때 완제품이 된다. 정확하게 파악하기 위해서 컨테이너에는 한 세트를 이루도록 넣고자 한다. 물품 A와 B의 포장규격과 20ft 컨테이너 내부 규격이 다음과 같다면, 총 몇 박스의 제품이 실리겠는가?

- 20ft 컨테이너 내부 규격 : (L)6,000mm×(W)2,400mm×(H)2,400mm
- 물품 A의 포장규격 : (L)200mm×(W)200mm×(H)400mm
- 물품 B의 포장규격 : (L)400mm×(W)200mm×(H)400mm

① 1,440박스
② 1,470박스
③ 1,530박스
④ 1,580박스
⑤ 1,620박스

45 대한민국의 A사, 오스트레일리아의 B사, 아랍에미리트의 C사, 러시아의 D사는 상호협력프로젝트를 추진하고자 화상회의를 하려고 한다. 한국시각을 기준해 화상회의 가능 시각으로 옳은 것은?

〈국가별 시간〉

국가(도시)	현지시각
오스트레일리아(시드니)	2020. 12. 15 10:00am
대한민국(서울)	2020. 12. 15 08:00am
아랍에미리트(두바이)	2020. 12. 15 03:00am
러시아(모스크바)	2020. 12. 15 02:00am

※ 각 회사의 위치는 위 자료에 있는 도시에 있다.
※ 모든 회사의 근무시간은 현지시각으로 오전 9시 ~ 오후 6시이다.
※ A, B, D사의 식사시간은 현지시각으로 오후 12시 ~ 오후 1시이다.
※ C사의 식사시간은 현지시각으로 오전 11시 30분 ~ 오후 12시 30분이고, 오후 12시 30분부터 오후 1시까지 전 직원이 종교활동을 한다.
※ 화상회의 소요시간은 1시간이다.

① 오후 1시 ~ 오후 2시
② 오후 2시 ~ 오후 3시
③ 오후 3시 ~ 오후 4시
④ 오후 4시 ~ 오후 5시
⑤ 오후 5시 ~ 오후 6시

46 경기도의 한 지점에 다니는 김대리는 중요한 서류를 전달하기 위해 서울에 위치한 K은행에 방문하려고 한다. 김대리는 오전 9시에 출발해서 오전 11시에 행사가 시작하기 전까지 K은행에 도착해야 한다. 다음 중 시간 안에 가장 빨리 도착할 수 있는 방법은 무엇인가?(단, 환승 시간은 무시한다)

〈이동 시 이용가능 교통편 현황〉

경기도 – 고속터미널			고속터미널 – K은행		
교통편	운행시간	소요시간	교통편	운행시간	소요시간
버스	매시 5분 출발 후 10분 간격	1시간	지하철	매시 10분, 50분	15분
지하철	매시 10분 출발 후 20분 간격	45분	택시	제한 없음	30분
자가용	제한 없음	1시간 20분	버스	매시 20분, 40분	25분

① 버스 – 택시
② 지하철 – 버스
③ 지하철 – 택시
④ 버스 – 버스
⑤ 자가용 – 지하철

47 K공단에서는 사업주의 직업능력개발훈련 시행을 촉진하기 위해 훈련방법과 기업규모에 따라 지원금을 차등 지급하고 있다. 다음 자료를 토대로 원격훈련으로 직업능력개발훈련을 시행하는 X～Z 세 기업과 각 기업의 원격훈련 지원금을 바르게 짝지은 것은?

〈기업규모별 지원 비율〉

기업	훈련	지원 비율
우선지원대상 기업	향상·양성훈련 등	100%
대규모 기업	향상·양성훈련	60%
	비정규직대상훈련 / 전직훈련	70%
상시근로자 1,000인 이상 대규모 기업	향상·양성훈련	50%
	비정규직대상훈련 / 전직훈련	70%

〈원격훈련 종류별 지원금〉

심사등급 \ 훈련종류	인터넷	스마트	우편
A등급	5,600원	11,000원	3,600원
B등급	3,800원	7,400원	2,800원
C등급	2,700원	5,400원	1,980원

※ 인터넷·스마트 원격훈련 : 정보통신매체를 활용하여 훈련이 시행되고 훈련생 관리 등이 웹상으로 이루어지는 훈련

※ 우편 원격훈련 : 인쇄매체로 된 훈련교재를 이용하여 훈련이 시행되고 훈련생 관리 등이 웹상으로 이루어지는 훈련

※ (원격훈련 지원금)=(원격훈련 종류별 지원금)×(훈련시간)×(훈련수료인원)×(기업규모별 지원 비율)

〈세 기업의 원격훈련 시행 내역〉

구분	기업규모	종류	내용	시간	등급	수료인원
X기업	우선지원대상 기업	스마트	향상·양성훈련	6시간	C등급	7명
Y기업	대규모 기업	인터넷	비정규직대상훈련 / 전직훈련	3시간	B등급	4명
Z기업	상시근로자 1,000인 이상 대규모 기업	스마트	향상·양성훈련	4시간	A등급	6명

① X기업 : 201,220원 ② X기업 : 226,800원

③ Y기업 : 34,780원 ④ Y기업 : 35,120원

⑤ Z기업 : 98,000원

48 다음은 개발부에서 근무하는 K사원의 4월 근태기록이다. 다음 규정을 참고하여 K사원이 받을 시간외근무수당은 얼마인가?(단, 정규근로시간은 09:00 ~ 18:00이다)

〈시간외근무 규정〉

- 시간외근무(조기출근 포함)는 1일 4시간, 월 57시간을 초과할 수 없다.
- 시간외근무수당은 1일 1시간 이상 시간외근무를 한 경우에 발생하며, 1시간을 공제한 후 매분 단위까지 합산하여 계산한다(단, 월 단위 계산 시 1시간 미만은 절사함).
- 시간외근무수당 지급단가 : 사원(7,000원), 대리(8,000원), 과장(10,000원)

〈K사원의 4월 근태기록(출근시간 / 퇴근시간)〉

- 4월 1일부터 4월 15일까지의 시간외근무시간은 12시간 50분(1일 1시간 공제 적용)이다.

18일(월)	19일(화)	20일(수)	21일(목)	22일(금)
09:00 / 19:10	09:00 / 18:00	08:00 / 18:20	08:30 / 19:10	09:00 / 18:00
25일(월)	26일(화)	27일(수)	28일(목)	29일(금)
08:00 / 19:30	08:30 / 20:40	08:30 / 19:40	09:00 / 18:00	09:00 / 18:00

※ 주말 특근은 고려하지 않음

① 112,000원
② 119,000원
③ 126,000원
④ 133,000원
⑤ 140,000원

PART 2

49 K기업에서는 이번 달 셋째 주에 연속 이틀에 걸쳐 본사에 있는 B강당에서 인문학 특강을 진행하려고 한다. 강당을 이용할 수 있는 날과 강사의 스케줄을 고려할 때 섭외 가능한 강사는?

〈B강당 이용 가능 날짜〉

구분	월요일	화요일	수요일	목요일	금요일
오전(9시 ~ 12시)	×	○	×	○	○
오후(13시 ~ 14시)	×	×	○	○	×

※ 가능 : ○, 불가능 : ×

〈섭외 강사 후보 스케줄〉

A강사	매주 수 ~ 목요일 10 ~ 14시 문화센터 강의
B강사	첫째 주, 셋째 주 화요일, 목요일 10시 ~ 14시 대학교 강의
C강사	매월 첫째 주 ~ 셋째 주 월요일, 수요일 오후 12시 ~ 14시 면접 강의
D강사	매주 수요일 오후 13시 ~ 16시, 금요일 오전 9시 ~ 12시 도서관 강좌
E강사	매월 첫째, 셋째 주 화 ~ 목요일 오전 9시 ~ 11시 강의

※ K기업 본사까지의 이동거리와 시간은 고려하지 않는다.
※ 강의는 연속 이틀로 진행되며 강사는 동일해야 한다.

① A, B강사
② B, C강사
③ C, D강사
④ C, E강사
⑤ D, E강사

50 다음은 K공사 인사팀의 하계휴가 스케줄이다. A사원은 휴가를 신청하기 위해 하계휴가 스케줄을 확인하였다. 인사팀 팀장인 P부장이 25 ~ 28일은 하계워크숍 기간이므로 휴가 신청이 불가능하며, 하루에 6명 이상은 사무실에 반드시 있어야 한다고 팀원들에게 공지했다. A사원이 휴가를 쓸 수 있는 기간으로 올바른 것은?

구분	8월 휴가																			
	3	4	5	6	7	10	11	12	13	14	17	18	19	20	21	24	25	26	27	28
	월	화	수	목	금	월	화	수	목	금	월	화	수	목	금	월	화	수	목	금
P부장	■	■	■																	
K차장								■	■	■										
J과장	■	■	■	■	■															
H대리										■	■	■	■							
A주임														■	■	■				
B주임											■	■	■	■						
A사원																				
B사원						■	■	■												

※ 색칠된 부분은 다른 팀원의 휴가기간이다.
※ A사원은 4일 이상 휴가를 사용해야 한다(토, 일 제외).

① 8월 7 ~ 11일
② 8월 6 ~ 11일
③ 8월 11 ~ 16일
④ 8월 13 ~ 18일
⑤ 8월 19 ~ 24일

PART 2

| 02 | 기술능력(전산 · 시설 · 기술)

※ K공사는 사무실이 건조하다는 직원들의 요청으로 '에어워셔'를 설치하였다. 다음 설명서를 보고 이어지는 질문에 답하시오. [41~43]

〈에어워셔 설명서〉

■ 안전한 사용법

- 벽면에 가깝게 놓고 사용하지 마세요(제품의 좌 · 우측, 뒷면은 실내공기가 흡입되는 곳이므로 벽면으로부터 30cm 이상 간격을 두고 사용하세요. 적정공간을 유지하지 않으면 고장의 원인이 됩니다).
- 바닥이 튼튼하고 평평한 곳에 두고 사용하세요(바닥이 기울어져 있으면 소음이 발생하거나 내부부품 변형으로 고장의 원인이 될 수 있습니다. 탁자 위보다 바닥에 두는 것이 안전합니다).
- 제품에 앉거나 밟고 올라가지 마세요(제품이 파손되고, 상해를 입을 수도 있습니다).
- 가연성 스프레이를 제품 가까이에서 사용하지 마세요(화재 발생의 위험이 있으며 플라스틱 면이 손상될 수 있습니다).
- 플라스틱에 유해한 물질은 사용하지 마세요(향기 제품 사용 시 플라스틱 부분의 깨짐, 변형 및 고장의 원인이 됩니다).
- 하부 수조에 뜨거운 물을 부어 사용하지 마세요(제품에 변형이 발생하거나 고장 발생의 원인이 될 수 있습니다).
- 사용 중인 제품 위에는 옷, 수건 등 기타 물건을 올려놓지 마세요(발열에 의한 화재 원인이 됩니다).
- 운전조작부를 청소할 때는 물을 뿌려 닦지 마세요(감전이나 화재, 제품고장의 원인이 됩니다).
- 장기간 사용하지 않을 때에는 수조 내부의 물을 완전히 비우고 수조와 디스크에 세제를 풀어 부드러운 솔로 청소하여 건조시킨 후 보관하세요(오염의 원인이 되므로 7일 이상 사용하지 않을 경우 물을 비우고 전원플러그를 빼 두세요).
- 직사광선을 받는 곳, 너무 더운 곳, 전열기와 가까운 곳은 피해 주세요(제품 외관의 변형이 발생하고, 전열기와 너무 가까운 곳에 두면 화재가 발생할 수 있습니다).

■ 서비스 신청 전 확인사항

증상	확인사항	해결방안
소음이 나요.	평평하지 않거나 경사진 곳에서 작동시켰습니까?	평평한 곳을 찾아 제품을 놓아 주세요.
	상부 본체와 하부 수조가 빈틈없이 잘 조립되어 있습니까?	상부 본체와 하부 수조를 잘 맞춰 주세요.
	디스크 캡이 느슨하게 체결되어 있습니까?	디스크 캡을 조여 주세요.
팬이 돌지 않아요.	상부 본체와 하부 수조의 방향이 맞게 조립되어 있습니까?	상부 본체와 하부 수조를 잘 맞춰 주세요.
	상부 본체와 하부 수조가 빈틈없이 잘 조립되어 있습니까?	상부 본체와 하부 수조를 잘 맞춰 주세요.
	표시등에 'E3'이 깜박이고 있습니까?	물을 보충해 주세요.
	팬 주변으로 이물질이 끼어 있습니까?	전원을 차단시킨 후 이물질을 제거해 주세요.
	표시등에 'E5'가 깜박이고 있습니까?	팬모터 이상으로 전원을 빼고 서비스센터에 문의하세요.

디스크가 돌지 않아요.	상부 본체와 하부 수조의 방향이 맞게 조립되어 있습니까?	상부 본체와 하부 수조를 잘 맞춰 주세요.
	디스크가 정위치에 올려져 있습니까?	디스크가 회전하는 정위치에 맞게 올려 주세요.
	디스크 캡이 풀려있지 않습니까?	디스크 캡을 다시 조여 주세요.
	자동운전 / 취침운전이 설정되어 있지 않습니까?	자동운전 / 취침운전 시 습도가 60% 이상이면 자동으로 디스크가 정지합니다.

41 **다음 중 '에어워셔'의 고장 원인으로 볼 수 없는 것은?**

① 에어워셔와 벽면과의 좌·우측 간격은 30cm로, 뒷면과의 간격은 10cm로 두었다.
② 하부 수조에 뜨거운 물을 부어 사용하였다.
③ 수조 내부에 물을 뿌리고 부드러운 솔로 닦아 주었다.
④ 향기 제품을 물에 희석하여 사용하였다.
⑤ 탁자 위에 에어워셔를 두고 사용하였다.

42 **'에어워셔'의 사용법을 숙지하지 않으면 감전이나 화재 등의 위험이 따를 수 있다. 다음 중 감전이나 화재에 대한 원인으로 볼 수 없는 것은?**

① 장기간 사용하지 않았으나 물을 비우지 않았다.
② 가연성 스프레이를 에어워셔 옆에서 뿌렸다.
③ 히터를 에어워셔 옆에서 작동시켰다.
④ 전원을 켠 상태로 수건을 올려두었다.
⑤ 운전조작부에 이물질이 묻어 물을 뿌려 닦았다.

43 **김사원은 '에어워셔' 사용 도중 작동이 원활하지 않아 서비스센터에 수리를 요청하였다. 다음 중 김사원이 서비스센터에 문의한 증상으로 가장 적절한 것은?**

① 디스크 캡이 느슨하게 체결되어 있다.
② 표시등에 'E3'이 깜박이고 있다.
③ 팬 주변으로 이물질이 끼어 있다.
④ 표시등에 'E5'가 깜박이고 있다.
⑤ 디스크가 정위치에 놓여있지 않았다.

※ 다음 자료를 참고하여 이어지는 질문에 답하시오. [44~46]

스위치	기능
○	1번과 2번 기계를 시계 방향으로 90° 회전함
●	1번과 4번 기계를 시계 방향으로 90° 회전함
□	2번과 3번 기계를 시계 방향으로 90° 회전함
■	1번과 3번 기계를 시계 반대 방향으로 90° 회전함
◐	2번과 4번 기계를 시계 반대 방향으로 90° 회전함
◑	3번과 4번 기계를 시계 반대 방향으로 90° 회전함

44 처음 상태에서 스위치를 두 번 눌렀더니 화살표 모양과 같은 상태로 바뀌었다. 어떤 스위치를 눌렀는가?

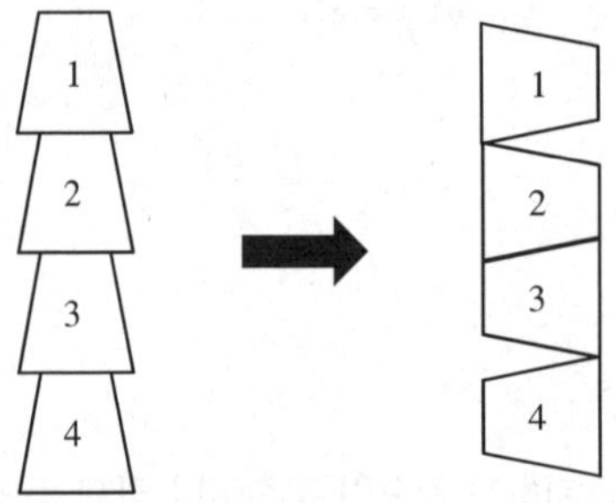

① ●◑
② ◑◐
③ ●□
④ ■●
⑤ ○◑

45 처음 상태에서 스위치를 세 번 눌렀더니 화살표 모양과 같은 상태로 바뀌었다. 어떤 스위치를 눌렀는가?

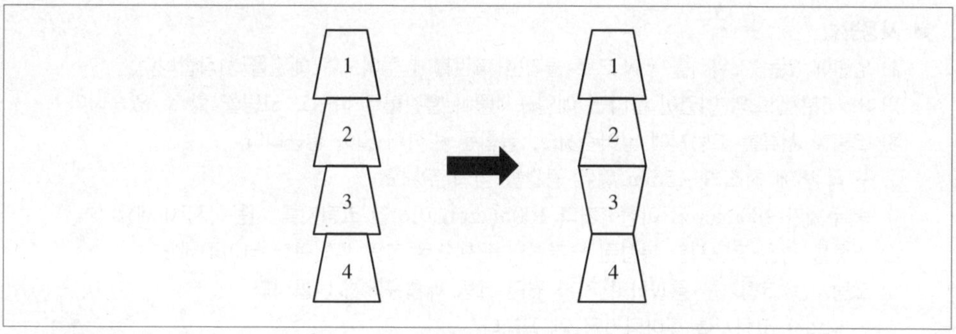

① ○□●

② □◑○

③ ◑■●

④ ■○□

⑤ ■○●

46 처음 상태에서 스위치를 두 번 눌렀더니 화살표 모양과 같은 상태로 바뀌었다. 어떤 스위치를 눌렀는가?

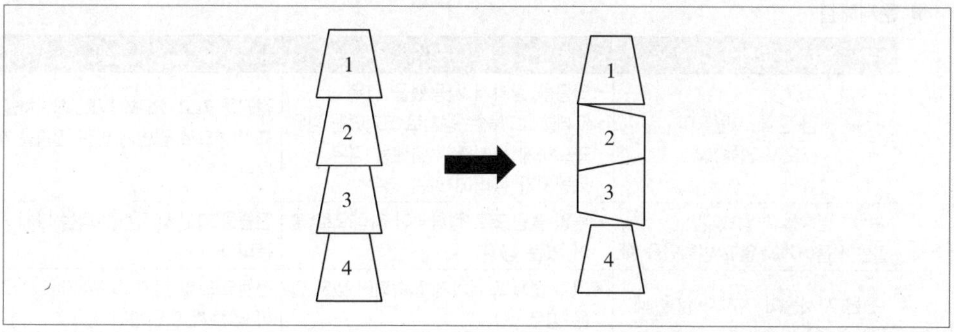

① □◐

② □◑

③ ○■

④ ●■

⑤ ●□

※ K유치원에서는 유아 교육자료 제작을 위해 코팅기를 구입하였다. 다음 설명서를 참고하여 이어지는 질문에 답하시오. **[47~48]**

■ **사용방법**

1) 앞면에 있는 스위치를 'ON'으로 돌리면 파란불이 들어오며 예열을 시작합니다.
2) 3 ~ 5분 정도의 예열이 끝나면 예열표시등이 빨간불로 바뀌고 코팅을 할 수 있습니다.
3) 코팅할 서류를 코팅지에 넣어주시고, 봉합된 변까지 밀어 넣습니다.
   - 각 변에 최소 3 ~ 5mm 여유 공간을 남겨 주세요.
   - 두께가 160micron 이상이거나 100micron 이하인 코팅지를 사용하지 마세요.
4) 서류를 넣은 코팅지는 봉합된 부분부터 평행으로 코팅 투입구에 넣어주세요.
5) 코팅지는 코팅기를 통과하며 기기 뒷면 코팅 배출구에서 나옵니다.
   - 임의로 코팅지를 잡아당기면 안 됩니다.
6) 코팅지가 전부 나온 후 기기에서 분리해주세요.
7) 사용 완료 후 스위치를 'OFF'로 돌려주세요.
   - 사용 후 1 ~ 2시간 정도 열을 식혀 주세요.

■ **코팅지 걸림 발생 시**

1) 코팅지가 기기에 걸렸을 경우 앞면의 스위치를 'OFF'로 돌린 다음 기기 전원을 차단시킵니다.
2) 기기 뒷면에 있는 'REMOVE' 스위치를 화살표 방향으로 밀면서 코팅 서류를 조심스럽게 당겨 뽑아 주세요.

■ **주의사항**

- 기기가 작동 중일 때 표면이 매우 뜨거우므로 손으로 만지지 마십시오.
- 기기를 사용한 후, 기계 플러그를 뽑고 열이 충분히 식은 후에 이동 및 보관을 합니다.
- 기기 위에 무겁거나 날카로운 물건을 두지 마십시오.
- 기기의 내부에 물을 떨어뜨리지 마십시오.
- 기기에 다른 물질을 넣지 마십시오.
- 전문가의 도움 없이 절대 분해하거나 재조립 또는 수리하지 마십시오.
- 기기를 장시간 사용하지 않을 경우 전원 코드를 뽑아주세요.
- 사용 중 기기가 과열되거나 이상한 냄새가 나거나 종이 걸림이 있을 경우 신속히 전원을 끕니다.

■ **문제해결**

고장	원인	해결
코팅 중에 코팅물이 나오지 않을 때	• 필름을 잘라서 사용했을 경우 • 두께를 초과하는 용지로 코팅했을 경우 • 과도하게 용지를 투입했을 경우 • 코팅지가 롤러에 말린 경우	전원을 끄고 'REMOVE' 스위치를 화살표 방향으로 밀면서 말린 필름을 제거합니다.
필름을 투입했지만, 필름이 들어가지 않고 멈춰있을 때	• 투입 불량으로 접착액이 다량으로 붙어 있는 경우	전원을 끄고 냉각시킨 다음 다시 시도해 봅니다.
전원 지시등이 켜지지 않을 때	• 기기 전원 스위치가 접속되어 있지 않은 경우	전원코드 및 기기 스위치가 'ON'으로 되어 있는지 확인합니다.

47 **A교사는 연구수업에 쓰일 교육자료 제작을 위해 코팅기를 사용하였다. 다음 중 A교사의 행동으로 적절한 것은?**

① 코팅기기 앞면의 스위치를 'ON'으로 놓자마자 코팅지를 투입하였다.
② 120micron 코팅지에 코팅할 서류를 넣었다.
③ 코팅지를 평행으로 놓고, 봉합된 부분의 반대 방향부터 투입구에 넣었다.
④ 코팅기를 통과하면서 나오는 코팅지를 뒷면에서 잡아당겼다.
⑤ 사용 완료 후 기기 전원을 끄고 바로 보관함 상자에 넣었다.

48 **B원장은 기기 관리를 위해 교사들에게 코팅기 사용 시 주의사항에 대해 안내하고자 한다. 다음 중 코팅기 사용 시 주의해야 할 사항으로 적절하지 않은 것은?**

① 기기 사용 중에는 표면이 많이 뜨거우므로 아이들의 손이 닿지 않도록 주의하세요.
② 기기 위에 무거운 물건이나 날카로운 물건을 올리지 마세요.
③ 사용 중 기기에 코팅지가 걸릴 경우 기기 앞면에서 코팅 서류를 조심스럽게 꺼냅니다.
④ 사용 중 이상한 냄새가 날 경우 신속히 전원을 끄도록 합니다.
⑤ 사용 후에는 스위치를 'OFF'로 돌려놓고, 퇴근 시에는 전원코드를 뽑아주세요.

※ 다음은 컴퓨터 설치방법 및 주의사항이다. 이어지는 질문에 답하시오. [49~50]

〈설치방법〉

1. 통풍이 잘 되고 화기와 멀리 있는 장소에 컴퓨터를 설치하십시오(기기 주변에 충분한 공간을 확보하지 않으면 본체 및 모니터가 과열됩니다).
2. 모니터 전원과 본체 전원 총 2개의 전원이 필요합니다.
3. 모니터와 본체를 연결시켜 주세요.
4. 본체를 작동시키면 팬 소리가 들립니다.

〈주의사항〉

1. 전원은 반드시 교류 220V에 연결하십시오(반드시 전용 콘센트를 사용하십시오).
2. 본체 주변을 자주 청소하십시오(먼지나 이물질로 인해 본체 내부에 먼지가 쌓여 성능에 문제가 생깁니다).
3. 안정된 곳에 설치하십시오(무게로 인해 떨어질 수 있습니다).

〈A/S 신청 전 확인사항〉

현상	원인	조치방법
모니터 전원은 들어오나 화면이 나오지 않음	본체와 모니터 연결선의 문제	연결선을 재결합하거나 고정시켜 주십시오. 또는 맞는 위치에 선을 연결시켰는지 확인해 주세요.
본체에서 소리가 너무 많이 남	본체 내부에 먼지가 쌓여 팬이 과도하게 돌아감	본체 내부를 바람으로 청소해 주세요(물청소 ×).
모니터 화면이 기울어져서 송출됨	모니터 설정 문제	모니터 하단부의 'AUTO' 버튼을 누르거나, 'MENU' 버튼을 눌러 수동 설정해 주세요.
부팅이 되지 않고 '띠띠' 소리가 남	본체 내부 연결선 접촉 불량	본체를 열어 참고자료에 나와 있는 선들이 잘 연결되었는지 확인해 주세요.
모니터 스크린상에 영상이 깜빡거리면서 나타남	모니터 액정의 고장	모니터 액정 불량이므로 A/S 센터에 연락하세요.

49 **P주임은 컴퓨터를 설치한 후, 모니터 전원은 들어오나 화면이 나오지 않는 원인을 파악하려고 한다. 다음 중 문제의 원인을 파악하기 위해 반드시 확인해야 할 사항은?**

① 본체 내부 청결 상태

② 모니터 설정

③ 본체 내부 연결선

④ 본체와 모니터 연결선

⑤ 설치된 장소

50 **다음 중 컴퓨터 설치방법 및 주의사항에 따르지 않은 사람은?**

① A사원 : 모니터와 본체의 전원을 연결하기 위해 4구 멀티탭을 구매하였다.

② B주임 : 더러운 바닥보다 조금 불안정하지만 깨끗한 책상에 설치하였다.

③ C대리 : 본체에서 소음이 심각하게 발생하여 물청소 대신 공기청소를 하였다.

④ D팀장 : 컴퓨터 유지보수를 위해 주변을 깔끔하게 정리하고 주기적으로 청소하였다.

⑤ E과장 : 밀폐되지 않은 장소에 설치하고 주위에 화기가 없는 것을 확인하였다.

제2회
최종점검 모의고사

※ 한국공항공사 최종점검 모의고사는 채용공고와 전년도 후기를 기준으로 구성한 것으로, 실제 시험과 다를 수 있습니다.

■ 취약영역 분석

| 01 | 공통영역

번호	O/×	영역
01		의사소통능력
02		
03		
04		
05		
06		
07		
08		
09		
10		
11		수리능력
12		
13		
14		
15		

번호	O/×	영역
16		수리능력
17		
18		
19		
20		
21		문제해결능력
22		
23		
24		
25		
26		
27		
28		
29		
30		

번호	O/×	영역
31		정보능력
32		
33		
34		
35		
36		
37		
38		
39		
40		

| 02 | 개별영역

번호	41	42	43	44	45	46	47	48	49	50
O/×										
	자원관리능력(행정) / 기술능력(전산 · 시설 · 기술)									

평가 문항	50문항	평가 시간	60분
시작시간	:	종료시간	:
취약 영역			

모바일 OMR

제 2 회 최종점검 모의고사

응시시간 : 60분　　문항 수 : 50문항

정답 및 해설 p.060

01 공통영역

※ 다음 글을 읽고 이어지는 질문에 답하시오. [1~2]

코로나19는 2019년 중국 우한에서 처음 발생한 감염병으로 전 세계적으로 확산되어 대규모의 유행을 일으켰다. 코로나19는 주로 호흡기를 통해 전파되며 기침, 인후통, 발열 등의 경미한 증상에서 심각한 호흡곤란 같이 치명적인 증상을 일으키기도 한다.
코로나19의 유행은 공공의료체계에 큰 영향을 주었다. 대부분의 국가는 코로나19 감염환자의 대량 입원으로 병상부족 문제를 겪었으며 의료진의 업무부담 또한 매우 증가되었다. 또한 예방을 위한 검사 및 검체 체취, 밀접 접촉자 추적, 격리 및 치료 등의 과정에서 많은 인력과 시간이 ___㉠___ 되었다.
국가 및 지역 사회에서 모든 사람들에게 평등하고 접근 가능한 의료 서비스를 제공하기 위한 공공의료는 전염병의 대유행 상황에서 매우 중요한 역할을 담당한다. 공공의료는 환자의 치료와 예방, 감염병 관리에서 필수적인 역할을 수행하며 코로나19 대유행 당시 검사, 진단, 치료, 백신 접종 등 다양한 서비스를 국민에게 제공하여 사회 전체의 건강보호를 담당하였다.
공공의료는 국가와 지역 단위에서의 재난 대응 체계와 밀접하게 연계되어 있다. 정부는 공공의료 시스템을 효과적으로 운영하여 감염병의 확산을 억제하고, 병원 부족 문제를 해결하며, 의료진의 안전과 보호를 보장해야 한다. 이를 위해 예방 접종 캠페인, 감염병 관리 및 예방 교육, 의료 인력과 시설의 지원 등 다양한 조치를 취하고 있다.
코로나19 대유행은 공공의료의 중요성과 필요성을 다시 한 번 강조하였다. 강력한 공공의료 체계는 전염병과의 싸움에서 핵심적인 역할을 수행하며, 국가와 지역 사회의 건강을 보호하는 데 필수적이다. 이를 위해서는 지속적인 투자와 개선이 이루어져야 하며, 협력과 혁신을 통해 미래의 감염병에 대비할 수 있는 강력한 공공의료 시스템을 구축해야 한다.

01 다음 중 윗글에 대한 주제로 가장 적절한 것은?

① 코로나19 유행과 지역사회 전파 방지를 위한 노력
② 감염병과 백신의 중요성
③ 코로나19 격리 과정
④ 코로나19 유행과 공공의료의 중요성
⑤ 코로나19의 대표적 증상

02 다음 중 밑줄 친 ㉠에 들어갈 단어로 가장 적절한 것은?

① 대비
② 대체
③ 제공
④ 초과
⑤ 소요

03 다음 문장을 논리적 순서대로 바르게 나열한 것은?

(가) 점차 우리의 생활에서 집단이 차지하는 비중이 커지고, 사회가 조직화되어 가는 현대 사회에서는 개인의 윤리 못지않게 집단의 윤리, 즉 사회 윤리의 중요성도 커지고 있다.
(나) 따라서 우리는 현대 사회의 특성에 맞는 사회 윤리의 정립을 통해 올바른 사회를 지향하는 노력을 계속해야 할 것이다.
(다) 그러나 이러한 사회 윤리가 단순히 개개인의 도덕성이나 윤리 의식의 강화에 의해서만 이루어지는 것은 아니다.
(라) 물론 그것은 인격을 지니고 있는 개인과는 달리 전체의 이익을 합리적으로 추구하는 사회의 본질적 특성에서 연유하는 것이기도 하다.
(마) 그것은 개개인이 도덕적이라는 것과 그들로 이루어진 사회가 도덕적이라는 것은 별개의 문제이기 때문이다.

① (가) – (다) – (마) – (라) – (나)
② (가) – (다) – (나) – (라) – (마)
③ (가) – (나) – (마) – (라) – (다)
④ (가) – (나) – (다) – (라) – (마)
⑤ (가) – (나) – (라) – (다) – (마)

04 다음 글로부터 알 수 있는 내용으로 적절하지 않은 것은?

모든 동물들은 생리적 장치들이 제대로 작동하기 위해서 체액의 농도를 어느 정도 일정하게 유지해야 한다. 이를 위해 수분의 획득과 손실의 균형을 조절하는 작용을 삼투 조절이라 한다. 동물은 서식지와 체액의 농도, 특히 염도 차이가 있을 경우, 삼투 현상에 따라 체내 수분의 획득과 손실이 발생하기 때문에, 이러한 상황에서 체액의 농도를 일정하게 유지하는 것이 중요한 생존 과제이다.
삼투 현상이란 반(半)투과성 막을 사이에 두고 농도가 다른 양쪽의 용액 중, 농도가 낮은 쪽의 용매가 농도가 높은 쪽으로 옮겨 가는 현상이다. 소금물에서는 물에 녹아 있는 소금을 용질, 그 물을 용매라고 할 수 있는데, 반투과성 막의 양쪽에 농도가 다른 소금물이 있다면, 농도가 낮은 쪽의 물이 높은 쪽으로 이동하게 된다. 이때 양쪽의 농도가 같다면, 용매의 순이동은 없다고 한다.
동물들은 이러한 삼투 현상에 대응하여 수분 균형을 어떻게 유지하느냐에 따라 삼투 순응형과 삼투 조절형으로 분류된다. 먼저 삼투 순응형 동물은 모두 해수(海水) 동물로 체액과 해수의 염분 농도, 즉 염도가 같기 때문에 수분의 순이동은 없다. 게나 홍합, 갯지네 등이 여기에 해당한다. 이와 달리 삼투 조절형 동물은 체액의 염도와 서식지의 염도가 달라, 체액의 염도가 변하지 않도록 삼투 조절을 하며 살아간다.
삼투 조절형 동물 중 해수에 사는 대다수 어류의 체액은 해수에 비해 염도가 낮기 때문에 체액의 수분이 빠져나갈 수 있다. 그래서 표피는 비투과성이지만, 아가미의 상피세포를 통해 물을 쉽게 빼앗긴다. 이렇게 삼투 현상에 의해 빼앗긴 수분을 보충하기 위하여 이들은 계속 바닷물을 마시게 된다. 이로 인해 이들의 창자에서 바닷물의 70 ~ 80%가 혈관 속으로 흡수되는데, 이때 염분도 혈관 속으로 들어간다. 그러면 아가미의 상피 세포에 있는 염분 분비 세포를 작동시켜 과도해진 염분을 밖으로 내보낸다.
담수에 사는 동물들이 직면한 삼투 조절의 문제는 해수 동물과 정반대이다. 담수 동물의 체액은 담수에 비해 염도가 높기 때문에 아가미를 통해 수분이 계속 유입될 수 있다. 그래서 담수 동물들은 물을 거의 마시지 않고 많은 양의 오줌을 배출하여 문제를 해결하고 있다. 이들의 비투과성 표피는 수분의 유입을 막기 위한 것이다.
한편 육상에 사는 동물들 또한 다양한 경로를 통해 수분이 밖으로 빠져나간다. 오줌, 대변, 피부, 가스교환 기관의 습한 표면 등을 통해 수분을 잃기 때문이다. 그래서 육상 동물들은 물을 마시거나 음식을 통해, 그리고 세포호흡으로 물을 생성하여 부족한 수분을 보충한다.

① 동물들은 체액의 농도가 크게 달라지면 생존하기 어렵다.
② 동물들이 삼투 현상에 대응하는 방법은 서로 다를 수 있다.
③ 동물의 체액과 서식지 물의 농도가 같으면 삼투 현상에 의한 수분의 순이동은 없다.
④ 담수 동물은 육상 동물과 마찬가지로 많은 양의 오줌을 배출하여 체내 수분을 일정하게 유지한다.
⑤ 육상 동물들은 세포호흡을 통해서도 수분을 보충할 수 있다.

05 다음 글의 주장에 대한 비판으로 가장 적절한 것은?

사회 현상을 볼 때는 돋보기로 세밀하게, 그리고 때로는 멀리 떨어져서 전체 속에 어떻게 위치하고 있는가를 동시에 봐야 한다. 숲과 나무는 서로 다르지만 따로 떼어 생각할 수 없기 때문이다. 현대 사회 현상의 최대 쟁점인 과학 기술에 대해 평가할 때도 마찬가지이다. 로봇 탄생의 숲을 보면, 그 로봇 개발에 투자한 사람과 로봇을 개발한 사람들의 의도가 드러난다. 그리고 나무인 로봇을 세밀히 보면, 그 로봇이 생산에 이용되는지 아니면 감옥의 죄수들을 감시하기 위한 것인지 그 용도를 알 수가 있다. 이 광범한 기술의 성격을 객관적이고 물질적이어서 가치관이 없다고 쉽게 생각하면 로봇에 당하기 십상이다.
자동화는 자본주의의 실업을 늘려 실업자에 대해 생계의 위협을 가하는 측면뿐 아니라, 기존 근로자에 대한 감시를 더욱 효율적으로 해내는 역할도 수행한다. 자동화를 적용하는 기업 측에서는 자동화가 인간의 삶을 증대시키는 이미지로 일반 사람들에게 인식되기를 바란다. 그래야 자동화 도입에 대한 노동자의 반발을 무마하고 기업가의 구상을 관철시킬 수 있기 때문이다. 그러나 자동화나 기계화 도입으로 인해 실업을 두려워하고, 업무 내용이 바뀌는 것을 탐탁해 하지 않았던 유럽의 노동자들은 자동화 도입에 대해 극렬히 반대했던 경험들을 갖고 있다.
지금도 자동화·기계화는 좋은 것이라는 고정관념을 가진 사람들이 많고, 현실에서 이러한 고정관념이 가져오는 파급 효과는 의외로 크다. 예를 들어 은행에 현금을 자동으로 세는 기계가 등장하면 은행원들이 현금을 세는 작업량은 줄어든다. 손님들도 기계가 현금을 재빨리 세는 것을 보고 감탄해 하면서 행원이 세는 것보다 더 많은 신뢰를 보낸다. 그러나 현금 세는 기계의 도입에는 이익 추구라는 의도가 숨어 있다. 현금 세는 기계는 행원의 수고를 덜어 준다. 그러나 현금 세는 기계를 들여옴으로써 실업자가 생기고 만다. 사람이 잘만 이용하면 잘 써먹을 수 있을 것만 같은 기계가 엄청나게 혹독한 성품을 지닌 프랑켄슈타인으로 돌변하는 것이다.
자동화와 정보화를 추진하는 핵심 조직이 기업이란 것에서도 알 수 있듯이 기업은 이윤 추구에 도움이 되지 않는 행위는 무가치하다고 판단한다. 그러므로 자동화는 그 계획 단계에서부터 기업의 의도가 스며들어가 탄생된다. 또한 그 의도대로 자동화나 정보화가 진행되면, 다른 한편으로 의도하지 않은 결과를 초래한다. 자동화와 같은 과학 기술이 풍요를 생산하는 수단이라고 생각하는 것은 하나의 고정관념에 불과하다.
채플린이 제작한 영화 〈모던 타임즈〉에 나타난 것처럼 초기 산업화 시대에는 기계에 종속된 인간의 모습이 가시적으로 드러날 수밖에 없었다. 그래서 이러한 종속에 저항하고자 하는 인간의 노력도 적극적인 모습을 보였다. 그러나 현대의 자동화기기는 그 첨병이 정보 통신기기로 바뀌면서 문제는 질적으로 달라진다. 무인 생산까지 진전된 자동화나 정보 통신화는 인간에게 단순 노동을 반복시키는 그런 모습을 보이지 않는다. 그래서인지는 몰라도 정보 통신은 별 무리 없이 어느 나라에서나 급격하게 개발·보급되고 보편화되어 있다. 그런데 문제는 이 자동화기기가 생산에만 이용되는 것이 아니라, 노동자를 감시하거나 관리하는 데도 이용될 수 있다는 것이다. 오히려 정보 통신의 발달로 이전보다 사람들은 더 많은 감시와 통제를 받게 되었다.

① 기업의 이윤 추구가 사회 복지 증진과 직결될 수 있음을 간과하고 있어.
② 기계화·정보화가 인간의 삶의 질 개선에 기여하고 있음을 경시하고 있어.
③ 기계화를 비판하는 주장만 되풀이할 뿐, 구체적인 근거를 제시하지 않고 있어.
④ 화제의 부분적 측면에 관계된 이론을 소개하여 편향적 시각을 갖게 하고 있어.
⑤ 현대의 기술 문명이 가져다 줄 수 있는 긍정적인 측면을 과장하여 강조하고 있어.

06 다음 글의 주제로 가장 적절한 것은?

유전학자들의 최종 목표는 결함이 있는 유전자를 정상적인 유전자로 대체하는 것이다. 이렇게 가장 기본적인 세포 내 차원에서 유전병을 치료하는 것을 '유전자 치료'라 일컫는다. '유전자 치료'를 하기 위해서는 이상이 있는 유전자를 찾아야 한다. 이를 위해 과학자들은 DNA의 특성을 이용한다. DNA는 두 가닥이 나선형으로 꼬여 있는 이중 나선 구조로 이루어진 분자이다. 그런데 이 두 가닥에 늘어서 있는 염기들은 임의적으로 배열되어 있는 것이 아니다. 한쪽에 늘어선 염기에 따라, 다른 쪽 가닥에 늘어선 염기들의 배열이 결정되는 것이다. 즉 한쪽에 A염기가 존재하면 거기에 연결되는 반대쪽에는 반드시 T염기가, 그리고 C염기에 대응해서는 반드시 G염기가 존재하게 된다. 염기들이 짝을 지을 때 나타나는 이러한 선택적 특성을 이용하여 유전병을 일으키는 유전자를 찾아낼 수 있다.
유전자를 찾기 위해 사용하는 첫 번째 도구는 DNA 한 가닥 중 극히 일부이다. '프로브(Probe)'라 불리는 이 DNA 조각은, 염색체상의 위치가 알려져 있는 이십여 개의 염기들로 이루어진다. 한 가닥으로 이루어져 있는 특성으로 인해, 프로브는 자신의 염기 배열에 대응하는 다른 쪽 가닥의 DNA 부분에 가서 결합할 것이다. 대응하는 두 가닥의 DNA가 이렇게 결합하는 것을 '교잡'이라고 일컫는다. 조사 대상인 염색체로부터 추출한 많은 한 가닥의 염색체 조각들과 프로브를 섞어 놓았을 때, 프로브는 신비스러울 정도로 자신의 짝을 정확하게 찾아 교잡한다. 두 번째 도구는 '겔 전기영동'이라는 방법이다. 생물을 구성하고 있는 단백질·핵산 등 많은 분자들은 전하를 띠고 있어서 전기장 속에서 각 분자마다 독특하게 이동을 한다. 이러한 성질을 이용해 생물을 구성하고 있는 물질의 분자량, 각 물질의 전하량이나 형태의 차이를 이용하여 물질을 분리하는 것이 전기영동법이다. 이를 활용하여 DNA를 분리하려면 우선 DNA 조각들을 전기장에서 이동시키고, 이것을 젤라틴 판을 통과하게 함으로써 분리하면 된다.
이러한 조사 도구들을 갖추고서, 유전학자들은 유전병을 일으키는 유전자를 추적하는 데 나섰다. 유전학자들은 먼저 겔 전기영동법으로 유전병을 일으키는 유전자로 의심되는 부분과 동일한 부분에 존재하는 프로브를 건강한 사람에게서 떼어내었다. 그리고 건강한 사람에게서 떼어낸 프로브에 방사성이나 형광성을 띠게 하였다. 그 후에 유전병 환자들에게서 채취한 DNA 조각들과 함께 교잡 실험을 반복하였다. 유전병과 관련된 유전 정보가 담긴 부분의 염기 서열이 정상인과 다르므로 이 부분은 프로브와 교잡하지 않는다는 점을 이용하는 것이다. 교잡이 일어난 후 프로브가 위치하는 곳은 X선 필름을 통해 쉽게 찾아낼 수 있고, 이로써 DNA의 특정 조각은 염색체상에서 프로브와 같은 위치에 존재한다는 것을 알 수 있다.
언뜻 보기에는 대단한 진보를 이룬 것 같지 않지만, 유전자 치료는 최근 들어 공상 과학을 방불케 하는 첨단 의료 기술의 대표적인 주자로 부각되고 있다. DNA 연구 결과로 인해, 우리는 지금까지 절망적이라고 여겨 온 질병들을 치료할 수 있다는 희망을 갖게 되었다.

① 유전자 추적의 도구와 방법
② 유전자의 종류와 기능
③ 유전자 치료의 의의와 한계
④ 유전자 치료의 상업적 가치
⑤ 유전 질환의 종류와 발병 원인

07 다음 중 밑줄 친 ㉠~㉤에 대한 설명이 잘못 연결된 것은?

> 사유 재산 제도와 시장 경제가 자본주의의 양대 축을 이루기 때문에 토지 또한 민간의 소유이어야만 한다고 하는 이들이 많다. 토지사유제의 정당성을 그것이 자본주의의 성립 근거라는 점에서 찾고자 하는 학자도 있다. 토지에 대해서는 절대적이고 배타적인 소유권을 인정할 수 없다고 하면 이들은 신성불가침 영역에 대한 도발이라며 이에 반발한다. 토지가 일반 재화나 자본에 비해 지닌 근본적인 차이는 무시하고 말이다. 과연 자본주의 경제는 토지사유제 없이 성립할 수 없는 것일까?
> 싱가포르, 홍콩, 대만, 핀란드 등의 사례는 위의 물음에 직접적인 답변을 제시한다. 이들은 토지공유제를 시행하였거나 토지의 공공성을 인정했음에도 불구하고 자본주의의 경제를 모범적으로 발전시켜온 사례이다. 물론 토지사유제를 당연하게 여기는 사람들이 이런 사례들을 토지 공공성을 인정해야만 하는 당위의 근거로서 받아들이는 것은 아니다. 그들은 오히려 토지의 공공성 강조가 사회주의적 발상이라고 비판한다. 하지만 이와 같은 비판은 토지와 관련된 권리 제도에 대한 무지에 기인한다.
> 토지 소유권은 사용권, 처분권, 수익권의 세 가지 권리로 구성된다. 각각의 권리를 누가 갖느냐에 따라 토지 제도는 다음과 같이 분류된다. 세 권리 모두 민간이 갖는 ㉠ <u>토지사유제</u>, 세 권리 모두 공공이 갖는 ㉡ <u>사회주의적 토지공유제</u>, 그리고 사용권은 민간이 갖고 수익권은 공공이 갖는 ㉢ <u>토지가치공유제</u>이다. 한편, 토지가치공유제는 처분권을 누가 갖느냐에 따라 두 가지 제도로 분류된다. 처분권을 완전히 민간이 갖는 ㉣ <u>토지가치세제</u>와 공공이 처분권을 갖지만 사용권을 가진 자에게 한시적으로 처분권을 맡기는 ㉤ <u>토지공공임대제</u>이다. 토지 소유권을 구성하는 세 가지 권리를 민간과 공공이 적당히 나누어 갖는 경우가 많으므로 실제의 토지 제도는 이 분류보다 훨씬 더 다양하다. 이 중 자본주의 경제와 결합될 수 없는 토지 제도는 사회주의적 토지공유제뿐이다. 물론 어느 토지 제도가 더 나은 경제적 성과를 보이는가는 그 이후의 문제이다. 토지사유제 옹호론에 따르면, 토지 자원의 효율적 배분이 가능하기 위해 토지에 대한 절대적, 배타적 소유권을 인정해야만 한다. 토지사유제만이 토지의 오용을 막을 수 있으며, 나아가 토지 사용의 안정성을 보장할 수 있다는 것이다. 하지만 토지 자원의 효율적 배분을 위해 토지의 사용권, 처분권, 수익권 모두를 민간이 가져야 할 필요는 없다. 토지 위 시설물에 대한 소유권을 민간이 갖고, 토지에 대해서 민간은 배타적 사용권만 가지면 충분하다.

① ㉠ : 토지 소유권을 민간이 갖는다.
② ㉡ : 자본주의 경제와 결합될 수 없다.
③ ㉢ : 처분권을 누가 갖느냐에 따라 ㉣과 ㉤으로 구분된다.
④ ㉣ : 사용권과 처분권은 민간이 갖고, 수익권은 공공이 갖는다.
⑤ ㉤ : 처분권은 민간이 갖고, 사용권과 수익권은 공공이 갖는다.

PART 2

※ 다음 글을 읽고 이어지는 질문에 답하시오. **[8~9]**

(가) 경주 일대는 지반이 불안정한 양산단층에 속하는 지역으로서, 언제라도 지진이 일어날 수 있는 활성단층이다. 따라서 옛날에도 큰 지진이 일어났다는 기록이 있다. 삼국사기에 의하면 통일신라 때 지진으로 인해 100여 명의 사망자가 발생했으며, 전문가들은 그 지진이 진도 8.0 이상의 강진이었던 것으로 추정한다. 그 후로도 여러 차례의 강진이 경주를 덮쳤다. 그럼에도 불구하고 김대성이 창건한 불국사와 석굴암 그리고 첨성대 등은 그 모습을 오늘날까지 보존하고 있다. 과연 이 건축물들에 적용된 내진설계의 비밀은 무엇일까. 그 비밀은 바로 그랭이법과 동틀돌이라는 전통 건축 방식에 숨어 있다.

(나) 그리고 주춧돌의 모양대로 그랭이칼을 빙글 돌리면 기둥의 밑면에 자연석의 울퉁불퉁한 요철이 그대로 그려진다. 그 후 도구를 이용해 기둥에 그어진 선의 모양대로 다듬어서 자연석 위에 세우면 자연석과 기둥의 요철 부분이 마치 톱니바퀴처럼 정확히 맞물리게 된다. 여기에 석재가 흔들리지 않도록 못처럼 규칙적으로 설치하는 돌인 동틀돌을 추가해 건물을 더욱 안전하게 지지하도록 만들었다. 다시 말하면, 그랭이법은 기둥에 홈을 내고 주춧돌에 단단히 박아서 고정하는 서양의 건축 양식과 달리 자연석 위에 기둥이 자연스럽게 올려져 있는 형태인 셈이다. 불국사에서는 백운교 좌우의 큰 바위로 쌓은 부분에서 그랭이법을 확연히 확인할 수 있다. 천연 바위를 그대로 둔 채 장대석과 접합시켜 수평을 이루도록 한 것이다.

(다) <u>그랭이법</u>이란 자연석을 그대로 활용해 땅의 흔들림을 흡수하는 놀라운 기술이다. 즉 기둥이나 석축 아래에 울퉁불퉁한 자연석을 먼저 쌓은 다음, 그 위에 올리는 기둥이나 돌의 아랫부분을 자연석 윗면의 굴곡과 같은 모양으로 맞추어 마치 톱니바퀴처럼 맞물리게 하는 기법이다. 이 같은 작업을 <u>그랭이질</u>이라고도 하는데 그랭이질을 하기 위해서는 오늘날의 컴퍼스처럼 생긴 그랭이칼이 필요하다. 주로 대나무를 사용해 만든 그랭이칼은 끝의 두 가닥을 벌릴 수 있는데, 주춧돌 역할을 하는 자연석에 한쪽을 밀착시킨 후 두 가닥 중 다른 쪽에 먹물을 묻혀 기둥이나 석축 부분에 닿도록 한다.

(라) 지난 9월 12일 경주를 강타한 지진은 1978년 기상청이 계기로 관측을 시작한 이후 한반도 역대 최대인 규모 5.8이었다. 당시 전국 대부분의 지역뿐만 아니라 일본, 중국 등에서도 진동을 감지할 정도였다. 이로 인해 경주 및 그 일대 지역의 건물들은 벽이 갈라지고 유리가 깨지는 등의 피해를 입었다. 하지만 이 지역에 집중돼 있는 신라시대의 문화재들은 극히 일부만 훼손됐다. 첨성대의 경우 윗부분이 수 cm 이동했고, 불국사 다보탑은 일제가 시멘트로 보수한 부분이 떨어졌으며 나머지 피해도 주로 지붕 및 담장의 기와 탈락, 벽체 균열 등에 불과했다.

08 윗글의 문단을 논리적 순서대로 바르게 나열한 것은?

① (라) – (다) – (나) – (가)
② (라) – (나) – (가) – (다)
③ (라) – (가) – (다) – (나)
④ (다) – (가) – (나) – (라)
⑤ (다) – (나) – (라) – (가)

09 (다)에서 밑줄 친 두 단어와 관계가 유사한 것은?

① 이공보공(以空補空) – 바늘 끝에 알을 올려놓지 못한다.
② 수즉다욕(壽則多辱) – 보기 싫은 반찬이 끼마다 오른다.
③ 함포고복(含哺鼓腹) – 한 가랑이에 두 다리 넣는다.
④ 망양보뢰(亡羊補牢) – 소 잃고 외양간 고친다.
⑤ 가인박명(佳人薄命) – 날 받아 놓은 색시 같다.

10 다음 글의 밑줄 친 시기에 대한 설명으로 가장 적절한 것은?

> 하나의 패러다임 형성은 애초에 불완전하지만 이후 연구의 방향을 제시하고 소수 특정 부분의 성공적인 결과를 약속할 수 있을 뿐이다. 그러나 패러다임의 정착은 연구의 정밀화, 집중화 등을 통하여 자기 지식을 확장해 가며 차츰 폭넓은 이론 체계를 구축한다.
> 이처럼 과학자들이 패러다임을 기반으로 하여 연구를 진척시키는 것을 쿤은 '정상 과학'이라고 부른다. 기초적인 전제가 확립되었으므로 과학자들은 이 시기에 상당히 심오한 문제의 작은 영역들에 집중함으로써, 그렇지 않았더라면 상상조차 못했을 자연의 어느 부분을 깊이 있게 탐구하게 된다. 그에 따라 각종 실험 장치들도 정밀해지고 다양해지며, 문제를 해결해 가는 특정 기법과 규칙들이 만들어진다.
> 연구는 이제 혼란으로서의 다양성이 아니라, 이론과 자연 현상을 일치시켜 가는 지식의 확장으로서의 다양성을 이루게 된다.
> 그러나 정상 과학은 완성된 과학이 아니다. 과학적 사고방식과 관습, 기법 등이 하나의 기반으로 통일돼 있다는 것일 뿐 해결해야 할 과제는 무수하다. 패러다임이란 과학자들 사이의 세계관 통일이지 세계에 대한 해석의 끝은 아니다.
> 그렇다면 <u>정상 과학의 시기</u>에는 어떤 연구가 어떻게 이루어지는가? 정상 과학의 시기에는 이미 이론의 핵심 부분들은 정립돼 있다. 따라서 과학자들의 연구는 근본적인 새로움을 좇아가지는 않으며, 다만 연구의 세부 내용이 좀 더 깊어지거나 넓어질 뿐이다. 이러한 시기에 과학자들의 열정과 헌신성은 무엇으로 유지될 수 있을까? 연구가 고작 예측된 결과를 좇아갈 뿐이고, 예측된 결과가 나오지 않으면 실패라고 규정되는 상태에서 과학의 발전은 어떻게 이루어지는가?
> 쿤은 이 물음에 대하여 '수수께끼 풀이'라는 대답을 준비한다. 어떤 현상의 결과가 충분히 예측된다 할지라도 정작 그 예측이 달성되는 세세한 과정은 대개 의문 속에 있게 마련이다. 자연 현상의 전 과정을 우리가 일목요연하게 알고 있는 것은 아니기 때문이다. 이론으로서의 예측 결과와 실제의 현상을 일치시키기 위해서는 여러 복합적인 기기적, 개념적, 수학적인 방법이 필요하다. 이것이 수수께끼 풀이이다.

① 패러다임을 기반으로 하여 연구를 진척하기 때문에 다양한 학설과 이론이 등장한다.
② 예측된 결과만을 좇을 수밖에 없기 때문에 과학자들의 열정과 헌신성은 낮아진다.
③ 기초적인 전제가 확립되었으므로 작은 범주의 영역에 대한 연구에 집중한다.
④ 과학자들 사이의 세계관이 통일된 시기이기 때문에 완성된 과학이라고 부를 수 있다.
⑤ 이 시기는 문제를 해결해가는 과정보다는 기초 이론에 대한 발견이 주가 된다.

11 다음과 같이 일정한 규칙으로 수를 나열할 때, 빈칸에 들어갈 알맞은 수는?

3	4	5	6	16	30	12	( )	180	24	256	1,080

① 60
② 64
③ 70
④ 74
⑤ 80

12 5%의 소금물 600g을 1분 동안 가열하면 10g의 물이 증발한다. 이 소금물을 10분 동안 가열한 후, 다시 소금물 200g을 넣었더니 10%의 소금물 700g이 되었다. 이때 더 넣은 소금물 200g의 농도는 얼마인가?(단, 용액의 농도와 관계없이 가열하는 시간과 증발하는 물의 양은 비례한다)

① 13%
② 15%
③ 17%
④ 20%
⑤ 23%

13 숫자 0, 1, 2, 3, 4가 적힌 5장의 카드에서 2장을 뽑아 두 자리 정수를 만들 때 그 수가 짝수일 확률은?

① $\frac{3}{8}$
② $\frac{1}{2}$
③ $\frac{5}{8}$
④ $\frac{3}{4}$
⑤ $\frac{7}{8}$

14 **다음은 산업 및 가계별 대기배출량과 기체별 지구온난화 유발 확률에 대한 자료이다. 어느 부문의 대기배출량을 줄여야 지구온난화 예방에 가장 효과적인가?**

〈산업 및 가계별 대기배출량〉

(단위 : 천 톤 CO_2eq)

구분		이산화탄소	아산화질소	메탄	수소불화탄소
산업부문	전체	45,950	3,723	17,164	0.03
	농업, 임업 및 어업	10,400	810	12,000	0
	석유, 화학 및 관련제품	6,350	600	4,800	0.03
	전기, 가스, 증기 및 수도사업	25,700	2,300	340	0
	건설업	3,500	13	24	0
가계부문		5,400	100	390	0

〈기체별 지구온난화 유발 확률〉

(단위 : %)

구분	이산화탄소	아산화질소	메탄	수소불화탄소
유발 확률	30	20	40	10

① 농업, 임업 및 어업
② 석유, 화학 및 관련제품
③ 전기, 가스, 증기 및 수도사업
④ 건설업
⑤ 가계부문

PART 2

15 다음은 2023년 9월 K공항 요일별 통계에 대한 자료이다. 이를 이해한 내용으로 옳지 않은 것은?

〈2023년 9월 K공항 요일별 통계〉

(단위 : 편, 명, 톤)

요일	운항			여객			화물		
	도착	출발	합계	도착	출발	합계	도착	출발	합계
월요일	2,043	2,013	4,056	343,499	365,749	709,248	11,715	12,316	24,031
화요일	2,024	2,074	4,098	338,558	338,031	676,589	14,322	16,501	30,823
수요일	2,148	2,129	4,277	356,678	351,097	707,775	17,799	18,152	35,951
목요일	2,098	2,104	4,202	342,374	341,613	683,987	17,622	17,859	35,481
금요일	2,141	2,158	4,299	361,849	364,481	726,330	17,926	18,374	36,300
토요일	2,714	2,694	5,408	478,544	475,401	953,945	23,386	24,647	48,033
일요일	2,710	2,671	5,381	476,258	460,560	936,818	21,615	22,285	43,900
합계	15,878	15,843	31,721	2,697,760	2,696,932	5,394,692	124,385	130,134	254,519

① 운항편이 가장 많은 요일은 여객과 화물에서도 가장 높은 수치를 보이고 있다.

② 9월간 K공항에 도착한 화물 중 일요일에 도착한 화물의 무게는 월요일에 도착한 화물 무게의 1.5배 이상이다.

③ K공항에 도착하는 화물보다 K공항에서 출발하는 화물이 항상 더 많다.

④ 월요일～일요일 도착 운항편의 증감추이는 같은 기간 출발 여객수의 증감추이와 같다.

⑤ 비행기 1대당 탑승객은 평균적으로 출발편이 도착편보다 많다.

16 다음은 세계 로봇산업 시장과 국내 로봇산업 시장 규모에 대한 자료이다. 이에 대한 설명으로 옳지 않은 것은?

〈세계 로봇산업 시장 규모〉

(단위 : 백만 달러)

구분	2019년	2020년	2021년	2022년	2023년
개인 서비스용 로봇산업	636	1,224	1,704	2,134	2,216
전문 서비스용 로봇산업	3,569	3,636	3,661	4,040	4,600
제조용 로봇산업	8,278	8,496	9,507	10,193	11,133
합계	12,483	13,356	14,872	16,367	17,949

〈국내 로봇산업 시장 규모〉

(단위 : 억 원)

구분	생산			수출			수입		
	2021년	2022년	2023년	2021년	2022년	2023년	2021년	2022년	2023년
개인 서비스용 로봇산업	2,973	3,247	3,256	1,228	944	726	156	181	232
전문 서비스용 로봇산업	1,318	1,377	2,629	163	154	320	54	182	213
제조용 로봇산업	20,910	24,671	25,831	6,324	6,694	6,751	2,635	2,834	4,391
합계	25,201	29,295	31,716	7,715	7,792	7,797	2,845	3,197	4,836

※ (전체 서비스용 로봇산업)=(개인 서비스용 로봇산업)+(전문 서비스용 로봇산업)

① 2023년 세계 개인 서비스용 로봇산업 시장 규모는 전년 대비 약 3.8% 성장한 22억 1,600만 달러이다.

② 세계 전문 서비스용 로봇산업 시장 규모는 2021년 이후 꾸준히 성장하는 추세를 보이고 있으며, 2023년 세계 전문 서비스용 로봇산업 시장 규모는 전체 세계 로봇산업 시장 규모의 약 27% 이상을 차지하고 있다.

③ 2023년 세계 제조용 로봇산업 시장은 전년 대비 약 9.2% 성장한 111억 3,300만 달러로 세계 로봇산업 시장에서 가장 큰 시장 규모를 차지하고 있다.

④ 2023년의 국내 전문 서비스용 로봇의 생산 규모는 전년보다 약 91.0%가 증가했으며, 2023년의 국내 전체 서비스용 로봇의 생산 규모도 전년 대비 약 27.3% 증가했다.

⑤ 2023년의 국내 개인 서비스용 로봇의 수출 규모는 전년 대비 약 23.1% 정도 감소했으며, 2023년의 국내 전체 서비스용 로봇의 수출 규모도 전년 대비 약 4.7% 정도 감소했다.

17 다음은 연도별 국가지정문화재 현황에 대한 자료이다. 〈보기〉 중 이에 대한 설명으로 옳은 것을 모두 고르면?

〈연도별 국가지정문화재 현황〉

(단위 : 건)

구분	2018년	2019년	2020년	2021년	2022년	2023년
합계	3,385	3,459	3,513	3,583	3,622	3,877
국보	314	315	315	315	317	328
보물	1,710	1,758	1,774	1,813	1,842	2,060
사적	479	483	485	488	491	495
명승	82	89	106	109	109	109
천연기념물	422	429	434	454	455	456
국가무형문화재	114	116	119	120	122	135
중요민속문화재	264	269	280	284	286	294

보기

ㄱ. 2019년에서 2023년 사이 전년 대비 전체 국가지정문화재 건수가 가장 많이 증가한 해는 2023년이다.

ㄴ. 국보 문화재는 2018년보다 2023년에 지정된 건수가 증가했으며, 전체 국가지정문화재에서 차지하는 비중 또한 증가했다.

ㄷ. 2018년 대비 2023년 국가지정문화재 건수의 증가율이 가장 높은 문화재 종류는 명승 문화재이다.

ㄹ. 조사기간 중 사적 문화재 지정 건수는 매년 국가무형문화재 지정 건수의 4배가 넘는 수치를 보이고 있다.

① ㄱ, ㄴ
② ㄱ, ㄷ
③ ㄴ, ㄷ
④ ㄴ, ㄹ
⑤ ㄷ, ㄹ

※ 다음은 경지면적 및 수리답률에 대한 자료이다. 이어지는 질문에 답하시오. **[18~19]**

〈경지면적 및 수리답률 추이〉

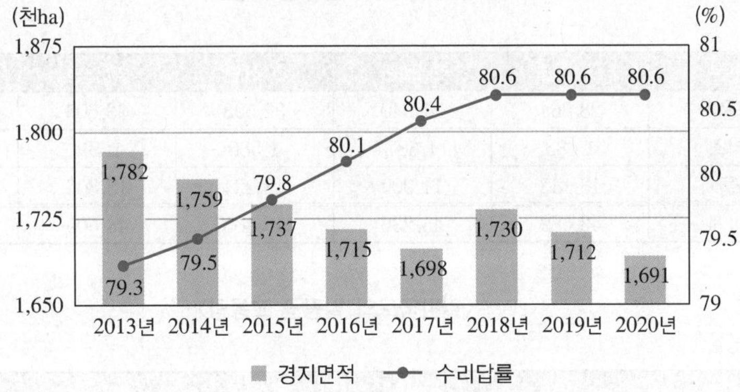

※ 수리답률 : 전체 논 면적 중 수리시설을 통해 농업용수를 공급받는 면적의 비율로, $\frac{(\text{수리답 면적})}{(\text{논 면적})}\times100$이다.

〈항목별 경지 면적의 추이〉

(단위 : 천ha)

구분	2013년	2014년	2015년	2016년	2017년	2018년	2019년	2020년
논	1,070	1,046	1,010	984	960	966	964	934
밭	712	713	727	731	738	764	748	757

18 다음 중 2020년의 수리답 면적으로 옳은 것은?(단, 백의 자리에서 반올림한다)

① 약 753천ha
② 약 758천ha
③ 약 763천ha
④ 약 768천ha
⑤ 약 772천ha

19 다음 〈보기〉 중 자료에 대한 설명으로 옳은 것을 모두 고르면?(단, 비율은 소수점 셋째 자리에서 반올림한다)

보기

ㄱ. 2013 ~ 2018년 전체 경지 면적에서 밭이 차지하는 비율은 계속 증가하고 있다.
ㄴ. 논 면적이 2013 ~ 2020년 전체의 평균 논 면적보다 줄어든 것은 2016년부터이다.
ㄷ. 전체 논 면적 중 수리시설로 농업용수를 공급받지 않는 면적만 줄어들고 있다.

① ㄱ, ㄴ
② ㄷ
③ ㄱ, ㄷ
④ ㄴ, ㄷ
⑤ ㄱ, ㄴ, ㄷ

20 다음은 도로별 일평균 교통량에 대한 자료이다. 이에 대한 설명으로 옳지 않은 것은?

〈고속국도의 일평균 교통량〉

(단위 : 대)

구분	2019년	2020년	2021년	2022년	2023년
승용차	28,864	31,640	32,593	33,605	35,312
버스	1,683	1,687	1,586	1,594	1,575
화물차	13,142	11,909	12,224	13,306	13,211
합계	43,689	45,236	46,403	48,505	50,098

〈일반국도의 일평균 교통량〉

(단위 : 대)

구분	2019년	2020년	2021년	2022년	2023년
승용차	7,951	8,470	8,660	8,988	9,366
버스	280	278	270	264	256
화물차	2,945	2,723	2,657	2,739	2,757
합계	11,176	11,471	11,587	11,991	12,379

〈국가지원지방도의 일평균 교통량〉

(단위 : 대)

구분	2019년	2020년	2021년	2022년	2023년
승용차	5,169	5,225	5,214	5,421	5,803
버스	230	219	226	231	240
화물차	2,054	2,126	2,059	2,176	2,306
합계	7,453	7,570	7,499	7,828	8,349

① 조사기간 중 고속국도의 일평균 승용차 교통량은 일반국도와 국가지원지방도의 일평균 승용차 교통량의 합보다 항상 많았다.

② 전년 대비 일반국도의 일평균 화물차 교통량은 2021년까지 감소하다가 2022년부터 다시 증가하고 있다.

③ 2020 ~ 2023년 중 국가지원지방도의 일평균 버스 교통량의 전년 대비 증가율이 가장 큰 해는 2023년이다.

④ 조사기간 중 고속국도와 일반국도의 일평균 버스 교통량의 증감추이는 같다.

⑤ 2023년 고속국도의 일평균 화물차 교통량은 2023년 일반국도와 국가지원지방도의 일평균 화물차 교통량의 합의 2.5배 이상이다.

21 **K공사의 A대리는 다음과 같이 보고서 작성을 위한 방향을 구상 중이다. 〈조건〉의 명제가 모두 참일 때, 공장을 짓는다는 결론을 얻기 위해 빈칸에 필요한 명제는?**

조건

- 재고가 있다.
- 설비 투자를 늘리지 않는다면, 재고가 있지 않다.
- 건설투자를 늘릴 때에만, 설비 투자를 늘린다.
- ______________________________

① 설비 투자를 늘린다.

② 건설투자를 늘리지 않는다.

③ 재고가 있거나 설비 투자를 늘리지 않는다.

④ 건설투자를 늘린다면, 공장을 짓는다.

⑤ 설비 투자를 늘리지 않을 때만, 공장을 짓는다.

PART 2

22 **홍보팀, 총무팀, 연구개발팀, 고객지원팀, 법무팀, 디자인팀으로 구성된 A사가 봄에 사내 체육대회를 실시하였다. 여섯 팀이 참가한 경기가 다음 〈조건〉과 같을 때, 항상 참인 것은?**

조건

- 체육대회는 모두 4종목이며 모든 팀은 적어도 한 종목에 참가해야 한다.
- 이어달리기 종목에 참가한 팀은 5팀이다.
- 홍보팀은 모든 종목에 참가하였다.
- 연구개발팀은 2종목에 참가하였다.
- 총무팀이 참가한 어떤 종목은 4팀이 참가하였다.
- 연구개발팀과 디자인팀은 같은 종목에 참가하지 않는다.
- 고객지원팀과 법무팀은 모든 종목에 항상 같이 참가하였거나 같이 참가하지 않았다.
- 디자인팀은 족구 종목에 참가하였다.

① 총무팀이 참가한 종목의 수와 법무팀이 참가한 종목의 수는 같다.

② 홍보팀과 고객지원팀이 동시에 참가하지 않는 종목은 없다.

③ 참가하는 종목이 가장 적은 팀은 디자인팀이다.

④ 연구개발팀과 법무팀이 참가한 종목의 수는 같다.

⑤ 연구개발팀과 디자인팀이 동시에 참가하지 않는 종목은 없다.

23 A ~ G 7명이 원형테이블에 〈조건〉과 같이 앉아 있을 때, 다음 중 직급이 사원인 사람과 대리인 사람이 바르게 연결된 것은?

> **조건**
>
> A, B, C, D, E, F, G는 모두 사원, 대리, 과장, 차장, 팀장, 부부장, 부장 중 하나의 직급에 해당하며, 이 중 동일한 직급인 직원은 없다.
> - A의 왼쪽에는 부장이, 오른쪽에는 차장이 앉아 있다.
> - E는 사원과 이웃하여 앉지 않았다.
> - B는 부장과 이웃하여 앉아 있다.
> - C의 직급은 차장이다.
> - G는 차장과 과장 사이에 앉아 있다.
> - D는 A와 이웃하여 앉아 있다.
> - 사원은 부장, 대리와 이웃하여 앉아 있다.

	사원	대리
①	A	F
②	B	E
③	B	F
④	D	E
⑤	D	G

24 다음은 인천국제공항의 자동출입국 심사 이용에 대한 안내문이다. 사전 등록 없이 자동출입국 심사대 이용이 가능한 사람은?

> **더욱 편리해진 자동출입국 심사 이용 안내**
>
> 19세 이상의 국민과 17세 이상의 등록 외국인은 사전 등록절차 없이 자동출입국 심사대를 바로 이용할 수 있습니다.
> 다만, 출입국 규제, 형사범, 체류만료일이 1개월 이내인 외국인 등 출입국관리 공무원의 대면심사가 필요한 외국인은 이용이 제한됩니다.
>
> ■ 사전 등록 없이 이용 가능한 자
> - 19세 이상 대한민국 국민
> - 외국인 등록 또는 거소신고를 한 17세 이상 등록외국인
>
> ■ 사전 등록 후 이용 가능자

사전 등록 대상	7세 이상~19세 미만 국민, 인적사항(성명, 주민등록번호)이 변경된 경우, 17세 미만 외국인 등
사전 등록 장소	제1여객터미널 3층 G카운터 자동출입국심사 등록센터 / 제2여객터미널 2층 출입국서비스센터

① 인적사항 변경이 없는 35세 A씨와 A씨의 아들 7세 B군
② 한 달 전 개명하여 인적사항이 변경된 50세 C씨
③ 외국인 등록이 되어있는 15세 미국인 D씨
④ 인적사항 변경이 없는 19세 F씨
⑤ 체류만료일이 10일 남은 24세 영국인 E씨

25 갑은 효율적인 월급 관리를 위해 펀드에 가입하고자 한다. A ~ D펀드 중에 하나를 골라 가입하려고 하는데, 안정적이고 우수한 펀드에 가입하기 위해 〈조건〉에 따라 비교하여 다음과 같은 결과를 얻었다. 〈보기〉에서 옳은 것을 모두 고르면?

조건

- 둘을 비교하여 우열을 가릴 수 있으면 우수한 쪽에는 5점, 아닌 쪽에는 2점을 부여한다.
- 둘을 비교하여 어느 한 쪽이 우수하다고 말할 수 없는 경우에는 둘 다 0점을 부여한다.
- 각 펀드는 다른 펀드 중 두 개를 골라 총 4번의 비교를 했다.
- 종합의 점수로는 우열을 가릴 수 없으며 각 펀드와의 비교를 통해서만 우열을 가릴 수 있다.

〈결과〉

A펀드	B펀드	C펀드	D펀드
7점	7점	4점	10점

보기

ㄱ. D펀드는 C펀드보다 우수하다.
ㄴ. B펀드가 D펀드보다 우수하다고 말할 수 없다.
ㄷ. A펀드와 B펀드의 우열을 가릴 수 있으면 A ~ D까지의 우열순위를 매길 수 있다.

① ㄱ
② ㄱ, ㄴ
③ ㄱ, ㄷ
④ ㄴ, ㄷ
⑤ ㄱ, ㄴ, ㄷ

26 K공사는 사무실 리모델링을 하면서 기획조정 1 ~ 3팀과 미래전략 1 ~ 2팀, 홍보팀, 보안팀, 인사팀의 사무실 위치를 변경하였다. 다음 〈조건〉과 같이 적용되었을 때, 변경된 사무실 위치에 대한 설명으로 옳은 것은?

1실	2실	3실	4실
복도			
5실	6실	7실	8실

조건

- 기획조정 1팀과 미래전략 2팀은 홀수실이며, 복도를 사이에 두고 마주보고 있다.
- 홍보팀은 5실이다.
- 미래전략 2팀과 인사팀은 나란히 있다.
- 보안팀은 홀수실이며, 맞은편 대각선으로 가장 먼 곳에는 인사팀이 있다.
- 기획조정 3팀과 2팀은 한 실을 건너 나란히 있고 2팀이 3팀보다 실 번호가 높다.

① 인사팀은 6실에 위치한다.
② 미래전략 2팀과 기획조정 3팀은 같은 라인에 위치한다.
③ 기획조정 1팀은 기획조정 2팀과 3팀 사이에 위치한다.
④ 미래전략 1팀은 7실에 위치한다.
⑤ 홍보팀이 있는 라인에서 가장 높은 번호의 사무실에 위치한 팀은 보안팀이다.

PART 2

27 다음은 SWOT 분석에 대한 설명과 유전자 관련 업무를 수행 중인 A사의 SWOT 분석자료이다. 〈보기〉 중 빈칸 (A), (B)에 들어갈 내용으로 가장 적절한 것은?

SWOT 분석은 기업의 내부환경과 외부환경을 분석하여 강점(Strength), 약점(Weakness), 기회(Opportunity), 위협(Threat) 요인을 규정하고 이를 토대로 경영전략을 수립하는 기법으로, 미국의 경영컨설턴트인 앨버트 험프리(Albert Humphrey)에 의해 고안되었다.

- 강점(Strength) : 내부환경(자사 경영자원)의 강점
- 약점(Weakness) : 내부환경(자사 경영자원)의 약점
- 기회(Opportunity) : 외부환경(경쟁, 고객, 거시적 환경)에서 비롯된 기회
- 위협(Threat) : 외부환경(경쟁, 고객, 거시적 환경)에서 비롯된 위협

〈A사 SWOT 분석결과〉

강점(Strength)	약점(Weakness)
• 유전자 분야에 뛰어난 전문가로 구성 • (A)	• 유전자 실험의 장기화
기회(Opportunity)	**위협(Threat)**
• 유전자 관련 업체 수가 적음 • (B)	• 고객들의 실험 부작용에 대한 두려움 인식

보기

㉠ 투자 유치의 어려움
㉡ 특허를 통한 기술 독점 가능
㉢ 점점 증가하는 유전자 의뢰
㉣ 높은 실험 비용

	(A)	(B)
①	㉠	㉣
②	㉡	㉠
③	㉠	㉢
④	㉡	㉢
⑤	㉢	㉣

28 K공사는 워크숍에서 팀을 나눠 배드민턴 게임을 하기로 했다. 배드민턴 규칙은 실제 복식 경기방식을 따르기로 하고, 전략팀 직원 A, B와 총무팀 직원 C, D가 먼저 대결을 한다고 할 때, 다음과 같은 경기상황에 이어질 서브 방향 및 선수 위치로 가능한 것은?

〈배드민턴 복식 경기방식〉

- 점수를 획득한 팀이 서브권을 갖는다. 다만 서브권이 상대팀으로 넘어가기 전까지는 팀 내에서 같은 선수가 연속해서 서브권을 갖는다.
- 서브하는 팀은 자신의 팀 점수가 0이거나 짝수인 경우는 우측에서, 점수가 홀수인 경우는 좌측에서 서브한다.
- 서브하는 선수로부터 코트의 대각선 위치에 선 선수가 서브를 받는다.
- 서브를 받는 팀은 자신의 팀으로 서브권이 넘어오기 전까지는 팀 내에서 선수끼리 서로 코트 위치를 바꾸지 않는다.

※ 좌측, 우측은 각 팀이 네트를 바라보고 인식하는 좌, 우이다.

〈경기상황〉

- 전략팀(A · B), 총무팀(C · D) 간 복식 경기 진행
- 3 : 3 동점 상황에서 A가 C에 서브하고 전략팀(A · B)이 1점 득점

점수	서브 방향 및 선수 위치	득점한 팀
3 : 3	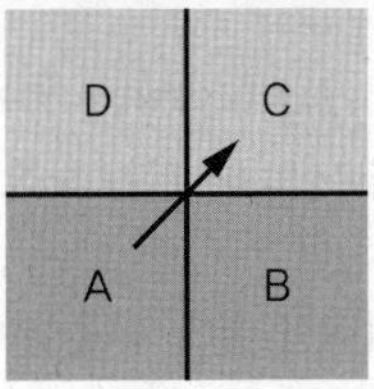	전략팀

①
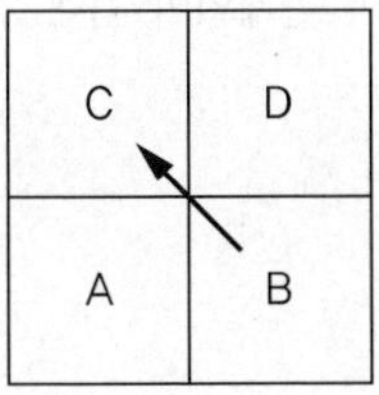

②
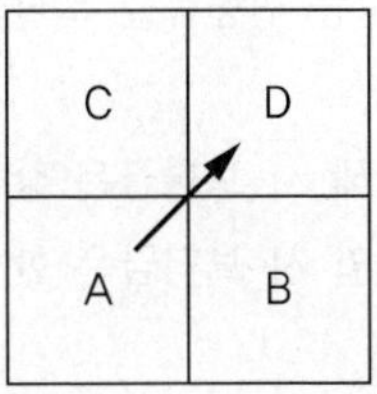

③
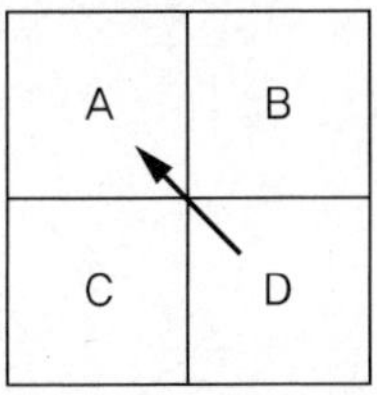

④
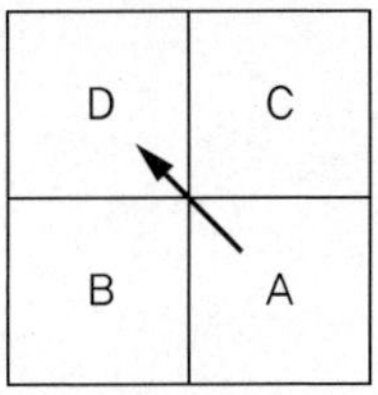

⑤
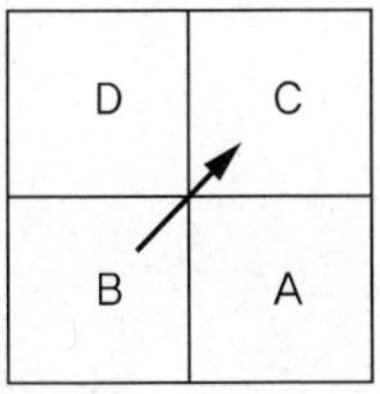

29 A고객은 3일 후 떠날 3주간의 제주도 여행에 대비하여 가족 모두 여행자 보험에 가입하고자 S은행에 방문하였다. 이에 K사원이 A고객에게 여행자 보험 상품을 추천하고자 할 때, K사원의 설명으로 적절하지 않은 것은?(단, A고객 가족의 나이는 만 14세, 17세, 45세, 51세, 75세이다)

〈S은행 여행자 보험〉

- 가입연령 : 만 1 ~ 79세(인터넷 가입 만 19 ~ 70세)
- 납입방법 : 일시납
- 납입기간 : 일시납
- 보험기간 : 2일 ~ 최대 1개월
- 보장내용

보장의 종류	보험금 지급사유	지급금액
상해사망 및 후유장해	여행 중 사고로 상해를 입고 그 직접적인 결과로 사망하거나 후유장해상태가 되었을 때	- 사망 시 가입금액 전액 지급 - 후유장해 시 장해정도에 따라 가입금액의 30 ~ 100% 지급
질병사망	여행 중 발생한 질병으로 사망 또는 장해지급률 80% 이상의 후유장해가 남았을 경우	가입금액 전액 지급
휴대품 손해	여행 중 우연한 사고로 휴대품이 도난 또는 파손되어 손해를 입은 경우	가입금액 한도 내에서 보상하되 휴대품 1개 또는 1쌍에 대하여 20만 원 한도로 보상(단, 자기부담금 1만 원 공제)

- 유의사항
  - 보험계약 체결일 기준 만 15세 미만자의 경우 사망은 보장하지 않음
  - 보장금액과 상해, 질병 의료실비에 관한 보장내용은 홈페이지 참조

① 고객님, 가족 모두 가입하시려면 반드시 은행에 방문해주셔야 합니다.

② 고객님, 만 14세 자녀의 경우 본 상품에 가입하셔도 사망보험금은 지급되지 않습니다.

③ 고객님, 여행 도중 귀중품을 분실하셨을 경우에 분실물의 수량과 관계없이 최대 20만 원까지 보상해드립니다.

④ 고객님, 후유장해 시 보험금은 장해정도에 따라 차등지급됩니다.

⑤ 고객님, 보험가입 시 보험금은 한 번만 납입하시면 됩니다.

30 애플리케이션을 개발 중인 K사는 올해 새로 개발 중인 애플리케이션에 대한 영향도를 평가하고자 한다. 애플리케이션 영향도 판단 기준이 아래와 같을 때, 〈보기〉에 제시된 애플리케이션에 대한 판단 (A), (B)의 영향도 값으로 옳은 것은?

〈애플리케이션 영향도 판단 기준〉

보정요소		판단기준	영향도
분산처리	애플리케이션이 구성요소 간에 데이터를 전송하는 정도	분산처리에 대한 요구사항이 명시되지 않음	0
		클라이언트 / 서버 및 웹 기반 애플리케이션과 같이 분산처리와 자료 전송이 온라인으로 수행됨	1
		애플리케이션상의 처리기능이 복수개의 서버 또는 프로세서상에서 동적으로 상호 수행됨	2
성능	응답시간 또는 처리율에 대한 사용자 요구 수준	성능에 대한 특별한 요구사항이나 활동이 명시되지 않으며, 기본적인 성능이 제공됨	0
		응답시간 또는 처리율이 피크타임 또는 모든 업무시간에 중요하고, 연동 시스템의 처리 마감시간에 대한 제한이 있음	1
		성능 요구사항을 만족하기 위해 설계 단계에서부터 성능 분석이 요구되거나, 설계·개발·구현 단계에서 성능 분석도구가 사용됨	2
신뢰성	장애 시 미치는 영향의 정도	신뢰성에 대한 요구사항이 명시되지 않으며, 기본적인 신뢰성이 제공됨	0
		고장 시 쉽게 복구가능한 수준의 약간 불편한 손실이 발생함	1
		고장 시 복구가 어려우며, 재정적 손실이 많이 발생하거나, 인명피해 위험이 있음	2
다중 사이트	상이한 하드웨어와 소프트웨어 환경을 지원하도록 개발되는 정도	설계 단계에서 하나의 설치 사이트에 대한 요구사항만 고려되며, 애플리케이션이 동일한 하드웨어 또는 소프트웨어 환경하에서만 운영되도록 설계됨	0
		설계 단계에서 하나 이상의 설치 사이트에 대한 요구사항만 고려되며, 애플리케이션이 유사한 하드웨어 또는 소프트웨어 환경하에서만 운영되도록 설계됨	1
		설계 단계에서 하나 이상의 설치 사이트에 대한 요구사항만 고려되며, 애플리케이션이 상이한 하드웨어 또는 소프트웨어 환경하에서만 운영되도록 설계됨	2

보기

(A) 애플리케이션의 응답시간에 대한 사용자 요구 수준을 볼 때, 기본적인 성능이 잘 제공되는 것으로 판단된다. 그러나 고장 시 불편한 손실이 발생되며, 다행히 쉽게 복구가 가능하다. 설계 단계에서 하나 이상의 설치 사이트에 대한 요구사항이 고려되며, 유사한 하드웨어나 소프트웨어 환경하에서만 운영되도록 설계되었다. 그리고 데이터를 전송하는 정도를 보면 분산처리에 대한 요구사항이 명시되지 않은 것으로 판단된다.

(B) 애플리케이션에서 발생할 수 있는 장애에 있어서는 기본적인 신뢰성이 제공된다. 응답시간 또는 처리율이 피크타임에 중요하며, 애플리케이션의 처리기능은 복수개의 서버 상에서 동적으로 상호 수행된다. 그리고 이 애플리케이션은 동일한 소프트웨어 환경하에서만 운영되도록 설계되었다.

	(A)의 영향도	(B)의 영향도
①	2	1
②	3	2
③	2	3
④	3	4
⑤	2	5

31 다음 중 차트에 대한 설명으로 옳지 않은 것은?

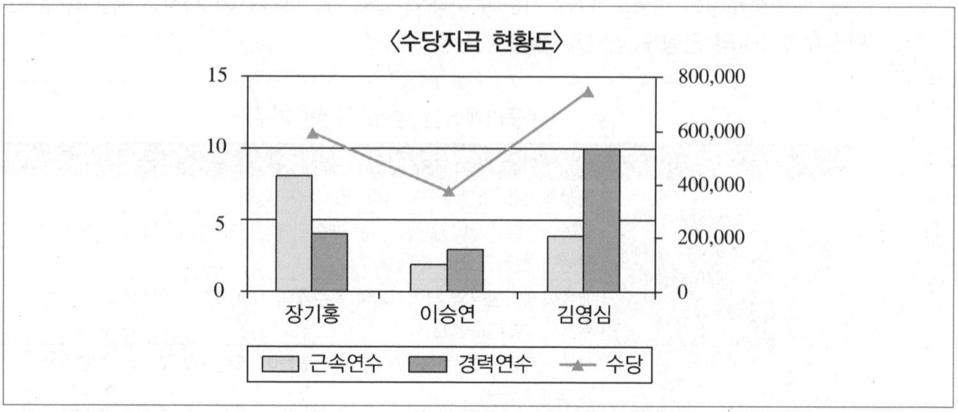

① 두 개의 차트 종류가 혼합되어 있으며, 값 축이 두 개로 설정된 이중 축 혼합형 차트이다.

② 막대그래프 계열 옵션의 계열 겹치기는 0%로 설정되었다.

③ 데이터 레이블이 표시되어 있는 차트이다.

④ 기본 가로축 제목이 표시되어 있지 않은 차트이다.

⑤ 막대그래프는 왼쪽 세로축 기준이다.

32 다음 상황에서 B사원이 제시해야 할 해결 방안으로 가장 적절한 것은?

> A팀장 : 어제 부탁한 보고서 작성은 다 됐나?
> B사원 : 네, 제 컴퓨터의 '문서' 폴더를 공유해 놓았으니 보고서를 내려 받으시면 됩니다.
> A팀장 : 내 컴퓨터의 인터넷은 잘 되는데, 혹시 자네 인터넷이 지금 문제가 있나?
> B사원 : (모니터를 들여다보며) 아닙니다. 잘 되는데요?
> A팀장 : 네트워크 그룹에서 자네의 컴퓨터만 나타나지 않네. 어떻게 해야 하지?

① 공유폴더의 사용권한 수준을 소유자로 지정해야 합니다.

② 화면 보호기를 재설정해야 합니다.

③ 디스크 검사를 실행해야 합니다.

④ 네트워크상의 작업 그룹명을 동일하게 해야 합니다.

⑤ 컴퓨터를 다시 시작해야 합니다.

33 **다음 글의 밑줄 친 예방대책에 대한 설명으로 적절한 것을 〈보기〉에서 모두 고르면?**

S바이러스는 2003년 발생 초기, 윈도 환경에서 메일을 대량으로 발송하는 형태로 피해를 입히는 사례가 많았으나, 이후에는 웹사이트 초기 화면이나 게시판 등을 통해 유포되어 개인 정보를 유출하는 형태로 진화되는 추세를 보였다.
이로 인해 사용자들의 기본 정보뿐만 아니라, 다른 기밀 정보들도 유출될 소지가 높아 PC 이용자 스스로 적극적인 예방대책을 수립해야 한다.

보기

ㄱ. 스팸 메일은 읽어보고 즉시 삭제한다.
ㄴ. 수시로 윈도를 최신 버전으로 업데이트한다.
ㄷ. 사이트에서 요구하는 ActiveX 컨트롤을 모두 설치한다.
ㄹ. 백신 프로그램을 항상 최신 버전으로 업데이트하여 실행시킨다.

① ㄱ, ㄴ
② ㄱ, ㄷ
③ ㄴ, ㄷ
④ ㄴ, ㄹ
⑤ ㄷ, ㄹ

34 다음 워크시트에서 성별이 '남'인 직원들의 근속연수 합계를 구하는 수식으로 옳지 않은 것은?

	A	B	C	D	E	F
1	사원번호	이름	생년월일	성별	직위	근속연수
2	E5478	이재홍	1980-02-03	남	부장	8
3	A4625	박언영	1985-04-09	여	대리	4
4	B1235	황준하	1986-08-20	남	대리	3
5	F7894	박혜선	1983-12-13	여	과장	6
6	B4578	이애리	1990-05-06	여	사원	1
7	E4562	김성민	1986-03-08	남	대리	4
8	A1269	정태호	1991-06-12	남	사원	2
9	C4567	김선정	1990-11-12	여	사원	1

① =SUMIFS(F2:F9,D2:D9,남)
② =DSUM(A1:F9,F1,D1:D2)
③ =DSUM(A1:F9,6,D1:D2)
④ =SUMIF(D2:D9,D2,F2:F9)
⑤ =SUMIFS(F2:F9,D2:D9,D2)

35 다음 [C2:C3] 셀과 같이 함수식을 작성한 셀에 결과가 아닌 함수식 자체가 출력되도록 하는 방법으로 옳은 것은?

	A	B	C
1	국어	국사	총점
2	93	94	=SUM(A2:B2)
3	92	88	=SUM(A3:B3)

① [수식] 탭 – [수식 분석] 그룹 – [수식 표시] 클릭
② [보기] 탭 – [표시 / 숨기기] 그룹 – [수식 입력줄] 클릭
③ [셀 서식] – [표시 형식] 탭 – [수식] 선택
④ [셀 서식] – [표시 형식] 탭 – [계산식] 선택
⑤ [수식] 탭 – [수식 분석] 그룹 – [수식 계산] 클릭

36 K중학교에서 근무하는 P교사는 반 학생들의 과목별 수행평가 제출 여부를 확인하기 위해 아래와 같이 자료를 정리하였다. P교사가 [D11]~[D13] 셀에 〈보기〉와 같이 함수를 입력하였을 때, [D11]~[D13] 셀에 나타날 결괏값으로 옳은 것은?

	A	B	C	D
1			(제출했을 경우 '1'로 표시)	
2	이름	A과목	B과목	C과목
3	김혜진	1	1	1
4	이방숙	1		
5	정영교	재제출 요망	1	
6	정혜운		재제출 요망	1
7	이승준		1	
8	이혜진			1
9	정영남	1		1
10				
11				
12				
13				

보기

- [D11] 셀에 입력한 함수 → 「=COUNTA(B3:D9)」
- [D12] 셀에 입력한 함수 → 「=COUNT(B3:D9)」
- [D13] 셀에 입력한 함수 → 「=COUNTBLANK(B3:D9)」

	[D11]	[D12]	[D13]
①	12	10	11
②	12	10	9
③	10	12	11
④	10	12	9
⑤	10	10	9

37 아래와 같이 문자열의 좌우 공백이 있을 때 이를 제거하는 방법으로 옳은 것은?

```
>>> data = "      ABCDE      "
```

①
```
>>> data = "      ABCDE      "
>>> data.split()
>>> print(data)
```

②
```
>>> data = "      ABCDE      "
>>> data1 = "ABCDE"
>>> print(data)
```

③
```
>>> data = "      ABCDE      "
>>> print(f"data")
```

④
```
>>> data = "      ABCDE      "
>>> data = data.strip()
>>> print(data)
```

⑤
```
>>> data = "      ABCDE      "
>>> data = ticker.upper()
>>> print(data)
```

38 다음 파이썬 프로그램의 실행 결과로 옳은 것은?

```
>>> a="3"
>>> b="4"
>>> print(a+b)
```

① 3
② 4
③ 34
④ a+b
⑤ ab

39 다음 프로그램의 실행 결과에 대한 설명으로 옳은 것은?

```
#include 〈stdio.h〉
main()
{
        int num = 1234567891011121314151617181920;

        printf("%d", num);

}
```

① 실행 결과는 1234567891011121314151617181920으로 출력된다.
② 실행 결과는 1234567891로 출력된다.
③ 실행 결과는 num이 출력된다.
④ 입력 값을 넣을 수 있다.
⑤ 오류 발생으로 실행이 되지 않는다.

40 다음 프로그램의 실행 결과로 옳은 것은?

```
#include 〈stdio.h〉
#define PI 3.14

int main(void)
{

        printf("%.2f", PI+5);

        return 0;

}
```

① PI　　② PI+5
③ %.2f　　④ 3.14
⑤ 8.14

| 01 | 자원관리능력(행정)

41 K공사는 적합한 인재를 채용하기 위하여 NCS 기반 능력중심 공개채용을 시행하였다. 1차 서류전형, 2차 직업기초능력평가, 3차 직무수행능력평가, 4차 면접전형을 모두 마친 면접자들의 평가점수를 '최종 합격자 선발기준'에 따라 판단하여 A～E 중 상위자 2명을 최종 합격자로 선정하고자 한다. 다음 중 최종 합격자들로 바르게 짝지어진 것은?

〈최종 합격자 선발기준〉

평가요소	의사소통능력	문제해결능력	조직이해능력	대인관계능력	합계
평가비중	40%	30%	20%	10%	100%

〈면접평가 결과〉

구분	A	B	C	D	E
의사소통능력	A^+	A^+	A^+	B^+	C
문제해결능력	B^+	B+5	A^+	B+5	A+5
조직이해능력	A+5	A	C^+	A^+	A
대인관계능력	C	A^+	B^+	C^+	B^++5

※ 등급별 변환 점수 : A^+=100, A=90, B^+=80, B=70, C^+=60, C=50
※ 면접관의 권한으로 등급별 점수에 +5점을 가점할 수 있음

① A, B
② B, C
③ C, D
④ D, E
⑤ A, E

42 K기업의 1~3년 차 근무를 마친 사원들은 인사이동 시기를 맞아 근무지를 이동해야 한다. 근무지 이동 규정과 각 사원의 근무지 이동 신청 내용이 다음과 같을 때, 이에 대한 설명으로 옳지 않은 것은?

〈근무지 이동 규정〉

- 수도권 지역은 여의도, 종로, 영등포이고, 지방의 지역은 광주, 제주, 대구이다.
- 2번 이상 같은 지역을(예 여의도 → 여의도×) 신청할 수 없다.
- 3년 연속 같은 수도권 지역이나 지방 지역을 신청할 수 없다.
- 2, 3년 차보다 1년 차 신입 및 1년 차 근무를 마친 직원이 신청한 내용이 우선 된다.
- 1년 차 신입은 전년도 평가 점수를 100점으로 한다.
- 직원 A~E는 서로 다른 곳에 배치된다.
- 같은 지역으로의 이동을 신청한 경우 전년도 평가 점수가 더 높은 사람이 우선하여 이동한다.
- 규정에 부합하지 않게 이동 신청을 한 경우, 신청한 곳에 배정 받을 수 없다.

〈근무지 이동 신청〉

직원	1년 차 근무지	2년 차 근무지	3년 차 근무지	신청지	전년도 평가
A	대구	–	–	종로	–
B	여의도	광주	–	영등포	92
C	종로	대구	여의도	미정	88
D	영등포	종로	–	여의도	91
E	광주	영등포	제주	영등포	89

① B는 영등포로 이동하게 될 것이다.
② C는 지방 지역으로 이동하고, E는 여의도로 이동하게 될 것이다.
③ A는 대구를 1년 차 근무지로 신청하였을 것이다.
④ D는 자신의 신청지로 이동하게 될 것이다.
⑤ C가 제주로 이동한다면, D는 광주나 대구로 이동하게 된다.

PART 2

43 다음은 어느 회사의 승진대상과 승진 규정이다. 아래 규정에 따를 때, 2024년에 직급이 대리인 사람은?

〈승진규정〉

- 2023년까지 근속연수가 3년 이상인 자를 대상으로 한다.
- 출산 휴가 및 병가 기간은 근속 연수에서 제외한다.
- 평가연도 업무평가 점수가 80점 이상인 자를 대상으로 한다.
- 평가연도 업무평가 점수는 직전연도 업무평가 점수에서 벌점을 차감한 점수이다.
- 벌점은 결근 1회당 −10점, 지각 1회당 −5점이다.

〈승진후보자 정보〉

구분	근무기간	직전 연도 업무평가(점)	근태현황(회)		기타
			지각	결근	
A사원	1년 4개월	79	1	−	−
B주임	3년 1개월	86	−	1	출산휴가 35일
C대리	7년 1개월	89	1	1	병가 10일
D과장	10년 3개월	82	−	−	−
E차장	12년 7개월	81	2	−	−

① A　② B
③ C　④ D
⑤ E

44 K공사 인사팀의 11월 월간 일정표와 〈조건〉을 고려하여 인사팀의 1박 2일 워크숍 날짜를 결정하려고 한다. 다음 중 인사팀의 워크숍 날짜로 적절한 것은?

〈11월 월간 일정표〉

월	화	수	목	금	토	일
	1	2 오전 10시 연간 채용계획 발표(A팀장)	3	4 오전 10시 주간업무보고 오후 7시 B대리 송별회	5	6
7	8 오후 5시 총무팀과 팀 연합회의	9	10	11 오전 10시 주간업무보고	12	13
14 오전 11시 승진대상자 목록 취합 및 보고(C차장)	15	16	17 A팀장 출장	18 오전 10시 주간업무보고	19	20
21 오후 1시 팀미팅(30분 소요 예정)	22	23 D사원 출장	24 외부인사 방문 일정	25 오전 10시 주간업무보고	26	27
28 E대리 휴가	29	30				

조건

- 워크숍은 평일로 한다.
- 워크숍에는 모든 팀원들이 빠짐없이 참석해야 한다.
- 워크숍 일정은 첫날 오후 3시 출발부터 다음날 오후 2시까지이다.
- 다른 팀과 함께 하는 업무가 있는 주에는 워크숍 일정을 잡지 않는다.
- 매월 말일에는 월간 업무 마무리를 위해 워크숍 일정을 잡지 않는다.

① 11월 9 ~ 10일

② 11월 18 ~ 19일

③ 11월 21 ~ 22일

④ 11월 28 ~ 29일

⑤ 11월 29 ~ 30일

45 귀하의 팀은 출장근무를 마치고 서울로 복귀하고자 한다. 다음의 대화를 고려했을 때, 서울에 가장 일찍 도착할 수 있는 예정시각은 언제인가?

〈상황〉

- 귀하가 소속된 팀원은 총 4명이다.
- 대전에서 출장을 마치고 서울로 돌아가려고 한다.
- 고속버스터미널에는 은행, 편의점, 화장실, 패스트푸드점 등이 있다.

※ 시설별 소요시간 : 은행 30분, 편의점 10분, 화장실 20분, 패스트푸드점 25분

〈대화 내용〉

A과장 : 긴장이 풀려서 그런가? 배가 출출하네. 햄버거라도 사 먹어야겠어.
B대리 : 저도 출출하긴 한데 그것보다 화장실이 더 급하네요. 금방 다녀오겠습니다.
C주임 : 그럼 그사이에 버스표를 사야 하니 은행에 들러 현금을 찾아오겠습니다.
귀하 : 저는 그동안 버스 안에서 먹을 과자를 편의점에서 사 오겠습니다.
A과장 : 지금이 16시 50분이니까 다들 각자 볼일 보고 빨리 돌아와. 다 같이 타고 가야 하니까.

〈시외버스 배차정보〉

대전 출발	서울 도착	잔여좌석 수
17:00	19:00	6
17:15	19:15	8
17:30	19:30	3
17:45	19:45	4
18:00	20:00	8
18:15	20:15	5
18:30	20:30	6
18:45	20:45	10
19:00	21:00	16

① 17:45
② 19:15
③ 19:45
④ 20:15
⑤ 20:45

46 육아휴직급여를 담당하는 인사부 A사원은 최근 신청인원 명단을 받아 휴직기간 동안 지급될 급여를 계산해 보고해야 한다. 육아휴직급여 지원이 아래와 같을 때, 세 사람이 받을 수 있는 급여액을 모두 더한 것은?

〈육아휴직급여〉

근로자가 만 8세 이하 또는 초등학교 2학년 이하의 자녀를 양육하기 위하여 남녀고용평등과 일·가정 양립 지원에 관한 법률 제19조에 의한 육아휴직을 30일 이상 부여받은 경우 지급되는 급여입니다.

■ 해당조건 및 혜택

- 육아휴직 기간 : 1년 이내
- 육아휴직개시일 이전에 피보험단위기간이 180일 이상
- 육아휴직개시일 이후 1월부터 종료일 이후 12월 이내 신청
- 육아휴직 첫 3개월 동안은 월 통상임금의 100분의 80(상한액 : 월 150만 원, 하한액 : 월 70만 원), 나머지 기간에 대해서는 월 통상임금의 100분의 40(상한액 : 월 100만 원, 하한액 : 월 50만 원)을 지급함
- 아빠의 달 : 동일한 자녀에 대하여 부모가 순차적으로 휴직할 경우 두 번째 사용자의 첫 3개월 급여는 통상임금의 100%(최대 150만 원, 둘째 아이에 대해서는 200만 원)를 지원

〈신청인원〉

신청인	성별	자녀	통상임금	육아휴직기간	비고
A씨	여	6살(첫째)	220만 원	8개월	–
B씨	남	3살(둘째)	300만 원	1년	아빠의 달
C씨	남	8살(첫째)	90만 원	6개월	–

① 2,580만 원
② 2,739만 원
③ 2,756만 원
④ 2,912만 원
⑤ 3,121만 원

47 다음은 한 달 동안 K사원의 야근 및 휴일근무를 기록한 것이다. 회사의 초과근무수당 규정을 참고하여 K사원이 이번 달 받을 수 있는 야근 및 특근 수당을 바르게 구한 것은?(단, K사원의 세전 연봉은 3천만 원이고, 시급 산정 시 월평균 근무시간은 200시간으로 계산한다)

일	월	화	수	목	금	토
	1 (18 ~ 21시)	2	3	4 (18 ~ 22시)	5	6
7	8	9 (18 ~ 24시)	10	11	12	13
14 (09 ~ 12시)	15	16	17	18	19	20
21	22	23	24	25	26 (18 ~ 21시)	27 (13 ~ 18시)
28	29 (18 ~ 19시)	30				

〈초과근무수당 규정〉

- 시급 환산 시 세전 연봉으로 계산한다.
- 평일 야근 수당은 시급에 5,000원을 가산하여 지급한다.
- 주말 특근 수당은 시급에 10,000원을 가산하여 지급한다.
- 식대는 10,000원을 지급하며, 식대는 야근·특근 수당에 포함되지 않는다.
- 야근시간은 오후 7시부터 적용되며 10시를 초과할 수 없다(초과시간 수당 미지급).

① 355,000원 ② 405,000원

③ 420,000원 ④ 442,500원

⑤ 512,000원

48 K회사에서는 신입사원 2명을 채용하기 위하여 서류와 필기 전형을 통과한 갑 ~ 정 네 명의 최종 면접을 실시하려고 한다. 아래 표와 같이 네 개 부서의 팀장이 각각 네 명을 모두 면접하여 채용 우선순위를 결정하였다. 면접 결과에 대한 〈보기〉의 설명 중 옳은 것을 모두 고르면?

〈면접 결과〉

순위 \ 면접관	인사팀장	경영관리팀장	영업팀장	회계팀장
1순위	을	갑	을	병
2순위	정	을	병	정
3순위	갑	정	정	갑
4순위	병	병	갑	을

※ 우선순위가 높은 사람 순으로 2명을 채용한다.
※ 동점자는 인사, 경영관리, 영업, 회계팀장 순서로 부여한 고순위자로 결정한다.
※ 각 팀장이 매긴 순위에 대한 가중치는 모두 동일하다.

보기

ㄱ. '을' 또는 '정' 중 한 명이 입사를 포기하면 '갑'이 채용된다.
ㄴ. 인사팀장이 '을'과 '정'의 순위를 바꿨다면 '갑'이 채용된다.
ㄷ. 경영관리팀장이 '갑'과 '병'의 순위를 바꿨다면 '정'은 채용되지 못한다.

① ㄱ
② ㄱ, ㄴ
③ ㄱ, ㄷ
④ ㄴ, ㄷ
⑤ ㄱ, ㄴ, ㄷ

49 K사는 자사의 진급 규정에 따라 2020년 5월 1일자로 진급 대상자를 진급시키기로 결정하였다. 다음 중 진급하는 사원은 총 몇 명이고, 가장 높은 점수를 받은 직원은 누구인가?

〈K사 진급 규정〉

- 진급 대상자
  - 사원 : 2년 이상 재직
  - 대리 : 5년 이상 재직
- 내용
  - 각 항목에 따른 점수 합산 결과, 최고점자 순으로 최대 5명의 진급을 결정함
  - 각 항목당 최소 조건을 미달하는 경우 진급자에서 제외됨
- 진급 점수 항목

구분	내용	비고
총 재직기간	- 3년 이내 : 2점 - 3년 초과 7년 이내 : 5점 - 7년 초과 : 10점	진급일을 기준으로 함
공인영어시험	- 770점 이내 : 3점 - 880점 이내 : 5점 - 880점 초과 : 10점	최소 점수 : 660
필기시험	- 80점 미만 : 10점 - 80점 이상 90점 미만 : 15점 - 90점 이상 : 20점	최소 점수 : 70점
면접시험	- 70점 미만 : 5점 - 70점 이상 80 미만 : 10점 - 80점 이상 90점 미만 : 20점 - 90점 이상 : 30점	최소 점수 : 60점
인사평가점수	- 85점 미만 : 5점 - 85점 이상 90점 미만 : 10점 - 90점 이상 : 20점	최소 점수 : 80점

〈K사 진급 대상자〉

성명	직위	입사일	점수(점)			
			공인영어	필기	면접	인사평가
최근원	사원	2017.3.1.	680	75	88	81
김재근	대리	2010.5.1.	720	72	78	78
이윤결	대리	2013.8.1.	590	73	81	90
정리사	사원	2015.6.1.	820	81	68	88
류이현	사원	2014.8.1.	910	79	66	86
정연지	사원	2014.3.1.	690	82	82	86
이지은	대리	2013.2.1.	870	66	79	92
이윤미	사원	2015.3.1.	460	91	67	92
최지나	대리	2014.5.1.	690	89	55	77
류미래	사원	2017.9.1.	710	90	59	91

① 3명, 정연지　② 3명, 정리사
③ 4명, 최근원　④ 4명, 정연지
⑤ 5명, 정리사

50 다음과 같은 〈조건〉에서 귀하가 판단할 수 있는 내용으로 옳지 않은 것은?

조건

- 프로젝트는 A부터 E까지의 작업으로 구성되며, 모든 작업은 동일 작업장 내에서 행해진다.
- 각 작업의 필요 인원과 기간은 다음과 같다.

프로젝트	A작업	B작업	C작업	D작업	E작업
필요 인원(명)	5	3	5	2	4
기간(일)	10	18	50	18	16

  - B작업은 A작업이 완료된 이후에 시작할 수 있음
  - E작업은 D작업이 완료된 이후에 시작할 수 있음
- 각 인력은 A부터 E까지 모든 작업에 동원될 수 있으며, 각 작업에 투입된 인력의 생산성은 동일하다.
- 프로젝트에 소요되는 비용은 1인당 1일 10만 원의 인건비와 1일 50만 원의 작업장 사용료로 구성된다.
- 각 작업의 필요 인원은 증원 또는 감원될 수 없다.

① 프로젝트를 완료하기 위해 필요한 최소인력은 5명이다.
② 프로젝트를 완료하기 위해 소요되는 최단기간은 50일이다.
③ 프로젝트를 완료하는 데 들어가는 비용은 최소 6천만 원 이하이다.
④ 프로젝트를 최단기간에 완료하는 데 투입되는 최소인력은 10명이다.
⑤ 프로젝트를 최소인력으로 완료하는 데 소요되는 최단기간은 94일이다.

PART 2

| 02 | 기술능력(전산 · 시설 · 기술)

※ 다음은 정수기 사용 설명서이다. 이어지는 질문에 답하시오. **[41~43]**

〈제품규격〉

모델명	SDWP-8820
전원	AC 220V/60Hz
외형치수	260(W)×360(D)×1100(H)(단위 : mm)

〈설치 시 주의사항〉

- 낙수, 우수, 목욕탕, 샤워실, 옥외 등 제품에 물이 닿거나 습기가 많은 장소에는 설치하지 마십시오.
- 급수호스가 꼬이거나 꺾이게 하지 마십시오.
- 화기나 직사광선은 피하십시오.
- 단단하고 수평한 곳에 설치하십시오.
- 제품은 반드시 냉수배관에 연결하십시오.
- 설치 위치는 벽면에서 20cm 이상 띄워 설치하십시오.

〈필터 종류 및 교환시기〉

구분	1단계	2단계	3단계	4단계
필터	세디먼트	프리카본	UF중공사막	실버블록카본
교환시기	약 4개월	약 8개월	약 20개월	약 12개월

〈청소〉

세척 부분	횟수	세척방법
외부	7일 1회	플라스틱 전용 세척제 및 젖은 헝겊으로 닦습니다(시너 및 벤젠은 제품의 변색이나 표면이 상할 우려가 있으므로 사용하지 마십시오).
물받이통	수시	중성세제로 닦습니다.
취수구	1일 1회	히든코크를 시계 반대 방향으로 돌려서 분리하고 취수구를 멸균 면봉을 사용하여 닦습니다. 히든코크는 젖은 헝겊을 사용하여 닦습니다.
피팅(연결구) 튜빙(배관)	2년 1회 이상	필터 교환 시 피팅 또는 튜빙을 점검하고 필요 시 교환합니다.

〈제품 이상 시 조치방법〉

현상	예상원인	조치방법
온수 온도가 낮음	공급 전원 낮음	공급 전원이 220V인지 확인하고 아니면 전원을 220V로 맞춰주십시오.
	온수 램프 확인	온수 램프에 전원이 들어오는지 확인하고 제품 뒷면의 온수 스위치가 켜져 있는지 확인하십시오.
냉수가 안 됨	공급 전원 낮음	공급 전원이 220V인지 확인하고 아니면 전원을 220V로 맞춰주십시오.
	냉수 램프 확인	냉수 램프에 전원이 들어오는지 확인하고 제품 뒷면의 냉수 스위치가 켜져 있는지 확인하십시오.
물이 나오지 않음	필터 수명 종료	필터 교환 시기를 확인하고 서비스센터에 연락하십시오.
	연결 호스 꺾임	연결 호스가 꺾인 부분이 있으면 그 부분을 펴 주십시오.

냉수는 나오는데 온수 안 됨	온도 조절기 차단	제품 뒷면의 온수 스위치를 끄고 서비스센터에 연락하십시오.
	히터 불량	
정수물이 너무 느리게 채워짐	필터 수명 종료	서비스센터에 연락하고 필터를 교환하십시오.
제품에서 누수 발생	조립 부위 불량	원수밸브를 잠근 후 작동을 중지시키고 서비스센터에 연락하십시오.
불쾌한 맛이나 냄새 발생	냉수 탱크 세척 불량	냉수 탱크를 세척하여 주십시오.

41 위 설명서를 기준으로 판단할 때 정수기에 대한 설명으로 옳지 않은 것은?

① 습기가 많은 곳에는 설치하면 안 된다.
② 정수기 청소는 하루에 최소 2곳을 해야 한다.
③ 불쾌한 맛이나 냄새가 발생하면 냉수 탱크를 세척하면 된다.
④ 정수기의 크기는 가로 26cm, 깊이 36cm, 높이 110cm이다.
⑤ 적정 시기에 필터를 교환하지 않으면 발생할 수 있는 문제는 2가지이다.

42 위 설명서를 기준으로 판단할 때, 〈보기〉 중 정수기에 대한 설명으로 옳은 것을 모두 고르면?

보기
ㄱ. 정수기에 사용되는 필터는 총 4개이다.
ㄴ. 급한 경우에는 시너나 벤젠을 사용하여 정수기 외부를 청소해도 된다.
ㄷ. 3년 사용할 경우 프리카본 필터는 3번 교환해야 한다.
ㄹ. 벽면과의 간격을 10cm로 하여 정수기를 설치하면 문제가 발생할 수 있다.

① ㄱ, ㄴ
② ㄱ, ㄷ
③ ㄱ, ㄴ, ㄷ
④ ㄱ, ㄹ
⑤ ㄴ, ㄷ, ㄹ

43 제품에 문제가 발생했을 때, 서비스센터에 연락해야만 해결이 가능한 현상이 아닌 것은?

① 정수물이 너무 느리게 채워진다.
② 제품에서 누수가 발생한다.
③ 물이 나오지 않는다.
④ 냉수는 나오는데 온수가 나오지 않는다.
⑤ 연결 호스가 꺾이지 않았는데 물이 나오지 않는다.

※ 논리연산자를 다음과 같이 정의할 때, 이어지는 질문에 답하시오. [44~45]

- AND(논리곱) : 둘 다 참일 때만 참, 나머지는 모두 거짓
- OR(논리합) : 둘 다 거짓일 때만 거짓, 나머지는 모두 참
- NAND(부정논리곱) : 둘 다 참일 때만 거짓, 나머지는 모두 참
- NOR(부정논리합) : 둘 다 거짓일 때만 참, 나머지는 모두 거짓
- XOR(배타적 논리합) : 둘의 참/거짓이 다르면 참, 같으면 거짓

44 다음과 같은 입력 패턴 A, B를 〈조건〉에 따라 원하는 출력 패턴으로 합성하고자 한다. (가)에 들어갈 논리 연산자로 옳은 것은?

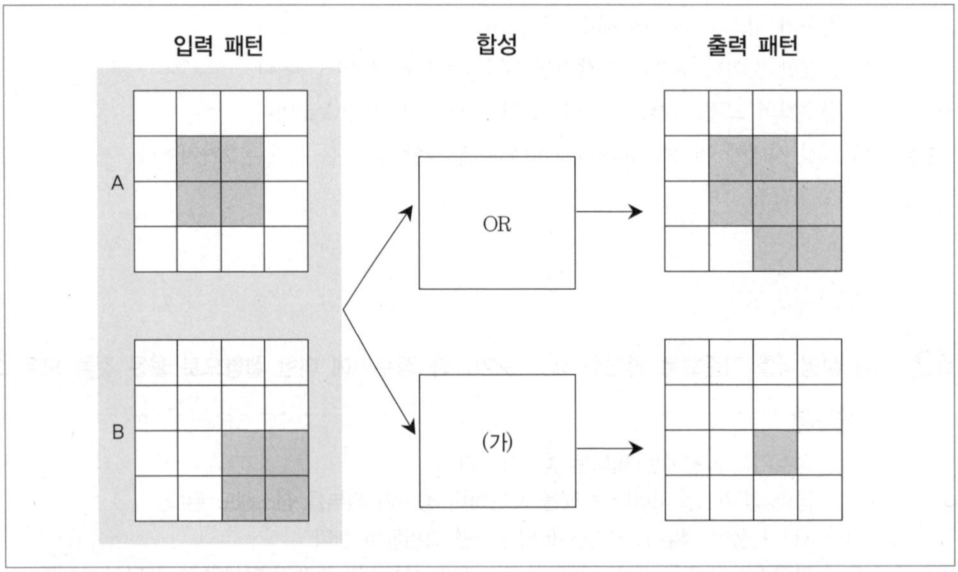

조건

- ■은 패턴값 '1'로, □은 패턴값 '0'으로 변환하여 합성에 필요한 논리 연산을 한 후, '1'은 ■으로, '0'은 □으로 표시한다.
- 합성은 두 개의 입력 패턴 A, B를 겹쳐서 1 : 1로 대응되는 위치의 패턴값끼리 논리 연산을 수행하여 이루어진다.
- 입력 패턴 A, B와 출력 패턴의 회전은 없다.

① XOR　② NOR
③ AND　④ NAND
⑤ OR

45 다음과 같은 패턴 A, B를 〈조건〉에 따라 합성하였을 때, 결과로 옳은 것은?

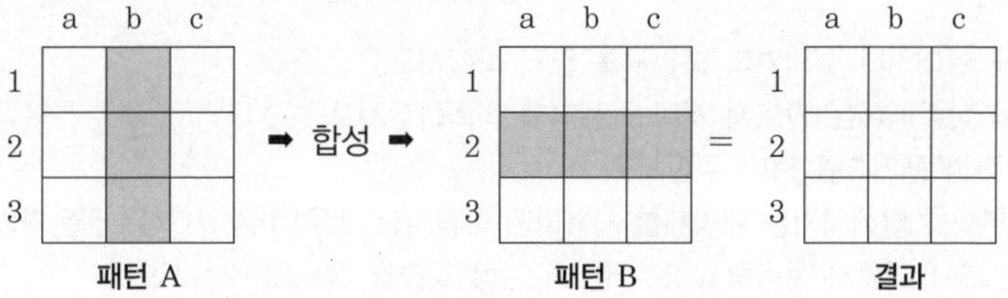

조건

- ■은 1, □은 0이다.
- 패턴 A, B의 회전은 없다.
- 패턴 A, B에서 대응되는 행과 열은 1 : 1로 각각 겹쳐 합성한다.

  예 패턴 A(1, b)의 ■은 패턴 B(1, b)의 □에 대응된다.
- 패턴 A와 B의 합성은 NOR 연산으로 처리한다.

①
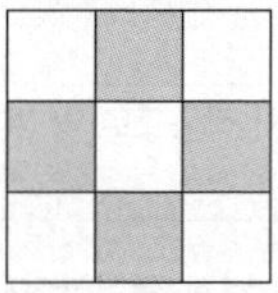

②
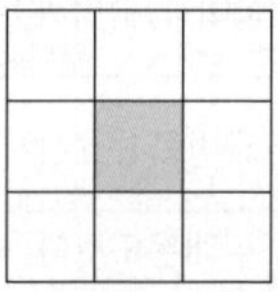

③
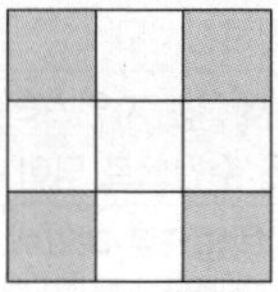

④
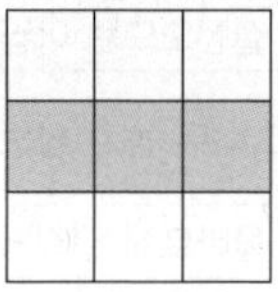

⑤
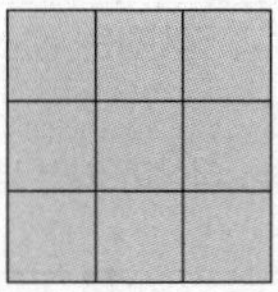

※ 다음은 A전자의 어떤 제품에 대한 사용설명서이다. 이어지는 질문에 답하시오. [46~48]

〈사용 시 주의사항〉

- 운전 중에 실내기나 실외기의 흡입구를 열지 마십시오.
- 침수가 되었을 때에는 반드시 서비스 센터에 의뢰하십시오.
- 청소 시 전원 플러그를 뽑아 주십시오.
- 세척 시 부식을 발생시키는 세척제를 사용하지 마십시오. 특히 내부 세척은 전문가의 도움을 받으십시오.
- 필터는 반드시 끼워서 사용하고 2주에 1회 가량 필터를 청소해 주십시오.
- 운전 중에 가스레인지 등 연소기구 이용 시 수시로 환기를 시키십시오.
- 어린이가 제품 위로 올라가지 않도록 해 주십시오.

〈문제발생 시 확인사항〉

발생 문제	확인사항	조치
제품이 작동하지 않습니다.	전원 플러그가 뽑혀 있지 않습니까?	전원플러그를 꽂아 주십시오.
	전압이 너무 낮지 않습니까?	공급 전력이 정격 전압 220V인지 한국전력에 문의하십시오.
	리모컨에 이상이 없습니까?	건전지를 교환하거나 (+), (−)극에 맞게 다시 투입하십시오.
찬바람이 지속적으로 나오지 않습니다.	전원을 끈 후 곧바로 운전시키지 않았습니까?	실외기의 압축기 보호 장치 작동으로 약 3분 후 다시 정상 작동됩니다.
	희망온도가 실내온도보다 높게 설정되어 있지 않습니까?	희망온도를 실내온도보다 낮게 설정하십시오.
	제습모드나 절전모드는 아닙니까?	운전모드를 냉방으로 변경하십시오.
배출구에 이슬이 맺힙니다.	실내 습도가 너무 높지 않습니까?	공기 중의 습기가 이슬로 맺히는 자연스러운 현상으로, 증상이 심한 경우 마른 수건으로 닦아 주십시오.
예약운전이 되지 않습니다.	예약시각이 올바르게 설정되었습니까?	설명서를 참고하여 올바른 방법으로 예약해 주십시오.
	현재시각이 올바르게 설정되어 있습니까?	현재시각을 다시 설정해 주십시오.
원하는 만큼 실내가 시원해지지 않습니다.	제품의 냉방가능 면적이 실내 면적보다 작지 않습니까?	냉방가능 면적이 실내 면적과 일치하는 성능의 제품을 사용하십시오.
	실내기와 실외기의 거리가 멀지 않습니까?	실내기와 실외기 사이가 5m 이상이 되면 냉방능력이 다소 떨어질 수 있습니다.
	실내에 인원이 너무 많지 않습니까?	실내에 인원이 많으면 냉방효과가 다소 떨어질 수 있습니다.
	햇빛이 실내로 직접 들어오지 않습니까?	커튼이나 블라인드 등으로 햇빛을 막아 주십시오.
	문이나 창문이 열려있지 않습니까?	찬 공기가 실외로 빠져나가지 않도록 문을 닫아 주십시오.
	실내기·실외기 흡입구나 배출구가 막혀있지 않습니까?	실내기·실외기 흡입구나 배출구의 장애물을 제거해 주십시오.
	필터에 먼지 등 이물질이 끼지 않았습니까?	필터를 깨끗이 청소해 주십시오.

리모컨이 작동하지 않습니다.	건전지의 수명이 다 되지 않았습니까?	새 건전지로 교체하십시오.
	주변에 너무 강한 빛이 있지 않습니까?	네온사인이나 삼파장 형광등 등, 강한 빛이 발생하는 주변에서는 간혹 리모컨이 작동하지 않을 수 있으므로 실내기 수신부 앞에서 에어컨을 작동시키십시오.
	리모컨의 수신부가 가려져 있지 않습니까?	가리고 있는 물건을 치우십시오.
냄새가 나고 눈이 따갑습니다.	냄새를 유발하는 다른 요인(조리, 새집의 인테리어 및 가구, 약품 등)이 있지 않습니까?	환풍기를 작동하거나 환기를 해 주세요.
	곰팡이 냄새가 나지 않습니까?	제품에서 응축수가 생겨 잘 빠지지 않을 경우 냄새가 날 수 있습니다. 배수호스를 점검해 주세요.
제품이 저절로 꺼집니다.	꺼짐 예약 또는 취침예약이 되어 있지 않습니까?	꺼짐 예약이나 취침예약을 취소하십시오.
실내기에서 안개 같은 것이 발생합니다.	습도가 높은 장소에서 사용하고 있지 않습니까?	습도가 높으면 습기가 많은 바람이 나오면서 안개 같은 것이 배출될 수 있습니다.
	기름을 많이 사용하는 장소에서 사용하고 있지 않습니까?	음식점 등 기름을 많이 사용하는 장소에서 사용할 경우 기기 내부를 정기적으로 청소해 주십시오.

46 **제시된 사용설명서는 다음 중 어떤 제품에 대한 사용설명서인가?**

① 가스레인지
② 냉장고
③ 에어컨
④ TV
⑤ 공기청정기

47 **제품에서 곰팡이 냄새가 난다면, 다음 중 어떤 조치를 해야 하는가?**

① 배수호스를 점검해야 한다.
② 제품 내부를 청소해야 한다.
③ 직사광선이 심한지 확인한다.
④ 환기를 해야 한다.
⑤ 고장이므로 A/S를 맡겨야 한다.

48 귀하는 A전자 고객지원팀에서 온라인 문의에 대한 답변 업무를 하고 있다. 다음 귀하의 답변 중 잘못된 것은?

① Q : 제품이 더러워져서 청소를 하려고 해요. 마트에 갔더니 가전제품 전용 세제가 있어서 사왔는데, 이걸로 청소를 하면 괜찮을까요?
A : 외부 청소만 하신다면 상관이 없으나, 기기 내부 청소의 경우에는 반드시 전문가의 도움을 받으셔야 합니다.

② Q : 예약시간을 매번 정확히 입력하는데도 예약운전이 되지 않아요.
A : 기기의 현재 시간이 올바르게 설정되어 있는지 확인해 주시기 바랍니다.

③ Q : 리모컨이 작동하지 않네요. 확인해보니까 건전지 약은 아직 남아 있습니다. 고장인가요?
A : 삼파장 형광등이나 네온사인 같은 강한 빛이 나는 물건을 주변에서 치워 보시고, 이후에도 미해결 시 A/S 센터로 연락 주십시오.

④ Q : 구입한 지 시간이 좀 지나서 필터 청소를 하려고 합니다. 필터 청소는 얼마마다 해야 하나요?
A : 필터 청소는 2주에 1회가량을 권장하고 있습니다.

⑤ Q : 기기에 자꾸 물이 맺혀서 밑으로 떨어지는데요, 고장이 아닌가요?
A : 실내 습도가 높을 때 발생하는 자연스러운 현상이므로, 심한 경우 물기를 수건으로 한 번씩 닦아 주십시오.

※ K제조기업에서는 다음과 같은 사망재해 예방자료를 제작하여 작업현장에 배부하고자 한다. 이어지는 질문에 답하시오. **[49~50]**

〈주요 사망재해 5대 유형〉

1 **끼임** : 제조업 전체의 28% 점유

★ 사망재해는 이렇게 발생합니다.

끼임으로 인한 사망재해는 방호장치가 미설치된 기계설비의 작업점, 기어·롤러의 말림점, 벨트·체인 등 동력전달부와 회전체 취급 작업 시 면장갑 착용 등으로 인해 발생합니다. 또한 기계설비의 정비·수리 등의 작업 시 기계를 정지하지 않거나, 타 근로자의 기동스위치 오조작으로 인해 발생합니다.

★ 사망재해 예방 대책

① 기계설비의 작업점에는 센서, 덮개 등 방호장치 설치
② 기어, 롤러의 말림점에는 방호덮개 설치
③ 벨트, 체인 등 동력전달부에는 방호덮개 설치
④ 회전체 취급 작업 시 면장갑 착용금지 및 적절한 작업복 착용
⑤ 정비·수리 등의 작업 시에는 반드시 기계를 정지한 후 작업을 실시하고, 조작부에는 잠금장치 및 표지판 설치

2 **떨어짐** : 제조업 전체의 20% 점유

★ 사망재해는 이렇게 발생합니다.

떨어짐으로 인한 사망재해는 사다리의 파손·미끄러짐, 지붕 위에서 보수작업 중 선라이트 등 약한 부위 파손, 화물자동차의 적재·포장작업 및 대형설비나 제품 위에서의 작업 중에 주로 발생합니다.

★ 사망재해 예방 대책

① 사다리는 파손되지 않는 견고한 것을 사용, 작업자는 안전모를 착용하고, 전도방지 조치를 실시한 후 사용
② 지붕 위 작업 시에는 30cm 이상의 작업발판을 설치하고, 하부에 안전방호망 설치
③ 트럭 적재함과 높이가 같은 전용 입·출하장에서 작업하고, 작업 시에는 안전모 착용
④ 대형설비나 제품 위에서의 작업 시에는 고소작업대 등 전용승강설비 사용 및 안전발판 설치

3 **부딪힘** : 제조업 전체의 9% 점유

★ 사망재해는 이렇게 발생합니다.

부딪힘으로 인한 사망재해는 작업장 내에서 지게차의 운반작업, 화물자동차의 운행, 백호(Back Hoe) 붐대의 회전, 크레인으로 중량물 운반 시에 주로 발생합니다.

★ 사망재해 예방 대책

① 지게차 운행 시에는 운전자 시야를 확보할 수 있도록 적재하고, 제한속도를 지정하여 과속하지 않도록 조치
② 사업장 내 화물자동차 운행 시 유도자를 배치하고, 운전자는 유도자의 신호에 따라 운행
③ 백호 붐의 작업반경 내에서는 동시 작업 금지
④ 크레인으로 중량물 인양 시에는 편심이 되지 않도록 수직으로 인양하고, 무선리모컨 사용 등 작업자가 근접하지 않도록 조치

4 **물체에 맞음** : 제조업 전체의 8% 점유

★ 사망재해는 이렇게 발생합니다.

맞음으로 인해 발생하는 사망재해는 과도한 높이로 불안정하게 적재된 적재물, 적절한 포장이 없는 중량물을 지게차로 운반, 크레인의 와이어로프 파손 및 달기기구 이탈, 고속회전체인 숫돌 파손 등으로 인해 주로 발생합니다.

★ 사망재해 예방 대책

① 지게차 운전자는 유자격자로 하고, 운전자 시야 확보 및 제한속도 지정 등으로 사업장 내 과속 금지

② 지게차 포크에 화물 적재 시 편하중 금지 및 전용 팰릿(Pallet) 사용

③ 경사면에서의 급선회 금지, 지게차에 좌석안전띠 설치 및 착용

④ 지게차 전용 운행통로 확보 및 근로자 출입금지 조치 시행

5 **화재 / 폭발 · 파열 / 누출** : 제조업 전체의 5% 점유

★ 사망재해는 이렇게 발생합니다.

화재 / 폭발 · 파열 / 누출로 인한 사망재해는 화학설비에서 인화성 물질의 누출, 용접 작업 중 불티의 비산, 인화성 물질이 잔류한 폐드럼 절단, 환기가 충분하지 않은 탱크 내부 등에서의 화기작업으로 인해 주로 발생합니다.

★ 사망재해 예방 대책

① 인화성 물질 등을 취급하는 설비, 탱크 등은 누출이 없도록 조치(가스검지기 등 경보장치설치)

② 용접작업 시 불받이포 등 불티 비산방지 조치 및 소화기 비치

③ 폐드럼 절단 작업은 잔류 인화성 물질 제거 후 실시

④ 밀폐공간은 인화성 액체나 증기가 남아 있지 않도록 환기 등의 조치 후 화기작업 실시

49 **귀하는 상사의 지시에 따라 유형마다 그림을 추가하여 포스터 제작을 마무리하였다. 포스터 인쇄 전 최종 검토하는 과정에서 예방 대책이 사망재해 유형과 어울리지 않는 부분이 있다는 것을 발견하였을 때, 이는 어느 부분에 해당하는가?**

① 끼임　　② 떨어짐

③ 부딪힘　　④ 물체에 맞음

⑤ 화재 / 폭발 · 파열 / 누출

50 작업장 내에서 사망재해를 줄이고자 포스터로 제작하여 현장에 부착하고자 한다. 귀하의 상사는 주요 사고가 어떻게 발생하는지를 한눈에 알아볼 수 있도록 그림을 함께 삽입하라고 지시하였다. 귀하는 '떨어짐' 유형에 대해 다음과 같은 삽화를 제작하였다. 그러나 상사가 적절하지 못한 이미지가 있다고 한다. 다음 중 적절하지 않은 이미지는 무엇인가?

①

②
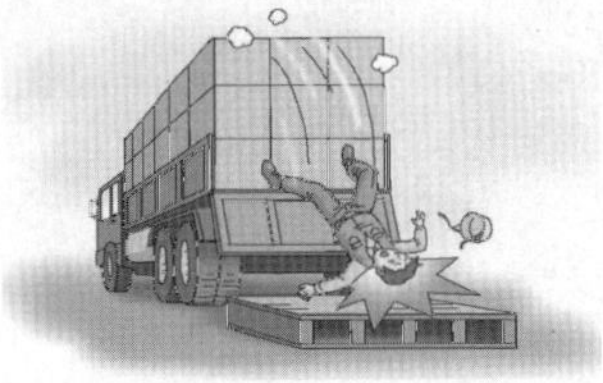

③

④

⑤

계속 갈망하라. 언제나 우직하게.

– 스티브 잡스 –

PART 3

채용 가이드

CHAPTER

01 블라인드 채용 소개

1. 블라인드 채용이란?

채용 과정에서 편견이 개입되어 불합리한 차별을 야기할 수 있는 출신지, 가족관계, 학력, 외모 등의 편견요인은 제외하고, 직무능력만을 평가하여 인재를 채용하는 방식입니다.

2. 블라인드 채용의 필요성

- 채용의 공정성에 대한 사회적 요구
  - 누구에게나 직무능력만으로 경쟁할 수 있는 균등한 고용기회를 제공해야 하나, 아직도 채용의 공정성에 대한 불신이 존재
  - 채용상 차별금지에 대한 법적 요건이 권고적 성격에서 처벌을 동반한 의무적 성격으로 강화되는 추세
  - 시민의식과 지원자의 권리의식 성숙으로 차별에 대한 법적 대응 가능성 증가
- 우수인재 채용을 통한 기업의 경쟁력 강화 필요
  - 직무능력과 무관한 학벌, 외모 위주의 선발로 우수인재 선발기회 상실 및 기업경쟁력 약화
  - 채용 과정에서 차별 없이 직무능력중심으로 선발한 우수인재 확보 필요
- 공정한 채용을 통한 사회적 비용 감소 필요
  - 편견에 의한 차별적 채용은 우수인재 선발을 저해하고 외모・학벌 지상주의 등의 심화로 불필요한 사회적 비용 증가
  - 채용에서의 공정성을 높여 사회의 신뢰수준 제고

3. 블라인드 채용의 특징

편견요인을 요구하지 않는 대신 직무능력을 평가합니다.

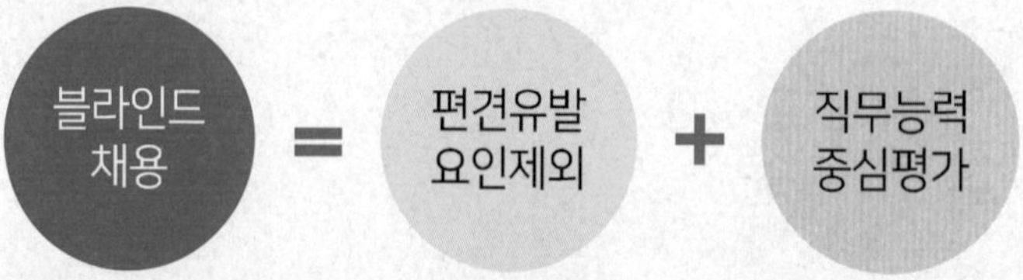

※ 직무능력중심 채용이란?
기업의 역량기반 채용, NCS기반 능력중심 채용과 같이 직무수행에 필요한 능력과 역량을 평가하여 선발하는 채용방식을 통칭합니다.

4. 블라인드 채용의 평가요소

직무수행에 필요한 지식, 기술, 태도 등을 과학적인 선발기법을 통해 평가합니다.

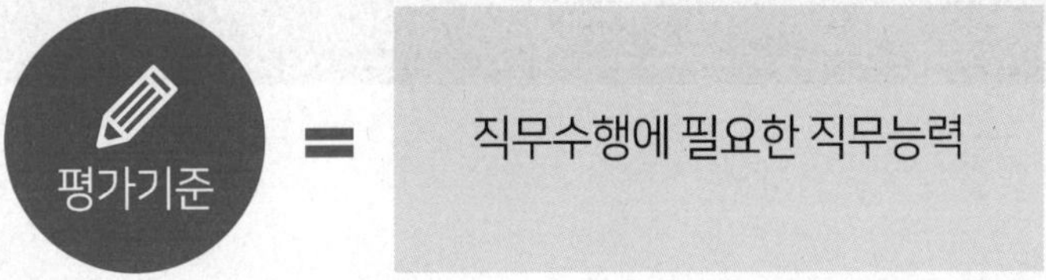

※ 과학적 선발기법이란?
직무분석을 통해 도출된 평가요소를 서류, 필기, 면접 등을 통해 체계적으로 평가하는 방법으로 입사지원서, 자기소개서, 직무수행능력평가, 구조화 면접 등이 해당됩니다.

5. 블라인드 채용 주요 도입 내용

- 입사지원서에 인적사항 요구 금지
  - 인적사항에는 출신지역, 가족관계, 결혼여부, 재산, 취미 및 특기, 종교, 생년월일(연령), 성별, 신장 및 체중, 사진, 전공, 학교명, 학점, 외국어 점수, 추천인 등이 해당
  - 채용 직무를 수행하는 데 있어 반드시 필요하다고 인정될 경우는 제외
    예 특수경비직 채용 시 : 시력, 건강한 신체 요구
    연구직 채용 시 : 논문, 학위 요구 등
- 블라인드 면접 실시
  - 면접관에게 응시자의 출신지역, 가족관계, 학교명 등 인적사항 정보 제공 금지
  - 면접관은 응시자의 인적사항에 대한 질문 금지

6. 블라인드 채용 도입의 효과성

- 구성원의 다양성과 창의성이 높아져 기업 경쟁력 강화
  - 편견을 없애고 직무능력 중심으로 선발하므로 다양한 직원 구성 가능
  - 다양한 생각과 의견을 통하여 기업의 창의성이 높아져 기업경쟁력 강화
- 직무에 적합한 인재선발을 통한 이직률 감소 및 만족도 제고
  - 사전에 지원자들에게 구체적이고 상세한 직무요건을 제시함으로써 허수 지원이 낮아지고, 직무에 적합한 지원자 모집 가능
  - 직무에 적합한 인재가 선발되어 직무이해도가 높아져 업무효율 증대 및 만족도 제고
- 채용의 공정성과 기업이미지 제고
  - 블라인드 채용은 사회적 편견을 줄인 선발 방법으로 기업에 대한 사회적 인식 제고
  - 채용과정에서 불합리한 차별을 받지 않고 실력에 의해 공정하게 평가를 받을 것이라는 믿음을 제공하고, 지원자들은 평등한 기회와 공정한 선발과정 경험

CHAPTER

02 서류전형 가이드

01 채용공고문

1. 채용공고문의 변화

기존 채용공고문	변화된 채용공고문
• 취업준비생에게 불충분하고 불친절한 측면 존재 • 모집분야에 대한 명확한 직무관련 정보 및 평가기준 부재 • 해당분야에 지원하기 위한 취업준비생의 무분별한 스펙 쌓기 현상 발생	• NCS 직무분석에 기반한 채용공고를 토대로 채용전형 진행 • 지원자가 입사 후 수행하게 될 업무에 대한 자세한 정보 공지 • 직무수행내용, 직무수행 시 필요한 능력, 관련된 자격, 직업기초능력 제시 • 지원자가 해당 직무에 필요한 스펙만을 준비할 수 있도록 안내
• 모집부문 및 응시자격 • 지원서 접수 • 전형절차 • 채용조건 및 처우 • 기타사항	• 채용절차 • 채용유형별 선발분야 및 예정인원 • 전형방법 • 선발분야별 직무기술서 • 우대사항

2. 지원 유의사항 및 지원요건 확인

채용 직무에 따른 세부사항을 공고문에 명시하여 지원자에게 적격한 지원 기회를 부여함과 동시에 채용과정에서의 공정성과 신뢰성을 확보합니다.

구성	내용	확인사항
모집분야 및 규모	고용형태(인턴 계약직 등), 모집분야, 인원, 근무지역 등	채용직무가 여러 개일 경우 본인이 해당되는 직무의 채용규모 확인
응시자격	기본 자격사항, 지원조건	지원을 위한 최소자격요건을 확인하여 불필요한 지원을 예방
우대조건	법정 · 특별 · 자격증 가점	본인의 가점 여부를 검토하여 가점 획득을 위한 사항을 사실대로 기재
근무조건 및 보수	고용형태 및 고용기간, 보수, 근무지	본인이 생각하는 기대수준에 부합하는지 확인하여 불필요한 지원을 예방
시험방법	서류 · 필기 · 면접전형 등의 활용방안	전형방법 및 세부 평가기법 등을 확인하여 지원전략 준비
전형일정	접수기간, 각 전형 단계별 심사 및 합격자 발표일 등	본인의 지원 스케줄을 검토하여 차질이 없도록 준비
제출서류	입사지원서(경력 · 경험기술서 등), 각종 증명서 및 자격증 사본 등	지원요건 부합 여부 및 자격 증빙서류 사전에 준비
유의사항	임용취소 등의 규정	임용취소 관련 법적 또는 기관 내부 규정을 검토하여 해당여부 확인

02 직무기술서

직무기술서란 직무수행의 내용과 필요한 능력, 관련 자격, 직업기초능력 등을 상세히 기재한 것으로 입사 후 수행하게 될 업무에 대한 정보가 수록되어 있는 자료입니다.

1. 채용분야

설명

NCS 직무분류 체계에 따라 직무에 대한 「대분류 – 중분류 – 소분류 – 세분류」 체계를 확인할 수 있습니다. 채용 직무에 대한 모든 직무기술서를 첨부하게 되며 실제 수행 업무를 기준으로 세부적인 분류정보를 제공합니다.

채용분야	분류체계			
사무행정	대분류	중분류	소분류	세분류
분류코드	02. 경영·회계·사무	03. 재무·회계	01. 재무	01. 예산
				02. 자금
			02. 회계	01. 회계감사
				02. 세무

2. 능력단위

설명

직무분류 체계의 세분류 하위능력단위 중 실질적으로 수행할 업무의 능력만 구체적으로 파악할 수 있습니다.

능력단위	(예산)	03. 연간종합예산수립 05. 확정예산 운영	04. 추정재무제표 작성 06. 예산실적 관리
	(자금)	04. 자금운용	
	(회계감사)	02. 자금관리 05. 회계정보시스템 운용 07. 회계감사	04. 결산관리 06. 재무분석
	(세무)	02. 결산관리 07. 법인세 신고	05. 부가가치세 신고

3. 직무수행내용

설명

세분류 영역의 기본정의를 통해 직무수행내용을 확인할 수 있습니다. 입사 후 수행할 직무내용을 구체적으로 확인할 수 있으며, 이를 통해 입사서류 작성부터 면접까지 직무에 대한 명확한 이해를 바탕으로 자신의 희망직무인지 아닌지, 해당 직무가 자신이 알고 있던 직무가 맞는지 확인할 수 있습니다.

직무수행내용	(예산) 일정기간 예상되는 수익과 비용을 편성, 집행하며 통제하는 일
	(자금) 자금의 계획 수립, 조달, 운용을 하고 발생 가능한 위험 관리 및 성과평가
	(회계감사) 기업 및 조직 내·외부에 있는 의사결정자들이 효율적인 의사결정을 할 수 있도록 유용한 정보를 제공, 제공된 회계정보의 적정성을 파악하는 일
	(세무) 세무는 기업의 활동을 위하여 주어진 세법범위 내에서 조세부담을 최소화시키는 조세전략을 포함하고 정확한 과세소득과 과세표준 및 세액을 산출하여 과세당국에 신고·납부하는 일

4. 직무기술서 예시

태도	(예산) 정확성, 분석적 태도, 논리적 태도, 타 부서와의 협조적 태도, 설득력
	(자금) 분석적 사고력
	(회계 감사) 합리적 태도, 전략적 사고, 정확성, 적극적 협업 태도, 법률준수 태도, 분석적 태도, 신속성, 책임감, 정확한 판단력
	(세무) 규정 준수 의지, 수리적 정확성, 주의 깊은 태도
우대 자격증	공인회계사, 세무사, 컴퓨터활용능력, 변호사, 워드프로세서, 전산회계운용사, 사회조사분석사, 재경관리사, 회계관리 등
직업기초능력	의사소통능력, 문제해결능력, 자원관리능력, 대인관계능력, 정보능력, 조직이해능력

5. 직무기술서 내용별 확인사항

항목	확인사항
모집부문	해당 채용에서 선발하는 부문(분야)명 확인 예 사무행정, 전산, 전기
분류체계	지원하려는 분야의 세부직무군 확인
주요기능 및 역할	지원하려는 기업의 전사적인 기능과 역할, 산업군 확인
능력단위	지원분야의 직무수행에 관련되는 세부업무사항 확인
직무수행내용	지원분야의 직무군에 대한 상세사항 확인
전형방법	지원하려는 기업의 신입사원 선발전형 절차 확인
일반요건	교육사항을 제외한 지원 요건 확인(자격요건, 특수한 경우 연령)
교육요건	교육사항에 대한 지원요건 확인(대졸 / 초대졸 / 고졸 / 전공 요건)
필요지식	지원분야의 업무수행을 위해 요구되는 지식 관련 세부항목 확인
필요기술	지원분야의 업무수행을 위해 요구되는 기술 관련 세부항목 확인
직무수행태도	지원분야의 업무수행을 위해 요구되는 태도 관련 세부항목 확인
직업기초능력	지원분야 또는 지원기업의 조직원으로서 근무하기 위해 필요한 일반적인 능력사항 확인

03 입사지원서

1. 입사지원서의 변화

기존지원서		능력중심 채용 입사지원서
직무와 관련 없는 학점, 개인신상, 어학점수, 자격, 수상경력 등을 나열하도록 구성	VS	해당 직무수행에 꼭 필요한 정보들을 제시할 수 있도록 구성

기존		능력중심	
직무기술서	→	인적사항	성명, 연락처, 지원분야 등 작성 (평가 미반영)
직무수행내용		교육사항	직무지식과 관련된 학교교육 및 직업교육 작성
요구지식 / 기술		자격사항	직무관련 국가공인 또는 민간자격 작성
관련 자격증		경력 및 경험사항	조직에 소속되어 일정한 임금을 받거나(경력) 임금 없이(경험) 직무와 관련된 활동 내용 작성
사전직무경험			

2. 교육사항

- 지원분야 직무와 관련된 학교 교육이나 직업교육 혹은 기타교육 등 직무에 대한 지원자의 학습 여부를 평가하기 위한 항목입니다.
- 지원하고자 하는 직무의 학교 전공교육 이외에 직업교육, 기타교육 등을 기입할 수 있기 때문에 전공 제한 없이 직업교육과 기타교육을 이수하여 지원이 가능하도록 기회를 제공합니다.
  (기타교육 : 학교 이외의 기관에서 개인이 이수한 교육과정 중 지원직무와 관련이 있다고 생각되는 교육내용)

구분	교육과정(과목)명	교육내용	과업(능력단위)

3. 자격사항

- 채용공고 및 직무기술서에 제시되어 있는 자격 현황을 토대로 지원자가 해당 직무를 수행하는 데 필요한 능력을 가지고 있는지를 평가하기 위한 항목입니다.
- 채용공고 및 직무기술서에 기재된 직무관련 필수 또는 우대자격 항목을 확인하여 본인이 보유하고 있는 자격사항을 기재합니다.

자격유형	자격증명	발급기관	취득일자	자격증번호

4. 경력 및 경험사항

- 직무와 관련된 경력이나 경험 여부를 표현하도록 하여 직무와 관련한 능력을 갖추었는지를 평가하기 위한 항목입니다.
- 해당 기업에서 직무를 수행함에 있어 필요한 사항만을 기록하게 되어 있기 때문에 직무와 무관한 스펙을 갖추지 않아도 됩니다.
- 경력 : 금전적 보수를 받고 일정기간 동안 일했던 경우
- 경험 : 금전적 보수를 받지 않고 수행한 활동

※ 기업에 따라 경력 / 경험 관련 증빙자료 요구 가능

구분	조직명	직위 / 역할	활동기간(년 / 월)	주요과업 / 활동내용

Tip

입사지원서 작성 방법

○ 경력 및 경험사항 작성
- 직무기술서에 제시된 지식, 기술, 태도와 지원자의 교육사항, 경력(경험)사항, 자격사항과 연계하여 개인의 직무역량에 대해 스스로 판단 가능

○ 인적사항 최소화
- 개인의 인적사항, 학교명, 가족관계 등을 노출하지 않도록 유의

부적절한 입사지원서 작성 사례
- 학교 이메일을 기입하여 학교명 노출
- 거주지 주소에 학교 기숙사 주소를 기입하여 학교명 노출
- 자기소개서에 부모님이 재직 중인 기업명, 직위, 직업을 기입하여 가족관계 노출
- 자기소개서에 석·박사 과정에 대한 이야기를 언급하여 학력 노출
- 동아리 활동에 대한 내용을 학교명과 더불어 언급하여 학교명 노출

04 자기소개서

1. 자기소개서의 변화

- 기존의 자기소개서는 지원자의 일대기나 관심 분야, 성격의 장·단점 등 개괄적인 사항을 묻는 질문으로 구성되어 지원자가 자신의 직무능력을 제대로 표출하지 못합니다.
- 능력중심 채용의 자기소개서는 직무기술서에 제시된 직업기초능력(또는 직무수행능력)에 대한 지원자의 과거 경험을 기술하게 함으로써 평가 타당도의 확보가 가능합니다.

1. 우리 회사와 해당 지원 직무분야에 지원한 동기에 대해 기술해 주세요.

2. 자신이 경험한 다양한 사회활동에 대해 기술해 주세요.

3. 지원 직무에 대한 전문성을 키우기 위해 받은 교육과 경험 및 경력사항에 대해 기술해 주세요.

4. 인사업무 또는 팀 과제 수행 중 발생한 갈등을 원만하게 해결해 본 경험이 있습니까? 당시 상황에 대한 설명과 갈등의 대상이 되었던 상대방을 설득한 과정 및 방법을 기술해 주세요.

5. 과거에 있었던 일 중 가장 어려웠었던(힘들었었던) 상황을 고르고, 어떤 방법으로 그 상황을 해결했는지를 기술해 주세요.

PART 3

Tip

자기소개서 작성 방법

① 자기소개서 문항이 묻고 있는 평가 역량 추측하기

예시

- 팀 활동을 하면서 갈등 상황 시 상대방의 니즈나 의도를 명확히 파악하고 해결하여 목표 달성에 기여했던 경험에 대해서 작성해 주시기 바랍니다.
- 다른 사람이 생각해내지 못했던 문제점을 찾고 이를 해결한 경험에 대해 작성해 주시기 바랍니다.

② 해당 역량을 보여줄 수 있는 소재 찾기(시간×역량 매트릭스)

예시

시간 →

평가역량 ↓

	2020년	2021년	2022년	2023년
도전정신	*대학 발표수업*	*대학 발표수업*	~~*다이어트(헬스)*~~	
대인관계	*대학 발표수업*	*대학 발표수업*		*경영 동아리*
의사소통	*편의점 아르바이트*	~~*군대 작업*~~	*봉사 동아리*	
직무역량			*경영 동아리*	*Book Study*
…				

③ 자기소개서 작성 Skill 익히기

- 두괄식으로 작성하기
- 구체적 사례를 사용하기
- '나'를 중심으로 작성하기
- 직무역량 강조하기
- 경험 사례의 차별성 강조하기

03 인성검사 소개 및 모의테스트

01 인성검사 유형

인성검사는 지원자의 성격특성을 객관적으로 파악하고 그것이 각 기업에서 필요로 하는 인재상과 가치에 부합하는가를 평가하기 위한 검사입니다. 인성검사는 KPDI(한국인재개발진흥원), K-SAD(한국사회적성개발원), KIRBS(한국행동과학연구소), SHR(에스에이치알) 등의 전문기관을 통해 각 기업의 특성에 맞는 검사를 선택하여 실시합니다. 대표적인 인성검사의 유형에는 크게 다음과 같은 세 가지가 있으며, 채용 대행업체에 따라 달라집니다.

1. KPDI 검사

조직적응성과 직무적합성을 알아보기 위한 검사로 인성검사, 인성역량검사, 인적성검사, 직종별 인적성검사 등의 다양한 검사 도구를 구현합니다. KPDI는 성격을 파악하고 정신건강 상태 등을 측정하고, 직무검사는 해당 직무를 수행하기 위해 기본적으로 갖추어야 할 인지적 능력을 측정합니다. 역량검사는 특정 직무 역할을 효과적으로 수행하는 데 직접적으로 관련 있는 개인의 행동, 지식, 스킬, 가치관 등을 측정합니다.

2. KAD(Korea Aptitude Development) 검사

K-SAD(한국사회적성개발원)에서 실시하는 적성검사 프로그램입니다. 개인의 성향, 지적 능력, 기호, 관심, 흥미도를 종합적으로 분석하여 적성에 맞는 업무가 무엇인가 파악하고, 직무수행에 있어서 요구되는 기초능력과 실무능력을 분석합니다.

3. SHR 직무적성검사

직무수행에 필요한 종합적인 사고 능력을 다양한 적성검사(Paper and Pencil Test)로 평가합니다. SHR의 모든 직무능력검사는 표준화 검사입니다. 표준화 검사는 표본집단의 점수를 기초로 규준이 만들어진 검사이므로 개인의 점수를 규준에 맞추어 해석・비교하는 것이 가능합니다. S(Standardized Tests), H(Hundreds of Version), R(Reliable Norm Data)을 특징으로 하며, 직군・직급별 특성과 선발 수준에 맞추어 검사를 적용할 수 있습니다.

02 인성검사와 면접

인성검사는 특히 면접질문과 관련성이 높습니다. 면접관은 지원자의 인성검사 결과를 토대로 질문을 하기 때문입니다. 일관적이고 이상적인 답변을 하는 것이 가장 좋지만, 실제 시험은 매우 복잡하여 전문가라 해도 일정 성격을 유지하면서 답변을 하는 것이 힘듭니다. 또한, 인성검사에는 라이 스케일(Lie Scale) 설문이 전체 설문 속에 교묘하게 섞여 들어가 있으므로 겉치레적인 답을 하게 되면 회답태도의 허위성이 그대로 드러나게 됩니다. 예를 들어 '거짓말을 한 적이 한 번도 없다.'에 '예'로 답하고, '때로는 거짓말을 하기도 한다.'에 '예'라고 답하여 라이 스케일의 득점이 올라가게 되면 모든 회답의 신빙성이 사라지고 '자신을 돋보이게 하려는 사람'이라는 평가를 받을 수 있으므로 주의해야 합니다. 따라서 모의테스트를 통해 인성검사의 유형과 실제 시험 시 어떻게 문제를 풀어야 하는지 연습해 보고 체크한 부분 중 자신의 단점과 연결되는 부분은 면접에서 질문이 들어왔을 때 어떻게 대처해야 하는지 생각해 보는 것이 좋습니다.

03 유의사항

1. 기업의 인재상을 파악하라!

인성검사를 통해 개인의 성격 특성을 파악하고 그것이 기업의 인재상과 가치에 부합하는지를 평가하는 시험이기 때문에 해당 기업의 인재상을 먼저 파악하고 시험에 임하는 것이 좋습니다. 모의테스트에서 인재상에 맞는 가상의 인물을 설정하고 문제에 답해 보는 것도 많은 도움이 됩니다.

2. 일관성 있는 대답을 하라!

짧은 시간 안에 다양한 질문에 답을 해야 하는데, 그 안에는 중복되는 질문이 여러 번 나옵니다. 이때 앞서 자신이 체크했던 대답을 잘 기억해뒀다가 일관성 있는 답을 하는 것이 중요합니다.

3. 모든 문항에 대답하라!

많은 문제를 짧은 시간 안에 풀려다 보니 다 못 푸는 경우도 종종 생깁니다. 하지만 대답을 누락하거나 끝까지 다 못했을 경우 좋지 않은 결과를 가져올 수도 있으니 최대한 주어진 시간 안에 모든 문항에 답할 수 있도록 해야 합니다.

04 KPDI 모의테스트

※ 모의테스트는 질문 및 답변 유형 연습을 위한 것으로 실제 시험과 다를 수 있습니다.
※ 인성검사는 정답이 따로 없는 유형의 검사이므로 결과지를 제공하지 않습니다.

번호	내용	예	아니요
001	나는 솔직한 편이다.	☐	☐
002	나는 리드하는 것을 좋아한다.	☐	☐
003	법을 어겨서 말썽이 된 적이 한 번도 없다.	☐	☐
004	거짓말을 한 번도 한 적이 없다.	☐	☐
005	나는 눈치가 빠르다.	☐	☐
006	나는 일을 주도하기보다는 뒤에서 지원하는 것을 선호한다.	☐	☐
007	앞일은 알 수 없기 때문에 계획은 필요하지 않다.	☐	☐
008	거짓말도 때로는 방편이라고 생각한다.	☐	☐
009	사람이 많은 술자리를 좋아한다.	☐	☐
010	걱정이 지나치게 많다.	☐	☐
011	일을 시작하기 전 재고하는 경향이 있다.	☐	☐
012	불의를 참지 못한다.	☐	☐
013	처음 만나는 사람과도 이야기를 잘 한다.	☐	☐
014	때로는 변화가 두렵다.	☐	☐
015	나는 모든 사람에게 친절하다.	☐	☐
016	힘든 일이 있을 때 술은 위로가 되지 않는다.	☐	☐
017	결정을 빨리 내리지 못해 손해를 본 경험이 있다.	☐	☐
018	기회를 잡을 준비가 되어 있다.	☐	☐
019	때로는 내가 정말 쓸모없는 사람이라고 느낀다.	☐	☐
020	누군가 나를 챙겨주는 것이 좋다.	☐	☐
021	자주 가슴이 답답하다.	☐	☐
022	나는 내가 자랑스럽다.	☐	☐
023	경험이 중요하다고 생각한다.	☐	☐
024	전자기기를 분해하고 다시 조립하는 것을 좋아한다.	☐	☐

PART 3

025	감시받고 있다는 느낌이 든다.	☐	☐
026	난처한 상황에 놓이면 그 순간을 피하고 싶다.	☐	☐
027	세상엔 믿을 사람이 없다.	☐	☐
028	잘못을 빨리 인정하는 편이다.	☐	☐
029	지도를 보고 길을 잘 찾아간다.	☐	☐
030	귓속말을 하는 사람을 보면 날 비난하고 있는 것 같다.	☐	☐
031	막무가내라는 말을 들을 때가 있다.	☐	☐
032	장래의 일을 생각하면 불안하다.	☐	☐
033	결과보다 과정이 중요하다고 생각한다.	☐	☐
034	운동은 그다지 할 필요가 없다고 생각한다.	☐	☐
035	새로운 일을 시작할 때 좀처럼 한 발을 떼지 못한다.	☐	☐
036	기분 상하는 일이 있더라도 참는 편이다.	☐	☐
037	업무능력은 성과로 평가받아야 한다고 생각한다.	☐	☐
038	머리가 맑지 못하고 무거운 느낌이 든다.	☐	☐
039	가끔 이상한 소리가 들린다.	☐	☐
040	타인이 내게 자주 고민상담을 하는 편이다.	☐	☐

05 SHR 모의테스트

※ 모의테스트는 질문 및 답변 유형 연습을 위한 것으로 실제 시험과 다를 수 있습니다.
※ 인성검사는 정답이 따로 없는 유형의 검사이므로 결과지를 제공하지 않습니다.

※ 이 성격검사의 각 문항에는 서로 다른 행동을 나타내는 네 개의 문장이 제시되어 있습니다. 이 문장들을 비교하여, 자신의 평소 행동과 가장 가까운 문장을 'ㄱ' 열에 표기하고, 가장 먼 문장을 'ㅁ' 열에 표기하십시오.

01 나는 ______________________

	ㄱ	ㅁ
A. 실용적인 해결책을 찾는다.	☐	☐
B. 다른 사람을 돕는 것을 좋아한다.	☐	☐
C. 세부 사항을 잘 챙긴다.	☐	☐
D. 상대의 주장에서 허점을 잘 찾는다.	☐	☐

02 나는 ______________________

	ㄱ	ㅁ
A. 매사에 적극적으로 임한다.	☐	☐
B. 즉흥적인 편이다.	☐	☐
C. 관찰력이 있다.	☐	☐
D. 임기응변에 강하다.	☐	☐

03 나는 ______________________

	ㄱ	ㅁ
A. 무서운 영화를 잘 본다.	☐	☐
B. 조용한 곳이 좋다.	☐	☐
C. 가끔 울고 싶다.	☐	☐
D. 집중력이 좋다.	☐	☐

04 나는 ______________________

	ㄱ	ㅁ
A. 기계를 조립하는 것을 좋아한다.	☐	☐
B. 집단에서 리드하는 역할을 맡는다.	☐	☐
C. 호기심이 많다.	☐	☐
D. 음악을 듣는 것을 좋아한다.	☐	☐

05 나는 ______________________

	ㄱ	ㅁ
A. 타인을 늘 배려한다.	☐	☐
B. 감수성이 예민하다.	☐	☐
C. 즐겨하는 운동이 있다.	☐	☐
D. 일을 시작하기 전에 계획을 세운다.	☐	☐

06 나는 ______________________

	ㄱ	ㅁ
A. 타인에게 설명하는 것을 좋아한다.	☐	☐
B. 여행을 좋아한다.	☐	☐
C. 정적인 것이 좋다.	☐	☐
D. 남을 돕는 것에 보람을 느낀다.	☐	☐

07 나는 ______________________

	ㄱ	ㅁ
A. 기계를 능숙하게 다룬다.	☐	☐
B. 밤에 잠이 잘 오지 않는다.	☐	☐
C. 한 번 간 길을 잘 기억한다.	☐	☐
D. 불의를 보면 참을 수 없다.	☐	☐

08 나는 ______________________

	ㄱ	ㅁ
A. 종일 말을 하지 않을 때가 있다.	☐	☐
B. 사람이 많은 곳을 좋아한다.	☐	☐
C. 술을 좋아한다.	☐	☐
D. 휴양지에서 편하게 쉬고 싶다.	☐	☐

09 나는 ______________________

	ㄱ	ㅁ
A. 뉴스보다는 드라마를 좋아한다.	☐	☐
B. 길을 잘 찾는다.	☐	☐
C. 주말엔 집에서 쉬는 것이 좋다.	☐	☐
D. 아침에 일어나는 것이 힘들다.	☐	☐

10 나는 ______________________

	ㄱ	ㅁ
A. 이성적이다.	☐	☐
B. 할 일을 종종 미룬다.	☐	☐
C. 어른을 대하는 게 힘들다.	☐	☐
D. 불을 보면 매혹을 느낀다.	☐	☐

11 나는 ______________________

	ㄱ	ㅁ
A. 상상력이 풍부하다.	☐	☐
B. 예의 바르다는 소리를 자주 듣는다.	☐	☐
C. 사람들 앞에 서면 긴장한다.	☐	☐
D. 친구를 자주 만난다.	☐	☐

12 나는 ______________________

	ㄱ	ㅁ
A. 나만의 스트레스 해소 방법이 있다.	☐	☐
B. 친구가 많다.	☐	☐
C. 책을 자주 읽는다.	☐	☐
D. 활동적이다.	☐	☐

CHAPTER

04 면접전형 가이드

01 면접유형 파악

1. 면접전형의 변화

기존 면접전형에서는 일상적이고 단편적인 대화나 지원자의 첫인상 및 면접관의 주관적인 판단 등에 의해서 입사 결정 여부를 판단하는 경우가 많았습니다. 이러한 면접전형은 면접 내용의 일관성이 결여되거나 직무 관련 타당성이 부족하였고, 면접에 대한 신뢰도에 영향을 주었습니다.

기존 면접(전통적 면접)		능력중심 채용 면접(구조화 면접)
• 일상적이고 단편적인 대화 • 인상, 외모 등 외부 요소의 영향 • 주관적인 판단에 의존한 총점 부여 ⇩ • 면접 내용의 일관성 결여 • 직무관련 타당성 부족 • 주관적인 채점으로 신뢰도 저하	VS	• 일관성 – 직무관련 역량에 초점을 둔 구체적 질문 목록 – 지원자별 동일 질문 적용 • 구조화 – 면접 진행 및 평가 절차를 일정한 체계에 의해 구성 • 표준화 – 평가 타당도 제고를 위한 평가 Matrix 구성 – 척도에 따라 항목별 채점, 개인 간 비교 • 신뢰성 – 면접진행 매뉴얼에 따라 면접위원 교육 및 실습

2. 능력중심 채용의 면접 유형

① 경험 면접
- 목적 : 선발하고자 하는 직무 능력이 필요한 과거 경험을 질문합니다.
- 평가요소 : 직업기초능력과 인성 및 태도적 요소를 평가합니다.

② 상황 면접
- 목적 : 특정 상황을 제시하고 지원자의 행동을 관찰함으로써 실제 상황의 행동을 예상합니다.
- 평가요소 : 직업기초능력과 인성 및 태도적 요소를 평가합니다.

③ 발표 면접
- 목적 : 특정 주제와 관련된 지원자의 발표와 질의응답을 통해 지원자 역량을 평가합니다.
- 평가요소 : 직무수행능력과 인지적 역량(문제해결능력)을 평가합니다.

④ 토론 면접
- 목적 : 토의과제에 대한 의견수렴 과정에서 지원자의 역량과 상호작용능력을 평가합니다.
- 평가요소 : 직무수행능력과 팀워크를 평가합니다.

02 면접유형별 준비 방법

1. 경험 면접

① 경험 면접의 특징

- 주로 직업기초능력에 관련된 지원자의 과거 경험을 심층 질문하여 검증하는 면접입니다.
- 직무능력과 관련된 과거 경험을 평가하기 위해 심층 질문을 하며, 이 질문은 지원자의 답변에 대하여 '꼬리에 꼬리를 무는 형식'으로 진행됩니다.

> • 능력요소, 정의, 심사 기준
>   – 평가하고자 하는 능력요소, 정의, 심사기준을 확인하여 면접위원이 해당 능력요소 관련 질문을 제시합니다.
>
> • Opening Question
>   – 능력요소에 관련된 과거 경험을 유도하기 위한 시작 질문을 합니다.
>
> • Follow-up Question
>   – 지원자의 경험 수준을 구체적으로 검증하기 위한 질문입니다.
>   – 경험 수준 검증을 위한 상황(Situation), 임무(Task), 역할 및 노력(Action), 결과(Result) 등으로 질문을 구분합니다.

경험 면접의 형태

〈일대다 면접〉 〈다대다 면접〉

② 경험 면접의 구조

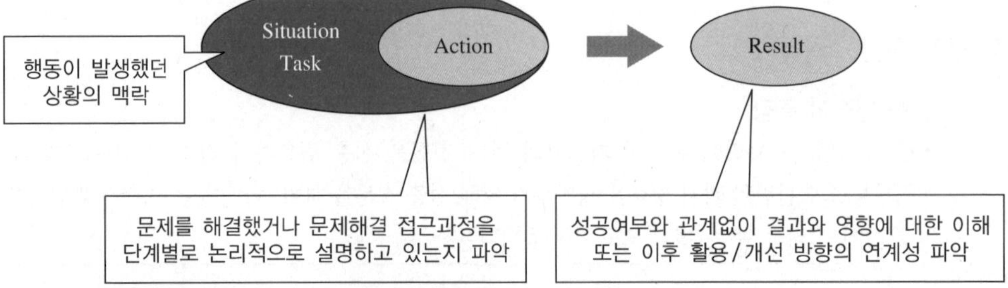

S(Situation)	귀하가 처해 있던 상황에 대해 말해 보시오.
T(Task)	귀하가 수행한 과제 / 과업은 무엇인가?
A(Action)	어떻게 행동(대응)했는가?
R(Result)	그 행동의 결과는 어땠는가?

(　　　　　)에 관한 과거 경험에 대하여 말해 보시오.

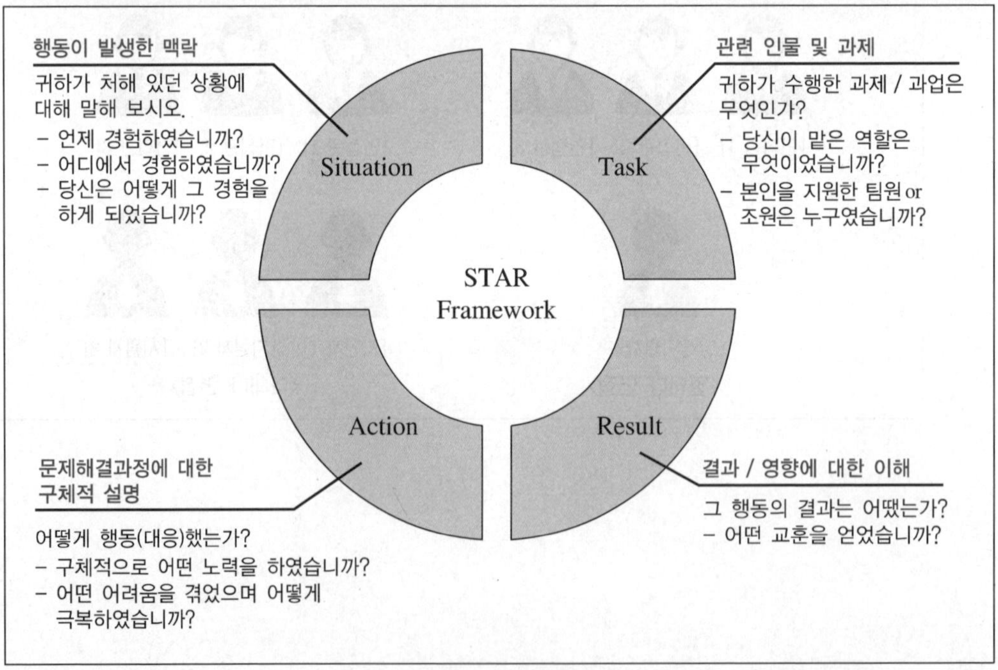

③ 경험 면접 질문 예시(직업윤리)

시작 질문	
1	남들이 신경 쓰지 않는 부분까지 고려하여 절차대로 업무(연구)를 수행하여 성과를 낸 경험을 구체적으로 말해 보시오.
2	조직의 원칙과 절차를 철저히 준수하며 업무(연구)를 수행한 것 중 성과를 향상시킨 경험에 대해 구체적으로 말해 보시오.
3	세부적인 절차와 규칙에 주의를 기울여 실수 없이 업무(연구)를 마무리한 경험을 구체적으로 말해 보시오.
4	조직의 규칙이나 원칙을 고려하여 성실하게 일했던 경험을 구체적으로 말해 보시오.
5	타인의 실수를 바로잡고 원칙과 절차대로 수행하여 성공적으로 업무를 마무리하였던 경험에 대해 말해 보시오.

후속 질문		
상황 (Situation)	상황	구체적으로 언제, 어디에서 경험한 일인가?
		어떤 상황이었는가?
	조직	어떤 조직에 속해 있었는가?
		그 조직의 특성은 무엇이었는가?
		몇 명으로 구성된 조직이었는가?
	기간	해당 조직에서 얼마나 일했는가?
		해당 업무는 몇 개월 동안 지속되었는가?
	조직규칙	조직의 원칙이나 규칙은 무엇이었는가?
임무 (Task)	과제	과제의 목표는 무엇이었는가?
		과제에 적용되는 조직의 원칙은 무엇이었는가?
		그 규칙을 지켜야 하는 이유는 무엇이었는가?
	역할	당신이 조직에서 맡은 역할은 무엇이었는가?
		과제에서 맡은 역할은 무엇이었는가?
	문제의식	규칙을 지키지 않을 경우 생기는 문제점 / 불편함은 무엇인가?
		해당 규칙이 왜 중요하다고 생각하였는가?
역할 및 노력 (Action)	행동	업무 과정의 어떤 장면에서 규칙을 철저히 준수하였는가?
		어떻게 규정을 적용시켜 업무를 수행하였는가?
		규정은 준수하는 데 어려움은 없었는가?
	노력	그 규칙을 지키기 위해 스스로 어떤 노력을 기울였는가?
		본인의 생각이나 태도에 어떤 변화가 있었는가?
		다른 사람들은 어떤 노력을 기울였는가?
	동료관계	동료들은 규칙을 철저히 준수하고 있었는가?
		팀원들은 해당 규칙에 대해 어떻게 반응하였는가?
		규칙에 대한 태도를 개선하기 위해 어떤 노력을 하였는가?
		팀원들의 태도는 당신에게 어떤 자극을 주었는가?
	업무추진	주어진 업무를 추진하는 데 규칙이 방해되진 않았는가?
		업무수행 과정에서 규정을 어떻게 적용하였는가?
		업무 시 규정을 준수해야 한다고 생각한 이유는 무엇인가?

결과 (Result)	평가	규칙을 어느 정도나 준수하였는가?
		그렇게 준수할 수 있었던 이유는 무엇이었는가?
		업무의 성과는 어느 정도였는가?
		성과에 만족하였는가?
		비슷한 상황이 온다면 어떻게 할 것인가?
	피드백	주변 사람들로부터 어떤 평가를 받았는가?
		그러한 평가에 만족하는가?
		다른 사람에게 본인의 행동이 영향을 주었다고 생각하는가?
	교훈	업무수행 과정에서 중요한 점은 무엇이라고 생각하는가?
		이 경험을 통해 느낀 바는 무엇인가?

2. 상황 면접

① 상황 면접의 특징

직무 관련 상황을 가정하여 제시하고 이에 대한 대응능력을 직무관련성 측면에서 평가하는 면접입니다.

- 상황 면접 과제의 구성은 크게 2가지로 구분
  - 상황 제시(Description) / 문제 제시(Question or Problem)
- 현장의 실제 업무 상황을 반영하여 과제를 제시하므로 직무분석이나 직무전문가 워크숍 등을 거쳐 현장성을 높임
- 문제는 상황에 대한 기본적인 이해능력(이론적 지식)과 함께 실질적 대응이나 변수 고려능력(실천적 능력) 등을 고르게 질문해야 함

상황 면접의 형태

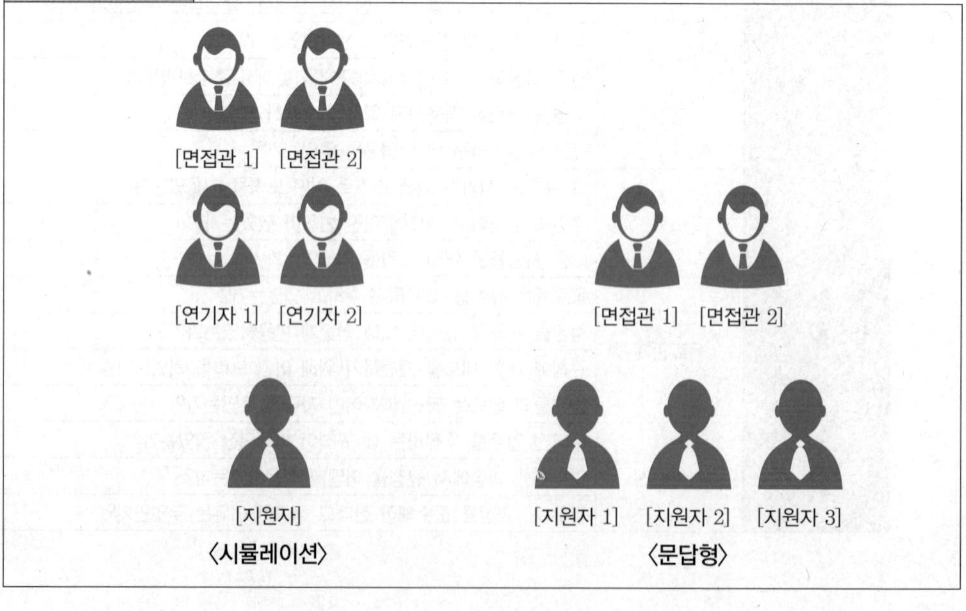

② 상황 면접 예시

상황 제시	인천공항 여객터미널 내에는 다양한 용도의 시설(사무실, 통신실, 식당, 전산실, 창고 면세점 등)이 설치되어 있습니다.	실제 업무 상황에 기반함
	금년에 소방배관의 누수가 잦아 메인 배관을 교체하는 공사를 추진하고 있으며, 당신은 이번 공사의 담당자입니다.	배경 정보
	주간에는 공항 운영이 이루어져 주로 야간에만 배관 교체 공사를 수행하던 중, 시공하는 기능공의 실수로 배관 연결 부위를 잘못 건드려 고압배관의 소화수가 누출되는 사고가 발생하였으며, 이로 인해 인근 시설물에 누수에 의한 피해가 발생하였습니다.	구체적인 문제 상황
문제 제시	일반적인 소방배관의 배관연결(이음)방식과 배관의 이탈(누수)이 발생하는 원인에 대해 설명해 보시오.	문제 상황 해결을 위한 기본 지식 문항
	담당자로서 본 사고를 현장에서 긴급히 처리하는 프로세스를 제시하고, 보수완료 후 사후적 조치가 필요한 부분 및 재발방지 방안에 대해 설명해 보시오.	문제 상황 해결을 위한 추가 대응 문항

3. 발표 면접

① 발표 면접의 특징

- 직무관련 주제에 대한 지원자의 생각을 정리하여 의견을 제시하고, 발표 및 질의응답을 통해 지원자의 직무능력을 평가하는 면접입니다.
- 발표 주제는 직무와 관련된 자료로 제공되며, 일정 시간 후 지원자가 보유한 지식 및 방안에 대한 발표 및 후속 질문을 통해 직무적합성을 평가합니다.

> - 주요 평가요소
>   - 설득적 말하기 / 발표능력 / 문제해결능력 / 직무관련 전문성
> - 이미 언론을 통해 공론화된 시사 이슈보다는 해당 직무분야에 관련된 주제가 발표면접의 과제로 선정되는 경우가 최근 들어 늘어나고 있음
> - 짧은 시간 동안 주어진 과제를 빠른 속도로 분석하여 발표문을 작성하고 제한된 시간 안에 면접관에게 효과적인 발표를 진행하는 것이 핵심

발표 면접의 형태

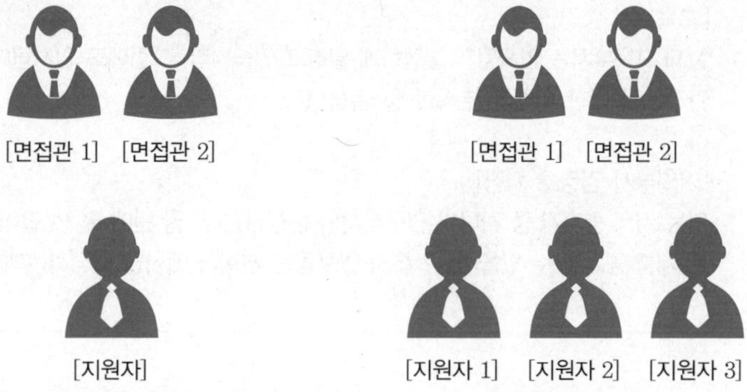

〈개별 과제 발표〉 **〈팀 과제 발표〉**

※ 면접관에게 시각적 효과를 사용하여 메시지를 전달하는 쌍방향 커뮤니케이션 방식
※ 심층면접을 보완하기 위한 방안으로 최근 많은 기업에서 적극 도입하는 추세

② 발표 면접 예시

1. 지시문

당신은 현재 A사에서 직원들의 성과평가를 담당하고 있는 팀원이다. 인사팀은 지난주부터 사내 조직문화관련 인터뷰를 하던 도중 성과평가제도에 관련된 개선 니즈가 제일 많다는 것을 알게 되었다. 이에 팀장님은 인터뷰 결과를 종합하려 성과평가제도 개선 아이디어를 A4용지에 정리하여 신속 보고할 것을 지시하셨다. 당신에게 남은 시간은 1시간이다. 자료를 준비하는 대로 당신은 팀원들이 모인 회의실에서 5분 간 발표할 것이며, 이후 질의응답을 진행할 것이다.

2. 배경자료

〈성과평가제도 개선에 대한 인터뷰〉

최근 A사는 회사 사세의 급성장으로 인해 작년보다 매출이 두 배 성장하였고, 직원 수 또한 두 배로 증가하였다. 회사의 성장은 임금, 복지에 대한 상승 등 긍정적인 영향을 주었으나 업무의 불균형 및 성과보상의 불평등 문제가 발생하였다. 또한 수시로 입사하는 신입직원과 경력직원, 퇴사하는 직원들까지 인원들의 잦은 변동으로 인해 평가해야 할 대상이 변경되어 현재의 성과평가제도로는 공정한 평가가 어려운 상황이다.

[생산부서 김상호]
우리 팀은 지난 1년 동안 생산량이 급증했기 때문에 수십 명의 신규인력이 급하게 채용되었습니다. 이 때문에 저희 팀장님은 신규 입사자들의 이름조차 기억 못할 때가 많이 있습니다. 성과평가를 제대로 하고 있는지 의문이 듭니다.

[마케팅 부서 김흥민]
개인의 성과평가의 취지는 충분히 이해합니다. 그러나 현재 평가는 실적기반이나 정성적인 평가가 많이 포함되어 있어 객관성과 공정성에는 의문이 드는 것이 사실입니다. 이러한 상황에서 평가제도를 재수립하지 않고, 인센티브에 계속 반영한다면, 평가제도에 대한 반감이 커질 것이 분명합니다.

[교육부서 홍경민]
현재 교육부서는 인사팀과 밀접하게 일하고 있습니다. 그럼에도 인사팀에서 실시하는 성과평가제도에 대한 이해가 부족한 것 같습니다.

[기획부서 김경호 차장]
저는 저의 평가자 중 하나가 연구부서의 팀장님인데, 일 년에 몇 번 같이 일하지 않는데 어떻게 저를 평가할 수 있을까요? 특히 연구팀은 저희가 예산을 배정하는데, 저에게는 좋지만….

4. 토론 면접

① 토론 면접의 특징

- 다수의 지원자가 조를 편성해 과제에 대한 토론(토의)을 통해 결론을 도출해가는 면접입니다.
- 의사소통능력, 팀워크, 종합인성 등의 평가에 용이합니다.

> • 주요 평가요소
>   – 설득적 말하기, 경청능력, 팀워크, 종합인성
> • 의견 대립이 명확한 주제 또는 채용분야의 직무 관련 주요 현안을 주제로 과제 구성
> • 제한된 시간 내 토론을 진행해야 하므로 적극적으로 자신 있게 토론에 임하고 본인의 의견을 개진할 수 있어야 함

토론 면접의 형태

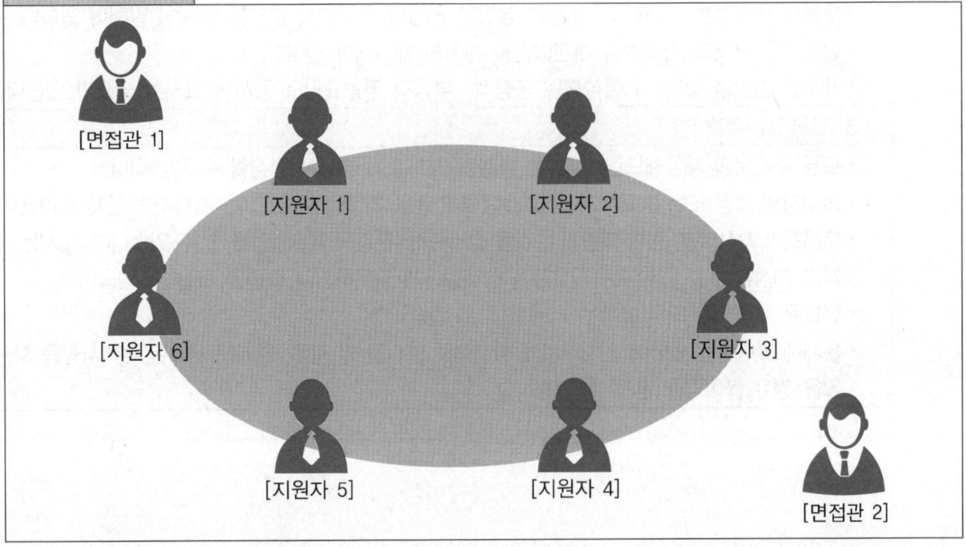

② 토론 면접 예시

고객 불만 고충처리
1. 들어가며
최근 우리 상품에 대한 고객 불만의 증가로 고객고충처리 TF가 만들어졌고 당신은 여기에 지원해 배치받았다. 당신의 업무는 불만을 가진 고객을 만나서 애로사항을 듣고 처리해 주는 일이다. 주된 업무로는 고객의 니즈를 파악해 방향성을 제시해 주고 그 해결책을 마련하는 일이다. 하지만 경우에 따라서 고객의 주관적인 의견으로 인해 제대로 된 방향으로 의사결정을 하지 못할 때가 있다. 이럴 경우 설득이나 논쟁을 해서라도 의견을 관철시키는 것이 좋을지 아니면 고객의 의견대로 진행하는 것이 좋을지 결정해야 할 때가 있다. 만약 당신이라면 이러한 상황에서 어떤 결정을 내릴 것인지 여부를 자유롭게 토론해 보시오.
2. 1분 자유 발언 시 준비사항
• 당신은 의견을 자유롭게 개진할 수 있으며 이에 따른 불이익은 없습니다. • 토론의 방향성을 이해하고, 내용의 장점과 단점이 무엇인지 문제를 명확히 말해야 합니다. • 합리적인 근거에 기초하여 개선방안을 명확히 제시해야 합니다. • 제시한 방안을 실행 시 예상되는 긍정적·부정적 영향요인도 동시에 고려할 필요가 있습니다.
3. 토론 시 유의사항
• 토론 주제문과 제공해드린 메모지, 볼펜만 가지고 토론장에 입장할 수 있습니다. • 사회자의 지정 또는 발표자가 손을 들어 발언권을 획득할 수 있으며, 사회자의 통제에 따릅니다. • 토론회가 시작되면, 팀의 의견과 논거를 정리하여 1분간의 자유발언을 할 수 있습니다. 순서는 사회자가 지정합니다. 이후에는 자유롭게 상대방에게 질문하거나 답변을 하실 수 있습니다. • 핸드폰, 서적 등 외부 매체는 사용하실 수 없습니다. • 논제에 벗어나는 발언이나 지나치게 공격적인 발언을 할 경우, 위에서 제시한 유의사항을 지키지 않을 경우 불이익을 받을 수 있습니다.

03 면접 Role Play

1. 면접 Role Play 편성

- 교육생끼리 조를 편성하여 면접관과 지원자 역할을 교대로 진행합니다.
- 지원자 입장과 면접관 입장을 모두 경험해 보면서 면접에 대한 적응력을 높일 수 있습니다.

경험면접

STEP 1.
지원자 그룹 경험기술서 작성(30분)

STEP 2.
경험기반 인터뷰 실시(1인당 15분)

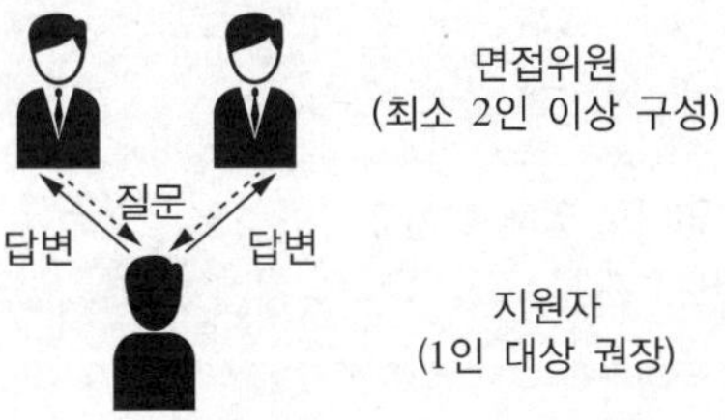

STEP 3.
피드백 진행(1인당 5분)

발표면접

STEP 1.
지원자 그룹 발표 내용 작성(30분)

STEP 2.
발표 5분+추가질의 5분(1인당 10분)

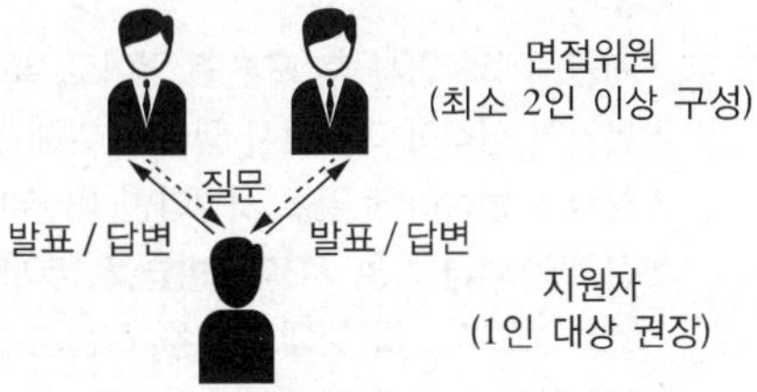

STEP 3.
피드백 진행(1인당 5분)

Tip

면접 준비하기

1. 면접 유형 확인 필수
   - 기업마다 면접 유형이 상이하기 때문에 해당 기업의 면접 유형을 확인하는 것이 좋음
   - 일반적으로 실무진 면접, 임원면접 2차례에 거쳐 면접을 실시하는 기업이 많고 실무진 면접과 임원 면접에서 평가요소가 다르기 때문에 유형에 맞는 준비방법이 필요
2. 후속 질문에 대한 사전 점검
   - 블라인드 채용 면접에서는 주요 질문과 함께 후속 질문을 통해 지원자의 직무능력을 판단
     → STAR 기법을 통한 후속 질문에 미리 대비하는 것이 필요

CHAPTER

05 한국공항공사 면접 기출질문

한국공항공사의 면접은 1차 면접, 2차 면접으로 진행된다. 1차 면접에서는 직무역량능력 평가로 진행되며, 2차 면접은 인성 및 조직적응력 등 심층 평가로 진행된다. 면접에서 한국공항공사가 원하는 인재상과 직무수행능력을 보여주는 것이 중요하다.

1. 1차 면접

[영어]

- 지원동기와 입사 후 포부를 영어로 말해 보시오.
- 본인의 성격이 어떠한지 영어로 말해 보시오.
- 상사가 불합리한 일을 시킨다면 어떻게 할 것인지 영어로 말해 보시오.
- 상사와 의견 충돌 시 대응방법을 영어로 말해 보시오.
- 스트레스 해소를 위해 무엇을 하는지 영어로 말해 보시오.
- 영어로 1분 자기소개를 해 보시오.
- 한국공항공사의 비전을 영어로 말해 보시오.
- 한국공항공사를 알게 된 경로를 영어로 말해 보시오.
- 한국공항공사가 앞으로 나아가야 할 방향을 영어로 말해 보시오.
- 우리 회사의 기술을 영어로 세일즈해 보시오.
- 우리나라 공항의 현 상황에 대한 본인의 생각을 영어로 말해 보시오.
- 이직한 이유를 영어로 말해 보시오.
- 어떤 부서에서 일하고 싶은지 영어로 말해 보시오.
- 대학생활에 대해 영어로 말해 보시오.
- 오늘 기분이 어떤지 영어로 말해 보시오.
- 우리 공사의 인재상을 영어로 말해 보시오.
- 한국공항공사의 비전과 알게 된 경로에 대해 영어로 말해 보시오.
- 본인의 강점과 약점에 대해 영어로 말해 보시오.
- 여가시간에 주로 하는 것은 무엇인지 영어로 말해 보시오.
- 여행을 간다면 어디로 가고 싶은지 영어로 말해 보시오.
- 좋아하는 책은 무엇인지 영어로 말해 보시오.

[토론]

- 공항 이용 고객들을 위한 어플 개발의 문제점은 무엇인가?
- 임금피크제에 대한 개념과 자신의 생각을 말해보시오.
- 정부 정책 중 공기업 복지규제에 대한 자신의 생각은?
- 지방공항 건설에 대해 찬성하는가, 반대하는가?
- 공항에 비즈니스 패스트트랙 도입을 찬성하는가, 반대하는가?
- 인천공항의 허브화 정책을 감안하여 김포공항의 국제선 확충방안에 대해 토론하시오.
- 고속무빙워크와 저속무빙워크 중 어떤 것을 도입해야 하는지에 대해 토론하시오.
- 공항 설비 무인화에 대해 토론하시오.
- 저유가현황이란 악조건과 공항입점시설의 임대료 인하요구에 대응하는 한국공항공사의 수익창출방안에 대해 토론하시오.
- 공항공사에서 이용할 수 있는 언택트 콘텐츠에 대해 토론하시오.
- 표지소 무인화에 대해 토론하시오.
- 환경문제의 인식에 발맞춰 공항공사가 취할 수 있는 방법에 대해 토론하시오.
- 지진으로 이슈가 되는데 내진공사를 당장 해야 되는가, 좀 더 신중하게 검토하고 천천히 해야 되는가?
- 지방공항을 통폐합해야 하는가?
- 김포공항 주차장의 주차료 인상을 해야 하는가?
- 주어진 자료에서 더 필요한 것은 무엇인가?
- 무인드론은 최소 몇 명이서 운용해야 효율적인가?

PART 3

2. 2차 면접

[PT]

- LCC와 FSC의 차이점을 말해 보시오.
- 한국공항공사가 4차 산업혁명에 대응할 수 있는 방안을 제시해 보시오.
- 지방공항을 살리기 위한 방안을 제시해 보시오.
- 항행안전시설의 미래 발전방향을 말해 보시오.
- 공항의 소음문제를 어떻게 해소할 수 있는지 본인의 생각을 말해 보시오.
- 한국공항공사의 민영화에 대해 어떻게 생각하는가?
- 석유에너지를 신재생에너지가 대체할 수 있다고 생각하는가?
- 최근 기사 중에 공항에서 비행기를 안내하는 조명이 꺼진 기사를 본적이 있는가? 그에 대한 의견을 말해 보시오.
- 본인이 사장이라면 어떤 경영방침을 세울 것인가?
- 수익을 극대화하려면 어떻게 해야 하는가?
- 한국공항공사에서 전산시스템의 역할은 무엇이라고 생각하며, 본인의 역량을 통해서 전산시스템에 어떤 기여를 할 수 있겠는가?
- 한국공항공사에서 신기술 IT를 도입해서 할 수 있을만한 것을 제안해 보시오.
- 한국공항공사의 성공적인 마케팅 방안을 말해 보시오.

[인성]

- 타인의 관점에서 자신의 장·단점을 말해 보시오.
- 본인은 리더형인가, 팔로워형인가?
- 싫어하는 사람과 같이 일을 해본 경험에 대해 말해 보시오.
- 교대근무에 대해 어떻게 생각하는지 말해 보시오.
- 어떤 부서에서 일하고 싶은지 말해 보시오.
- 조직 내 갈등의 원인이 무엇이었는지 말해 보시오.
- 공항에서 근무하면서 겪을 수 있는 일을 설명하고, 어떻게 대응할 것인지 말해 보시오.
- 대인관계능력을 기르기 위해 어떠한 노력을 했는지 말해 보시오.
- 살면서 가장 힘들었던 경험은 무엇인가?
- 팀 활동에서 갈등 발생 시 해결한 방법에 대해 말해 보시오.
- 협업을 통해 성공적인 결과를 이끌어낸 경험이 있는가?
- 이전 방식과 차별화된 새로운 방식으로 문제를 해결한 경험이 있는가?
- 컴플레인 발생 시 어떻게 대처할 것인가?
- 가장 기억에 남았던 이론은 무엇인지 그 이유를 들어 말해 보시오.

나는 삶을 변화시키는 아이디어를 항상 책에서 얻었다.

-벨 훅스-

현재 나의 실력을 객관적으로 파악해 보자!

모바일 OMR

답안채점 / 성적분석 서비스

도서에 수록된 모의고사에 대한 객관적인 결과(정답률, 순위)를 종합적으로 분석하여 제공합니다.

OMR 입력

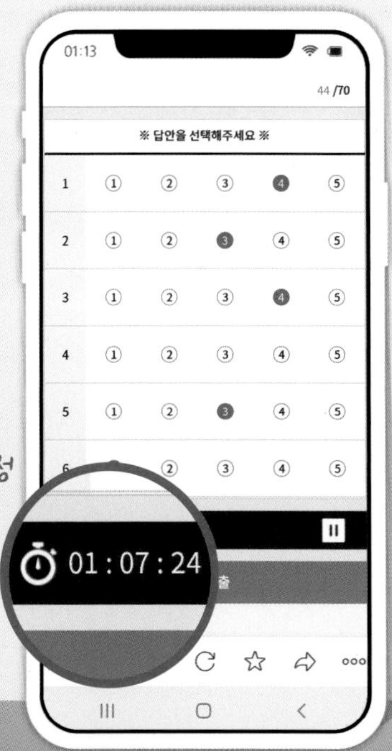

성적분석

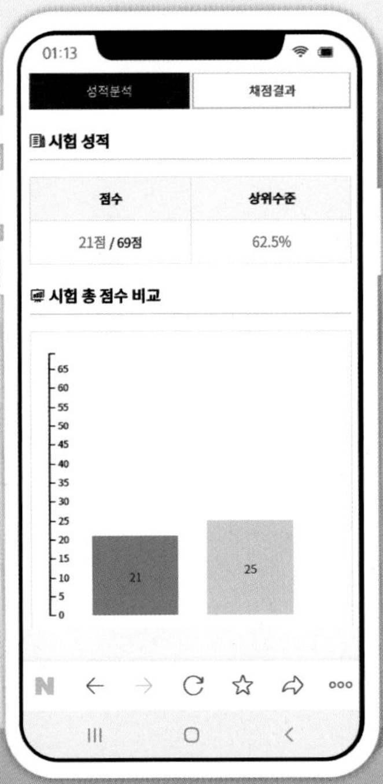

채점결과

※OMR 답안채점 / 성적분석 서비스는 등록 후 30일간 사용 가능합니다.

참여방법

1. 도서 내 모의고사 우측 상단에 위치한 QR코드 찍기
2. 로그인 하기 (LOG IN)
3. '시작하기' 클릭
4. '응시하기' 클릭
5. 나의 답안을 모바일 OMR 카드에 입력
6. '성적분석 & 채점결과' 클릭
7. 현재 내 실력 확인하기

SD에듀 2024 최신판 All-New 100% 전면개정

판매량 1위
한국공항공사
YES24
2023년

한국공항공사

정답 및 해설

최신 출제경향 전면 반영

2023년 공기업 기출복원문제

NCS 출제유형

모의고사 5회

안심도서
항균99.9%

SDC

SDC는 SD에듀 데이터 센터의 약자로 약 30만 개의 NCS · 적성 문제 데이터를 바탕으로 최신출제경향을 반영하여 문제를 출제합니다.

SD에듀
(주)시대고시기획

합격의 공식 SD에듀 www.sdedu.co.kr

Add+

특별부록

2023년 주요 공기업 NCS 기출복원문제

2023 | 주요 공기업 NCS 기출복원문제

01	02	03	04	05	06	07	08	09	10	11	12	13	14	15	16	17	18	19	20
④	⑤	③	③	③	④	⑤	⑤	④	④	②	⑤	④	①	②	④	④	①	④	③
21	22	23	24	25	26	27	28	29	30	31	32	33	34	35	36	37	38	39	40
③	③	②	②	①	④	①	③	②	③	④	①	④	⑤	②	④	④	①	⑤	④
41	42	43	44	45	46	47	48	49	50										
②	④	⑤	③	①	③	③	③	②	③										

01

정답 ④

제시문에서는 알 수 없는 내용이다.

오답분석

① 첫 번째 문단에서 미국 텍사스 지역에서 3D 프린팅 건축 기술을 이용한 주택이 완공되었음을 알 수 있다.
② 두 번째 문단에서 전통 건축 방식에 비해 3D 프린팅 건축 방식은 건축 폐기물 및 CO_2 배출량 감소 등 환경오염이 적음을 알 수 있다.
③ 네 번째 문단에서 코로나19 사태로 인한 인력 수급난을 해소할 수 있음을 알 수 있다.
⑤ 다섯 번째 문단에서 우리나라의 3D 프린팅 건축 기술은 아직 제도적 한계와 기술적 한계가 있음을 알 수 있다.

02

정답 ⑤

• 10명이 탁자에 앉을 수 있는 경우의 수
10명을 일렬로 배치하는 경우의 수는 10!가지이고, 정오각형 모양의 탁자 각 변에 둘러앉을 수 있으므로 같은 경우 5가지씩을 제외한 경우의 수는 $\frac{10!}{5}$ 가지이다.

• 탁자의 각 변에 남학생과 여학생이 이웃하여 앉는 경우의 수
남학생이 각 변에 먼저 앉고, 남은 자리에 여학생이 앉는다. 각 변의 남녀가 서로 자리를 바꿀 수 있으므로 경우의 수는 $(4!\times5!\times2^5)$가지이다.

따라서 구하고자 하는 확률은 $\frac{4!\times5!\times2^5}{\frac{10!}{5}}=\frac{4!\times5!\times2^5\times5}{10!}=\frac{8}{63}$ 이다.

03

정답 ③

오전 9시에 B과 진료를 본다면 10시에 진료가 끝나고, 셔틀을 타고 이동하면 10시 30분이 된다. 이후 C과 진료를 보면 12시 30분이 되고, 점심시간 이후 바로 A과 진료를 본다면 오후 2시에 진료를 다 받을 수 있다. 따라서 가장 빠르게 진료받을 수 있는 경로는 B－C－A이다.

04

정답 ③

'ROUNDDOWN' 함수는 주어진 수의 소수점 이하를 버림하는 함수이다. 평균을 먼저 구한 후 소수점을 버림하면 된다. 고OO의 평균은 「=AVERAGE(B3:E3)」이고, 이 평균의 소수점 둘째 자리 이하를 버림한다.
따라서 [F3]에 들어갈 함수는 「=ROUNDDOWN(AVERAGE(B3:E3),1)」이다.

05

정답 ③

주어진 조건에 부합하는 셀의 개수를 세는 함수는 'COUNTIF' 함수이다.
따라서 「=COUNTIF(F3:F16,">=8.5")」를 사용하면 된다.

06

정답 ④

검색하고자 하는 텍스트와 정확하게 일치하는 자료를 검색하려면 문구 앞뒤로 큰따옴표(" ")를 붙여 검색한다.

07

정답 ⑤

제시문의 세 번째 문단에 따르면 스마트 글라스 내부 센서를 통해 충격과 기울기를 감지할 수 있어, 작업자에게 위험한 상황이 발생할 경우 통보 시스템을 통해 바로 파악할 수 있게 되었음을 알 수 있다.

오답분석

① 첫 번째 문단에 따르면 스마트 글라스를 통한 작업자의 음성인식만으로 철도시설물 점검이 가능해졌음을 알 수 있지만, 다섯 번째 문단에 따르면 아직 철도시설물 보수 작업은 가능하지 않음을 알 수 있다.
② 첫 번째 문단에 따르면 스마트 글라스의 도입 이후에도 사람의 작업이 필요함을 알 수 있다.
③ 세 번째 문단에 따르면 스마트 글라스의 도입으로 추락 사고나 그 밖의 위험한 상황을 미리 예측할 수 있어 이를 방지할 수 있게 되었음을 알 수 있지만, 실제로 안전사고 발생 횟수가 감소하였는지는 알 수 없다.
④ 두 번째 문단에 따르면 여러 단계를 거치던 기존 작업 방식에서 스마트 글라스의 도입으로 작업을 한 번에 처리할 수 있게 된 것을 통해 작업 시간이 단축되었음을 알 수 있지만, 필요한 작업 인력의 감소 여부는 알 수 없다.

08

정답 ⑤

네 번째 문단에 따르면 인공지능 등의 스마트 기술 도입으로 까치집 검출 정확도는 95%까지 상승하였으므로 까치집 제거율 또한 상승할 것임을 예측할 수 있으나, 근본적인 문제인 까치집 생성의 감소를 기대할 수는 없다.

오답분석

① 세 번째 문단과 네 번째 문단에 따르면 정확도가 65%에 불과했던 인공지능의 까치집 식별 능력이 딥러닝 방식의 도입으로 95%까지 상승했음을 알 수 있다.
② 세 번째 문단에서 시속 150km로 빠르게 달리는 열차에서의 까치집 식별 정확도는 65%에 불과하다는 내용으로 보아, 빠른 속도에서는 인공지능의 사물 식별 정확도가 낮음을 알 수 있다.
③ 네 번째 문단에 따르면 작업자의 접근이 어려운 곳에는 드론을 띄워 까치집을 발견 및 제거하는 기술도 시범 운영하고 있다고 하였다.
④ 세 번째 문단에 따르면 실시간 까치집 자동 검출 시스템 개발로 실시간으로 위험 요인의 위치와 이미지를 작업자에게 전달할 수 있게 되었다.

09 　정답 ④

제시문의 두 번째 문단에 따르면 CCTV는 열차 종류에 따라 운전실에서 실시간으로 상황을 파악할 수 있는 네트워크 방식과 각 객실에서의 영상을 저장하는 개별 독립 방식으로 설치된다고 하였다. 따라서 개별 독립 방식으로 설치된 일부 열차에서는 각 객실의 상황을 실시간으로 파악하지 못할 수 있다.

오답분석

① 첫 번째 문단에 따르면 2023년까지 현재 운행하고 있는 열차의 모든 객실에 CCTV를 설치하겠다는 내용으로 보아, 현재 모든 열차의 모든 객실에 CCTV가 설치되지 않았음을 유추할 수 있다.
② 첫 번째 문단에 따르면 2023년까지 모든 열차 승무원에게 바디캠을 지급하겠다고 하였다. 이에 따라 승객이 승무원을 폭행하는 등의 범죄 발생 시 해당 상황을 녹화한 바디캠 영상이 있어 수사의 증거자료로 사용할 수 있게 되었다.
③ 두 번째 문단에 따르면 CCTV는 사각지대 없이 설치되며 일부는 휴대 물품 보관대 주변에도 설치된다고 하였다. 따라서 인적 피해와 물적 피해 모두 예방할 수 있게 되었다.
⑤ 세 번째 문단에 따르면 CCTV 제품 품평회와 시험을 통해 제품의 형태와 색상, 재질, 진동과 충격 등에 대한 적합성을 고려한다고 하였다.

10 　정답 ④

작년 K대학교의 재학생 수는 6,800명이고 남학생 수와 여학생 수의 비가 8 : 9이므로, 남학생 수는 $6,800\times\frac{8}{8+9}=3,200$명이고, 여학생 수는 $6,800\times\frac{9}{8+9}=3,600$명이다. 올해 줄어든 남학생 수와 여학생 수의 비가 12 : 13이므로 올해 K대학교에 재학 중인 남학생 수와 여학생 수의 비는 $(3,200-12k):(3,600-13k)=7:8$이다.

$7\times(3,600-13k)=8\times(3,200-12k)$

$25,200-91k=25,600-96k$

$5k=400 \rightarrow k=80$

따라서 올해 K대학교에 재학 중인 남학생 수는 $3,200-12\times80=2,240$명이고, 여학생 수는 $3,600-13\times80=2,560$명이므로 올해 K대학교의 전체 재학생 수는 $2,240+2,560=4,800$명이다.

11 　정답 ②

마일리지 적립 규정에 회원 등급과 관련된 내용은 없으며, 마일리지 적립은 지불한 운임의 액수, 더블적립 열차 탑승 여부, 선불형 교통카드 Rail+ 사용 여부에 따라서만 결정된다.

오답분석

① KTX 마일리지는 KTX 열차 이용 시에만 적립된다.
③ 비즈니스 등급은 기업회원 여부와 관계없이 최근 1년간의 활동내역을 기준으로 부여된다.
④ 반기 동안 추석 및 설 명절 특별수송기간 탑승 건을 제외하고 4만 점을 적립하면 VIP 등급을 부여받는다.
⑤ VVIP 등급과 VIP 등급 고객은 한정된 횟수 내에서 무료 업그레이드 쿠폰으로 KTX 특실을 KTX 일반실 가격에 구매할 수 있다.

12 　정답 ⑤

K공사를 통한 예약 접수는 온라인 쇼핑몰 홈페이지를 통해서만 가능하며, 오프라인(방문) 접수는 우리·농협은행의 창구를 통해서만 이루어진다.

오답분석

① 구매자를 대한민국 국적자로 제한한다는 내용은 없다.
② 단품으로 구매 시 1인당 화종별 최대 3장으로 총 9장, 세트로 구매할 때도 1인당 최대 3세트로 총 9장까지 신청이 가능하며, 세트와 단품은 중복신청이 가능하므로 1인당 구매 가능한 최대 개수는 18장이다.
③ 우리·농협은행의 계좌가 없다면, K공사 온라인 쇼핑몰을 이용하거나 우리·농협은행에 직접 방문하여 구입할 수 있다.
④ 총발행량은 예약 주문 이전부터 화종별 10,000장으로 미리 정해져 있다.

13

정답 ④

우리 · 농협은행 계좌 미보유자인 외국인 A씨가 예약 신청을 할 수 있는 방법은 두 가지이다. 하나는 신분증인 외국인등록증을 지참하고 우리 · 농협은행의 지점을 방문하여 신청하는 것이고, 다른 하나는 K공사 온라인 쇼핑몰에서 가상계좌 방식으로 신청하는 것이다.

오답분석

① A씨는 외국인이므로 창구 접수 시 지참해야 하는 신분증은 외국인등록증이다.
② K공사 온라인 쇼핑몰에서는 가상계좌 방식을 통해서만 예약 신청이 가능하다.
③ 홈페이지를 통한 신청이 가능한 은행은 우리은행과 농협은행뿐이다.
⑤ 우리 · 농협은행의 홈페이지를 통해 예약 접수를 하려면 해당 은행에 미리 계좌가 개설되어 있어야 한다.

14

정답 ①

3종 세트는 186,000원, 단품은 각각 63,000원이므로 5명의 구매 금액을 계산하면 다음과 같다.

- A : (186,000×2)+63,000=435,000원
- B : 63,000×8=504,000원
- C : (186,000×2)+(63,000×2)=498,000원
- D : 186,000×3=558,000원
- E : 186,000+(63,000×4)=438,000원

따라서 가장 많은 금액을 지불한 사람은 D이며, 구매 금액은 558,000원이다.

15

정답 ②

허리디스크는 디스크의 수핵이 탈출하여 생긴 질환이므로 허리를 굽히거나 앉아 있을 때 디스크에 가해지는 압력이 높아져 통증이 더 심해진다. 반면 척추관협착증의 경우 서 있을 때 척추관이 더욱 좁아지게 되어 통증이 더욱 심해진다.

오답분석

① 허리디스크는 디스크의 탄력 손실이나 갑작스런 충격으로 인해 균열이 생겨 발생하고, 척추관협착증은 오랜 기간 동안 황색 인대가 두꺼워져 척추관에 변형이 일어나 발생하므로 허리디스크가 더 급작스럽게 증상이 나타난다.
③ 허리디스크는 자연치유가 가능하지만, 척추관협착증은 불가능하다. 따라서 허리디스크는 주로 통증을 줄이고 안정을 취하는 보존치료를 하지만, 척추관협착증은 변형된 부분을 제거하는 외과적 수술을 한다.
④ 허리디스크와 척추관협착증 모두 척추 중앙의 신경 다발(척수)이 압박받을 수 있으며, 심할 경우 하반신 마비 증세를 보일 수 있으므로 빠른 치료를 받는 것이 중요하다.

16

정답 ④

고령인 사람이 서 있을 때 통증이 나타난다면 퇴행성 척추질환인 척추관협착증(요추관협착증)일 가능성이 높다. 반면 허리디스크(추간판탈출증)는 젊은 나이에도 디스크에 급격한 충격이 가해지면 발생할 수 있고, 앉아 있을 때 통증이 심해진다. 따라서 ㉠에는 척추관협착증, ㉡에는 허리디스크가 들어가야 한다.

17

정답 ④

제시문은 장애인 건강주치의 시범사업을 소개하며 3단계 시범사업에서 기존과 달라지는 것을 위주로 설명하고 있다. 따라서 가장 처음에 와야 할 문단은 3단계 장애인 건강주치의 시범사업을 소개하는 (마) 문단이다. 이어서 장애인 건강주치의 시범사업 세부 서비스를 소개하는 문단이 와야 하는데, 서비스 종류를 소개하는 문장이 있는 (다) 문단이 이어지는 것이 가장 적절하다. 이어서 2번째 서비스인 주장애관리를 소개하는 (가) 문단이 와야 하며, 그 다음으로 3번째 서비스인 통합관리 서비스와 추가적으로 방문 서비스를 소개하는 (라) 문단이 오는 것이 적절하다. 마지막으로 장애인 건강주치의 시범사업에 신청하는 방법을 소개하며 글을 끝내는 것이 적절하므로 (나) 문단이 이어져야 한다. 따라서 글의 순서를 바르게 나열하면 (마) – (다) – (가) – (라) – (나)이다.

18

정답 ①

- 2019년 직장가입자 건강보험금 및 지역가입자 건강보험금 징수율
  - 직장가입자 : $\frac{6,698,187}{6,706,712} \times 100 ≒ 99.87\%$
  - 지역가입자 : $\frac{886,396}{923,663} \times 100 ≒ 95.97\%$
- 2020년 직장가입자 건강보험금 및 지역가입자 건강보험금 징수율
  - 직장가입자 : $\frac{4,898,775}{5,087,163} \times 100 ≒ 96.3\%$
  - 지역가입자 : $\frac{973,681}{1,003,637} \times 100 ≒ 97.02\%$
- 2021년 직장가입자 건강보험금 및 지역가입자 건강보험금 징수율
  - 직장가입자 : $\frac{7,536,187}{7,763,135} \times 100 ≒ 97.08\%$
  - 지역가입자 : $\frac{1,138,763}{1,256,137} \times 100 ≒ 90.66\%$
- 2022년 직장가입자 건강보험금 및 지역가입자 건강보험금 징수율
  - 직장가입자 : $\frac{8,368,972}{8,376,138} \times 100 ≒ 99.91\%$
  - 지역가입자 : $\frac{1,058,943}{1,178,572} \times 100 ≒ 89.85\%$

따라서 직장가입자 건강보험금 징수율이 가장 높은 해는 2022년이고, 지역가입자 건강보험금 징수율이 가장 높은 해는 2020년이다.

19

정답 ④

이뇨제의 1인 투여량은 60mL/일이고 진통제의 1인 투여량은 60mg/일이므로 이뇨제를 투여한 환자 수와 진통제를 투여한 환자 수의 비는 이뇨제 사용량과 진통제 사용량의 비와 같다.

- 2018년 : $3,000 \times 2 < 6,720$
- 2019년 : $3,480 \times 2 = 6,960$
- 2020년 : $3,360 \times 2 < 6,840$
- 2021년 : $4,200 \times 2 > 7,200$
- 2022년 : $3,720 \times 2 > 7,080$

따라서 2018년과 2020년에 진통제를 투여한 환자 수는 이뇨제를 투여한 환자 수의 2배보다 많다.

오답분석

① 2022년에 사용량이 감소한 의약품은 이뇨제와 진통제로 이뇨제의 사용량 감소율은 $\frac{4,200-3,720}{4,200} \times 100 ≒ 11.43\%$이고, 진통제의 사용량 감소율은 $\frac{7,200-7,080}{7,200} \times 100 ≒ 1.67\%$이다. 따라서 전년 대비 2022년 사용량 감소율이 가장 큰 의약품은 이뇨제이다.

② 5년 동안 지사제 사용량의 평균은 $\frac{30+42+48+40+44}{5} = 40.8$정이고, 지사제의 1인 1일 투여량은 2정이다. 따라서 지사제를 투여한 환자 수의 평균은 $\frac{40.8}{2} = 20.4$이므로 약 20명이다.

③ 이뇨제 사용량은 '증가 – 감소 – 증가 – 감소'의 추이를 나타낸다.

20

정답 ③

분기별 사회복지사 인력의 합은 다음과 같다.

• 2022년 3분기 : 391+670+1,887=2,948명
• 2022년 4분기 : 385+695+1,902=2,982명
• 2023년 1분기 : 370+700+1,864=2,934명
• 2023년 2분기 : 375+720+1,862=2,957명

분기별 전체 보건인력 중 사회복지사 인력의 비율은 다음과 같다.

• 2022년 3분기 : $\frac{2,948}{80,828}\times100 \fallingdotseq 3.65\%$
• 2022년 4분기 : $\frac{2,982}{82,582}\times100 \fallingdotseq 3.61\%$
• 2023년 1분기 : $\frac{2,934}{86,236}\times100 \fallingdotseq 3.40\%$
• 2023년 2분기 : $\frac{2,957}{86,707}\times100 \fallingdotseq 3.41\%$

따라서 옳지 않은 것은 ③이다.

21

정답 ③

건강생활실천지원금제 신청자 목록에 따라 신청자별로 확인하면 다음과 같다.

• A의 주민등록상 주소지는 시범지역에 속하지 않는다.
• B의 주민등록상 주소지는 관리형에 속하지만, 고혈압 또는 당뇨병 진단을 받지 않았다.
• C의 주민등록상 주소지는 예방형에 속하고, 체질량지수와 혈압이 건강관리가 필요한 사람이므로 예방형이다.
• D의 주민등록상 주소지는 관리형에 속하고, 고혈압 진단을 받았으므로 관리형이다.
• E의 주민등록상 주소지는 예방형에 속하고, 체질량지수와 공복혈당 건강관리가 필요한 사람이므로 예방형이다.
• F의 주민등록상 주소지는 시범지역에 속하지 않는다.
• G의 주민등록상 주소지는 관리형에 속하고, 당뇨병 진단을 받았으므로 관리형이다.
• H의 주민등록상 주소지는 시범지역에 속하지 않는다.
• I의 주민등록상 주소지는 예방형에 속하지만, 필수조건인 체질량지수가 정상이므로 건강관리가 필요한 사람에 해당하지 않는다.

따라서 예방형 신청이 가능한 사람은 C, E이고, 관리형 신청이 가능한 사람은 D, G이다.

22

정답 ③

출산장려금 지급 시기의 가장 우선순위인 임신일이 가장 긴 임산부는 B, D, E임산부이다. 이 중에서 만 19세 미만인 자녀 수가 많은 임산부는 D, E임산부이고, 소득 수준이 더 낮은 임산부는 D임산부이다. 따라서 D임산부가 가장 먼저 출산장려금을 받을 수 있다.

23

정답 ②

제시문은 행위별수가제에 대한 것으로 환자, 의사, 건강보험 재정 등 많은 곳에서 한계점이 있다고 설명하면서 건강보험 고갈을 막기 위해 다양한 지불방식을 도입하는 등 구조적인 개편이 필요함을 설명하고 있다. 따라서 글의 주제로 '행위별수가제의 한계점'이 가장 적절하다.

24

정답 ②

• 구상(求償) : 무역 거래에서 수량・품질・포장 따위에 계약 위반 사항이 있는 경우, 매주(賣主)에게 손해 배상을 청구하거나 이의를 제기하는 일
• 구제(救濟) : 자연적인 재해나 사회적인 피해를 당하여 어려운 처지에 있는 사람을 도와줌

25

정답 ①

• (운동에너지)$=\frac{1}{2}\times$(질량)$\times$(속력)$^2=\frac{1}{2}\times2\times4^2=16$J

• (위치에너지)=(질량)×(중력가속도)×(높이)$=2\times10\times0.5=10$J

• (역학적 에너지)=(운동에너지)+(위치에너지)$=16+10=26$J

공의 역학적 에너지는 26J이고, 튀어 오를 때 가장 높은 지점에서 운동에너지가 0이므로 역학적 에너지는 위치에너지와 같다. 따라서 공이 튀어 오를 때 가장 높은 지점에서의 위치에너지는 26J이다.

26

정답 ④

출장지까지 거리는 $200\times1.5=300$km이므로 시속 60km의 속력으로 달릴 때 걸리는 시간은 5시간이고, 약속시간보다 1시간 늦게 도착하므로 약속시간은 4시간 남았다. 300km를 시속 60km의 속력으로 달리다 도중에 시속 90km의 속력으로 달릴 때 약속시간보다 30분 일찍 도착했으므로, 이때 걸린 시간은 $4-\frac{1}{2}=\frac{7}{2}$시간이다.

시속 90km의 속력으로 달린 거리를 $x$km라 하면

$\frac{300-x}{60}+\frac{x}{90}=\frac{7}{2}$

$900-3x+2x=630$

$x=270$

따라서 A부장이 시속 90km의 속력으로 달린 거리는 270km이다.

27

정답 ①

상품의 원가를 x원이라 하면 처음 판매가격은 $1.23x$원이다.

여기서 1,300원을 할인하여 판매했을 때 얻은 이익은 원가의 10%이므로

$(1.23x-1,300)-x=0.1x$

$0.13x=1,300$

$x=10,000$

따라서 상품의 원가는 10,000원이다.

28

정답 ③

G와 B의 자리를 먼저 고정하고, 양 끝에 앉을 수 없는 A의 위치를 토대로 경우의 수를 계산하면 다음과 같다.

• G가 가운데에 앉고, B가 G의 바로 왼쪽에 앉는 경우의 수

	A	B	G			
		B	G	A		
		B	G		A	

$3\times4!=72$가지

• G가 가운데에 앉고, B가 G의 바로 오른쪽에 앉는 경우의 수

	A		G	B		
		A	G	B		
			G	B	A	

$3\times4!=72$가지

따라서 조건과 같이 앉을 때 가능한 경우의 수는 $72+72=144$가지이다.

29

정답 ②

유치원생이 11명일 때 평균 키는 113cm이므로 유치원생 11명의 키의 합은 $113\times11=1,243$cm이다. 키가 107cm인 유치원생이 나갔으므로 남은 유치원생 10명의 키의 합은 $1,243-107=1,136$cm이다. 따라서 남은 유치원생 10명의 키의 평균은 $\frac{1,136}{10}=113.6$cm이다.

30

정답 ③

'우회수송'은 사고 등의 이유로 직통이 아닌 다른 경로로 우회하여 수송한다는 뜻이기 때문에 '우측 선로로 변경'은 순화로 적절하지 않다.

오답분석

① '열차시격'에서 '시격'이란 '사이에 뜬 시간'이라는 뜻의 한자어로, 열차와 열차 사이의 간격, 즉 배차간격으로 순화할 수 있다.
② '전차선'이란 선로를 의미하고, '단전'은 전기의 공급이 중단됨을 말한다. 따라서 바르게 순화되었다.
④ '핸드레일(Handrail)'은 난간을 뜻하는 영어 단어로, 우리말로는 '안전손잡이'로 순화할 수 있다.
⑤ '키스 앤 라이드(Kiss and Ride)'는 헤어질 때 키스를 하는 영미권 문화에서 비롯된 용어로, 환승정차구역을 지칭한다.

31

정답 ④

세 번째 문단을 통해 정부가 철도 중심 교통체계 구축을 위해 노력하고 있음을 알 수는 있으나, 구체적으로 시행된 조치는 언급되지 않았다.

오답분석

① 첫 번째 문단을 통해 전 세계적으로 탄소중립이 주목받자 이에 대한 방안으로 등장한 것이 철도 수송임을 알 수 있다.
② 첫 번째 문단과 두 번째 문단을 통해 철도 수송의 확대가 온실가스 배출량의 획기적인 감축을 가져올 것임을 알 수 있다.
③ 네 번째 문단을 통해 '중앙선 안동 ~ 영천 간 궤도' 설계 시 탄소 감축 방안으로 저탄소 자재인 유리섬유 보강근이 철근 대신 사용되었음을 알 수 있다.
⑤ 네 번째 문단을 통해 S철도공단은 철도 중심 교통체계 구축을 위해 건설 단계에서부터 친환경・저탄소 자재를 적용하였고, 탄소 감축을 위해 2025년부터는 모든 철도건축물을 일정한 등급 이상으로 설계하기로 결정하였음을 알 수 있다.

32

정답 ①

제시문을 살펴보면 먼저 첫 번째 문단에서는 이산화탄소로 메탄올을 만드는 곳이 있다며 관심을 유도하고, 두 번째 문단에서 메탄올을 어떻게 만들고 어디에서 사용하는지 구체적으로 설명함으로써 탄소 재활용의 긍정적인 측면을 부각하고 있다. 하지만 세 번째 문단에서는 앞선 내용과 달리 이렇게 만들어진 메탄올의 부정적인 측면을 설명하고, 네 번째 문단에서는 이와 같은 이유로 탄소 재활용에 대한 결론이 나지 않았다며 글이 마무리되고 있다. 따라서 글의 주제로 적절한 것은 탄소 재활용의 이면을 모두 포함하는 내용인 ①이다.

오답분석

② 두 번째 문단에 한정된 내용이므로 제시문 전체를 다루는 주제로 보기에는 적절하지 않다.
③ 지열발전소의 부산물을 통해 메탄올이 만들어진 것은 맞지만, 새롭게 탄생된 연료로 보기는 어려우며, 글의 전체를 다루는 주제로 보기에도 적절하지 않다.
④・⑤ 제시문의 첫 번째 문단과 두 번째 문단에서는 버려진 이산화탄소 및 부산물의 재활용을 통해 '메탄올'을 제조함으로써 미래 원료를 해결할 수 있을 것처럼 보이지만, 이어지는 세 번째 문단과 네 번째 문단에서는 이렇게 만들어진 '메탄올'이 과연 미래 원료로 적합한지 의문점이 제시되고 있다. 따라서 글의 주제로 보기에는 적절하지 않다.

33

정답 ④

A ~ C철도사의 차량 1량당 연간 승차인원 수는 다음과 같다.

- 2020년
  - A철도사 : $\frac{775,386}{2,751} \fallingdotseq 281.86$천 명
  - B철도사 : $\frac{26,350}{103} \fallingdotseq 255.83$천 명
  - C철도사 : $\frac{35,650}{185} \fallingdotseq 192.7$천 명
- 2021년
  - A철도사 : $\frac{768,776}{2,731} \fallingdotseq 281.5$천 명
  - B철도사 : $\frac{24,746}{111} \fallingdotseq 222.94$천 명
  - C철도사 : $\frac{33,130}{185} \fallingdotseq 179.08$천 명
- 2022년
  - A철도사 : $\frac{755,376}{2,710} \fallingdotseq 278.74$천 명
  - B철도사 : $\frac{23,686}{113} \fallingdotseq 209.61$천 명
  - C철도사 : $\frac{34,179}{185} \fallingdotseq 184.75$천 명

따라서 3년간 차량 1량당 연간 평균 승차인원 수는 C철도사가 가장 적다.

오답분석

① 2020 ~ 2022년의 C철도사 차량 수는 185량으로 변동이 없다.
② 2020 ~ 2022년의 연간 승차인원 비율은 매년 A철도사가 가장 높다.
③ A ~ C철도사의 2020년의 전체 연간 승차인원 수는 775,386+26,350+35,650=837,386천 명, 2021년의 전체 연간 승차인원 수는 768,776+24,746+33,130=826,652천 명, 2022년의 전체 연간 승차인원 수는 755,376+23,686+34,179=813,241천 명으로 매년 감소하였다.
⑤ 2020 ~ 2022년의 C철도사 차량 1량당 연간 승차인원 수는 각각 192.7천 명, 179.08천 명, 184.75천 명이므로 매년 200천 명 미만이다.

34

정답 ⑤

2018년 대비 2022년에 석유 생산량이 감소한 국가는 C, F이며, 석유 생산량 감소율은 다음과 같다.

- C : $\frac{4,102,396-4,025,936}{4,102,396} \times 100 \fallingdotseq 1.9\%$
- F : $\frac{2,874,632-2,480,221}{2,874,632} \times 100 \fallingdotseq 13.7\%$

따라서 석유 생산량 감소율이 가장 큰 국가는 F이다.

오답분석

① 석유 생산량이 매년 증가한 국가는 A, B, E, H로 총 4개이다.
② 2018년 대비 2022년에 석유 생산량이 증가한 국가의 석유 생산량 증가량은 다음과 같다.
  - A : 10,556,259−10,356,185=200,074bbl/day
  - B : 8,567,173−8,251,052=316,121bbl/day
  - D : 5,442,103−5,321,753=120,350bbl/day
  - E : 335,371−258,963=76,408bbl/day

- G : 1,336,597−1,312,561=24,036bbl/day
- H : 104,902−100,731=4,171bbl/day

따라서 석유 생산량 증가량이 가장 많은 국가는 B이다.

③ E국가의 연도별 석유 생산량을 H국가의 석유 생산량과 비교하면 다음과 같다.

- 2018년 : $\frac{258,963}{100,731} \fallingdotseq 2.6$
- 2019년 : $\frac{273,819}{101,586} \fallingdotseq 2.7$
- 2020년 : $\frac{298,351}{102,856} \fallingdotseq 2.9$
- 2021년 : $\frac{303,875}{103,756} \fallingdotseq 2.9$
- 2022년 : $\frac{335,371}{104,902} \fallingdotseq 3.2$

따라서 2022년 E국가의 석유 생산량은 H국가 석유 생산량의 약 3.2배이므로 옳지 않다.

④ 석유 생산량 상위 2개국은 매년 A, B이며, 매년 석유 생산량의 차이는 다음과 같다.

- 2018년 : 10,356,185−8,251,052=2,105,133bbl/day
- 2019년 : 10,387,665−8,297,702=2,089,963bbl/day
- 2020년 : 10,430,235−8,310,856=2,119,379bbl/day
- 2021년 : 10,487,336−8,356,337=2,130,999bbl/day
- 2022년 : 10,556,259−8,567,173=1,989,086bbl/day

따라서 A와 B국가의 석유 생산량의 차이는 '감소 – 증가 – 증가 – 감소'를 보이므로 옳지 않다.

35

정답 ②

제시된 법에 따라 공무원인 친구가 받을 수 있는 선물의 금액은 1회에 100만 원이다.

$12x < 100 \rightarrow x < \frac{100}{12} = \frac{25}{3} \fallingdotseq 8.33$

따라서 A씨는 수석을 최대 8개 보낼 수 있다.

36

정답 ④

거래처로 가기 위에 C와 G를 거쳐야 하므로, C를 먼저 거치는 최소 이동거리와 G를 먼저 거치는 최소 이동거리를 비교해 본다.

- 본사 – C – D – G – 거래처
  6+3+3+4=16km
- 본사 – E – G – D – C – F – 거래처
  4+1+3+3+3+4=18km

따라서 최소 이동거리는 16km이다.

37

정답 ④

- 볼펜을 30자루 구매하면 개당 200원씩 할인되므로 800×30=24,000원이다.
- 수정테이프를 8개 구매하면 2,500×8=20,000원이지만, 10개를 구매하면 개당 1,000원이 할인되어 1,500×10=15,000원이므로 10개를 구매하는 것이 더 저렴하다.
- 연필을 20자루 구매하면 연필 가격의 25%가 할인되므로 400×20×0.75=6,000원이다.
- 지우개를 5개 구매하면 300×5=1,500원이며 지우개에 대한 할인은 적용되지 않는다.

따라서 총금액은 24,000+15,000+6,000+1,500=46,500원이고 3만 원을 초과했으므로 10% 할인이 적용되어 46,500×0.9=41,850원이다. 또한 할인 적용 전 금액이 5만 원 이하이므로 배송료 5,000원이 추가로 부과되어 41,850+5,000=46,850원이 된다. 그런데 만약 비품을 3,600원어치 추가로 주문하면 46,500+3,600=50,100원이므로 할인 적용 전 금액이 5만 원을 초과하여 배송료가 무료가 되고, 총금액이 3만 원을 초과했으므로 지불할 금액은 10% 할인이 적용된 50,100×0.9=45,090원이 된다. 그러므로 지불 가능한 가장 저렴한 금액은 45,090원이다.

38

정답 ①

A～E가 받는 성과급을 구하면 다음과 같다.

직원	직책	매출 순이익	기여도	성과급 비율	성과급
A	팀장	4,000만 원	25%	매출 순이익의 5%	1.2×4,000×0.05=240만 원
B	팀장	2,500만 원	12%	매출 순이익의 2%	1.2×2,500×0.02=60만 원
C	팀원	1억 2,500만 원	3%	매출 순이익의 1%	12,500×0.01=125만 원
D	팀원	7,500만 원	7%	매출 순이익의 3%	7,500×0.03=225만 원
E	팀원	800만 원	6%	–	0원

따라서 가장 많은 성과급을 받는 사람은 A이다.

39

정답 ⑤

2023년 6월의 학교폭력 신고 건수는 7,530+1,183+557+601=9,871건으로, 10,000건 미만이다.

오답분석

① • 2023년 1월의 학교폭력 상담 건수 : 9,652−9,195=457건
 • 2023년 2월의 학교폭력 상담 건수 : 10,109−9,652=457건
 따라서 2023년 1월과 2023년 2월의 학교폭력 상담 건수는 같다.
② 학교폭력 상담 건수와 신고 건수 모두 2023년 3월에 가장 많다.
③ 전월 대비 학교폭력 상담 건수가 가장 크게 감소한 때는 2023년 5월이지만, 학교폭력 신고 건수가 가장 크게 감소한 때는 2023년 4월이다.
④ 전월 대비 학교폭력 상담 건수가 증가한 월은 2022년 9월과 2023년 3월이고, 이때 학교폭력 신고 건수 또한 전월 대비 증가하였다.

40

정답 ④

연도별 전체 발전량 대비 유류·양수 자원 발전량은 다음과 같다.

• 2018년 : $\frac{6,605}{553,256}\times 100 ≒ 1.2\%$

• 2019년 : $\frac{6,371}{537,300}\times 100 ≒ 1.2\%$

• 2020년 : $\frac{5,872}{550,826}\times 100 ≒ 1.1\%$

• 2021년 : $\frac{5,568}{553,900}\times 100 ≒ 1\%$

• 2022년 : $\frac{5,232}{593,958}\times 100 ≒ 0.9\%$

따라서 2022년의 유류·양수 자원 발전량은 전체 발전량의 1% 미만이다.

오답분석

① 원자력 자원 발전량과 신재생 자원 발전량은 매년 증가하였다.
② 연도별 석탄 자원 발전량의 전년 대비 감소폭은 다음과 같다.
 • 2019년 : 247,670−226,571=21,099GWh
 • 2020년 : 226,571−221,730=4,841GWh
 • 2021년 : 221,730−200,165=21,565GWh
 • 2022년 : 200,165−198,367=1,798GWh
 따라서 석탄 자원 발전량의 전년 대비 감소폭이 가장 큰 해는 2021년이다.

③ 연도별 신재생 자원 발전량 대비 가스 자원 발전량은 다음과 같다.

- 2018년 : $\frac{135,072}{36,905} \times 100 \fallingdotseq 366\%$
- 2019년 : $\frac{126,789}{38,774} \times 100 \fallingdotseq 327\%$
- 2020년 : $\frac{138,387}{44,031} \times 100 \fallingdotseq 314\%$
- 2021년 : $\frac{144,976}{47,831} \times 100 \fallingdotseq 303\%$
- 2022년 : $\frac{160,787}{50,356} \times 100 \fallingdotseq 319\%$

따라서 연도별 신재생 자원 발전량 대비 가스 자원 발전량이 가장 큰 해는 2018년이다.

⑤ 전체 발전량이 증가한 해는 2020 ~ 2022년이며, 그 증가폭은 다음과 같다.

- 2020년 : 550,826−537,300=13,526GWh
- 2021년 : 553,900−550,826=3,074GWh
- 2022년 : 593,958−553,900=40,058GWh

따라서 전체 발전량의 전년 대비 증가폭이 가장 큰 해는 2022년이다.

41

정답 ②

㉠ 퍼실리테이션(Facilitation)이란 '촉진'을 의미하며, 어떤 그룹이나 집단이 의사결정을 잘하도록 도와주는 일을 가리킨다. 최근 많은 조직에서는 보다 생산적인 결과를 가져올 수 있도록 그룹이 나아갈 방향을 알려 주고, 주제에 대한 공감을 이룰 수 있도록 능숙하게 도와주는 퍼실리테이터를 활용하고 있다. 퍼실리테이션에 의한 문제해결 방법은 깊이 있는 커뮤니케이션을 통해 서로의 문제점을 이해하고 공감함으로써 창조적인 문제해결을 도모한다. 소프트 어프로치나 하드 어프로치 방법은 타협점의 단순 조정에 그치지만, 퍼실리테이션에 의한 방법은 초기에 생각하지 못했던 창조적인 해결 방법을 도출한다. 동시에 구성원의 동기가 강화되고 팀워크도 한층 강화된다는 특징을 보인다. 이 방법을 이용한 문제해결은 구성원이 자율적으로 실행하는 것이며, 제3자가 합의점이나 줄거리를 준비해 놓고 예정대로 결론이 도출되어 가도록 해서는 안 된다.

㉡ 하드 어프로치에 의한 문제해결방법은 상이한 문화적 토양을 가지고 있는 구성원을 가정하여 서로의 생각을 직설적으로 주장하고 논쟁이나 협상을 통해 의견을 조정해 가는 방법이다. 이때 중심적 역할을 하는 것이 논리, 즉 사실과 원칙에 근거한 토론이다. 제3자는 이것을 기반으로 구성원에게 지도와 설득을 하고 전원이 합의하는 일치점을 찾아내려고 한다. 이러한 방법은 합리적이긴 하지만 잘못하면 단순한 이해관계의 조정에 그치고 말아서 그것만으로는 창조적인 아이디어나 높은 만족감을 이끌어내기 어렵다.

㉢ 소프트 어프로치에 의한 문제해결방법은 대부분의 기업에서 볼 수 있는 전형적인 스타일로 조직 구성원들은 같은 문화적 토양을 가지고 이심전심으로 서로를 이해하는 상황을 가정한다. 코디네이터 역할을 하는 제3자는 결론으로 끌고 갈 지점을 미리 머릿속에 그려가면서 권위나 공감에 의지하여 의견을 중재하고, 타협과 조정을 통하여 해결을 도모한다. 결론이 애매하게 끝나는 경우가 적지 않으나, 그것은 그것대로 이심전심을 유도하여 파악하면 된다. 소프트 어프로치에서는 문제해결을 위해서 직접 표현하는 것이 바람직하지 않다고 여기며, 무언가를 시사하거나 암시를 통하여 의사를 전달하고 기분을 서로 통하게 함으로써 문제해결을 도모하려고 한다.

42

정답 ④

네 번째 조건을 제외한 모든 조건과 그 대우를 논리식으로 표현하면 다음과 같다.

- $\sim(D \lor G) \rightarrow F$ / $\sim F \rightarrow (D \land G)$
- $F \rightarrow \sim E$ / $E \rightarrow \sim F$
- $\sim(B \lor E) \rightarrow \sim A$ / $A \rightarrow (B \land E)$

네 번째 조건에 따라 A가 투표를 하였으므로, 세 번째 조건의 대우에 의해 B와 E 모두 투표를 하였다. 또한 E가 투표를 하였으므로, 두 번째 조건의 대우에 따라 F는 투표하지 않았으며, F가 투표하지 않았으므로 첫 번째 조건의 대우에 따라 D와 G는 모두 투표하였다. A, B, D, E, G 5명이 모두 투표하였으므로 네 번째 조건에 따라 C는 투표하지 않았다. 따라서 투표를 하지 않은 사람은 C와 F이다.

43

정답 ⑤

VLOOKUP 함수는 열의 첫 열에서 수직으로 검색하여 원하는 값을 출력하는 함수이다. 함수의 형식은 「=VLOOKUP(찾을 값, 범위, 열 번호, 찾기 옵션)」이며 이 중 근삿값을 찾기 위해서는 찾기 옵션에 1을 입력하고, 정확히 일치하는 값을 찾기 위해서는 0을 입력해야 한다. 상품코드 S3310897의 값을 일정한 범위에서 찾아야 하는 것이므로 범위는 절대참조로 지정해야 하며, 크기 중은 범위 중 3번째 열에 위치하고, 정확히 일치하는 값을 찾아야 하므로 입력해야 하는 함수식은 「=VLOOKUP("S3310897", $B$2:$E$8, 3, 0)」이다.

오답분석

①·② HLOOKUP 함수를 사용하려면 찾고자 하는 값은 '중'이고, [B2:E8] 범위에서 찾고자 하는 행 'S3310897'은 6번째 행이므로 「=HLOOKUP("중", $B$2:$E$8, 6, 0)」을 입력해야 한다.
③·④ '중'은 테이블 범위에서 3번째 행이다.

44

정답 ③

Windows Game Bar로 녹화한 영상의 저장 위치는 파일 탐색기를 사용하여 [내 PC] – [동영상] – [캡처] 폴더를 원하는 위치로 옮겨 변경할 수 있다.

45

정답 ①

RPS 제도 이행을 위해 공급의무자는 일정 비율 이상(의무공급비율)을 신재생에너지로 발전해야 한다. 하지만 의무공급비율은 매년 확대되고 있고, 여기에 맞춰 신재생에너지 발전설비를 계속 추가하는 것은 시간적, 물리적으로 어려우므로 공급의무자는 신재생에너지 공급자로부터 REC를 구매하여 의무공급비율을 달성한다.

오답분석

② 신재생에너지 공급자가 공급의무자에게 REC를 판매하기 위해서는 에너지관리공단 신재생에너지센터, 한국전력거래소 등 공급인증기관으로부터 공급 사실을 증명하는 공급인증서를 신청해 발급받아야 한다.
③ 2021년 8월 이후 에너지관리공단에서 운영하는 REC 거래시장을 통해 일반기업도 REC를 구매하여 온실가스 감축실적으로 인정받을 수 있게 되었다.
④ REC에 명시된 공급량은 발전방식에 따라 가중치를 곱해 표기하므로 실제 공급량과 다를 수 있다.

46

정답 ③

빈칸 ㉠의 앞 문장은 공급의무자가 신재생에너지 발전설비 확대를 통한 RPS 달성에는 한계점이 있음을 설명하고, 뒷 문장은 이에 대한 대안으로서 REC 거래를 설명하고 있다. 따라서 빈칸에 들어갈 접속부사는 '그러므로'가 가장 적절하다.

47

정답 ③

오답분석

① 인증서의 유효기간은 발급일로부터 3년이다. 2020년 10월 6일에 발급받은 REC의 만료일은 2023년 10월 6일이므로 이미 만료되어 거래할 수 없다.
② 천연가스는 화석연료이므로 REC를 발급받을 수 없다.
④ 기업에 판매하는 REC는 에너지관리공단에서 거래시장을 운영한다.

48

정답 ③

수소는 연소 시 탄소를 배출하지 않는 친환경에너지이지만, 수소혼소 발전은 수소와 함께 액화천연가스(LNG)를 혼합하여 발전하므로 기존 LNG 발전에 비해 탄소 배출량은 줄어들지만, 여전히 탄소를 배출한다.

오답분석

① 수소혼소 발전은 기존의 LNG 발전설비를 활용할 수 있기 때문에 화석연료 발전에서 친환경에너지 발전으로 전환하는 데 발생하는 사회적·경제적 충격을 완화할 수 있다.
② 높은 온도로 연소되는 수소는 공기 중의 질소와 반응하여 질소산화물(NOx)을 발생시키며, 이는 미세먼지와 함께 대기오염의 주요 원인으로 작용한다.
④ 수소혼소 발전에서 수소를 혼입하는 양이 많아질수록 발전에 사용하는 LNG를 많이 대체하므로 탄소 배출량은 줄어든다.

49

정답 ②

보기에 주어진 문장은 접속부사 '따라서'로 시작하므로 수소가 2050 탄소중립 실현을 위한 최적의 에너지원이 되는 이유 뒤에 와야 한다. 따라서 보기는 수소 에너지의 장점과 이어지는 (나)에 들어가는 것이 가장 적절하다.

50

정답 ③

- 총무팀 : 연필, 지우개, 볼펜, 수정액의 수량이 기준 수량보다 적다.
  - 최소 주문 수량 : 연필 15자루, 지우개 15개, 볼펜 40자루, 수정액 15개
  - 최대 주문 수량 : 연필 60자루, 지우개 90개, 볼펜 120자루, 수정액 60개
- 연구개발팀 : 볼펜, 수정액의 수량이 기준 수량보다 적다.
  - 최소 주문 수량 : 볼펜 10자루, 수정액 10개
  - 최대 주문 수량 : 볼펜 120자루, 수정액 60개
- 마케팅홍보팀 : 지우개, 볼펜, 수정액, 테이프의 수량이 기준 수량보다 적다.
  - 최소 주문 수량 : 지우개 5개, 볼펜 45자루, 수정액 25개, 테이프 10개
  - 최대 주문 수량 : 지우개 90개, 볼펜 120자루, 수정액 60개, 테이프 40개
- 인사팀 : 연필, 테이프의 수량이 기준 수량보다 적다.
  - 최소 주문 수량 : 연필 5자루, 테이프 15개
  - 최대 주문 수량 : 연필 60자루, 테이프 40개

따라서 비품 신청 수량이 바르지 않은 팀은 마케팅홍보팀이다.

인생이란 결코 공평하지 않다. 이 사실에 익숙해져라.

– 빌 게이츠 –

PART 1

직업기초능력평가

01 의사소통능력

출제유형분석 01 실전예제

01

정답 ③

제시문에는 기존 분자 생물학의 환원주의적 접근에 나타난 문제점, 그리고 시스템 생물학자인 데니스 노블의 실험 과정과 그의 주장 등이 나타나 있지만, 시스템 생물학자들의 다양한 연구 성과에 대해서는 언급하고 있지 않다.

02

정답 ②

제시문에서는 자성 물질의 자기장이 강할수록 성능이 우수해진다는 내용은 언급되어 있지 않다.

오답분석

①은 첫 번째와 두 번째 문단, ③은 두 번째 문단, ④·⑤는 첫 번째 문단을 통해 확인할 수 있다.

03

정답 ③

기준작의 설정을 전적으로 기록에만 의존하는 것도 곤란하다. 왜냐하면 물질자료와 달리 기록은 상황에 따라 왜곡되거나 윤색될 수도 있고, 후대에 가필되는 경우도 있기 때문이다. 따라서 작품에 명문이 있다 하더라도 기준작으로 삼기 위해서는 그것이 과연 신뢰할 만한 사료인가에 대한 엄정한 사료적 비판이 선행되어야 한다.

04

정답 ①

다리뼈는 연골세포의 세포분열로 인해 뼈대의 성장이 일어난다.

오답분석

② 뼈끝판의 세포층 중 뼈대와 경계면에 있는 세포층이 아닌 뼈끝과 경계면이 있는 세포층에서만 세포분열이 일어난다.
③ 사춘기 이후 호르몬에 의한 뼈의 길이 성장은 일어나지 않는다.
④ 뇌에서 분비하는 성장호르몬은 뼈에 직접적으로 도움을 준다.
⑤ 남성호르몬인 안드로겐은 뼈의 길이 성장에 영향을 미친다.

05

정답 ⑤

마지막 문단의 '정부도 규제와 의무보다는 사업자의 자율적인 부분을 인정해주고 사업자를 위한 지원책을 마련하여야 한다.'라는 내용을 통해 정부는 OTT 플랫폼에 장애인 편의 기능과 관련한 규제와 의무를 지어줬지만, 이에 대한 지원책은 없었음을 유추할 수 있다.

오답분석

① 세 번째 문단의 '재생 버튼에 대한 설명이 제공되는 넷플릭스도 영상 재생 시점을 10초 앞으로, 또는 뒤로 이동하는 버튼은 이용하기 어렵다.'라는 내용을 통해 국내 OTT 플랫폼보다는 장애인을 위한 서비스 기능이 더 제공되고 있지만, 여전히 충분히 제공되고 있지 않음을 알 수 있다.

② 세 번째 문단을 통해 장애인들의 국내 OTT 플랫폼의 이용이 어려움을 짐작할 수는 있지만, 제공하는지의 유무는 확인하기 어렵다.
③ 외국 OTT 플랫폼은 국내 OTT 플랫폼보다 상대적으로 장애인 편의 기능을 더 제공하고 있는 것으로 보아 장애인을 수동적인 시혜자가 아닌 능동적인 소비자로 보고 있음을 알 수 있다.
④ 제시문에서는 우리나라 장애인이 외국의 장애인보다 OTT 플랫폼의 이용이 어렵다기보다는 우리나라 OTT 플랫폼이 외국의 OTT 플랫폼보다 장애인이 이용하기 어렵다고 말하고 있다.

출제유형분석 02 실전예제

01

정답 ④

제시문은 통계 수치의 의미를 정확하게 이해하고 도구와 방법을 올바르게 사용해야 하며, 특히 아웃라이어의 경우를 생각해야 한다고 주장하고 있다.

오답분석

①·② 집단을 대표하는 수치로서의 '평균' 자체가 숫자 놀음과 같이 부적당하다고는 언급하지 않았다.
③ 아웃라이어가 있는 경우에는 평균보다는 최빈값이나 중앙값이 대푯값으로 더 적당하다.
⑤ 내용이 올바르지 않은 것은 아니지만, 통계의 유용성은 글의 도입부에 잠깐 인용되었을 뿐, 글의 중심 내용으로 볼 수 없다.

02

정답 ④

제시문의 첫 번째 문단에서 위계화의 개념을 설명하고, 이러한 불평등의 원인과 구조에 대해 살펴보고 있다.

03

정답 ⑤

제시문에서는 우리 민족과 함께해 온 김치의 역사를 비롯하여 김치의 특징과 다양성 등을 함께 이야기하고 있으며, 복합 산업으로 발전하면서 규모가 성장하고 있는 김치산업에 관해서도 이야기하고 있다. 따라서 글 전체의 내용을 아우를 수 있는 글의 제목으로 가장 적절한 것은 ⑤이다.

오답분석

①·④ 첫 번째 문단이나 두 번째 문단의 소제목은 될 수 있으나, 글 전체 내용을 나타내는 제목으로는 적절하지 않다.
② 세 번째 문단에서 김치산업에 관한 내용을 언급하고 있지만, 이는 현재 김치산업의 시장 규모에 대한 내용일 뿐이므로 산업의 활성화 방안과는 거리가 멀다.

04

정답 ②

제시문은 한국인 하루 평균 수면 시간과 수면의 질에 대한 글로, 짧은 수면 시간으로 현대인 대부분이 수면 부족에 시달리며, 낮은 수면의 질로 다양한 합병증이 발생할 수 있음을 설명하고 있다. 그러나 '수면 마취제의 부작용'에 대한 내용은 언급되어 있지 않으므로 ②는 글의 주제로 적절하지 않다.

05

정답 ②

첫 번째 문단이 도입부라 볼 수 있고, 두 번째 문단의 첫 문장이 제시문의 주제문이다. 이어서 서구와의 비교로 연고주의의 장점을 강화하고 있다.

출제유형분석 03 실전예제

01

정답 ④

제시문은 정부가 제공하는 공공 데이터를 활용한 앱 개발에 대한 설명으로, 먼저 다양한 앱을 개발하려는 사람들을 통해 화제를 제시한 (라) 문단이 오는 것이 적절하며, 이러한 앱 개발에 있어 부딪히는 문제들을 제시한 (가) 문단이 그 뒤에 오는 것이 적절하다. 다음으로 이러한 문제들을 해결하기 위한 방법으로 공공 데이터를 제시하는 (나) 문단이 오고, 공공 데이터에 대한 추가 설명으로 공공 데이터를 위한 정부의 노력인 (다) 문단이 마지막으로 오는 것이 적절하다.

02

정답 ④

제시문은 이글루가 따뜻해질 수 있는 원리에 대해 설명하고 있다. 따라서 (나) 에스키모는 이글루를 연상시킴 → (라) 이글루는 눈으로 만든 집임에도 불구하고 따뜻함 → (가) 눈 벽돌로 이글루를 만들고 안에서 불을 피움 → (마) 온도가 올라가면 눈이 녹으면서 벽의 빈틈을 메워주고 눈이 녹으면 출입구를 열어 물을 얼림 → (다) 이 과정을 반복하면서 눈 벽돌집은 얼음집으로 변하여 내부가 따뜻해짐 순서로 나열되어야 한다.

03

정답 ①

제시문은 세종대왕이 한글을 창제하고 반포하는 과정을 설명하고 있다. (가) 세종대왕이 글을 읽고 쓰지 못하는 백성들을 안타깝게 여김 → (라) 훈민정음을 만들었지만 신하들의 반대에 부딪힘 → (다) 훈민정음을 세상에 알림 → (나) 훈민정음의 해설서인 『훈민정음 해례본』과 『용비어천가』를 펴냄 순서로 나열되어야 한다.

04

정답 ⑤

먼저 귀납에 대해 설명하고 있는 (나) 문단이 오는 것이 적절하며, 특성으로 인한 귀납의 논리적 한계가 나타난다는 (라) 문단이 그다음으로 오는 것이 자연스럽다. 이후 이러한 한계에 대한 흄의 의견인 (다) 문단과 구체적인 흄의 주장과 이에 따라 귀납의 정당화 문제에 대해 설명하는 (가) 문단이 차례로 오는 것이 적절하다.

05

정답 ②

수직 계열화에서 사용자 중심으로 산업 패러다임이 변화되고 있음을 제시하는 (나) 문단이 가장 먼저 오는 것이 적절하며, 그 다음으로 가스경보기를 예로 들어 수평적 연결에 대해 설명하는 (다) 문단이 적절하다. 그 뒤를 이어 이러한 수평적 연결이 사물인터넷 서비스로 새롭게 성장한다는 (가) 문단이, 마지막으로는 다양해지는 사물인터넷 서비스에 대해 설명하는 (라) 문단이 적절하다.

출제유형분석 04 실전예제

01

정답 ⑤

현존하는 가장 오래된 실록은 전주에 전주 사고에 보관되어 있던 것으로 이는 강화도 마니산에 봉안되었다가 1636년 병자호란에 의해 훼손된 것을 현종 때 보수하여 숙종 때 강화도 정족산에 다시 봉안했다가 1930년에 경성제국대학으로 옮겨져 현재 서울대학교에 보존되어 있다.

오답분석

① 원본을 포함해 모두 5벌의 실록을 갖추게 되었으므로 재인쇄하였던 실록은 모두 4벌이다.
② 강원도 태백산에 보관하였던 실록은 서울대학교에 있다.
③ 현재 한반도에 남아 있는 실록은 강원도 태백산, 강화도 정족산, 장서각의 것으로 모두 3벌이다.
④ 적상산에 보관하였던 실록은 구황궁 장서각으로 옮겨졌고 6·25전쟁 때 북으로 옮겨져 현재 김일성종합대학에 소장되어 있는데, 이 실록이 일부 훼손되었는지는 추론할 수 없다.

02

정답 ④

제시문에 따르면 신약 개발의 전문가가 되기 위해서는 해당 분야에서 오랫동안 연구한 경험이 필요하므로 석사나 박사 학위를 취득하는 것이 유리하다고 하였다. 그러나 석사나 박사 학위가 신약 개발 전문가가 되는 데 도움을 준다는 것일 뿐이므로 반드시 필요한 필수 조건인지는 알 수 없다. 따라서 ④는 제시문을 통해 추론할 수 없다.

오답분석

① 제약 연구원은 약을 만드는 모든 단계에 참여한다고 하였으므로 일반적으로 약을 만드는 과정에 포함되는 약품 허가 요청 단계에도 제약 연구원이 참여하는 것을 알 수 있다.
② 오늘날 제약 분야가 성장함에 따라 도전 의식, 호기심, 탐구심 등도 제약 연구원에게 필요한 능력이 되었다고 하였으므로 과거에 비해 요구되는 능력이 많아졌음을 알 수 있다.
③ 약학 전공자 이외에도 생명 공학·화학 공학·유전 공학 전공자들도 제약 연구원으로 활발하게 참여하고 있다고 하였다.
⑤ 일반적으로 제약 연구원이 되기 위해서는 약학을 전공해야 한다고 생각하기 쉽다고 하였으므로 제약 연구원에 대한 정보가 부족한 사람이라면 약학을 전공해야만 제약 연구원이 될 수 있다고 생각할 수 있다.

03

정답 ②

조간대의 상부에 사는 생물들의 예시만 있으며, 중부에 사는 생물에 대한 예시는 들고 있지 않으므로 적절하지 않다.

오답분석

① 마지막 문단에서 조간대에 사는 생물 중 총알고둥류가 사는 곳은 물이 가장 높이 올라오는 지점인 상부라는 것을 이야기하고 있다.
③ 마지막 문단에서 척박한 바다 환경에 적응하기 위해 높이에 따라 수직적으로 종이 분포한다고 이야기하고 있다.
④ 첫 번째 문단과 두 번째 문단에 걸쳐서 조간대의 환경적 조건에 대해 언급하고 있다.
⑤ 두 번째 문단에서 조간대의 상부는 뜨거운 태양열을 견뎌야 하는 환경적 조건이며, 마지막 문단에서 이러한 환경에 적응하기 위해 총알고둥류와 따개비는 상당 시간 물 밖에 노출되어도 수분 손실을 막기 위해 패각과 덮개 판을 닫고 오랜 시간 버틸 수 있음을 이야기하고 있다.

04

정답 ①

글의 내용에 따르면 똑같은 일을 똑같은 노력으로 했을 때, 돈을 많이 받으면 과도한 보상을 받아 부담을 느낀다. 또한 적게 받으면 충분히 받지 못했다고 느끼므로 만족하지 못한다. 따라서 공평한 대우를 받을 때 더 행복함을 느낀다는 것을 추론할 수 있다.

05

정답 ③

보기는 독립신문이 일반 민중들을 위해 순 한글을 사용해 배포됐고, 상하귀천 없이 누구나에게 새로운 소식을 전달해준다는 내용이다. 따라서 ③을 추론할 수 있다.

출제유형분석 05 실전예제

01

정답 ③

차로 유지기능을 작동했을 때 운전자가 직접 운전을 해야 했던 '레벨 2'와 달리 '레벨 3'은 운전자가 직접 운전하지 않아도 긴급 상황에 대응할 수 있는 자동 차로 유지기능이 탑재되어 있다. 이러한 '레벨 3' 안전기준이 도입된다면, 지정된 영역 내에서 운전자가 직접 운전하지 않고도 주행이 가능해질 것이다. 따라서 빈칸에 들어갈 내용으로 운전자가 운전대에서 손을 떼고도 자율주행이 가능해진다는 ③이 가장 적절하다.

오답분석

① 레벨 3 부분자율주행차는 운전자 탑승이 확인된 후에만 작동할 수 있다.
②·④ 제시문에서는 레벨 3 부분자율주행차의 자동 차로 유지기능에 관해 이야기하고 있으며, 자동 속도 조절이나 차량 간 거리 유지기능에 관해서는 제시문을 통해 알 수 없다.
⑤ 레벨 2에 대한 설명이다. 레벨 3 부분자율주행차의 자동 차로 유지기능은 운전자가 직접 운전하지 않아도 차선을 유지하고, 긴급 상황에 대응할 수 있다.

02

정답 ①

빈칸 앞 내용은 왼손보다 오른손을 선호하는 이유에 대한 가설을 제시하고, 이러한 가설이 근본적인 설명을 하지 못한다고 말한다. 그러면서 빈칸 뒷부분에서 글쓴이는 왼손이 아닌 '오른손만을 선호'하는 이유에 대한 자신의 생각을 드러내고 있다. 즉, 앞의 가설대로 단순한 기능 분담이라면 먹는 일에 왼손을 사용하는 사회도 존재해야 하는데, 그렇지 않기 때문에 반박하고 있음을 추론해 볼 수 있으므로 빈칸에는 사람들이 오른손만 선호하고 왼손을 선호하지 않는다는 주장이 나타나야 한다. 따라서 빈칸에 들어갈 문장으로는 ①이 가장 적절하다.

03

정답 ①

빈칸의 뒷부분에서는 수면장애가 다양한 합병증을 유발할 수 있다는 점을 언급하며 낮은 수면의 질이 문제가 되고 있음을 설명하고 있다. 따라서 빈칸에 들어갈 내용으로는 수면의 질과 관련된 ①이 가장 적절하다.

04

정답 ③

빈칸 뒤의 문장은 최근 선진국에서는 스마트팩토리로 인해 해외로 나간 자국 기업들이 다시 본국으로 돌아오는 현상인 '리쇼어링'이 가속화되고 있다는 내용이다. 즉, 스마트팩토리의 발전이 공장의 위치를 해외에서 본국으로 변화시키고 있으므로 빈칸에는 ③이 가장 적절하다.

05

정답 ①

갑돌이의 성품이 탁월하다고 볼 수 있는 것은 그의 성품이 곧고 자신감이 충만하며, 다수의 옳지 않은 행동에 대하여 비판의 목소리를 낼 것이고 그렇게 하는 데에 별 어려움을 느끼지 않을 것이기 때문이다. 또한, 세 번째 문단에 따르면 탁월한 성품은 올바른 훈련을 통해 올바른 일을 바르고 즐겁게 그리고 어려워하지 않으며 처리할 수 있는 능력을 뜻한다. 따라서 아리스토텔레스의 입장에서는 '엄청난 의지를 발휘'하고 자신과의 '힘든 싸움'을 해야 했던 병식이보다는 잘못된 일에 '별 어려움' 없이 '비판의 목소리'를 내는 갑돌이의 성품을 탁월하다고 여길 것이다.

출제유형분석 06 실전예제

01

정답 ①

제시문에 따르면 기존의 경제학에서는 인간을 철저하게 합리적이고 이기적인 존재로 보았지만, 행동경제학에서는 인간을 제한적으로 합리적이고 감성적인 존재로 보았다. 따라서 글의 흐름상 ㉠에는 '다른'이 적절하다.

02

정답 ①

건강하던 수험생의 건강이 나빠진 상황에서 다시 예전의 상태로 되돌아가려는 것이므로 '찾다'보다 '되찾다'가 더 적절하다.

03

정답 ④

한글 맞춤법 규정에 따르면 '초점(焦點)'의 경우 고유어가 들어 있지 않으므로 사이시옷이 들어가지 않는다. 따라서 '초점'이 옳은 표기이다.

04

정답 ⑤

㉤의 앞뒤 문장은 생활 속에서 초미세먼지에 적절히 대응하기 위한 방안을 나열하고 있으므로 ㉤에는 문장을 병렬적으로 연결할 때 사용하는 접속어인 '그리고'가 들어가는 것이 적절하다.

05

정답 ④

중요한 내용을 두괄식으로 작성함으로써 보고받은 자가 해당 문서를 신속하게 이해하고 의사결정을 하는 데 도움을 주는 것이 중요하다.

CHAPTER

02 수리능력

출제유형분석 01 실전예제

01

정답 ⑤

4% 소금물의 양을 xg이라고 하면,

$$\frac{24\times\frac{8}{100}+x\times\frac{4}{100}}{24+x}\times 100=5 \rightarrow \frac{192+4x}{24+x}=5$$

$192+4x=5(24+x) \rightarrow 192+4x=120+5x$

$\therefore\ x=72$

02

정답 ①

A소금물과 B소금물의 소금의 양을 구하면 각각 $300\times0.09=27$g, $250\times0.112=28$g이다.

이에 따라 C소금물의 농도는 $\frac{27+28}{300+250}\times100=\frac{55}{550}\times100=10\%$이다.

소금물을 덜어내도 농도는 변하지 않으므로 소금물은 $550\times0.8=440$g이고, 소금의 양은 44g이다.

따라서 소금을 10g 더 추가했을 때의 소금물의 농도는 $\frac{44+10}{440+10}\times100=\frac{54}{450}\times100=12\%$이다.

03

정답 ③

세 자리 수가 홀수가 되려면 끝자리 숫자가 홀수여야 한다. 홀수는 1, 3, 5, 7, 9로 5개이고, 백의 자리와 십의 자리의 숫자의 경우의 수를 고려한다.

백의 자리에 올 수 있는 숫자는 0을 제외한 8가지, 십의 자리는 0을 포함한 8가지 숫자가 올 수 있다.

따라서 홀수인 세 자리 숫자는 모두 $8\times8\times5=320$가지가 가능하다.

04

정답 ③

K야구팀의 작년 총 경기 횟수를 x회, 작년 승리 횟수를 $0.4x$회라고 하면,

작년과 올해의 경기를 합하여 승률이 45%이므로

$$\frac{0.4x+65}{x+120}=0.45 \rightarrow 5x=1,100 \rightarrow x=220$$

작년의 총 경기 횟수는 220회이고, 승률이 40%이므로 승리한 경기는 $220\times0.4=88$회이다.

따라서 K야구팀이 작년과 올해에 승리한 총횟수는 $88+65=153$회이다.

05

정답 ⑤

10인 단체 티켓 가격은 $10\times16{,}000\times0.75=120{,}000$원이다. 놀이공원에 방문하는 부서원 수를 x명이라 할 때 부서원이 10명 이상이라면 10인 단체 티켓 1장과 개인 티켓을 구매하는 방법이 있고, 10인 단체 티켓 2장을 구매하는 방법이 있다.
이때 두 번째 방법, 즉 10인 단체 티켓 2장을 구매하는 것이 더 유리하기 위해서는 $16{,}000\times(x-10)>120{,}000$을 만족해야 하므로, $x>17.5$이다. 따라서 부서원이 18명 이상일 때, 10인 단체 티켓 2장을 구매하는 것이 더 유리하다.

06

정답 ①

기차의 길이를 xm, 기차의 속력을 ym/s라고 하면,

$\frac{x+400}{y}=10 \rightarrow x+400=10y \rightarrow 10y-x=400 \cdots$ ㉠

$\frac{x+800}{y}=18 \rightarrow x+800=18y \rightarrow 18y-x=800 \cdots$ ㉡

㉠, ㉡을 연립하면 $x=100$, $y=50$이 나온다. 따라서 기차의 길이는 100m이고, 기차의 속력은 50m/s이다.

07

정답 ③

두 사람은 이번 주 토요일 이후에 각각 15일, 20일마다 미용실에 간다. 15와 20의 최소공배수를 구하면 60이므로 60일마다 두 사람은 미용실에 함께 가게 된다. 처음으로 다시 두 사람이 미용실에 같이 가는 요일은 $60\div7=7\times8+4$이므로 토요일의 4일 후는 수요일이다.

08

정답 ①

식물의 나이를 각각 x, y세라고 하면,

$x+y=8 \cdots$ ㉠

$x^2+y^2=34 \cdots$ ㉡

㉡을 변형하면 $x^2+y^2=(x+y)^2-2xy$가 되는데, 여기에 $x+y=8$을 대입하면

$34=64-2xy \rightarrow xy=15 \cdots$ ㉢

㉠과 ㉢을 만족하는 자연수 순서쌍은 $(x,\ y)=(5,\ 3),\ (3,\ 5)$이다.

따라서 두 식물의 나이 차는 2세이다.

09

정답 ③

감의 개수를 x개라고 하면, 사과는 $(20-x)$개이므로

$400x+700\times(20-x)\le10{,}000 \rightarrow 14{,}000-300x\le10{,}000$

$x\ge\frac{40}{3}=13.333\cdots$

따라서 감은 최소 14개를 사야 한다.

출제유형분석 02 실전예제

01

정답 ③

분자와 분모에 교대로 3씩 곱하는 수열이다.

따라서 ( )$=\frac{18\times3}{45}=\frac{54}{45}$이다.

02

정답 ④

앞의 항에 $+2^0\times10$, $+2^1\times10$, $+2^2\times10$, $+2^3\times10$, $+2^4\times10$, $+2^5\times10$, …을 더한다.

따라서 ( )$=632+2^6\times10=632+640=1,272$이다.

03

정답 ②

각 항을 3개씩 묶고 각각 A B C라고 하면 다음과 같다.

$\underline{A\ B\ C}\rightarrow B=(A+C)\div3$

따라서 ( )$=(12-1)\div3=\frac{11}{3}$이다.

출제유형분석 03 실전예제

01

정답 ③

종합청렴도 식은 (종합청렴도)={(외부청렴도)×0.6+(내부청렴도)×0.3+(정책고객평가)×0.1}−(감점요인)이므로, 내부청렴도에 관한 공식을 만들어보면 다음과 같다.

(내부청렴도)={(종합청렴도)−(외부청렴도)×0.6−(정책고객평가)×0.1+(감점요인)}$\times\frac{10}{3}$

위 식에 각 연도별 수치를 대입하여 내부청렴도를 구한다.

- 2020년 : $\{6.23-8.0\times0.6-6.9\times0.1+(0.7+0.7+0.2)\}\times\frac{10}{3}=2.34\times\frac{10}{3}=7.8$
- 2021년 : $\{6.21-8.0\times0.6-7.1\times0.1+(0.7+0.8+0.2)\}\times\frac{10}{3}=2.4\times\frac{10}{3}=8.0$
- 2022년 : $\{6.16-8.0\times0.6-7.2\times0.1+(0.7+0.8+0.2)\}\times\frac{10}{3}=2.34\times\frac{10}{3}=7.8$
- 2023년 : $\{6.8-8.1\times0.6-7.3\times0.1+(0.5+0.4+0.2)\}\times\frac{10}{3}=2.31\times\frac{10}{3}=7.7$

따라서 내부청렴도가 가장 높은 해는 2021년, 가장 낮은 해는 2023년이다.

02

정답 ①

(ㄱ)은 2020년 대비 2021년 의료 폐기물의 증감률로 $\frac{48,934-49,159}{49,159}\times100 ≒ -0.5\%$이고,

(ㄴ)은 2018년 대비 2019년 사업장 배출시설계 폐기물의 증감률로 $\frac{123,604-130,777}{130,777}\times100 ≒ -5.5\%$이다.

03

정답 ④

A, B, E구의 1인당 소비량을 각각 a, b, e라고 하면,
제시된 조건을 식으로 나타내면 다음과 같다.

- 첫 번째 조건 : $a+b=30$ … ㉠
- 두 번째 조건 : $a+12=2e$ … ㉡
- 세 번째 조건 : $e=b+6$ … ㉢

㉢을 ㉡에 대입하여 식을 정리하면, $a+12=2(b+6) \rightarrow a-2b=0$ … ㉣
㉠-㉣을 하면 $3b=30 \rightarrow b=10$, $a=20$, $e=16$
A ~ E구의 변동계수를 구하면 다음과 같다.

- A구 : $\frac{5}{20}\times100=25\%$
- B구 : $\frac{4}{10}\times100=40\%$
- C구 : $\frac{6}{30}\times100=20\%$
- D구 : $\frac{4}{12}\times100 ≒ 33.33\%$
- E구 : $\frac{8}{16}\times100=50\%$

따라서 변동계수가 3번째로 큰 구는 D구이다.

04

정답 ③

2023년 방송산업 종사자 수는 모두 32,443명이다. '2023년 추세'에서는 지상파 방송사(지상파DMB 포함)만 언급하고 있으므로 다른 분야의 인원은 고정되어 있다. 지상파 방송사(지상파DMB 포함)는 전년보다 301명이 늘어났으므로 2022년 방송산업 종사자 수는 32,443-301=32,142명이다.

05

정답 ③

영업팀별 연간 매출액을 구하면 다음과 같다.

- 영업 A팀 : 50×0.1+100×0.1+100×0.3+200×0.15=75억 원
- 영업 B팀 : 50×0.2+100×0.2+100×0.2+200×0.4=130억 원
- 영업 C팀 : 50×0.3+100×0.2+100×0.25+200×0.15=90억 원
- 영업 D팀 : 50×0.4+100×0.5+100×0.25+200×0.3=155억 원

따라서 연간 매출액이 큰 순서로 팀을 나열하면 D-B-C-A이고, 이때 매출 1위인 영업 D팀의 연 매출액은 155억 원이다.

출제유형분석 04 실전예제

01

정답 ③

2022년 A국의 석탄 수입액은 28억 달러이고, B국의 석탄 수입액의 4배는 28.4억 달러이므로 4배보다 적다.

오답분석

① 1982년의 A국의 석유 수입액은 74억 달러이고, B국의 석유 수입액은 75억 달러이므로 B국이 더 많다.

② 2002년의 A국의 석유 수입액과 석탄 수입액의 합은 110.7억 달러이고, LNG 수입액의 2배는 108.6억 달러이므로 2배보다 많다.

④ 두 국가의 1982년 대비 2022년의 LNG 수입액 증가율은 다음과 같다.

- A국 : $\frac{79.9-29.2}{29.2}\times100 ≒ 173.6\%$
- B국 : $\frac{102-30}{30}\times100=240\%$

따라서 증가율은 B국이 더 크다.

⑤ 두 국가의 1982년 대비 2022년의 석탄 수입액 감소율은 다음과 같다.

- A국 : $\frac{82.4-28}{82.4}\times100 ≒ 66\%$
- B국 : $\frac{44-7.1}{44}\times100 ≒ 83.9\%$

따라서 감소율은 B국이 더 크다.

02

정답 ③

발굴조사 비용의 비율은 다음과 같으며, 2020년에 가장 높다.

- 2018년 : $\frac{2,509}{2,591}\times100 ≒ 96.8\%$
- 2019년 : $\frac{2,378}{2,470}\times100 ≒ 96.3\%$
- 2020년 : $\frac{2,300}{2,371}\times100 ≒ 97.0\%$
- 2021년 : $\frac{2,438}{2,515}\times100 ≒ 96.9\%$
- 2022년 : $\frac{2,735}{2,840}\times100 ≒ 96.3\%$

오답분석

① 전체 조사의 건당 비용은 다음과 같으며, 2021년부터 다시 증가하고 있다.

- 2018년 : $\frac{2,591}{3,462}$ ≒0.75억 원
- 2019년 : $\frac{2,470}{3,500}$ ≒0.71억 원
- 2020년 : $\frac{2,371}{3,651}$ ≒0.65억 원
- 2021년 : $\frac{2,515}{3,841}$ ≒0.65억 원
- 2022년 : $\frac{2,840}{4,294}$ ≒0.66억 원

② 2020년과 2021년의 발굴조사 건당 비용은 1억 원 이하이다.

④ 전체 건수에 대한 발굴조사 건수 비율은 2019년이 2021년보다 높다.

- 2019년 : $\frac{2,364}{3,500}\times100 ≒ 67.5\%$
- 2021년 : $\frac{2,442}{3,841}\times100 ≒ 63.6\%$

⑤ 2018 ~ 2022년 동안 조사에 쓰인 비용은 2,591+2,470+2,371+2,515+2,840=12,787억 원으로, 약 1조 2천 8백억 원이다.

03

정답 ⑤

생산이 증가한 해에는 수출과 내수 모두 증가했다.

오답분석

① 표에서 ▽는 감소 수치를 나타내고 있으므로 옳은 판단이다.
② 내수가 가장 큰 폭으로 증가한 해는 2021년으로 생산과 수출 모두 감소했다.
③ 수출이 증가한 해는 2019, 2022, 2023년으로 내수와 생산 모두 증가했다.
④ 2021년이 이에 해당한다.

04

정답 ⑤

2019년의 인구성장률은 0.63%, 2022년의 인구성장률 0.39%이다. 2022년의 인구성장률은 2019년의 인구성장률에서 40% 감소한 값인 $0.63 \times (1-0.4) = 0.378$%보다 값이 크므로 40% 미만으로 감소하였다.

오답분석

① 표를 보면 2019년 이후 인구성장률이 매년 감소하고 있으므로 옳은 설명이다.
② 2017년부터 2022년까지의 인구성장률이 가장 낮았던 해는 2022년이며, 합계출산율도 2022년에 가장 낮았다.
③ 인구성장률과 합계출산율은 모두 2018년에는 전년 대비 감소하고, 2019년에는 전년 대비 증가하였으므로 옳은 설명이다.
④ 인구성장률이 높은 순서로 나열하면 2019년 – 2020년 – 2017년 – 2018년 – 2021년 – 2022년이다. 합계출산율이 높은 순서로 나열하면 2017년 – 2020년 – 2019년 – 2018년 – 2021년 – 2022년이다. 따라서 인구성장률과 합계출산율이 두 번째로 높은 해는 모두 2020년이다.

05

정답 ⑤

9월 말 이후의 그래프가 모두 하향곡선을 그리고 있다.

오답분석

①·③ 표를 통해 쉽게 확인할 수 있다.
② 환율이 하락하면 반대로 원화가치가 높아진다.
④ 유가 범위는 85 ~ 125 사이의 변동 폭을 보이고 있다.

06

정답 ③

2015년 대비 2016년에 생산가능인구는 12명 증가했다.

오답분석

① 2014년부터 2016년까지 고용률의 증감추이와 실업률의 증감추이는 '감소 – 감소'로 동일하다.
② 전년과 비교했을 때, 2015년에 경제활동인구가 202명으로 가장 많이 감소했다.
④ 분모가 작고 분자가 크면 비율이 높으므로, 고용률이 낮고 실업률이 높은 2018년과 2019년의 비율만 비교하면 된다.

• 2018년 : $\frac{8.1}{40.5} = 0.2\%$

• 2019년 : $\frac{8.0}{40.3} \fallingdotseq 0.1985\%$

따라서 2018년의 비율이 더 크므로 옳은 설명이다.

⑤ 2019년과 2020년의 경제활동참가율은 같지만, 전체적으로는 경제활동참가율이 감소하고 있다.

CHAPTER

03 문제해결능력

출제유형분석 01 실전예제

01

정답 ③

A사와 B사의 제품 판매가를 x원이라 하고, 두 번째 조건에 따라 A사와 B사의 어제 판매수량을 각각 $4y$개, $3y$개라 하면, 세 번째 조건에 의하여 오늘 A사와 B사의 제품 판매가는 각각 x원, $0.8x$원이고, 네 번째 조건에 의하여 오늘 A사의 판매수량은 $4y$개, B사의 판매수량은 $(3y+150)$개이다. 그리고 다섯 번째 조건에 의하여 두 회사의 오늘 전체 판매액은 동일하므로 다음이 성립한다.

$4xy=0.8x(3y+150) \rightarrow 4y=0.8(3y+150)$

$\therefore y=75$

즉, 오늘 B사의 판매수량은 375개(=3×75+150)이다.

오답분석

①·⑤ A사와 B사의 제품 판매 단가는 구할 수 없다.

② • 오늘 A사의 판매수량 : 4×75=300개
  • 어제 B사의 판매수량 : 3×75=225개
  ∴ 오늘 A사의 판매수량과 어제 B사의 판매수량의 차 : 300−225=75개

④ 오늘 A사와 B사의 판매수량 비는 300 : 375=4 : 5이므로 어제와 동일하지 않다.

02

정답 ②

'을'과 '정'이 서로 상반된 이야기를 하고 있으므로 둘 중 1명이 거짓말을 하고 있다. 만일 '을'이 참이고 '정'이 거짓이라면 화분을 깨뜨린 사람은 '병', '정'이 되는데, 화분을 깨뜨린 사람은 1명이어야 하므로 모순이다. 따라서 거짓말을 한 사람은 '을'이다.

03

정답 ③

주어진 조건을 정리하면 다음과 같다.

구분	A	B	C	D
경우 1	호밀식빵	우유식빵	밤식빵	옥수수식빵
경우 2	호밀식빵	밤식빵	우유식빵	옥수수식빵

따라서 항상 참인 것은 ③이다.

오답분석

①·②·④·⑤ 주어진 조건만으로는 판단하기 힘들다.

04

정답 ①

한 번 배정받은 층은 다시 배정받을 수 없기 때문에 A는 3층, B는 2층에 배정받을 수 있다. C는 1층 또는 4층에 배정받을 수 있지만, D는 1층에만 배정받을 수 있기 때문에, C는 4층, D는 1층에 배정받는다. 이를 정리하면 다음과 같다.

A	B	C	D
3층	2층	4층	1층

따라서 항상 참인 것은 ①이다.

오답분석

②·③·④ 주어진 조건만으로는 판단하기 힘들다.

⑤ 매년 새롭게 층을 배정받기 때문에 B 또한 3년 이상 기숙사에 살았을 것이다.

05

정답 ③

먼저 A사원의 진술이 거짓이라면 A사원과 D사원 두 명이 3층에서 근무하게 되고, 반대로 D사원의 진술이 거짓이라면 3층에는 아무도 근무하지 않게 되므로 조건에 어긋난다. 따라서 A사원과 D사원은 진실을 말하고 있음을 알 수 있다. 또한 C사원의 진술이 거짓이라면 아무도 홍보부에 속하지 않으므로 C사원도 진실을 말하고 있음을 알 수 있다. 결국 거짓말을 하고 있는 사람은 B사원이며, A ~ D사원의 소속 부서와 부서 위치를 정리하면 다음과 같다.

구분	소속 부서	부서 위치
A사원	영업부	4층
B사원	총무부	6층
C사원	홍보부	5층
D사원	기획부	3층

따라서 기획부는 3층에 위치한다.

06

정답 ③

을과 무의 진술이 모순되므로 둘 중 한 명은 참, 다른 한 명은 거짓이다. 여기서 을의 진술이 참일 경우 갑의 진술도 거짓이 되어 두 명이 거짓을 진술한 것이 되므로 문제의 조건에 위배된다. 따라서 을의 진술이 거짓, 무의 진술이 참이다. 그러므로 A강좌는 을이, B와 C강좌는 각각 갑과 정 중 한 명이, D강좌는 무가 담당하고, 병은 강좌를 담당하지 않는다.

출제유형분석 02 실전예제

01

정답 ④

발행형태가 4로 전집이기 때문에 한 권으로만 출판된 것이 아님을 알 수 있다.

오답분석

① 국가번호가 05(미국)로 미국에서 출판되었다.
② 서명식별번호가 1011로 1011번째 발행되었다. 441은 발행자번호로 이 책을 발행한 출판사의 발행자번호가 441이라는 것을 의미한다.
③ 발행자번호는 441로 세 자리로 이루어져 있다.
⑤ 도서의 내용이 710(한국어)이지만, 도서가 한국어로 되어 있는지는 알 수 없다.

02

정답 ⑤

규칙에 따라 사용할 수 있는 숫자는 1, 5, 6을 제외한 나머지 2, 3, 4, 7, 8, 9의 총 6개이다. (한 자리 수)×(두 자리 수)=156이 되는 수를 알기 위해서는 156의 소인수를 구해보면 된다. 156의 소인수는 3, 2^2, 13으로 여기서 156이 되는 수의 곱 중에 조건을 만족하는 것은 2×78과 4×39이다. 따라서 선택지 중에 A팀 또는 B팀에 들어갈 수 있는 암호배열은 39이다.

03

정답 ①

조건에 따라 소괄호 안에 있는 부분을 순서대로 풀이하면
'1 A 5'에서 A는 좌우의 두 수를 더하는 것이지만, 더한 값이 10 미만이면 좌우에 있는 두 수를 곱해야 한다. 1+5=6으로 10 미만이므로 두 수를 곱하여 5가 된다.
'3 C 4'에서 C는 좌우의 두 수를 곱하는 것이지만, 곱한 값이 10 미만이면 좌우에 있는 두 수를 더한다. 이 경우 3×4=12로 10 이상이므로 12가 된다.
중괄호를 풀어보면 '5 B 12'이다. B는 좌우에 있는 두 수 가운데 큰 수에서 작은 수를 빼는 것이지만, 두 수가 같거나 뺀 값이 10 미만이면 두 수를 곱한다. 12−5=7로 10 미만이므로 두 수를 곱해야 한다. 따라서 60이 된다.
'60 D 6'에서 D는 좌우에 있는 두 수 가운데 큰 수를 작은 수로 나누는 것이지만, 두 수가 같거나 나눈 값이 10 미만이면 두 수를 곱해야 한다. 이 경우 나눈 값이 60÷6=10이므로 답은 10이다.

04

정답 ②

서울 지점의 C씨에게 배송할 제품과 경기남부 지점의 B씨에게 배송할 제품에 대한 기호를 모두 기록해야 한다.

- C씨 : MS11EISS
  - 재료 : 연강(MS)
  - 판매량 : 1box(11)
  - 지역 : 서울(E)
  - 윤활유 사용 : 윤활작용(I)
  - 용도 : 스프링(SS)
- B씨 : AHSS00SSST
  - 재료 : 초고강도강(AHSS)
  - 판매량 : 1set(00)
  - 지역 : 경기남부(S)
  - 윤활유 사용 : 밀폐작용(S)
  - 용도 : 타이어코드(ST)

출제유형분석 03 실전예제

01

정답 ②

ㄱ. 기술개발을 통해 연비를 개선하는 것은 막대한 R&D 역량이라는 강점으로 휘발유의 부족 및 가격의 급등이라는 위협을 회피하거나 최소화하는 전략에 해당하므로 적절하다.
ㄹ. 생산설비에 막대한 투자를 했기 때문에 차량모델 변경의 어려움이라는 약점이 있는데, 레저용 차량 전반에 대한 수요 침체 및 다른 회사들과의 경쟁이 심화되고 있으므로 생산량 감축을 고려할 수 있다.
ㅁ. 생산 공장을 한 곳만 가지고 있다는 약점이 있지만 새로운 해외시장이 출현하고 있는 기회를 살려서 국내 다른 지역이나 해외에 공장들을 분산 설립할 수 있을 것이다.
ㅂ. 막대한 R&D 역량이라는 강점을 이용하여 휘발유의 부족 및 가격의 급등이라는 위협을 회피하거나 최소화하기 위해 경유용 레저 차량 생산을 고려할 수 있다.

오답분석

ㄴ. 소형 레저용 차량에 대한 수요 증대라는 기회 상황에서 대형 레저용 차량을 생산하는 것은 적절하지 않은 전략이다.
ㄷ. 차량모델 변경의 어려움이라는 약점을 보완하는 전략도 아니고, 소형 또는 저가형 레저용 차량에 대한 선호가 증가하는 기회에 대응하는 전략도 아니다. 또한, 차량 안전 기준의 강화 같은 규제 강화는 기회 요인이 아니라 위협 요인이다.
ㅅ. 기회는 새로운 해외시장의 출현인데 내수 확대에 집중하는 것은 기회를 살리는 전략이 아니다.

02

정답 ①

제시된 자료는 K섬유회사의 SWOT 분석을 통해 강점(S), 약점(W), 기회(O), 위협(T) 요인을 분석한 것으로 SO전략과 WO전략은 발전 방안으로서 적절하다.

오답분석

ㄴ. ST전략에서 경쟁업체에 특허 기술을 무상 이전하는 것은 경쟁이 더 심화될 수 있으므로 적절하지 않다.
ㄹ. WT전략에서는 기존 설비에 대한 재투자보다는 수요에 맞게 다양한 제품을 유연하게 생산할 수 있는 신규 설비에 대한 투자가 필요하다.

03

정답 ②

국내 금융기관에 대한 SWOT 분석 결과는 다음과 같다.

강점(Strength)	약점(Weakness)
• 높은 국내 시장 지배력 • 우수한 자산건전성 • 뛰어난 위기관리 역량	• 은행과 이자 이익에 편중된 수익구조 • 취약한 해외 비즈니스와 글로벌 경쟁력
기회(Opportunity)	**위협(Threat)**
• 해외 금융시장 진출 확대 • 기술 발달에 따른 핀테크의 등장 • IT 인프라를 활용한 새로운 수익 창출	• 새로운 금융 서비스의 등장 • 글로벌 금융기관과의 경쟁 심화

ㄱ. SO전략은 강점을 살려 기회를 포착하는 전략으로, 강점인 높은 국내 시장점유율을 기반으로 핀테크 사업에 진출하려는 ㄱ은 적절한 SO전략으로 볼 수 있다.
ㄷ. ST전략은 강점을 살려 위협을 회피하는 전략으로, 강점인 우수한 자산건전성을 강조하여 글로벌 금융기관과의 경쟁에서 우위를 차지하려는 ㄷ은 적절한 ST전략으로 볼 수 있다.

오답분석

ㄴ. WO전략은 약점을 보완하여 기회를 포착하는 전략이다. 그러나 위기관리 역량은 국내 금융기관이 지니고 있는 강점에 해당하므로 WO전략으로 적절하지 않다.
ㄹ. 해외 비즈니스 역량을 강화하여 해외 금융시장에 진출하는 것은 약점을 보완하여 기회를 포착하는 WO전략에 해당한다.

04

정답 ④

ㄴ. 다수의 풍부한 경제자유구역 성공 사례를 활용하는 것은 강점에 해당되지만, 외국인 근로자를 국내주민과 문화적으로 동화시키려는 시도는 위협을 극복하는 것과는 거리가 멀다. 따라서 해당 전략은 ST전략으로 부적절하다.

ㄹ. 경제자유구역 인근 대도시와의 연계를 활성화하면 오히려 인근 기성 대도시의 산업이 확장된 교통망을 바탕으로 경제자유구역의 사업을 흡수할 위험이 커진다. 또한 인근 대도시와의 연계 확대는 경제자유구역 내 국내·외 기업 간의 구조 및 운영상 이질감을 해소하는 데 직접적인 도움이 된다고 보기 어렵다.

오답분석

ㄱ. 경제호황으로 인해 자국을 벗어나 타국으로 진출하려는 해외기업이 증가하는 기회상황에서, 성공적 경험에서 축적된 우리나라의 경제자유구역 조성 노하우로 이들을 유인하여 유치하는 전략은 SO전략으로 적절하다.

ㄷ. 기존에 국내에 입주한 해외기업의 동형화 사례를 활용하여 국내기업과 외국계 기업의 운영상 이질감을 해소하여 생산성을 증대시키는 전략은 WO전략에 해당한다.

05

정답 ②

ㄱ. LNG 구매력이 우수하다는 강점을 이용해 북아시아 가스관 사업이라는 기회를 활용하는 것은 SO전략에 해당한다.

ㄷ. 수소 자원 개발이 고도화되고 있는 기회를 이용하여 높은 공급단가라는 약점을 보완하는 것은 WO전략에 해당한다.

오답분석

ㄴ. 북아시아 가스관 사업은 강점이 아닌 기회에 해당되므로 ST전략에 해당한다고 볼 수 없다.

ㄹ. 높은 LNG 확보 능력이라는 강점을 이용해 높은 가스 공급단가라는 약점을 보완하려는 것은 WT전략에 해당한다고 볼 수 없다.

CHAPTER

04 정보능력

PART 1

출제유형분석 01 실전예제

01

정답 ④

정보의 기획은 정보처리의 첫 번째 단계로, 5W2H에 입각하여 이루어진다. 이때 5W는 What(무엇을), Where(어디에서), When(언제까지), Why(왜), Who(누가)이고, 2H는 How(어떻게), How much(얼마나)이다.

02

정답 ⑤

제시문에서는 '응용프로그램과 데이터베이스를 독립시킴으로써 데이터를 변경시키더라도 응용프로그램은 변경되지 않는다.'고 하였다. 따라서 데이터의 논리적 의존성이 아니라, 데이터의 논리적 독립성이 적절하다.

오답분석

① '다량의 데이터는 사용자의 질의에 대한 신속한 응답 처리를 가능하게 한다.'라는 내용은 실시간 접근성에 해당한다.
② '삽입, 삭제, 수정, 갱신 등을 통하여 항상 최신의 데이터를 유동적으로 유지할 수 있으며'라는 내용을 통해 데이터베이스는 그 내용을 변화시키면서 계속적인 진화를 하고 있음을 알 수 있다.
③ '여러 명의 사용자가 동시에 공유가 가능하고'라는 부분에서 동시 공유가 가능함을 알 수 있다.
④ '각 데이터를 참조할 때는 사용자가 요구하는 내용에 따라 참조가 가능함'을 통해 내용에 의한 참조인 것을 알 수 있다.

03

정답 ③

고객의 신상정보의 경우 유출하거나 삭제하는 것 등의 행동을 해서는 안 되며, 거래처에서 빌린 컴퓨터에서 나왔기 때문에 거래처 담당자에게 되돌려주는 것이 가장 적절하다.

출제유형분석 02 실전예제

01

정답 ②

ㄴ. 부서를 우선 기준으로 하며, 다음은 직위 순으로 정렬되었다.

오답분석

ㄱ. 부서를 기준으로 오름차순으로 정렬되었다.
ㄷ. 성명을 기준으로 정렬되지 않았다.

02

정답 ④

LARGE 함수는 데이터 집합에서 N번째로 큰 값을 구하는 함수이다. 따라서 ④를 입력하면 [D2:D9] 범위에서 두 번째로 큰 값인 20,000이 산출된다.

오답분석

① MAX 함수는 최댓값을 구하는 함수이다.
② MIN 함수는 최솟값을 구하는 함수이다.
③ MID 함수는 문자열의 지정 위치에서 문자를 지정한 개수만큼 돌려주는 함수이다.
⑤ INDEX 함수는 범위 내에서 값이나 참조 영역을 구하는 함수이다.

03

정답 ①

SUMIF 함수는 주어진 조건에 의해 지정된 셀들의 합을 구하는 함수이며, 「=SUMIF(조건 범위,조건,계산할 범위)」로 구성된다. 따라서 ①을 입력하면 계산할 범위 [C2:C9] 안에서 [A2:A9] 범위 안의 조건인 [A2](의류)로 지정된 셀들의 합인 42가 산출된다.

오답분석

② COUNTIF 함수는 지정한 범위 내에서 조건에 맞는 셀의 개수를 구하는 함수이다.
③·④ VLOOKUP 함수와 HLOOKUP 함수는 배열의 첫 열/행에서 값을 검색하여 지정한 열/행의 같은 행/열에서 데이터를 돌려주는 찾기/참조함수이다.
⑤ AVERAGEIF 함수는 주어진 조건에 따라 지정되는 셀의 평균을 구하는 함수이다.

04

정답 ③

SUM 함수는 인수들의 합을 구할 수 있다.

- [B12] : SUM(B2:B11)
- [C12] : SUM(C2:C11)

오답분석

① REPT : 텍스트를 지정한 횟수만큼 반복한다.
② CHOOSE : 인수 목록 중에서 하나를 고른다.
④ AVERAGE : 인수들의 평균을 구한다.
⑤ DSUM : 지정한 조건에 맞는 데이터베이스에서 필드 값들의 합을 구한다.

05

정답 ⑤

- MAX : 최댓값을 구한다.
- MIN : 최솟값을 구한다.

출제유형분석 03 실전예제

01

정답 ④

1부터 100까지의 값을 변수 x에 저장한다. 1, 2, 3, …에서 초기값은 1이고, 최종값은 100이며, 증분값은 1씩 증가시키면 된다. 즉, 1부터 100까지를 덧셈하려면 99단계를 반복 수행해야 하므로 결괏값으로 5050이 출력된다.

02

정답 ④

반복문을 통해 배열의 요소를 순회하면서 각 요소들의 값을 더하여 tot에 저장하는 프로그램이다. 요소들의 값이 누적되어 있는 tot의 값이 100보다 크거나 같다면 break 문으로 인해 반복문을 종료하고 현재 tot 값을 출력한다. 따라서 10+37+23+4+8+71일 때 100보다 커져 반복문이 종료되므로 마지막에 출력값은 153이 된다.

CHAPTER

05 자원관리능력

출제유형분석 01 실전예제

01

정답 ④

10월 20 ~ 21일은 주중이며, 출장 또는 연수 일정이 없고, 부서이동 전에 해당되므로 김대리가 경기본부의 전기점검을 진행할 수 있는 일정이다.

오답분석

① 10월 6 ~ 7일은 김대리의 연수기간이므로 전기점검을 진행할 수 없다.
② 10월 11 ~ 12일은 주말인 11일을 포함하고 있다.
③ 10월 14 ~ 15일 중 15일은 목요일로, 김대리가 경인건설본부로 출장을 가는 날짜이다.
⑤ 10월 27 ~ 28일은 김대리가 27일부터 부서를 이동한 이후이므로, 김대리가 전기점검을 진행할 수 없다.

02

정답 ④

팀원들의 모든 스케줄이 비어 있는 시간대인 16:00 ~ 17:00가 가장 적절하다.

03

정답 ③

자동차 부품 생산조건에 따라 반자동라인과 자동라인의 시간당 부품 생산량을 구해보면 다음과 같다.

- 반자동라인 : 4시간에 300개의 부품을 생산하므로, 8시간에 300개×2=600개의 부품을 생산한다. 하지만 8시간마다 2시간씩 생산을 중단하므로, 8+2=10시간에 600개의 부품을 생산하는 것과 같다. 따라서 시간당 부품 생산량은 $\frac{600\text{개}}{10\text{시간}}=60$개이다. 이때 반자동라인에서 생산된 부품의 20%는 불량이므로, 시간당 정상 부품 생산량은 60개×(1−0.2)=48개이다.
- 자동라인 : 3시간에 400개의 부품을 생산하므로, 9시간에 400개×3=1,200개의 부품을 생산한다. 하지만 9시간마다 3시간씩 생산을 중단하므로, 9+3=12시간에 1,200개의 부품을 생산하는 것과 같다. 따라서 시간당 부품 생산량은 $\frac{1,200\text{개}}{12\text{시간}}=100$개이다. 이때 자동라인에서 생산된 부품의 10%는 불량이므로, 시간당 정상 제품 생산량은 100개×(1−0.1)=90개이다.

따라서 반자동라인과 자동라인에서 시간당 생산하는 정상 제품의 생산량은 48+90=138개이므로, 34,500개를 생산하는 데 $\frac{34,500\text{개}}{138\text{개/h}}=250$시간이 소요되었다.

04

정답 ①

두 번째 조건에서 경유지는 서울보다 +1시간, 출장지는 경유지보다 −2시간이므로 서울과 −1시간 차이다.
김대리가 서울에서 경유지를 거쳐 출장지까지 가는 과정을 서울시간 기준으로 정리하면,
서울 5일 오후 1시 35분 출발 → 오후 1시 35분+3시간 45분=오후 5시 20분 경유지 도착 → 오후 5시 20분+3시간 50분(대기시간)=오후 9시 10분 경유지에서 출발 → 오후 9시 10분+9시간 25분=6일 오전 6시 35분 출장지 도착
따라서 출장지에 도착했을 때 현지 시각은 서울보다 1시간 느리므로 오전 5시 35분이다.

05

정답 ④

공정별 순서는 A → B ↘ C → F이고, D → E ↗ C공정을 시작하기 전에 B공정과 E공정이 선행되어야 하는데 B공정까지 끝나려면 4시간이 소요되고, E공정까지 끝나려면 3시간이 소요된다. 선행작업이 완료되어야 이후 작업을 할 수 있으므로, C공정을 진행하기 위해서는 최소 4시간이 걸린다. 따라서 완제품은 F공정이 완료된 후 생산되므로 첫 번째 완제품 생산의 소요시간은 9시간이다.

출제유형분석 02 실전예제

01

정답 ④

수인이가 베트남 현금 1,670만 동을 환전하기 위해 필요한 한국 돈은 수수료를 제외하고 1,670만 동×483원/만 동=806,610원이다.

우대사항에서 50만 원 이상 환전 시 70만 원까지 수수료가 0.4%로 낮아진다. 70만 원의 수수료는 0.4%가 적용되고 나머지는 0.5%가 적용되어 총수수료를 구하면 700,000×0.004+(806,610−700,000)×0.005=2,800+533.05≒3,330원이다.

따라서 수인이가 원하는 금액을 환전하기 위해서 필요한 총금액은 806,610+3,330=809,940원임을 알 수 있다.

02

정답 ①

[(월 임대료)×(12개월)/{(전세 보증금)−(월세 보증금)}]×100=6%가 되어야 한다.

따라서 월 임대료를 x원으로 하여 주어진 금액을 대입하고 계산해 보면,

{(x×12)/(1억 원−1천만 원)}×100=6

$$\frac{12x}{900,000}=6 \rightarrow x=\frac{900,000\times 6}{12}$$

$\therefore\ x=450,000$

03

정답 ③

상별로 수상인원을 고려하여, 상패 및 물품별 총수량과 비용을 계산하면 다음과 같다.

상패 또는 물품	총수량(개)	개당 가격(원)	총비용(원)
금 도금 상패	7	49,500원(10% 할인)	7×49,500=346,500
은 도금 상패	5	42,000	42,000×4(1개 무료)=168,000
동 상패	2	35,000	35,000×2=70,000
식기 세트	5	450,000	5×450,000=2,250,000
신형 노트북	1	1,500,000	1×1,500,000=1,500,000
태블릿 PC	6	600,000	6×600,000=3,600,000
만년필	8	100,000	8×100,000=800,000
안마의자	4	1,700,000	4×1,700,000=6,800,000
합계	−	−	15,534,500

따라서 총상품구입비는 15,534,500원이다.

04

정답 ④

주어진 조건을 정리하면 다음과 같다.

- (B+C+D)×0.2=A → B+C+D=5A … ⓐ
- (A+B)×0.4=C → A+B=2.5C … ⓑ
- A+B=C+D … ⓒ
- D−16,000=A … ⓓ

ⓑ를 ⓒ에 대입하면 C+D=2.5C → D=1.5C … ㉠

㉠을 ⓓ에 대입하면 A=1.5C−16,000 … ㉡

㉠을 ⓒ에 대입하면 B=2.5C−A, 여기에 ㉡을 대입하면 B=2.5C−1.5C+16,000=C+16,000 … ㉢

㉠, ㉡, ㉢을 이용해 ⓐ를 C에 대한 식으로 정리하면

C+16,000+C+1.5C=7.5C−80,000

→ 3.5C+16,000=7.5C−80,000

→ 16,000+80,000=7.5C−3.5C

→ 96,000=4C

∴ C=24,000

05

정답 ④

제품군별 지급해야 할 보관료는 다음과 같다.

- A제품군 : 300억×0.01=3억 원
- B제품군 : 2,000CUBIC×20,000=4천만 원
- C제품군 : 500톤×80,000=4천만 원

따라서 K기업이 보관료로 지급해야 할 총금액은 3억+4천만+4천만=3억 8천만 원이다.

출제유형분석 03 실전예제

01

정답 ②

(단위 : 점)

구분	A	B	C	D	E
저장용량	4	2+3=5	5	2+3=5	3+3=6
배터리 지속시간	2	5	1	4	3
무게	2	5	1	4	3
가격	2	5	1	3	4
합계	4+2+2+2=10	5+5+5+5=20	5+1+1+1=8	5+4+4+3=16	6+3+3+4=16

따라서 노트북 B를 고른다.

02

정답 ④

20×10=200부이며, 200×30=6,000페이지이다. 이를 활용하여 업체당 인쇄비용을 구하면 다음과 같다.

구분	페이지 인쇄 비용	유광표지 비용	제본 비용	할인을 적용한 총비용
A	6,000×50=30만 원	200×500=10만 원	200×1,500=30만 원	30+10+30=70만 원
B	6,000×70=42만 원	200×300=6만 원	200×1,300=26만 원	42+6+26=74만 원
C	6,000×70=42만 원	200×500=10만 원	200×1,000=20만 원	42+10+20=72만 원 → 200부 중 100부 5% 할인 → (할인 안 한 100부 비용)+(할인한 100부 비용) =36+(36×0.95)=70만 2천 원
D	6,000×60=36만 원	200×300=6만 원	200×1,000=20만 원	36+6+20=62만 원
E	6,000×100=60만 원	200×200=4만 원	200×1,000=20만 원	60+4+20=84만 원 → 총비용 20% 할인 84×0.8=67만 2천 원

따라서 가장 저렴한 비용으로 인쇄할 수 있는 업체는 D인쇄소이다.

03

정답 ①

두 번째 조건에서 총구매금액이 30만 원 이상이면 총금액에서 5%를 할인해 주므로 한 벌당 가격이 300,000÷50=6,000원 이상인 품목은 할인적용이 들어간다. 업체별 품목 금액을 보면 모든 품목이 6,000원 이상이므로 5% 할인 적용대상이다. 따라서 모든 품목에 할인이 적용되어 정가로 비교가 가능하다.
세 번째 조건에서 차순위 품목이 1순위 품목보다 총금액이 20% 이상 저렴한 경우 차순위를 선택한다고 했으므로 한 벌당 가격으로 계산하면 1순위인 카라 티셔츠의 20% 할인된 가격은 8,000×0.8=6,400원이다. 정가가 6,400원 이하인 품목은 A업체의 티셔츠이므로 팀장은 1순위인 카라 티셔츠보다 2순위인 A업체의 티셔츠를 구입할 것이다.

04

정답 ④

어떤 컴퓨터를 구매하더라도 각각 사는 것보다 세트로 사는 것이 한 세트(모니터+본체)당 7만 원에서 12만 원 정도 이득이다. 하지만 세트 혜택이 아닌 다른 혜택에 해당하는 조건에서는 비용을 비교해 봐야 한다. 다음은 컴퓨터별 구매 비용을 계산한 것이다. E컴퓨터는 성능평가에서 '하'를 받았으므로 계산에서 제외한다.

- A컴퓨터 : 80만 원×15대=1,200만 원
- B컴퓨터 : (75만 원×15대)−100만 원=1,025만 원
- C컴퓨터 : (20만 원×10대)+(20만 원×0.85×5대)+(60만 원×15대)=1,185만 원 또는 70만 원×15대=1,050만 원
- D컴퓨터 : 66만 원×15대=990만 원

따라서 D컴퓨터만 예산 범위인 1,000만 원 내에서 구매할 수 있으므로 조건을 만족하는 컴퓨터는 D컴퓨터이다.

05

정답 ③

사진 크기별로 개수에 따른 총용량을 구하면 다음과 같다.

- 반명함 : 150×8,000=1,200,000KB(1,200MB)
- 신분증 : 180×6,000=1,080,000KB(1,080MB)
- 여권 : 200×7,500=1,500,000KB(1,500MB)
- 단체사진 : 250×5,000=1,250,000KB(1,250MB)

모든 사진의 총용량을 더하면 1,200+1,080+1,500+1,250=5,030MB이다.
5,030MB는 5.030GB이므로, 필요한 USB 최소 용량은 5GB이다.

출제유형분석 04 실전예제

01

정답 ④

성과급 기준표를 토대로 A ~ E교사에 대한 성과급 배점을 정리하면 다음과 같다.

구분	주당 수업시간	수업 공개 유무	담임 유무	업무 곤란도	호봉	합계
A교사	14점	–	10점	20점	30점	74점
B교사	20점	–	5점	20점	30점	75점
C교사	18점	5점	5점	30점	20점	78점
D교사	14점	10점	10점	30점	15점	79점
E교사	16점	10점	5점	20점	25점	76점

따라서 D교사가 가장 높은 배점을 받게 된다.

02

정답 ③

직원들을 요일별로 초과근무 일정을 정리하면 목요일 초과근무자가 5명임을 알 수 있다.

월	화	수	목	금	토	일
김혜정 정해리 정지원	이지호 최명진	김재건 신혜선	박주환 신혜선 정지원 김우석 이상엽	김혜정 김유미	이설희 임유진 김유미	임유진 한예리 이상엽

목요일 초과근무자 중 단 1명만 초과근무 일정을 수정해야 한다면 목요일 6시간과 일요일 3시간 일정으로 $6+3\times1.5=10.5$시간을 근무하는 이상엽 직원의 일정을 수정해야 한다. 따라서 목요일에 초과근무 예정인 이상엽 직원의 요일과 시간을 수정해야 한다.

03

정답 ②

(하루 1인당 고용비)=(1인당 수당)+(산재보험료)+(고용보험료)

$=50,000+(50,000\times0.00504)+(50,000\times0.013)$

$=50,000+252+650=50,902$원

(하루에 고용할 수 있는 인원수)=[(본예산)+(예비비)] / (하루 1인당 고용비)

$$=\frac{600,000}{50,902}$$

$$\fallingdotseq 11.8$$

따라서 하루 동안 고용할 수 있는 최대 인원은 11명이다.

04

정답 ③

최나래, 황보연, 이상윤, 한지혜는 업무성과 평가에서 상위 40%(인원이 10명이므로 4명) 이내에 해당하지 않으므로 대상자가 아니다. 업무성과 평가 결과에서 40% 이내에 드는 사람은 4명까지이지만, B를 받은 사람 4명을 동순위자로 보아 6명이 대상자 후보가 된다. 6명 중 박희영은 통근거리가 50km 미만이므로 대상자에서 제외된다. 나머지 5명 중에서 자녀가 없는 김성배, 이지규는 우선순위에서 밀려나고, 나머지 3명 중에서는 통근거리가 가장 먼 순서대로 이준서, 김태란이 동절기 업무시간 단축 대상자로 선정된다.

05

정답 ④

제시된 조건을 정리하면 다음과 같다.

- 최소비용으로 가능한 한 많은 인원 채용
- 급여는 희망임금으로 지급
- 6개월 이상 근무하되, 주말 근무시간은 협의가능
- 지원자들은 주말 이틀 중 하루만 출근하기를 원함
- 하루 1회 출근만 가능

위 조건을 모두 고려하여 근무스케줄을 작성해보면 총 5명의 직원을 채용할 수 있다.

<table>
<tr><th>근무시간</th><th>토요일</th><th>일요일</th></tr>
<tr><td>11:00 ~ 12:00</td><td rowspan="7">최지홍(7,000원)</td><td rowspan="4">박소다(7,500원)</td></tr>
<tr><td>12:00 ~ 13:00</td></tr>
<tr><td>13:00 ~ 14:00</td></tr>
<tr><td>14:00 ~ 15:00</td></tr>
<tr><td>15:00 ~ 16:00</td><td rowspan="5">우병지(7,000원)</td></tr>
<tr><td>16:00 ~ 17:00</td></tr>
<tr><td>17:00 ~ 18:00</td></tr>
<tr><td>18:00 ~ 19:00</td><td rowspan="4">한승희(7,500원)</td></tr>
<tr><td>19:00 ~ 20:00</td></tr>
<tr><td>20:00 ~ 21:00</td><td rowspan="2">김래원(8,000원)</td></tr>
<tr><td>21:00 ~ 22:00</td></tr>
</table>

※ 김병우 지원자의 경우에는 희망근무기간이 4개월이므로 채용하지 못한다.

CHAPTER

06 기술능력

출제유형분석 01 실전예제

01

정답 ③

기술선택을 위한 절차는 '㉠ 외부 환경 분석 → 중장기 사업목표 설정 → ㉡ 내부 역량 분석'의 순서이다. 이때 외부 환경 분석은 수요 변화 및 경쟁자 변화, 기술 변화 등의 분석이고, 중장기 사업목표 설정은 기업의 장기비전, 중장기 매출목표 및 이익목표 설정이며, 내부 역량 분석은 기술력, 생산능력, 마케팅·영업능력, 재무능력 등의 분석이다. 또한, 중장기 사업목표 설정은 '사업 전략 수립 → ㉢ 요구 기술 분석 → ㉣ 기술 전략 수립 → 핵심 기술 선택'의 순서로 진행된다. 사업 전략 수립은 사업 영역 결정, 경쟁우위 확보 방안 수립이고, 요구 기술 분석은 제품 설계·디자인 기술, 제품 생산 공정, 원재료·부품 제조기술 분석이며, 기술 전략 수립은 핵심 기술 선택, 기술 획득 방법 결정 등이 있다.

02

정답 ①

기술시스템(Technological System)은 개별 기술이 네트워크로 결합하는 것을 말한다. 인공물의 집합체만이 아니라 투자회사, 법적 제도, 정치, 과학, 자연자원을 모두 포함하는 것으로, 사회기술시스템이라고도 한다.

출제유형분석 02 실전예제

01

정답 ②

Index 뒤의 문자 SHAWTY와 File 뒤의 문자 CRISPR에서 일치하는 알파벳의 개수를 확인하면, 'S' 1개만 일치하는 것을 알 수 있다. 따라서 판단 기준에 따라 Final Code는 Atur이다.

02

정답 ④

④에 대한 내용은 문제 해결법에 나와 있지 않다.

03

정답 ④

인쇄 속도가 느릴 때 해결할 수 있는 방안이다.

PART 2

최종점검 모의고사

제 1 회 최종점검 모의고사

01	02	03	04	05	06	07	08	09	10	11	12	13	14	15	16	17	18	19	20
⑤	⑤	④	①	①	①	①	④	②	⑤	②	①	⑤	③	⑤	④	④	③	②	⑤
21	22	23	24	25	26	27	28	29	30	31	32	33	34	35	36	37	38	39	40
②	⑤	③	②	②	③	③	④	④	②	①	⑤	①	①	③	⑤	③	④	④	①
41	42	43	44	45	46	47	48	49	50										
③	①	④	⑤	③	③	②	③	④	②										

01 공통영역

01

정답 ⑤

글쓴이는 인공 지능은 인간의 삶을 편리하게 돕는 도구일 뿐 인간과 같은 사고와 사회적 관계 형성이 불가능하다고 이야기한다. 즉, 이러한 인공 지능을 통해서는 인간에 대한 타당한 판단 역시 불가능하다고 주장한다. 따라서 ㉠에 대한 글쓴이의 주장으로 가장 적절한 것은 ⑤이다.

오답분석

① 인공 지능은 겉으로 드러난 인간의 말과 행동을 분석하지만, 통계적 분석을 할 뿐 타당한 판단을 할 수 없다.
② 인공 지능은 인간의 삶을 편리하게 돕는 도구일 뿐이며, 인간과 상호 보완의 관계를 갖는다고 볼 수 없다.
③ 인공 지능이 발전하더라도 인간과 같은 사고는 불가능하다.
④ 인공 지능은 사회적 관계를 맺을 수 없다.

02

정답 ⑤

밑줄 친 ㉡에 해당하는 한자성어는 '손이 도리어 주인 노릇을 한다는 뜻으로, 부차적인 것을 주된 것보다 오히려 더 중요하게 여김을 이르는 말'인 '객반위주(客反爲主)'이다.

오답분석

① 괄목상대(刮目相對) : 눈을 비비고 상대편을 본다는 뜻으로, 남의 학식이나 재주가 놀랄 만큼 부쩍 늚을 이르는 말
② 청출어람(靑出於藍) : 쪽에서 뽑아낸 푸른 물감이 쪽보다 더 푸르다는 뜻으로, 제자나 후배가 스승이나 선배보다 나음을 비유적으로 이르는 말
③ 과유불급(過猶不及) : 정도를 지나침은 미치지 못함과 같다는 뜻으로, 중용이 중요함을 이르는 말
④ 당랑거철(螳螂拒轍) : 제 역량을 생각하지 않고, 강한 상대나 되지 않을 일에 덤벼드는 무모한 행동거지를 비유적으로 이르는 말

03 정답 ④

최근 대두되고 있는 '초연결사회'에 대해 언급하는 (나) 문단이 가장 먼저 오는 것이 적절하며, 그다음으로는 초연결사회에 대해 설명하는 (가) 문단이 적절하다. 그 뒤를 이어 초연결 네트워크를 통해 긴밀히 연결되는 초연결사회의 (라) 문단이, 마지막으로는 이러한 초연결사회가 가져올 변화에 대한 전망의 (다) 문단이 적절하다.

04 정답 ①

기업은 최저임금제도로 인건비가 높아지면 경제적 부담으로 다가올 수 있다. 그러나 근로자의 소비 지출 증가로 기업의 생산과 판매를 촉진시키므로 기업 입장에서 최저임금제도가 아무런 이득이 없는 것은 아니다.

오답분석

② 인건비 인상으로 인한 기업의 비용 부담 증가는 일자리의 제약이나 물가 상승으로 이어질 수 있다.
③ 근로자들이 안정된 임금을 받게 되면 소비력이 강화되고 소비 지출이 증가한다.
④ 최저임금제도는 불공정한 임금구조를 해소하고 경제적인 격차를 완화하는 데 도움을 준다.
⑤ 일정 수준 이상으로 설정된 최저임금은 근로자들의 생계비를 보장하고 근로 환경에서의 안정성을 확보할 수 있게 한다.

05 정답 ①

제시문의 내용은 청나라에 맞서 싸우자는 척화론이다. ①은 척화론과 동일한 주장을 하고 있으므로 비판 내용으로 적절하지 않다.

06 정답 ①

제시문에서는 물리적 태세와 목적론적 태세 그리고 지향적 태세라는 추상적 개념을 구체적인 사례(소금, 〈F8〉 키, 쥐)를 통해 설명하고 있다.

07 정답 ①

두 번째 문단에서 '핵력의 강도가 겨우 0.5% 다르거나 전기력의 강도가 4% 다를 경우에도 탄소나 산소는 우주에서 합성되지 않는다. 따라서 생명 탄생의 가능성도 사라진다.'라고 했으므로 탄소가 없어도 생명은 자연적으로 진화할 수 있다고 한 ①은 제시문을 지지하는 내용이 아니다.

08 정답 ④

색채를 활용하여 먼 거리에서 더 잘 보이게 하거나 뚜렷하게 보이도록 해야 할 때가 있다. 그럴 경우에는 배경과 그 앞에 놓이는 그림의 속성 차를 크게 해야 한다.

오답분석

① 색채의 대비는 2개 이상의 색을 동시에 보거나, 계속해서 볼 때 일어나는 현상이다. 전자를 '동시대비', 후자를 '계속대비'라 한다.
② 어떤 색을 계속 응시하면, 시간의 경과에 따라 그 색의 보이는 상태가 변화한다.
③ 색채가 어떠하며, 우리 눈에 그것이 어떻게 보이고, 어떤 느낌을 주는지는 색채심리학이 다루는 연구대상 중 가장 주요한 부분이다.
⑤ 멀리서도 잘 보여야 하는 표지류 등은 대비량이 큰 색을 사용한다.

09

정답 ②

연두색과 노란색과 같은 두 색이 서로의 영향으로 색상 차가 나는 것으로 색상대비로 볼 수 있다.

오답분석

① 명도대비
③ 색순응
④ 보색잔상
⑤ 채도대비

10

정답 ⑤

최소비용입지론에서는 운송비가 최소가 되는 지점이 최적 입지가 되는데, 운송비는 일반적으로 이동 거리가 짧을수록 적게 든다. 또한 최대수요입지론에서는 소비자의 이동 거리를 최소화할 수 있는 지점에 입지를 선정한다. 결국 두 입지론 모두 최적의 입지 선택을 위해서는 거리에 따른 경제적 효과를 중시하고 있음을 알 수 있다.

11

정답 ②

앞의 두 항의 합이 다음 항이 되는 피보나치 수열로, 빈칸에 알맞은 수는 $21+34=55$이다.

12

정답 ①

퍼낸 소금물의 양을 xg이라고 하면,

$\frac{6}{100}\times700-\frac{6}{100}x+\frac{13}{100}x=\frac{9}{100}\times700 \rightarrow 4,200-6x+13x=6,300$

$\rightarrow 7x=2,100$

$\therefore x=300$

13

정답 ⑤

A, B기차의 길이를 각각 am, bm라고 가정하고 터널을 지나는 시간에 대한 방정식을 세우면 다음과 같다.

- A기차 : $\frac{600+a}{36}=25 \rightarrow 600+a=900 \rightarrow a=300$
- B기차 : $\frac{600+b}{36}=20 \rightarrow 600+b=720 \rightarrow b=120$

따라서 A기차의 길이는 300m이며, B기차의 길이는 120m이다.

14

정답 ③

소비자물가를 연도별로 계산해 보면 다음과 같다. 서비스는 존재하지 않기 때문에 재화만 고려한다.

구분	소비자물가	소비자물가지수
2021년	120×200+180×300=78,000원	100
2022년	150×200+220×300=96,000원	123
2023년	180×200+270×300=117,000원	150

보리와 쌀이 유일한 재화이므로, 물가지수는 보리와 쌀의 가격으로 구할 수 있다.

기준 연도의 물가 : 기준 연도의 물가지수=해당 연도의 물가 : 해당 연도의 물가지수이므로,

2023년 물가지수를 x로 두면,
78,000 : 100=117,000 : x, x=150이 된다.
따라서 2023년도 물가상승률은 $\frac{150-100}{100}\times100=50\%$이다.

15

정답 ⑤

조건을 분석하면 다음과 같다.

- 첫 번째 조건에 의해 ㉠~㉣ 국가 중 연도별로 8위를 두 번 한 두 나라는 ㉠과 ㉣이므로 둘 중 한 곳이 한국, 나머지 하나가 캐나다임을 알 수 있다.
- 두 번째 조건에 의해 2020년 대비 2021년의 이산화탄소 배출량 증가율은 ㉡과 ㉢이 각각 $\frac{556-535}{535}\times100\fallingdotseq3.93\%$와 $\frac{507-471}{471}\times100\fallingdotseq7.64\%$이므로 ㉢은 사우디가 되며, 따라서 ㉡은 이란이 된다.
- 세 번째 조건에 의해 이란의 수치는 고정값으로 놓고 2015년을 기점으로 ㉠이 ㉣보다 배출량이 많아지고 있으므로 ㉠이 한국, ㉣이 캐나다임을 알 수 있다.

따라서 ㉠~㉣은 순서대로 한국, 이란, 사우디, 캐나다이다.

16

정답 ④

2019년 7월부터 2020년 12월까지 매출액은 1,520−510=1,010만 원 감소했으므로, 평균적으로 매달 약 60만 원 정도 감소하였다.

오답분석

①·② A국 여행자가 감소하는 2019년 7월 이후 매출이 줄어들고 있으므로 옳다.
③ 여행자 수 그래프가 거의 평행하게 변화하므로 옳다.
⑤ 그래프를 보고 2020년 2~3월 A국 여행자들이 급감했음을 알 수 있다.

17

정답 ④

ㄱ. 2019년과 2020년 외용약 등의 생산품목 수를 제외한 모든 일반의약품 품목 수가 전문의약품 품목 수보다 적은 것을 확인할 수 있다.
ㄴ. 전체 수입경구약 품목 수는 2019년 대비 2020년에 $\frac{926-916}{916}\times100\fallingdotseq1.1\%$ 증가하였다.
ㄹ. 2018년 수치가 제시되어 있지 않으므로 2019년의 전년 대비 증가율은 알 수 없다.

오답분석

ㄷ. 2020년 경구약 전문의약품의 생산금액은 수입금액의 $\frac{96,478}{20,545}\fallingdotseq4.7$배이다.

18

정답 ③

SOC, 산업·중소기업 분야가 해당한다.

오답분석

① 2016년 약 30%, 2018년은 약 31%의 비중을 차지한다.
② 2017년의 전년 대비 증가율은 $\frac{27.6-24.5}{24.5}\times100\fallingdotseq12.7\%$이고, 2020년의 증가율은 $\frac{35.7-31.4}{31.4}\times100\fallingdotseq13.7\%$이다.
④ 2016년에는 기타 분야가 차지하고 있는 비율이 더 높았다.
⑤ SOC, 산업·중소기업, 환경, 기타 분야가 해당하므로 4개이다.

19

정답 ②

ㄱ. 남성 박사학위 취득자 중 50세 이상이 차지하는 비율은 $\frac{1,119}{5,730} \times 100 \fallingdotseq 19.5\%$이고, 여성 박사학위 취득자 중 50세 이상이 차지하는 비율은 $\frac{466}{2,966} \times 100 \fallingdotseq 15.7\%$이다. 따라서 남성 박사학위 취득자 중 50세 이상이 차지하는 비율이 더 높다.

ㄷ. 남성과 여성의 연령대별 박사학위 취득자 수가 많은 순위는 30세 이상 35세 미만>35세 이상 40세 미만>50세 이상>40세 이상 45세 미만>45세 이상 50세 미만>30세 미만 순서로 동일하다.

오답분석

ㄴ. 공학계열 박사학위 취득자 중 남성의 비율은 $\frac{2,441}{2,441+332} \times 100 \fallingdotseq 88.0\%$, 사회계열 박사학위 취득자 중 남성의 비율은 $\frac{1,024}{1,024+649} \times 100 \fallingdotseq 61.2\%$, 자연계열 박사학위 취득자 중 남성의 비율은 $\frac{891}{891+513} \times 100 \fallingdotseq 63.5\%$이므로 남성의 비율이 높은 순위는 공학계열>자연계열>사회계열 순서이다.

ㄹ. 연령별 남녀 박사학위 취득자 수의 차이를 구해보면, 30세 미만은 196−141=55명, 30세 이상 35세 미만은 1,811−825=986명, 35세 이상 40세 미만은 1,244−652=592명, 40세 이상 45세 미만은 783−465=318명, 45세 이상 50세 미만은 577−417=160명, 50세 이상은 1,119−466=653명이다. 따라서 연령대가 올라갈수록 남녀 박사학위 취득자 수의 차이가 점점 커지고 있다는 설명은 옳지 않다.

20

정답 ⑤

강수량의 증감추이를 나타내면 다음과 같다.

1월	2월	3월	4월	5월	6월	7월	8월	9월	10월	11월	12월
−	증가	감소	증가	감소	증가	증가	감소	감소	감소	감소	증가

이와 동일한 추이를 보이는 그래프는 ⑤이다.

오답분석

① 증감추이는 같지만 4월의 강수량이 50mm 이하로 표현되어 있다.

21

정답 ②

가대리와 마대리의 진술이 서로 모순이므로, 둘 중 한 사람은 거짓을 말하고 있다.

i) 가대리의 진술이 거짓인 경우

가대리의 말이 거짓이라면 나사원의 말도 거짓이 되고, 라사원의 말도 거짓이 되므로 모순이 된다.

ii) 가대리의 진술이 진실인 경우

가대리, 나사원, 라사원의 말이 진실이 되고, 다사원과 마대리의 말이 거짓이 된다.

진실

- 가대리 : 가대리 · 마대리 출근, 결근 사유 모름
- 나사원 : 다사원 출근, 가대리 진술은 진실
- 라사원 : 나사원 진술은 진실

거짓

- 다사원 : 라사원 결근 → 라사원 출근
- 마대리 : 라사원 결근, 라사원이 가대리한테 결근 사유 전함 → 라사원 출근, 가대리는 결근 사유 듣지 못함

따라서 나사원이 출근하지 않았다.

22

정답 ⑤

가장 높은 등급을 1등급, 가장 낮은 등급을 5등급이라 하면, 네 번째 조건에 의해 A는 3등급을 받는다. 또한 첫 번째 조건에 의해, E는 4등급 또는 5등급이다. 이때, 두 번째 조건에 의해, C가 5등급, E가 4등급을 받고, 세 번째 조건에 의해, B는 1등급, D는 2등급을 받는다. 측정결과를 표로 정리하면 다음과 같다.

등급	1등급	2등급	3등급	4등급	5등급
환자	B	D	A	E	C

따라서 발송 대상자는 C와 E이다.

23

정답 ③

A사원은 자사의 수익과 성과가 적은 이유를 단순히 영업에서의 문제로 판단하고, 타사에 근무하는 친구의 경험만을 바탕으로 이에 대한 해결 방안을 제시하였다. 따라서 문제를 각각의 요소로 나누어 판단하는 분석적 사고가 부족한 사례로 볼 수 있다. A사원은 먼저 문제를 각각의 요소로 나누고, 그 요소의 의미를 도출한 후 우선순위를 부여하여 구체적인 문제해결방법을 실행해야 한다.

24

정답 ②

다음의 논리 순서를 따라 주어진 조건을 정리하면 쉽게 접근할 수 있다.

- 세 번째 조건 : 한국은 월요일에 대전에서 연습을 한다.
- 다섯 번째 조건 : 미국은 월요일과 화요일에 수원에서 연습을 한다.
- 여섯 번째 조건 : 미국은 목요일에 인천에서 연습을 한다.
- 일곱 번째 조건 : 금요일에 중국과 미국은 각각 서울과 대전에서 연습을 한다.
- 여덟 번째 조건 : 한국은 월요일에 대전에서 연습하므로, 화요일과 수요일에 이틀 연속으로 인천에서 연습을 한다.

이때, 미국은 자연스럽게 수요일에 서울에서 연습함을 유추할 수 있고, 한국은 금요일에 인천에서 연습을 할 수 없으므로, 목요일에는 서울에서, 금요일에는 수원에서 연습함을 알 수 있다. 그리고 만약 중국이 수요일과 목요일에 이틀 연속으로 수원에서 연습을 하게 되면 일본은 수원에서 연습을 못하게 되므로, 중국은 월요일과 목요일에 각각 인천과 수원에서 연습하고, 화요일과 수요일에 대전에서 이틀 연속으로 연습해야 함을 유추할 수 있다. 나머지는 일본이 모두 연습하면 된다. 이 사실을 종합하여 주어진 조건을 표로 정리하면 다음과 같다.

구분	월요일	화요일	수요일	목요일	금요일
서울	일본	일본	미국	한국	중국
수원	미국	미국	일본	중국	한국
인천	중국	한국	한국	미국	일본
대전	한국	중국	중국	일본	미국

따라서 수요일에 대전에서는 중국이 연습을 한다.

오답분석

①·③·④·⑤ 조건을 정리한 표를 통해 쉽게 확인할 수 있다.

25

정답 ②

수준 높은 금융 서비스를 통해 글로벌 경쟁에서 우위를 차지하는 것은 강점을 이용해 글로벌 금융사와의 경쟁 심화라는 위협을 극복하는 ST전략이다.

오답분석

① 해외 비즈니스TF팀을 신설해 해외 금융시장 진출을 확대하는 것은 글로벌 경쟁력이 낮다는 약점을 극복하고 해외 금융시장 진출 확대라는 기회를 활용하는 WO전략이다.
③ 탄탄한 국내 시장점유율이 국내 금융그룹의 핀테크 사업 진출의 기반이 되는 것은 강점을 통해 기회를 살리는 SO전략이다.
④ 우수한 자산건전성 지표를 홍보하여 고객 신뢰를 회복하는 것은 강점으로 위협을 극복하는 ST전략이다.
⑤ 외화 자금 조달 리스크가 약점이므로 기회를 통해 약점을 보완하는 WO전략이다.

26

정답 ③

• 두 번째, 세 번째, 여섯 번째 조건 : A는 주황색, B는 초록색(C와 보색), C는 빨간색 구두를 샀다.
• 일곱 번째 조건 : B와 D는 각각 노란색 / 남색 또는 남색 / 노란색(B와 D는 보색) 구두를 샀다.
• 다섯 번째 조건 : 남은 구두는 파란색과 보라색 구두인데 A가 두 켤레를 구매하였으므로, C와 D는 각각 한 켤레씩 샀다.
• 네 번째 조건 : A는 파란색, B는 보라색 구두를 샀다.

이 사실을 종합하여 주어진 조건을 표로 정리하면 다음과 같다.

A	B	C	D
주황색	초록색	빨간색	남색 / 노란색
파란색	노란색 / 남색	–	–
–	보라색	–	–

따라서 A는 주황색과 파란색 구두를 구매하였다.

27

정답 ③

B안의 가중치는 전문성인데 자원봉사제도는 (−)이므로 적절하지 않은 판단이다.

오답분석

① 전문성 면에서는 유급법률구조제도가 (+), 자원봉사제도가 (−)이므로 옳은 설명이다.
② A안에 가중치를 적용할 경우 접근용이성과 전문성에 가중치를 적용하므로 두 정책목표 모두에서 (+)를 보이는 유급법률구조제도가 가장 적절하다.
④ B안에 가중치를 적용할 경우 전문성에 가중치를 적용하므로 (+)를 보이는 유급법률구조제도가 가장 적절하며, A안에 가중치를 적용할 경우 ②에 의해 유급법률구조제도가 가장 적절하다. 따라서 어떤 것을 적용하더라도 결과는 같다.
⑤ 비용저렴성을 달성하려면 (+)를 보이는 자원봉사제도가 가장 유리하다.

28

정답 ④

간선노선과 보조간선노선을 구분하여 노선번호를 부여하면 다음과 같다.

• 간선노선
  – 동서를 연결하는 경우 : (가), (나)에 해당하며, 남에서 북으로 가면서 숫자가 증가하고 끝자리에는 0을 부여하므로 (가)는 20, (나)는 10이다.
  – 남북을 연결하는 경우 : (다), (라)에 해당하며, 서에서 동으로 가면서 숫자가 증가하고 끝자리에는 5를 부여하므로 (다)는 15, (라)는 25이다.
• 보조간선노선
  – (마) : 남북을 연결하는 모양에 가까우므로, (마)의 첫자리는 남쪽 시작점의 간선노선인 (다)의 첫자리와 같은 1이 되어야 하고, 끝자리는 5를 제외한 홀수를 부여해야 하므로, 가능한 노선번호는 11, 13, 17, 19이다.
  – (바) : 동서를 연결하는 모양에 가까우므로, (바)의 첫자리는 바로 아래쪽에 있는 간선노선인 (나)의 첫자리와 같은 1이 되어야 하고, 끝자리는 0을 제외한 짝수를 부여해야 하므로, 가능한 노선번호는 12, 14, 16, 18이다.

따라서 가능한 조합은 ④이다.

29

정답 ④

지역가입자 A~E씨의 생활수준 및 경제활동 점수표를 정리하면 다음과 같다.

구분	성별	연령	연령 점수	재산정도	재산정도 점수	연간 자동차세액	연간 자동차세액 점수
A	남성	32세	6.6점	2,500만 원	7.2점	12.5만 원	9.1점
B	여성	56세	4.3점	5,700만 원	9점	35만 원	12.2점
C	남성	55세	5.7점	20,000만 원	12.7점	43만 원	15.2점
D	여성	23세	5.2점	1,400만 원	5.4점	6만 원	3점
E	남성	47세	6.6점	13,000만 원	10.9점	37만 원	12.2점

이에 따른 지역보험료를 계산하면 다음과 같다.
- A씨 : (6.6+7.2+9.1+200+100)×183≒59,090원
- B씨 : (4.3+9+12.2+200+100)×183≒59,560원
- C씨 : (5.7+12.7+15.2+200+100)×183≒61,040원
- D씨 : (5.2+5.4+3+200+100)×183≒57,380원
- E씨 : (6.6+10.9+12.2+200+100)×183≒60,330원

30

정답 ②

주어진 자료를 토대로 민원처리 시점을 구하면 다음과 같다.
- A씨는 4/29(금)에 '부동산중개사무소 등록'을 접수하였고 민원사무처리기간은 7일이다. 민원사무처리기간이 6일 이상일 경우, 초일을 산입하고 '일' 단위로 계산하되, 토요일은 산입하고 공휴일은 산입하지 않는다. 따라서 민원사무처리가 완료되는 시점은 5/9(월)이다.
- B씨는 4/29(금)에 '토지거래계약허가'를 접수하였고 민원사무처리기간은 15일이다. 민원사무처리기간이 6일 이상일 경우, 초일을 산입하고 '일' 단위로 계산하되, 토요일은 산입하고 공휴일은 산입하지 않는다. 따라서 민원사무처리가 완료되는 시점은 5/19(목)이다.
- C씨는 4/29(금)에 '등록사항 정정'을 접수하였고 민원사무처리기간은 3일이다. 민원사무처리기간이 5일 이하일 경우, '시간' 단위로 계산하되, 토요일과 공휴일은 산입하지 않는다. 따라서 민원사무처리가 완료되는 시점은 5/4(수) 14시이다.

일	월	화	수	목	금	토
					4/29	30
5/1	2	3	4	5	6	7
8	9	10	11	12	13	14
15	16	17	18	19	20	21
22	23	24	25	26	27	28
29	30	31				

31

정답 ①

트로이목마(Trojan Horse)는 겉으로 봤을 때 유용하거나 정상적인 프로그램인 것처럼 위장하고, 사용자가 이를 설치하거나 실행하면 시스템의 내부 정보를 탈취하거나 파일을 변조·삭제하는 악성코드이다.

오답분석

② 웜(Worm) : 네트워크를 바탕으로 스스로를 복제하여 다른 컴퓨터로 전파하는 악성코드이다.
③ 랜섬웨어(Ransomware) : 무단으로 컴퓨터의 파일들을 암호화하고, 가상화폐 등 금전을 요구하는 악성코드이다.
④ 스파이웨어(Spyware) : 무단으로 설치되어 금융정보, 비밀번호 등 사용자의 정보들을 몰래 수집하고 외부로 전송하는 악성코드이다.
⑤ 애드웨어(Adware) : 소프트웨어를 설치하거나 실행할 때, 자동적으로 광고를 노출시키거나, 설치를 유도하는 악성코드이다.

32

정답 ⑤

금융거래 시 신용카드 번호와 같은 금융정보 등을 저장할 경우 암호화하여 저장하고, 되도록 PC방, 공용 컴퓨터와 같은 개방 환경을 이용하지 않도록 해야 한다.

33

정답 ①

Windows [제어판]의 [접근성 센터]에는 돋보기, 내레이터, 화상 키보드, 고대비 설정과 같은 시각 장애에 도움을 줄 수 있는 기능이 포함되어 있다.

34

정답 ①

특정 값의 변화에 따른 결괏값의 변화를 알아보는 경우는 '시나리오'와 '데이터 표' 2가지가 있는데, 이 중 표 형태로 표시해주는 것은 '데이터 표'에 해당한다. 또한 비슷한 형식의 여러 데이터 결과를 요약해주는 경우는 '부분합'과 '통합'이 있으며, 이 중 통합하여 요약해주는 것은 '통합'(데이터 통합)에 해당한다. 참고로 '부분합'은 하나로 통합하지 않고 그룹끼리 모아서 계산한다.

35

정답 ③

최댓값을 구하는 메소드는 max이고, 최솟값을 구하는 메소드는 min이다. data 리스트에 있는 값들에서 최댓값과 최솟값을 구하므로 max(data)와 min(data)를 사용한다.

36

정답 ⑤

「=SUM(합계를 구할 처음 셀:합계를 구할 마지막 셀)」으로 표시해야 한다. 판매수량과 추가판매를 더하는 것은 비연속적인 셀을 더하는 것이므로 연속하는 영역을 입력하고 ','로 구분해준 뒤 다음 영역을 다시 지정해야 한다. 따라서 [B6] 셀에 들어갈 수식으로 「=SUM(B2:B5,C2,C5)」이 올바르다.

37

정답 ③

'MAX(B7:E7)' 함수 값은 [B7:E7] 범위에서 가장 큰 값인 91이며, COUNTA 함수는 범위에서 비어있지 않은 셀의 개수를 세주는 함수로 'COUNTA(B6:E6)'의 함수 값은 4가 된다. 따라서 'AVERAGE(91,4)'가 되며 91과 4의 평균인 47.5가 된다.

오답분석

① 'LARGE(B2:E2,3)' 함수 값은 [B2:E2] 범위에서 3번째로 큰 값인 80이며, 'SMALL(B5:E5,2)' 함수 값은 [B5:E5] 범위에서 2번째로 작은 값인 79이다. 따라서 'AVERAGE(80,79)'가 되며 80과 79의 평균인 79.5가 된다.
② 'MAX(B3:E3)' 함수 값은 [B3:E3] 범위에서 가장 큰 값인 95이며, 'MIN(B7:E7)' 함수 값은 [B7:E7] 범위에서 가장 작은 값인 79이다. 따라서 'SUM(95,79)'가 되며 95와 79의 합인 174가 된다.
④ MAXA 함수는 논리값과 텍스트도 포함하여 최댓값을 나타내는 함수로 'MAXA(B4:E4)'의 함수 값은 [B4:E4] 범위의 최댓값인 94가 된다. COUNT 함수는 범위에서 숫자가 포함된 셀의 개수를 세주는 함수로 'COUNT(B3:E3)'의 함수 값은 4가 된다. 따라서 'SUM(94,4)'가 되며 94와 4의 합인 98이 된다.
⑤ 'SMALL(B3:E3,3)' 함수 값은 [B3:E3] 범위에서 3번째로 작은 값인 93이며, 'LARGE(B7:E7,3)' 함수 값은 [B7:E7] 범위에서 3번째로 큰 값인 80이다. 따라서 'AVERAGE(93,80)'가 되며 93과 80의 평균인 86.5가 된다.

38

정답 ④

#define 연산자는 두 개의 토큰을 하나의 토큰으로 결합해주는 선행처리기 연산자다. 이 연산자는 함수 같은 매크로뿐 아니라 객체 같은 매크로의 대체 리스트에도 사용할 수 있다. 이 연산자를 사용하면 변수나 함수의 이름을 프로그램의 런타임에 정의할 수 있다. XN(n)이라는 매크로 함수를 사용하여 변수의 이름을 저장한다. XN(2)에는 20이 저장되어 있다. x2에 저장되어 있는 20을 출력한다.

39

정답 ④

50 나누기 5를 정수로 변환한 값인 10이 출력된다.

40

정답 ①

i에 0을 저장하고, i 값이 5보다 작을 때까지 i에 1을 더한다. j에는 0부터 i 값과 같거나 작을 때까지 j 값에 1을 더한 횟수만큼 *를 출력한다. *는 5개가 될 때까지 다음 줄에 출력되어 ①처럼 출력된다.

02 개별영역

| 01 | 자원관리능력(행정)

41

정답 ③

도시락 구매비용을 요일별로 계산하면 다음과 같다.

- 월요일 : (5,000×3)+(2,900×10)=44,000원
- 화요일 : (3,900×10)+(4,300×3)=51,900원
- 수요일 : (3,000×8)+(3,900×2)=31,800원
- 목요일 : (4,500×4)+(7,900×2)=33,800원
- 금요일 : (5,500×4)+(4,300×7)=52,100원
- 토요일 : (3,900×2)+(3,400×10)=41,800원
- 일요일 : (3,700×10)+(6,000×4)=61,000원

따라서 K공사의 지난주 도시락 구매비용은 총 316,400원이다.

42

정답 ①

승진자 결정방식에 따라 승진대상자 5명의 승진점수를 계산하면 다음과 같다.

구분	업무실적점수	사고점수	근무태도점수	가점 및 벌점		승진점수
				점수	사유	
갑	20	7	7	+2	수상 1회	36
을	17	9	10	+4	수상 2회	40
병	13	8	7	−	−	28
정	20	6	4	−	−	30
무	10	10	10	+4	수상 1회, 무사고	34

승진점수가 높은 직원 2명은 승진점수가 40점인 을과 36점인 갑이므로, 갑과 을이 승진하게 된다.

43

정답 ④

ㄱ. 대도시 간 예상 최대 소요시간의 모든 구간에서 주중이 주말보다 소요시간이 적게 걸림을 알 수 있다.

ㄴ. 주중 전국 교통량 중 수도권에서 지방으로 가는 교통량의 비율은 $\frac{42}{380}\times100 ≒ 11.1\%$이다.

ㄹ. 서울 − 광주 구간 주중 예상 최대 소요시간과 서울 − 강릉 구간 주말 예상 최대 소요시간은 3시간 20분으로 같다.

오답분석

ㄷ. 지방에서 수도권으로 가는 주말 예상 교통량은 주중 예상 교통량의 $\frac{51}{35} ≒ 1.5$배이다.

44

정답 ⑤

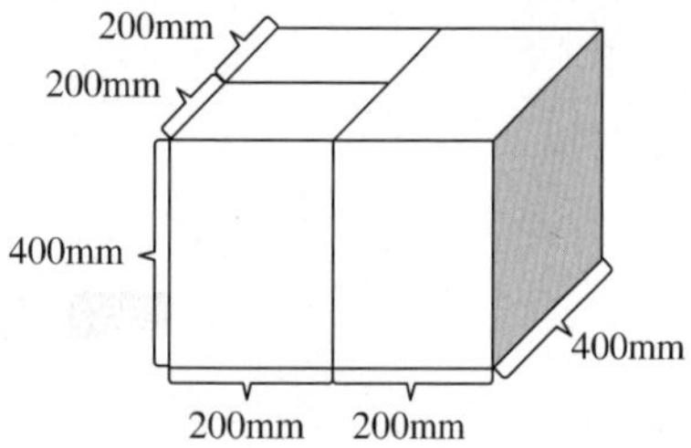

물품 A 2박스와 물품 B 1박스를 한 묶음으로 보면 다음과 같이 쌓을 수 있다. 최종적으로 물품 한 세트의 규격은 (L)400mm×(W)400mm×(H)400mm으로 볼 수 있다.

해당 규격으로 20ft 컨테이너에 넣게 되면,

- 6,000mm÷400mm = 15세트
- 2,400mm÷400mm=6세트
- 2,400mm÷400mm=6세트

따라서 총 15×6×6=540세트 → 540×3=1,620박스이다.

45

정답 ③

대한민국(A)이 오전 8시일 때, 오스트레일리아(B)는 오전 10시(시차 : +2), 아랍에미리트(C)는 오전 3시(시차 : −5), 러시아(D)는 오전 2시(시차 : −6)이다. 따라서 업무가 시작되는 오전 9시를 기준으로 오스트레일리아는 이미 2시간 전에 업무를 시작했고, 아랍에미리트는 5시간 후, 러시아는 6시간 후에 업무를 시작한다. 이것을 표로 정리하면 다음과 같다(색칠한 부분이 업무시간이다).

한국 시각 / 국가	7am ~ 8am	8am ~ 9am	9am ~ 10am	10am ~ 11am	11am ~ 12pm	12pm ~ 1pm	1pm ~ 2pm	2pm ~ 3pm	3pm ~ 4pm	4pm ~ 5pm	5pm ~ 6pm	6pm ~ 7pm
A사 (서울)												
B사 (시드니)												
C사 (두바이)												
D사 (모스크바)												

따라서 화상회의 가능 시각은 한국시간으로 오후 3시 ~ 오후 4시이다.

46

정답 ③

선택지에 따른 교통편을 이용할 때, K은행에 도착하는 시간은 다음과 같다.

① 버스 – 택시 : 9시 5분 ~ 10시 5분(버스) → 10시 5분 ~ 10시 35분(택시)

② 지하철 – 버스 : 9시 10분 ~ 9시 55분(지하철) → 10시 20분 ~ 10시 45분(버스)

③ 지하철 – 택시 : 9시 10분 ~ 9시 55분(지하철) → 9시 55분 ~ 10시 25분(택시)

④ 버스 – 버스 : 9시 5분 ~ 10시 5분(버스) → 10시 20분 ~ 10시 45분(버스)

⑤ 자가용 – 지하철 : 9시 ~ 10시 20분(자가용) → 10시 50분 ~ 11시 5분(지하철)

따라서 ③의 지하철을 타고 고속터미널로 간 다음 택시를 타는 것이 가장 빨리 도착하는 방법이다.

47

정답 ②

제시된 자료를 이용해 원격훈련 지원금 계산에 필요한 수치를 정리하면 다음과 같다.

구분	원격훈련 종류별 지원금	시간	수료인원	기업 규모별 지원 비율
X기업	5,400원	6시간	7명	100%
Y기업	3,800원	3시간	4명	70%
Z기업	11,000원	4시간	6명	50%

세 기업의 원격훈련 지원금을 계산하면 다음과 같다.

- X기업 : 5,400×6×7×1=226,800원
- Y기업 : 3,800×3×4×0.7=31,920원
- Z기업 : 11,000×4×6×0.5=132,000원

따라서 올바르게 짝지어진 것은 ②이다.

48

정답 ③

정규시간 외에 초과근무가 있는 날의 시간외근무시간을 구하면 다음과 같다.

근무요일	초과근무시간			1시간 공제
	출근	야근	합계	
1 ~ 15일	–	–	–	770분
18(월)	–	70분	70분	10분
20(수)	60분	20분	80분	20분
21(목)	30분	70분	100분	40분
25(월)	60분	90분	150분	90분
26(화)	30분	160분	190분	130분
27(수)	30분	100분	130분	70분
합계	–	–	–	1,130분

∴ 1,130분=18시간 50분

1시간 미만은 절사이므로 7,000원×18시간=126,000원이다.

49

정답 ④

- C강사 : 셋째 주 화요일 오전, 목요일・금요일 오전에 스케줄이 비어 있으므로 목요일과 금요일에 이틀간 강의가 가능하다.
- E강사 : 첫째, 셋째 주 화 ~ 목요일 오전에 스케줄이 있으므로 수요일과 목요일 오후에 강의가 가능하다.

오답분석

- A강사 : 매주 수 ~ 목요일에 스케줄이 있으므로 화요일과 금요일 오전에 강의가 가능하지만 강의가 연속 이틀에 걸쳐 진행되어야 한다는 조건에 부합하지 않는다.
- B강사 : 화요일과 목요일에 스케줄이 있으므로 수요일 오후와 금요일 오전에 강의가 가능하지만 강의가 연속 이틀에 걸쳐 진행되어야 한다는 조건에 부합하지 않는다.
- D강사 : 수요일 오후와 금요일 오전에 스케줄이 있으므로 화요일 오전과 목요일에 강의가 가능하지만 강의가 연속 이틀에 걸쳐 진행되어야 한다는 조건에 부합하지 않는다.

50

정답 ②

하루에 6명 이상 근무해야 하므로 하루에 2명까지만 휴가를 쓸 수 있다. 따라서 A사원이 4일 이상 휴가를 쓰면서 최대 휴가 인원 2명을 유지할 수 있는 기간은 6 ~ 11일만 가능하다.

오답분석

① A사원은 4일 이상 휴가를 사용해야 하므로 6 ~ 11일 중 토・일요일을 제외하고 3일만 사용한 7 ~ 11일은 불가능하다.

| 02 | 기술능력(전산 · 시설 · 기술)

41

정답 ③

운전조작부를 청소할 때는 물을 뿌려 닦으면 안 되나, 수조 내부의 경우 장기간 사용하지 않을 때에는 물을 완전히 비우고, 수조와 디스크에 세제를 풀어 부드러운 솔로 청소하여 건조시킨 후 보관하여야 한다.

오답분석

① 벽면과는 좌・우측 30cm, 뒷면과도 30cm 간격을 유지하여야 한다.
② 하부 수조에 뜨거운 물을 부어 사용하는 것은 고장의 원인이 될 수 있다.
④ 향기 제품 사용 시 플라스틱 부분의 깨짐, 변형 및 고장의 원인이 될 수 있다.
⑤ 바닥이 기울어져 있으면 소음이 발생하거나 내부부품 변형으로 고장의 원인이 될 수 있다. 또한 탁자 위보다 바닥에 두는 것이 안전하다.

42

정답 ①

에어워셔를 장기간 사용하지 않을 때, 수조 내부의 물을 완전히 비우고 수조와 디스크를 청소하여 건조시킨 후 보관하는 것은 오염을 막기 위함이다. 따라서 ①를 감전이나 화재에 대한 원인으로 보는 것은 적절하지 않다.

43

정답 ④

'E5' 표시는 팬모터 이상을 나타내므로 전원을 빼고 서비스센터에 문의하여야 한다.

오답분석

① 디스크 캡이 느슨하게 체결되어 있다면, 디스크 캡을 조여 주면 된다.
② 'E3' 표시는 물이 부족하다는 것으로 물을 보충해주면 된다.
③ 팬 주변으로 이물질이 끼어있으면, 전원을 차단시킨 후 이물질을 제거하면 된다.
⑤ 디스크가 정위치에 놓여있지 않으면 회전하는 정위치에 맞게 올리면 된다.

44

정답 ⑤

처음 상태와 바뀐 상태를 비교하면, 1번과 2번 기계는 시계 방향으로 90°, 3번과 4번 기계는 시계 반대 방향으로 90° 회전했다. 우선 1번 기계가 시계 방향으로 90° 회전하려면 '○' 또는 '●' 스위치를 눌러야 한다. 이때 '●' 스위치를 누를 경우, 결과가 같아지려면 4번 기계가 180° 회전해야 한다. 즉, 스위치를 추가로 2번 눌러야 한다. 그러므로 '●' 스위치를 누르면 안 된다. 결국 '○'와 '◑' 스위치를 누르면 주어진 결과와 같은 형태가 된다.

45

정답 ③

처음 상태와 바뀐 상태를 비교하면, 3번 기계만 180° 회전했다. 우선 3번 기계가 180° 회전하려면 '◑'와 '■' 스위치를 반드시 눌러야 한다. 그러면 1번과 4번 기계는 각각 시계 반대 방향으로 90° 회전한 상태가 되므로 추가로 스위치를 한 번 눌러 원상태로 돌려야 한다. 따라서 추가로 누를 스위치는 '●'이다.

46

정답 ③

처음 상태와 바뀐 상태를 비교하면, 1번과 4번 기계는 모양이 바뀌지 않고, 2번 기계는 시계 방향으로 90°, 3번 기계는 시계 반대 방향으로 90° 회전했다. 우선 2번 기계가 시계 방향으로 90° 회전하려면 '○' 또는 '□' 스위치를 눌러야 한다. 이때 '□' 스위치를 누를 경우, 결과가 같아지려면 3번 기계가 180° 회전해야 한다. 즉, 스위치를 추가로 2번 눌러야 한다. 그러므로 '□' 스위치를 누르면 안 된다. 결국 '○'와 '■' 스위치를 누르면 주어진 결과와 같은 형태가 된다.

47

정답 ②

두께가 100 ~ 160micron 사이의 코팅지를 사용할 수 있으므로 120micron 코팅지는 사용할 수 있다.

오답분석

① 스위치를 'ON'으로 놓고 3 ~ 5분 정도 예열을 해야 하며, 예열표시등이 파란불에서 빨간불로 바뀌고 코팅을 할 수 있다.
③ 코팅지는 봉합된 부분부터 코팅 투입구에 넣어야 한다.
④ 코팅지는 코팅기를 통과하며 기기 뒷면 코팅 배출구에서 나오고, 임의로 코팅지를 잡아당기면 안 된다.
⑤ 사용 완료 후 1 ~ 2시간 정도 열을 충분히 식힌 후에 이동 및 보관을 해야 한다.

48

정답 ③

코팅지가 기기에 걸렸을 경우 앞면의 스위치를 'OFF'로 돌려 전원을 차단시킨 다음 기기 뒷면에 있는 'REMOVE' 스위치를 화살표 방향으로 밀면서 코팅 서류를 조심스럽게 당겨 뽑아야 한다.

49

정답 ④

모니터 전원은 들어오나 화면이 나오지 않는 원인은 본체와 모니터 연결선의 문제가 있을 경우이다.

50

정답 ②

B주임 : 주의사항에 따르면 불안정한 책상에 컴퓨터를 설치하면 무게로 인하여 떨어질 수도 있으므로 안정된 곳에 설치하라고 하였다.

오답분석

① A사원 : 모니터 전원과 본체 전원 총 2개의 전원이 필요하기 때문에 2구 이상의 멀티탭을 사용해야 한다.
③ C대리 : 본체 내부의 물청소는 금해야 할 사항이다.
④ D팀장 : 컴퓨터 주위를 깨끗하게 유지하여 먼지가 쌓이지 않게 해야 한다.
⑤ E과장 : 통풍이 잘 되고 화기와 멀리 있는 장소에 컴퓨터를 설치해야 한다.

제 2 회 최종점검 모의고사

01	02	03	04	05	06	07	08	09	10	11	12	13	14	15	16	17	18	19	20
④	⑤	①	④	②	①	⑤	③	④	③	②	④	③	③	⑤	②	②	①	①	④
21	22	23	24	25	26	27	28	29	30	31	32	33	34	35	36	37	38	39	40
④	③	③	④	⑤	③	④	④	③	③	③	④	④	①	①	②	④	③	⑤	⑤
41	42	43	44	45	46	47	48	49	50										
②	④	③	③	③	③	①	③	④	③										

01 공통영역

01

정답 ④

제시문은 2019년 발생한 코로나19 대유행과 이에 따른 공공의료의 중요성과 필요성에 대해 강조하는 글이다.

02

정답 ⑤

예방을 위한 검사 및 검체 체취, 밀접 접촉자 추적, 격리 및 치료 등와 과정에서 필요한 인력과 시간이 요구되는 것이므로 ㉠에 들어갈 가장 적절한 단어는 '소요(필요로 하거나 요구되는 바)'이다.

오답분석

① 앞으로 일어날지도 모르는 어떠한 일에 대응하기 위하여 미리 준비함
② 다른 것으로 대신함
③ 무엇을 내주거나 갖다 바침
④ 일정한 수나 한도 따위를 넘음

03

정답 ①

제시문은 사회 윤리의 중요성과 특징, 향후 발전 방법에 대하여 설명하고 있다. 이때 글의 구조를 파악해 보면, (가)는 대전제, (다)는 소전제, (나)는 결론의 구조를 취하고 있으며, (마)는 (다)에 대한 보충 설명, (라)는 (마)에 대한 보충 설명을 하고 있다. 따라서 (가) 현대 사회에서 대두되는 사회 윤리의 중요성 → (다) 개인의 윤리와 다른 사회 윤리의 특징 → (마) 개인 윤리와 사회 윤리의 차이점 → (라) 개인과 사회의 차이와 특성 → (나) 현대 사회의 특성에 맞는 사회 윤리의 정의의 순서로 나열하는 것이 적절하다.

04

정답 ④

담수 동물은 육상 동물과 같이 몸 밖으로 수분을 내보내고 있지만, 육상 동물의 경우에는 수분 유지를 위한 것이 아니므로 수분 유지는 공통점이 아니다.

05

정답 ②

기계화・정보화의 긍정적인 측면보다는 부정적인 측면을 부각시키고 있는 제시문을 통해 기계화・정보화가 인간의 삶의 질 개선에 기여하고 있음을 경시한다고 지적할 수 있다.

06

정답 ①

제시문은 유전자 치료를 위해 프로브와 겔 전기영동법을 통해 비정상적인 유전자를 찾아내는 방법을 설명하고 있다.

07

정답 ⑤

토지공공임대제(㉢)는 토지가치공유제(㉡)의 하위 제도로, 사용권은 민간이 갖고 수익권은 공공이 갖는다. 처분권의 경우 사용권을 가진 민간에게 한시적으로 맡기는 것일 뿐이며, 처분권도 공공이 갖는다. 따라서 ⑤는 토지공공임대제(㉢)에 대한 설명으로 적절하지 않다.

08

정답 ③

(라) 지난 9월 경주에 5.8 규모의 지진이 발생하였으나 신라시대 문화재들은 큰 피해를 보지 않았다 → (가) 경주는 과거에 여러 차례 지진이 발생하였음에도 불국사와 석굴암, 첨성대 등은 그랭이법과 동틀돌이라는 전통 건축 방식으로 현재까지 그 모습을 보존해 왔다 → (다) 그랭이법이란 자연석을 그대로 활용해 땅의 흔들림을 흡수하는 놀라운 기술이다 → (나) 그랭이칼을 이용해 자연석의 요철을 그린 후 그 모양대로 다듬어 자연석 위에 세우고 그 틈을 동틀돌로 지지하는 것이 그랭이법이다.

09

정답 ④

그랭이법과 그랭이질은 같은 말이다. 따라서 같은 의미 관계인 한자성어와 속담을 고르면 된다. 망양보뢰(亡羊補牢)는 '양을 잃고서 그 우리를 고친다.'는 뜻으로 실패한 후에 일을 대비함 또는 이미 어떤 일을 실패한 뒤에 뉘우쳐도 소용이 없음을 말이다. 이와 같은 뜻으로는 '일이 이미 잘못된 뒤에는 손을 써도 소용이 없다.'는 뜻의 '소 잃고 외양간 고친다.'가 있다.

오답분석

① '이공보공'은 제자리에 있는 것으로 제자리를 메운다는 말로, 이 세상에는 거저 생기는 이득이 없다는 말이다. '바늘 끝에 알을 올려놓지 못한다.'는 쉬울 듯하나 되지 않을 일을 비유적으로 이르는 말이다.
② '수즉다욕'은 오래 살수록 그만큼 욕됨이 많음을 이르는 말이다. '보기 싫은 반찬 끼마다 오른다.'는 너무 잦아서 싫증 난 것이 그대로 또 계속되어 눈에 띔을 비유적으로 이르는 말이다.
③ '함포고복'은 잔뜩 먹고 배를 두드린다는 뜻으로, 먹을 것이 풍족하여 즐겁게 지냄을 이르는 말이다. '한 가랑이에 두 다리 넣는다.'는 정신없이 매우 서두르는 모양을 이르는 말이다.
⑤ '가인박명'은 미인은 불행하거나 병약하여 요절하는 일이 많음을 이르는 말이다. '날 받아 놓은 색시 같다.'는 바깥출입을 안 하고 집에만 가만히 있는 사람을 비유적으로 이르는 말이다.

10

정답 ③

오답분석

① 정상 과학의 시기에는 이미 이론의 핵심 부분들은 정립되어 있으며 이 시기에는 새로움을 좇기보다는 기존 연구의 세부 내용이 깊어진다. 따라서 다양한 학설과 이론의 등장은 적절하지 않다.
② 어떤 현상의 결과가 충분히 예측된다 할지라도 그 세세한 과정은 의문 속에 있기 마련이다. 정상 과학의 시기에 과학자들의 열정과 헌신성은 예측 결과와 실제의 현상을 일치시키기 위한 연구로 유지될 수 있다.
④ 과학적 사고방식과 관습, 기법 등이 하나의 기반으로 통일되어 있을 뿐이지 해결해야 할 과제가 없는 것은 아니다. 따라서 완성된 과학이라고 부를 수 없다.
⑤ 이론의 핵심 부분들은 정립된 상태이므로 과학자들은 심오한 작은 영역에 집중하게 되고 그에 따라 각종 실험 장치들의 다양화, 정밀화와 더불어 문제를 해결해 가는 특정 기법과 규칙들이 만들어진다. 따라서 문제를 해결해가는 과정이 주가 된다.

11

정답 ②

첫 번째, 두 번째, 세 번째 수를 기준으로 세 칸 간격으로 각각 ×2, ×4, ×6의 규칙인 수열이다.

i) 3　6　12　24　⋯ ×2

ii) 4　16　(64)　256　⋯ ×4

iii) 5　30　180　1,080　⋯ ×6

따라서 (　)=16×4=64이다.

12

정답 ④

- 5% 소금물 600g에 들어있는 소금의 양 : $\frac{5}{100}\times600=30$g
- 10분 동안 가열한 후 남은 소금물의 양 : $600-(10\times10)=500$g
- 가열 후 남은 소금물의 농도 : $\frac{30}{500}\times100=6\%$

여기에 더 넣은 소금물 200g의 농도를 x%라 하면,

$$\frac{6}{100}\times500+\frac{x}{100}\times200=\frac{10}{100}\times700 \rightarrow 2x+30=70$$

$\therefore x=20$

13

정답 ③

5장의 카드에서 2장을 뽑아 두 자리 정수를 만드는 전체 경우의 수 : 4×4=16가지(∵ 십의 자리에는 0이 올 수 없다)

십의 자리가 홀수일 때와 짝수일 때를 나누어 생각해보면

- 십의 자리가 홀수, 일의 자리가 짝수일 경우의 수 : 2×3=6가지
- 십의 자리가 짝수, 일의 자리가 짝수일 경우의 수 : 2×2=4가지

따라서 구하는 확률은 $\frac{6+4}{16}=\frac{5}{8}$이다.

14

정답 ③

산업 및 가계별로 대기배출량을 구하면 다음과 같다.

- 농업, 임업 및 어업

$$\left(10,400\times\frac{30}{100}\right)+\left(810\times\frac{20}{100}\right)+\left(12,000\times\frac{40}{100}\right)+\left(0\times\frac{10}{100}\right)=8,082$$

- 석유, 화학 및 관련제품

$$\left(6,350\times\frac{30}{100}\right)+\left(600\times\frac{20}{100}\right)+\left(4,800\times\frac{40}{100}\right)+\left(0.03\times\frac{10}{100}\right)=3,945.003$$

- 전기, 가스, 증기 및 수도사업

$$\left(25,700\times\frac{30}{100}\right)+\left(2,300\times\frac{20}{100}\right)+\left(340\times\frac{40}{100}\right)+\left(0\times\frac{10}{100}\right)=8,306$$

- 건설업

$$\left(3,500\times\frac{30}{100}\right)+\left(13\times\frac{20}{100}\right)+\left(24\times\frac{40}{100}\right)+\left(0\times\frac{10}{100}\right)=1,062.2$$

- 가계부문

$$\left(5,400\times\frac{30}{100}\right)+\left(100\times\frac{20}{100}\right)+\left(390\times\frac{40}{100}\right)+\left(0\times\frac{10}{100}\right)=1,796$$

대기배출량이 가장 많은 부문의 대기배출량을 줄여야 지구온난화 예방에 효과적이므로 '전기, 가스, 증기 및 수도사업' 부문의 대기배출량을 줄여야 한다.

15

정답 ⑤

운항편의 수치는 여객과 화물을 모두 포함한 수치이다. 따라서 여객에 이용된 운항편이 총 몇 대인지 알 수 없으므로 계산할 수 없다.

오답분석

① 운항편이 가장 많은 요일은 토요일이고, 토요일에 여객은 953,945명, 화물은 48,033톤으로 가장 높은 수치를 보이고 있다.

② $\frac{21,615}{11,715} \fallingdotseq 1.85$이므로 1.5배 이상이다.

③ 자료를 통해 알 수 있다.

④ '감소 – 증가 – 감소 – 증가 – 증가 – 감소'로 같다.

16

정답 ②

제시된 자료에 의하여 2021년부터 세계 전문 서비스용 로봇산업의 규모가 증가함을 알 수 있다. 2023년에 세계 전문 서비스용 로봇산업 시장 규모가 전체 세계 로봇산업 시장 규모에서 차지하는 비중을 구하면 $\frac{4,600}{17,949} \times 100 \fallingdotseq 25.63\%$이다.

따라서 2023년 전체 세계 로봇산업 시장 규모에서 세계 전문 서비스용 로봇산업 시장 규모가 차지하는 비중은 27% 미만이므로 옳지 않은 설명이다.

오답분석

① 2023년 세계 개인 서비스용 로봇산업 시장 규모의 전년 대비 증가율은 $\frac{2,216-2,134}{2,134} \times 100 \fallingdotseq 3.8\%$이다.

③ 2023년 세계 제조용 로봇산업 시장 규모의 전년 대비 증가율은 $\frac{11,133-10,193}{10,193} \times 100 \fallingdotseq 9.2\%$이고 제시된 자료에 의하여 2023년의 세계 제조용 로봇산업의 규모가 세계 로봇산업 시장에서 가장 큰 규모를 차지하고 있음을 확인할 수 있다.

④ • 전년 대비 2023년의 국내 전문 서비스용 로봇 생산 규모의 증가율 : $\frac{2,629-1,377}{1,377} \times 100 \fallingdotseq 91.0\%$

• 2022년의 국내 전체 서비스용 로봇 생산 규모 : 3,247+1,377=4,624억 원

• 2023년의 국내 전체 서비스용 로봇 생산 규모 : 3,256+2,629=5,885억 원

• 전년 대비 2023년의 국내 전체 서비스용 로봇 생산 규모의 증가율 : $\frac{5,885-4,624}{4,624} \times 100 \fallingdotseq 27.3\%$

⑤ • 전년 대비 2023년의 개인 서비스용 로봇 수출 규모의 감소율 : $\frac{944-726}{944} \times 100 \fallingdotseq 23.1\%$

• 2022년의 국내 전체 서비스용 로봇 수출 규모 : 944+154=1,098억 원

• 2023년의 국내 전체 서비스용 로봇 수출 규모 : 726+320=1,046억 원

• 전년 대비 2023년의 국내 전체 서비스용 로봇 수출 규모의 감소율 : $\frac{1,098-1,046}{1,098} \times 100 \fallingdotseq 4.7\%$

17

정답 ②

ㄱ. 2019년에서 2023년 사이 전년 대비 전체 국가지정문화재 건수의 증가폭을 구하면 다음과 같다.

• 2019년 : 3,459−3,385=74건

• 2020년 : 3,513−3,459=54건

• 2021년 : 3,583−3,513=70건

• 2022년 : 3,622−3,583=39건

• 2023년 : 3,877−3,622=255건

따라서 전년 대비 전체 국가지정문화재 건수가 가장 많이 증가한 해는 2023년이다.

ㄷ. 2018년 대비 2023년 각 문화재 종류별 건수의 증가율을 구하면 다음과 같다.

- 국보 : $\frac{328-314}{314}\times100 ≒ 4.46\%$
- 보물 : $\frac{2,060-1,710}{1,710}\times100 ≒ 20.47\%$
- 사적 : $\frac{495-479}{479}\times100 ≒ 3.34\%$
- 명승 : $\frac{109-82}{82}\times100 ≒ 32.93\%$
- 천연기념물 : $\frac{456-422}{422}\times100 ≒ 8.06\%$
- 국가무형문화재 : $\frac{135-114}{114}\times100 ≒ 18.42\%$
- 중요민속문화재 : $\frac{294-264}{264}\times100 ≒ 11.36\%$

따라서 2018년 대비 2023년 건수의 증가율이 가장 높은 문화재는 명승 문화재이다.

오답분석

ㄴ. 2023년 국보 문화재 건수는 2018년에 비해 328−314=14건 증가했다. 그러나 2018년에 전체 국가지정문화재 중 국보 문화재가 차지하는 비율은 $\frac{314}{3,385}\times100 ≒ 9.28\%$, 2023년에 전체 국가지정문화재 중 국보 문화재가 차지하는 비율은 $\frac{328}{3,877}\times100 ≒ 8.46\%$이다. 따라서 2023년에 국보 문화재가 전체 국가지정문화재에서 차지하는 비중은 2018년에 비해 감소했다.

ㄹ. 연도별 국가무형문화재 건수의 4배의 수치를 구하면 다음과 같다.

- 2018년 : 114×4=456건
- 2019년 : 116×4=464건
- 2020년 : 119×4=476건
- 2021년 : 120×4=480건
- 2022년 : 122×4=488건
- 2023년 : 135×4=540건

2018년에서 2022년까지 사적 문화재의 지정 건수는 국가무형문화재 건수의 4배가 넘는 수치를 보이고 있지만, 2023년의 경우 국가무형문화재 건수의 4배를 넘지 못한다.

18

정답 ①

2020년의 수리답 면적을 $x$ha라 하면,

$\rightarrow \frac{x}{934,000}\times100=80.6$

$\rightarrow \frac{x}{934,000}=0.806$

$\therefore x=752,804$

따라서 2020년의 수리답 면적은 752,804ha이므로 약 753천ha이다.

19

정답 ①

ㄱ. 해당 연도별 전체 경지 면적에서 밭이 차지하는 비율은 다음과 같다.

- 2013년 : $\frac{712}{1,782}\times100 ≒ 39.96\%$
- 2014년 : $\frac{713}{1,759}\times100 ≒ 40.53\%$
- 2015년 : $\frac{727}{1,737}\times100 ≒ 41.85\%$
- 2016년 : $\frac{731}{1,715}\times100 ≒ 42.62\%$

• 2017년 : $\frac{738}{1,698}\times100≒43.46\%$

• 2018년 : $\frac{764}{1,730}\times100≒44.16\%$

따라서 전체 경지 면적에서 밭이 차지하는 비율은 계속 증가하고 있다.

2018년까지 전체 경지면적은 줄어들고 있는 반면 밭의 면적은 계속 늘어나고 있으므로, 경지면적에서 밭의 비율은 일일이 계산해보지 않더라도 증가함을 알 수 있다.

ㄴ. 2013 ~ 2020년 논 면적의 평균은 $\frac{1,070+1,046+1,010+984+960+966+964+934}{8}=991.75$천ha이므로 이보다 논 면적이 줄어들기 시작한 해는 2016년부터이므로 옳은 설명이다.

오답분석

ㄷ. 전체 논 면적 중 수리답 면적을 제외한 면적만 줄어들고 있다면 수리답 면적은 그대로이거나 증가해야 한다. 그런데 이는 2013년과 2014년 수리답 면적만 확인해 보아도 사실이 아님을 알 수 있다.

2013년 수리답 면적을 x천ha라 하면, $\frac{x}{1,070}\times100=79.3 \rightarrow x=848.51$천ha이고, 2014년 수리답 면적을 y천ha라 하면, $\frac{y}{1,046}\times100=79.5 \rightarrow y=831.57$천ha이다.

따라서 논 면적이 감소하면서 수리답 면적도 함께 감소하였으므로 수리시설로 농업용수를 공급받지 않는 면적이 증가하고 있다.

20

정답 ④

고속국도 일평균 버스 교통량의 증감추이는 '증가 – 감소 – 증가 – 감소'이고, 일반국도 일평균 버스 교통량의 증감추이는 '감소 – 감소 – 감소 – 감소'이다. 따라서 고속국도와 일반국도의 일평균 버스 교통량의 증감추이는 같지 않다.

오답분석

① 2019 ~ 2023년의 일반국도와 국가지원지방도의 일평균 승용차 교통량의 합을 구하면 다음과 같다.

• 2019년 : 7,951+5,169=13,120대
• 2020년 : 8,470+5,225=13,695대
• 2021년 : 8,660+5,214=13,874대
• 2022년 : 8,988+5,421=14,409대
• 2023년 : 9,366+5,803=15,169대

따라서 고속국도의 일평균 승용차 교통량은 일반국도와 국가지원지방도의 일평균 승용차 교통량의 합보다 항상 많음을 알 수 있다.

참고로 해당 선택지는 일일이 계산하지 않고 눈으로만 대략 합산해도 고속국도의 일평균 승용차 교통량이 훨씬 많음을 알 수 있다. 이렇게 눈으로 풀 수 있는지 확인 후 빨리 다음 선택지로 넘어가는 것이 바람직하다.

② 제시된 자료를 통해 확인할 수 있다.

③ 전년 대비 교통량이 감소한 2020년을 제외하고 국가지원지방도의 연도별 일평균 버스 교통량의 전년 대비 증가율을 구하면 다음과 같다.

• 2021년 : $\frac{226-219}{219}\times100≒3.20\%$

• 2022년 : $\frac{231-226}{226}\times100≒2.21\%$

• 2023년 : $\frac{240-231}{231}\times100≒3.90\%$

따라서 2023년에 국가지원지방도의 일평균 버스 교통량의 전년 대비 증가율이 가장 컸다.

⑤ 2023년 일반국도와 국가지원지방도의 일평균 화물차 교통량의 합은 2,757+2,306=5,063대이고, 5,063×2.5=12,657.5<13,211이다. 따라서 2023년 고속국도의 일평균 화물차 교통량은 2023년 일반국도와 국가지원지방도의 일평균 화물차 교통량의 합의 2.5배 이상이다.

21

정답 ④

제시된 명제들을 순서대로 논리 기호화 하면 다음과 같다.

- 첫 번째 명제 : 재고
- 두 번째 명제 : ~설비투자 → ~재고 (대우)
- 세 번째 명제 : 건설투자 → 설비투자('~때에만' 이라는 한정 조건이 들어가면 논리 기호의 방향이 바뀐다.)

첫 번째 명제가 참이므로 두 번째 명제의 대우(재고 → 설비투자)에 따라 설비를 투자한다. 세 번째 명제는 건설투자를 늘릴 때에만이라는 한정 조건이 들어갔으므로 역(설비투자 → 건설투자) 또한 참이다. 이를 토대로 공장을 짓는다는 결론을 얻기 위해서는 건설투자를 늘린다면, 공장을 짓는다(건설투자 → 공장건설). 명제가 필요하다.

22

정답 ③

- 경우 1) 연구개발팀이 이어달리기에 참가하지 않았을 경우
  연구개발팀과 디자인팀은 같은 종목에 참가하지 않으므로 만약 연구개발팀이 이어달리기에 참가하지 않았다면 디자인팀이 족구에 참가하므로 연구개발팀은 족구에 참가하지 않고 남은 두 종목에 반드시 참가해야 한다. 이때, 총무팀이 모든 종목에 참가하더라도 고객지원팀과 법무팀은 항상 동시에 참가하므로 총무팀이 참가한 종목이 4팀인 종목은 존재할 수 없다.

구분	홍보팀	총무팀	연구개발팀	고객지원팀	법무팀	디자인팀
이어달리기	○	○	×	○	○	○
족구	○	–	×	–	–	○
X	○	–	○	–	–	×
Y	○	–	○	–	–	×

- 경우 2) 연구개발팀이 이어달리기에 참가한 경우
  연구개발팀이 이어달리기에 참가하면 디자인팀이 족구팀에 참가하므로 족구에 참가하지 않고 남은 두 종목 중 한 종목에 참가한다. 남은 한 종목은 반드시 참가하지 않으며 이때, 연구개발팀이 참가하지 않은 종목에서 디자인팀이 참가하지 않고 고객지원팀과 법무팀이 참가하면 총무팀이 참가하는 종목 중 참가하는 팀이 4팀인 종목이 나올 수 있다.

구분	홍보팀	총무팀	연구개발팀	고객지원팀	법무팀	디자인팀
이어달리기	○	○	○	○	○	×
족구	○	–	×	–	–	○
X	○	–	○	–	–	×
Y	○	○	×	○	○	×

구분	홍보팀	총무팀	연구개발팀	고객지원팀	법무팀	디자인팀
이어달리기	○	○	○	○	○	×
족구	○	–	×	–	–	○
X	○	○	×	○	○	×
Y	○	–	○	–	–	×

따라서 참가하는 종목이 가장 적은 팀은 족구만 참가하는 디자인팀이다.

오답분석

① 족구와 남은 두 종목에서 총무팀과 법무팀이 동시에 참가하지 않는 종목이 있을 수 있다.
② 고객지원팀은 족구에 참가하지 않을 수 있다.
④ 법무팀은 모든 종목에 참가할 수 있다.
⑤ 주어진 조건을 모두 만족하는 경우는 2가지이며 이 경우 모두 연구개발팀과 디자인팀이 동시에 참가하지 않는 경우이다.

23

정답 ③

주어진 조건을 토대로 보면, 다음과 같이 정리해 볼 수 있다. 원형 테이블은 회전시켜도 좌석 배치는 동일하므로, 좌석을 1번~7번으로 번호를 붙이고, A가 1번 좌석에 앉았다고 가정하여 배치하면 다음과 같다.

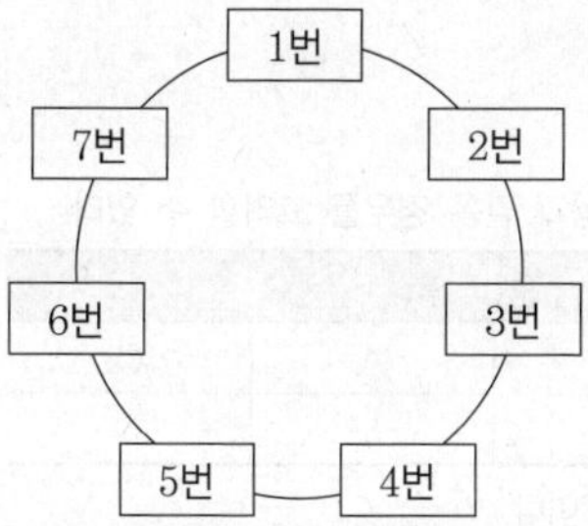

첫 번째 조건에 따라 2번에는 부장이, 7번에는 차장이 앉게 된다.
세 번째 조건에 따라, 부장과 이웃한 자리 중 비어있는 3번 자리에 B가 앉게 된다.
네 번째 조건에 따라 7번에 앉은 사람은 C가 된다.
다섯 번째 조건에 따라, 5번에 과장이 앉게 되고, 과장과 차장 사이인 6번에 G가 앉게 된다.
여섯 번째 조건에 따라, A와 이웃한 자리 중 직원 명이 정해지지 않은 2번, 부장 자리는 D가 앉게 된다.
마지막 조건에 따라, 4번 자리에는 대리, 3번 자리에는 사원이 앉는 것을 알 수 있다. 3번 자리에 앉는 사람은 사원 직급인 B인 것을 알 수 있다.
두 번째 조건에 따라, E는 사원과 이웃하지 않았고 직원 명이 정해지지 않은 5번, 과장 자리에 해당되는 것을 알 수 있다.
이를 정리하면 다음과 같은 좌석 배치가 되며, F는 이 중 유일하게 빈자리인 4번, 대리 자리에 해당된다.

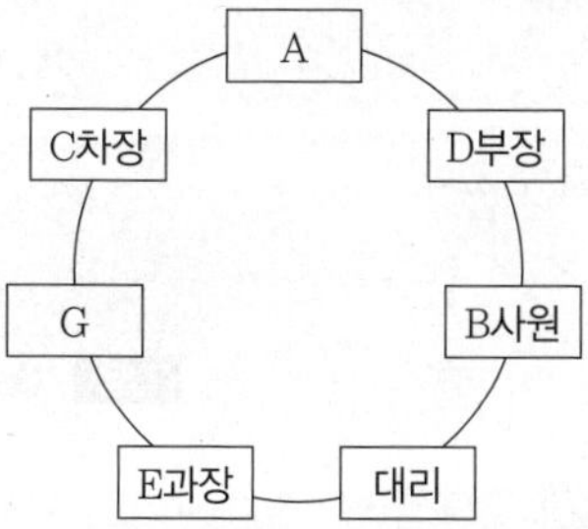

그러므로 사원 직급은 B, 대리 직급은 F가 해당되는 것을 도출할 수 있다.

24

정답 ④

인적사항이 변경되지 않은 19세 이상의 대한민국 국민은 사전등록절차 없이 자동출입국 심사대를 이용할 수 있으므로 ④의 19세 F씨는 사전등록 없이 자동출입국 심사대 이용이 가능하다.

오답분석

① 35세 A씨는 19세 이상이므로 사전등록절차 없이 자동출입국 심사대를 이용할 수 있으나, 7세인 A씨의 아들 B군은 사전등록이 필요하다.
② 인적사항이 변경된 C씨의 경우 사전등록이 필요하다.
③ 17세 미만인 외국인의 경우 사전등록이 필요하므로 외국인 등록이 되어있더라도 15세인 D씨는 사전등록이 필요하다.
⑤ 출입국관리 공무원의 대면심사가 필요한 체류만료일이 1개월 이내인 외국인의 경우 자동출입국 심사대 이용이 제한되므로 E씨의 자동출입국 심사대 이용은 제한된다.

25

정답 ⑤

각 펀드의 총점을 통해 비교 결과를 유추하면 다음과 같다.

- A펀드 : 한 번은 우수(5점), 한 번은 우수 아님(2점)
- B펀드 : 한 번은 우수(5점), 한 번은 우수 아님(2점)
- C펀드 : 두 번 모두 우수 아님(2점+2점)
- D펀드 : 두 번 모두 우수(5점+5점)

각 펀드의 비교 대상은 다른 펀드 중 두 개이며, 총 4번의 비교를 했다고 하였으므로 다음과 같은 경우를 고려할 수 있다.

i)

A		B		C		D	
B	D	A	C	B	D	A	C
5	2	2	5	2	2	5	5

표의 결과를 정리하면 D>A>B, A>B>C, B·D>C, D>A·C이므로 D>A>B>C이다.

ii)

A		B		C		D	
B	C	A	D	A	D	C	B
2	5	5	2	2	2	5	5

표의 결과를 정리하면 B>A>C, D>B>A, A·D>C, D>C·B이므로 D>B>A>C이다.

iii)

A		B		C		D	
D	C	C	D	A	B	A	B
2	5	5	2	2	2	5	5

표의 결과를 정리하면 D>A>C, D>B>C, A·B>C, D>A·B이므로 D>A·B>C이다.

ㄱ. 세 가지 경우에서 모두 D펀드는 C펀드보다 우수하다.
ㄴ. 세 가지 경우에서 모두 B펀드보다 D펀드가 우수하다.
ㄷ. 마지막 경우에서 A펀드와 B펀드의 우열을 가릴 수 있으면 A~D까지 우열순위를 매길 수 있다.

26

정답 ③

다음의 논리 순서를 따라 주어진 조건을 정리하면 쉽게 접근할 수 있다.

- 두 번째 조건 : 홍보팀은 5실에 위치한다.
- 첫 번째 조건 : 홍보팀이 5실에 위치하므로, 마주보는 홀수실인 3실 또는 7실에 기획조정 1팀과 미래전략 2팀 각각 위치한다.
- 네 번째 조건 : 보안팀은 남은 홀수실인 1실에 위치하고, 이에 따라 인사팀은 8실에 위치한다.
- 세 번째 조건 : 7실에 미래전략 2팀, 3실에 기획조정 1팀이 위치한다.
- 다섯 번째 조건 : 2실에 기획조정 3팀, 4실에 기획조정 2팀이 위치하고, 남은 6실에는 자연스럽게 미래전략 1팀이 위치함을 알 수 있다.

이 사실을 종합하여 주어진 조건에 따라 사무실을 배치하면 다음과 같다.

1실 – 보안팀	2실 – 기획조정 3팀	3실 – 기획조정 1팀	4실 – 기획조정 2팀
복도			
5실 – 홍보팀	6실 – 미래전략 1팀	7실 – 미래전략 2팀	8실 – 인사팀

따라서 기획조정 1팀(3실)은 기획조정 2팀(4실)과 3팀(2실) 사이에 위치한다.

오답분석

① 인사팀은 8실에 위치한다.
② 미래전략 2팀과 기획조정 3팀은 복도를 사이에 두고 위치한다.
④ 미래전략 1팀은 6실에 위치한다.
⑤ 홍보팀이 있는 라인에서 가장 높은 번호의 사무실은 8실로 인사팀이 위치한다.

27

정답 ④

㉡ 특허를 통한 기술 독점은 기업의 내부환경으로 볼 수 있다. 따라서 내부환경의 강점(Strength) 사례이다.
㉢ 점점 증가하는 유전자 의뢰는 기업의 외부환경(고객)으로 볼 수 있다. 따라서 외부환경에서 비롯된 기회(Opportunity) 사례이다.

오답분석

㉠ 투자 유치의 어려움은 기업의 외부환경(거시적 환경)으로 볼 수 있다. 따라서 외부환경에서 비롯된 위협(Threat) 사례이다.
㉣ 높은 실험비용은 기업의 내부환경으로 볼 수 있다. 따라서 내부환경의 약점(Weakness) 사례이다.

28

정답 ④

A가 서브한 게임에서 전략팀이 득점하였으므로 이어지는 서브권은 A가 가지며, 총 4점을 득점한 상황이므로 팀 내에서 선수끼리 자리를 교체하여 A가 오른쪽에서 서브를 해야 한다. 그리고 서브를 받는 총무팀은 서브권이 넘어가지 않았기 때문에 선수끼리 코트 위치를 바꾸지 않는다. 따라서 ④가 정답이다.

29

정답 ③

가입금액 한도 내에서 보상하되 휴대품 손해로 인한 보상 시, 휴대품 1개 또는 1쌍에 대해서만 20만 원 한도로 보상한다.

30

정답 ③

애플리케이션에 판단 (A), (B)의 영향도를 분석하면 아래와 같다.

(A) 애플리케이션의 응답시간에 대한 사용자 요구 수준을 볼 때, 기본적인 성능이 잘 제공되는 것으로 판단된다. → (성능 영향도 0)
그러나 고장 시 불편한 손실이 발생되며, 다행히 쉽게 복구가 가능하다. → (신뢰성 영향도 1)
설계 단계에서 하나 이상의 설치 사이트에 대한 요구사항이 고려되며, 유사한 하드웨어나 소프트웨어 환경 하에서만 운영되도록 설계되었다. → (다중 사이트 영향도 1)
그리고 데이터를 전송하는 정도를 보면 분산처리에 대한 요구사항이 명시되지 않은 것으로 판단된다. → (분산처리 영향도 0)

(B) 애플리케이션에서 발생할 수 있는 장애에 있어서는 기본적인 신뢰성이 제공된다. → (신뢰성 영향도 0)
응답시간 또는 처리율이 피크타임에 중요하며, → (성능 영향도 1)
애플리케이션의 처리기능은 복수개의 서버 상에서 동적으로 상호 수행된다. → (분산처리 영향도 2)
그리고 이 애플리케이션은 동일한 소프트웨어 환경 하에서만 운영되도록 설계되었다. → (다중 사이트 영향도 0)

따라서 판단에 대한 총 영향도는 (A)는 2, (B)는 3이다.

31

정답 ③

데이터 레이블이 표시되어 있지 않다. 데이터 레이블이 표시되어 있다면, 정확한 수치가 그래프 위에 나타난다.

32

정답 ④

비교적 가까운 거리에 흩어져 있는 컴퓨터들을 서로 연결하여 여러 가지 서비스를 제공하는 네트워크는 근거리 통신망에 해당한다. 근거리 통신망의 작업 결과를 공유하기 위해서는 네트워크상의 작업 그룹명을 동일하게 하여야 가능하다.

33

정답 ④

오답분석

ㄱ. 스팸메일을 열게 되면 바이러스가 침투할 수 있기 때문에 읽지 않고 삭제하여야 한다.
ㄷ. 사이트 내에 바이러스가 침투했을 수 있기 때문에 ActiveX 컨트롤은 반드시 필요한 부분만 설치해야 한다.

34

정답 ①

SUMIFS 함수는 주어진 조건에 의해 지정된 셀들의 합을 구하는 함수로, 「=SUMIFS(합계범위, 조건범위, 조건 값)」으로 구성된다. 여기서 '조건 값'으로 숫자가 아닌 텍스트를 직접 입력할 경우에는 반드시 큰따옴표를 이용해야 한다. 즉, 「=SUMIFS(F2:F9, D2:D9,"남")」으로 입력해야 한다.

35

정답 ①

[수식] 탭 – [수식 분석] 그룹 – [수식 표시]를 클릭하면 함수의 결괏값이 아닌 수식 자체가 표시된다.

36

정답 ②

- [D11] 셀에 입력된 COUNTA 함수는 범위에서 비어있지 않은 셀의 개수를 구하는 함수이다. [B3:D9] 범위에서 비어있지 않은 셀의 개수는 숫자 '1' 10개와 '재제출 요망'으로 입력된 텍스트 2개로, 「=COUNTA(B3:D9)」의 결괏값은 12이다.
- [D12] 셀에 입력된 COUNT 함수는 범위에서 숫자가 포함된 셀의 개수를 구하는 함수이다. [B3:D9] 범위에서 숫자가 포함된 셀의 개수는 숫자 '1' 10개로, 「=COUNT(B3:D9)」의 결괏값은 10이다.
- [D13] 셀에 입력된 COUNTBLANK 함수는 범위에서 비어있는 셀의 개수를 구하는 함수이다. [B3:D9] 범위에서 비어있는 셀의 개수는 9개이므로 「=COUNTBLANK(B3:D9)」의 결괏값은 9이다.

37

정답 ④

문자열에서 strip() 메소드를 사용하면 좌우의 공백을 제거할 수 있다.

오답분석

① split() 메소드는 문자열이 있을 때 공백을 기준으로 문자열을 나눈다.
② data 출력이 아닌, 새로운 data1 문자열을 만들어 출력했다.
③ f-string을 사용하면 변수처럼 문자열 사이에 타입과 상관없이 값을 출력한다.
⑤ ticker.upper() 메소드는 문자열을 대문자로 변경한다.

38

정답 ③

두 문자열에 대해 덧셈 기호는 문자열의 연결을 의미한다. [34]라는 새로운 문자열이 생성되고 그 값이 print 함수에 의해 화면에 출력된다.

39

정답 ⑤

int는 정수형 타입으로 할당되는 메모리의 크기는 4바이트다. int의 데이터 표현 범위는 −2,147,483,648부터 2,147,483,647이다. 해당 타입이 표현할 수 있는 범위를 벗어난 데이터를 저장하면 오버플로우가 발생한다. num에 1234567891011121314151617181920을 저장하면 입력한 상수가 커서 실행되지 않는다.

40

정답 ⑤

#define 선행처리 지시자는 함수나 상수를 단순화해주는 매크로를 정의할 때 사용한다. 매크로는 함수나 상수에 이름을 붙이며, 해당 매크로가 어떤 것을 가리키고 있는지를 명확하게 나타낸다. PI라는 매크로는 3.14로 단순 치환된다. PI값인 3.14에 5를 더한 8.14가 출력된다.

02 개별영역

| 01 | 자원관리능력(행정)

41

정답 ②

면접평가 결과를 점수로 변환하면 다음과 같다.

구분	A	B	C	D	E
의사소통능력	100	100	100	80	50
문제해결능력	80	75	100	75	95
조직이해능력	95	90	60	100	90
대인관계능력	50	100	80	60	85

변환된 점수에 최종 합격자 선발기준에 따른 평가비중을 곱하여 최종 점수를 도출하면 다음과 같다.

- A : (100×0.4)+(80×0.3)+(95×0.2)+(50×0.1)=88점
- B : (100×0.4)+(75×0.3)+(90×0.2)+(100×0.1)=90.5점
- C : (100×0.4)+(100×0.3)+(60×0.2)+(80×0.1)=90점
- D : (80×0.4)+(75×0.3)+(100×0.2)+(60×0.1)=80.5점
- E : (50×0.4)+(95×0.3)+(90×0.2)+(85×0.1)=75점

∴ 최종 합격자는 상위자 2명이므로 'B, C'가 선발된다.

42

정답 ④

2번 이상 같은 지역을 신청할 수 없으므로, D는 1년 차와 2년 차 서울 지역에서 근무하였으므로 3년 차에는 지방으로 가야 한다. 따라서 신청지로 배정받지 못 할 것이다.

오답분석

규정과 신청 내용에 따라 상황을 정리하면 다음과 같다.

직원	1년 차 근무지	2년 차 근무지	3년 차 근무지	이동지역	전년도 평가
A	대구	–	–	종로	–
B	여의도	광주	–	영등포	92
C	종로	대구	여의도	제주/광주	88
D	영등포	종로	–	광주/제주/대구	91
E	광주	영등포	제주	여의도	89

- A는 1년 차 근무를 마친 직원이므로 우선 반영되어 자신이 신청한 종로로 이동하게 된다.
- B는 E와 함께 영등포를 신청하였으나, B의 전년도 평가점수가 더 높아 B가 영등포로 이동한다.
- 3년 차에 지방 지역인 제주에서 근무한 E는 A가 이동할 종로와 B가 이동할 영등포를 제외한 수도권 지역인 여의도로 이동하게 된다.
- D는 자신이 2년 연속 근무한 적 있는 수도권 지역으로 이동이 불가능하므로, 지방 지역인 광주, 제주, 대구 중 한 곳으로 이동하게 된다.
- 이때, C는 자신이 근무하였던 대구로 이동하지 못하므로, D가 광주로 이동한다면 C는 제주로, D가 대구로 이동한다면 C는 광주 혹은 제주로 이동한다.
- 1년 차 신입은 전년도 평가 점수를 100으로 보므로 신청한 근무지에서 근무할 수 있다. 따라서 1년 차에 대구에서 근무한 A는 입사 시 대구를 1년 차 근무지로 신청하였을 것임을 알 수 있다.

43

정답 ③

C대리의 2023년 업무평가 점수는 직전 연도 업무평가 점수인 89점에서 지각 1회에 따른 5점, 결근 1회에 따른 10점을 제한 74점이다. 따라서 승진 대상에 포함되지 못하므로, 그대로 대리일 것이다.

오답분석

① A사원은 근속연수가 3년 미만이므로 승진 대상이 아니다.
② B주임은 출산휴가 35일을 제외하면 근속연수가 3년 미만이므로 승진 대상이 아니다.
④·⑤ 승진 대상에 대한 자료로 대리가 될 수 없다.

44

정답 ③

11월 21일의 팀미팅은 워크숍 시작시간 전 오후 1시 30분에 끝나므로 3시에 출발 가능하며, 22일의 일정이 없기 때문에 11월 21～22일이 워크숍 날짜로 적절하다.

오답분석

① 11월 9～10일 : 다른 팀과 함께하는 업무가 있는 주로 워크숍 불가능
② 11월 18～19일 : 19일은 주말이므로 워크숍 불가능
④ 11월 28～29일 : E대리 휴가로 모든 팀원 참여 불가능
⑤ 11월 29～30일 : 말일이므로 워크숍 불가능

45

정답 ③

대화내용을 살펴보면 A과장은 패스트푸드점, B대리는 화장실, C주임은 은행, 귀하는 편의점을 이용한다. 이는 동시에 이루어지는 일이므로 가장 오래 걸리는 일의 시간만을 고려하면 된다. 은행이 30분으로 가장 오래 걸리므로 17:20에 모두 모이게 된다. 따라서 17:00, 17:15에 출발하는 버스는 이용하지 못한다. 그리고 17:30에 출발하는 버스는 잔여석이 부족하여 이용하지 못한다. 최종적으로 17:45에 출발하는 버스를 탈 수 있다. 그러므로 서울에 도착 예정시각은 19:45이다.

46

정답 ③

i) A씨(8개월)
- 처음 3개월 : 220만 원×0.8=176만 원 → 150만 원(∵ 상한액)
  → 150만 원×3=450만 원
- 나머지 기간 : 220만 원×0.4=88만 원×5=440만 원

∴ 450만 원+440만 원=890만 원

ii) B씨(1년, 아빠의 달+둘째)
- 처음 3개월 : 300만 원×1.0=300만 원 → 200만 원(∵ 상한액)
  → 200만 원×3=600만 원
- 나머지 기간 : 300만 원×0.4=120만 원 → 100만 원(∵ 상한액)
  → 100만 원×9=900만 원

∴ 600만 원+900만 원=1,500만 원

iii) C씨(6개월)
- 처음 3개월 : 90만 원×0.8=72만 원×3=216만 원
- 나머지 기간 : 90만 원×0.4=36만 원 → 50만 원(∵ 하한액)
  → 50만 원×3=150만 원

∴ 216만 원+150만 원=366만 원

따라서 세 사람이 받을 수 있는 육아휴직급여는 890만 원+1,500만 원+366만 원=2,756만 원이다.

47

정답 ①

i) 연봉 3천만 원인 K사원의 월 수령액은 3천만 원÷12=250만 원이고 월평균 근무시간은 200시간이므로 시급은 250만 원÷200=12,500원이다.

ii) K사원이 평일에 야근한 시간은 2+3+3+2=10시간이다. 따라서 야근 수당은 (12,500+5,000)×10=175,000원이다.

iii) K사원이 주말에 특근한 시간은 3+5=8시간이므로 특근 수당은 (12,500+10,000)×8=180,000원이다.

식대는 야근·특근 수당에 포함되지 않으므로 K사원의 한 달간 야근 및 특근 수당의 총액은 175,000+180,000=355,000원이다.

48

정답 ③

ㄱ. 각 팀장이 매긴 순위에 대한 가중치는 모두 동일하다고 했으므로 1, 2, 3, 4순위의 가중치를 각각 4, 3, 2, 1점으로 정해 네 사람의 면접점수를 산정하면 다음과 같다.

- 갑 : 2+4+1+2=9
- 을 : 4+3+4+1=12
- 병 : 1+1+3+4=9
- 정 : 3+2+2+3=10

면접점수가 높은 을, 정 중 한 명이 입사를 포기하면 갑, 병 중 한 명이 채용된다. 갑과 병의 면접점수는 9점으로 동점이지만 조건에 따라 인사팀장이 부여한 순위가 높은 갑을 채용하게 된다.

ㄷ. 경영관리팀장이 갑과 병의 순위를 바꿨을 때, 네 사람의 면접점수를 산정하면 다음과 같다.

- 갑 : 2+1+1+2=6
- 을 : 4+3+4+1=12
- 병 : 1+4+3+4=12
- 정 : 3+2+2+3=10

즉, 을과 병이 채용되므로 정은 채용되지 못한다.

오답분석

ㄴ. 인사팀장이 을과 정의 순위를 바꿨을 때, 네 사람의 면접점수를 산정하면 다음과 같다.

- 갑 : 2+4+1+2=9
- 을 : 3+3+4+1=11
- 병 : 1+1+3+4=9
- 정 : 4+2+2+3=11

즉, 을과 정이 채용되므로 갑은 채용되지 못한다.

49

정답 ④

진급 대상자의 항목별 점수에 따른 합산 점수를 정리하면 다음과 같다.

(단위 : 점)

성명	직위	재직기간	공인영어	필기	면접	인사평가	합산 점수
최근원	사원	5	3	10	20	5	43
김재근	대리	10	3	10	10	×	
이윤결	대리	5	×	10	20	20	
정리사	사원	5	5	15	5	10	40
류이현	사원	5	10	10	5	10	40
정연지	사원	5	3	15	20	10	53
이지은	대리	10	5	×	10	20	
이윤미	사원	5	×	20	5	20	
최지나	대리	5	3	15	×	×	
류미래	사원	2	3	20	×	20	

따라서 총 4명의 사원이 진급하며, 가장 높은 점수를 받은 사람은 53점의 정연지이다.

50

정답 ③

프로젝트에 소요되는 비용은 인건비와 작업장 사용료로 구성된다. 인건비의 경우 각 작업의 필요 인원은 증원 또는 감원될 수 없으므로, 조절이 불가능하다. 다만, 작업장 사용료는 작업기간이 감소하면 비용이 줄어들 수 있다. 따라서 최단기간으로 프로젝트를 완료하는 데 드는 비용을 산출하면 다음과 같다.

프로젝트	인건비	작업장 사용료
A작업	(10만 원×5명)×10일=500만 원	50만 원×50일 =2,500만 원
B작업	(10만 원×3명)×18일=540만 원	
C작업	(10만 원×5명)×50일=2,500만 원	
D작업	(10만 원×2명)×18일=360만 원	
E작업	(10만 원×4명)×16일=640만 원	
합계	4,540만 원	2,500만 원

따라서 프로젝트를 완료하는 데 소요되는 최소비용은 4,540+2,500=7,040만 원이다. 따라서 최소비용은 6천만 원 이상이라고 판단하는 것이 옳다.

오답분석

① 각 작업에서 필요한 인원을 증원하거나 감원할 수 없다. 그러므로 주어진 자료와 같이 각 작업에 필요한 인원만큼만 투입된다. 따라서 가장 많은 인원이 투입되는 A작업과 C작업의 필요인원이 5명이므로 해당 프로젝트를 완료하는 데 필요한 최소인력은 5명이다.

② 프로젝트를 최단기간으로 완료하기 위해서는 각 작업을 동시에 진행해야 한다. 다만, B작업은 A작업이 완료된 이후에 시작할 수 있고, E작업은 D작업이 완료된 이후에 시작할 수 있다는 점을 고려하여야 한다. C작업은 50일, A+B작업은 28일, D+E작업은 34일이 걸리므로, 프로젝트가 완료되는 최단기간은 50일이다.

④ 프로젝트를 완료할 수 있는 최단기간은 50일이다. C작업은 50일 내내 작업해야 하므로 반드시 5명이 필요하다. 그러나 나머지 작업은 50일을 안분하여 진행해도 된다. 먼저 A작업에 5명을 투입한다. 작업이 완료된 후 그들 중 3명은 B작업에, 2명은 D작업에 투입한다. 그리고 B, D작업을 완료한 5명 중 4명만 E작업에 투입한다. 이 경우 작업기간은 10일(A)+18일(B와 D 동시진행)+16일(E)=44일이 걸린다. 따라서 프로젝트를 최단기간에 완료하는 데 투입되는 최소인력은 10명이다.

⑤ 프로젝트를 완료할 수 있는 최소인원은 5명이다. 먼저 5명이 A작업에 투입되면 10일 동안은 다른 작업을 진행할 수 없다. A작업이 완료되면 5명은 B작업과 D작업으로 나뉘어 투입된다. 그 다음으로 C작업과 E작업을 순차적으로 진행하면 총 10일(A)+18일(B와 D 동시진행)+50일(C)+16일(E)=94일이 최단기간이 된다.

| 02 | 기술능력(전산 · 시설 · 기술)

41

정답 ②

'수시'는 '일정하게 정하여 놓은 때 없이 그때그때 상황에 따름'을 의미한다. 즉, 하루에 한 번 청소할 수도 있고, 아닐 수도 있다. 따라서 정수기 청소는 하루에 1곳만 할 수도 있다.

오답분석

① 설치 시 주의사항에 설명되어 있다.
③ '제품 이상 시 조치방법' 맨 마지막에 설명되어 있다.
④ 10mm=1cm이므로, 외형치수를 환산하면 옳은 설명임을 알 수 있다.
⑤ 적정 시기에 필터를 교환하지 않으면 물이 나오지 않거나 정수물이 너무 느리게 채워지는 문제가 발생한다.

42

정답 ④

ㄱ. 정수기에 사용되는 필터는 세디먼트 필터, 프리카본 필터, UF중공사막 필터, 실버블록카본 필터이다.
ㄹ. 설치 시 주의사항으로 벽면에서 20cm 이상 띄워 설치하라고 언급했다. 따라서 지켜지지 않을 경우 문제가 발생할 수 있다.

오답분석

ㄴ. 시너 및 벤젠은 제품의 변색이나 표면이 상할 우려가 있으므로 사용하지 말라고 명시되어 있다. 따라서 급한 경우라도 사용하지 않는 것이 옳다.
ㄷ. 프리카본 필터의 교환주기는 약 8개월이다. 3년은 36개월이므로, 4번 교환해야 한다.

43

정답 ③

필터 수명이 종료됐을 때와 연결 호스가 꺾였을 때 물이 나오지 않는다. 이때 연결 호스가 꺾였다면 서비스센터에 연락하지 않고 해결이 가능하다.

44

정답 ③

0	0	0	0
0	1	1	0
0	1	1	0
0	0	0	0

→ (가) →

0	0	0	0
0	0	0	0
0	0	1	1
0	0	1	1

=

0	0	0	0
0	0	0	0
0	0	1	0
0	0	0	0

패턴 A, 패턴 B 모두 1인 경우에만 결괏값이 1이 되므로 AND 연산자가 사용되었다.

45

정답 ③

NOR(부정논리합) : 둘 다 거짓일 때만 참, 나머지 모두 거짓

	a	b	c
1	0	1	0
2	0	1	0
3	0	1	0

패턴 A

→ 합성 →

	a	b	c
1	0	0	0
2	1	1	1
3	0	0	0

패턴 B

=

	a	b	c
1	1	0	1
2	0	0	0
3	1	0	1

결과

46

정답 ③

문제발생 시 확인사항의 '찬바람이 지속적으로 나오지 않습니다.', '실내기', '실외기' 등의 단서를 통해 에어컨 사용설명서라는 것을 알 수 있다.

47

정답 ①

에어컨 응축수가 잘 빠지지 않을 경우 냄새가 나므로 배수호스를 점검해야 한다.

48

정답 ③

A/S 센터로 연락하기 전에 리모컨 수신부가 가려져 있는지도 확인해봐야 한다.

49

정답 ④

'④ 물체에 맞음'의 아래에 있는 사고발생 원인과 사망재해 예방 대책의 내용이 서로 관계성이 낮다는 것을 알 수 있다. 물론 지게차와 관련한 사고발생 원인으로 언급한 부분은 있으나, 전반적인 원인들과 대조해 보았을 때 예방 대책을 모두 포괄하고 있다고 보기는 어렵다.

50

정답 ③

와이어로프가 파손되어 중량물이 떨어지는 사고를 나타낸 그림이다. 해당 그림은 '④ 물체에 맞음'에 더 적합하다.

오답분석

① 대형설비나 제품 위에서 작업 중에 떨어지는 사고를 나타낸 그림이다.
② 화물자동차 위에서 적재 및 포장작업을 하는 과정에서 떨어지는 사고를 나타낸 그림이다.
④ 사다리에 올라가 작업하는 도중 미끄러져 떨어지는 사고를 나타낸 그림이다.
⑤ 지붕 위에서 보수작업 등을 하는 과정에서 선라이트가 부서져 떨어지는 사고를 나타낸 그림이다.

한국공항공사 NCS 답안카드

성 명

지원 분야

문제지 형별기재란	
(　　)형	Ⓐ Ⓑ

수 험 번 호						
⓪	⓪	⓪	⓪	⓪	⓪	⓪
①	①	①	①	①	①	①
②	②	②	②	②	②	②
③	③	③	③	③	③	③
④	④	④	④	④	④	④
⑤	⑤	⑤	⑤	⑤	⑤	⑤
⑥	⑥	⑥	⑥	⑥	⑥	⑥
⑦	⑦	⑦	⑦	⑦	⑦	⑦
⑧	⑧	⑧	⑧	⑧	⑧	⑧
⑨	⑨	⑨	⑨	⑨	⑨	⑨

감독위원 확인
ⓘ인

1	① ② ③ ④ ⑤	21	① ② ③ ④ ⑤	41	① ② ③ ④ ⑤
2	① ② ③ ④ ⑤	22	① ② ③ ④ ⑤	42	① ② ③ ④ ⑤
3	① ② ③ ④ ⑤	23	① ② ③ ④ ⑤	43	① ② ③ ④ ⑤
4	① ② ③ ④ ⑤	24	① ② ③ ④ ⑤	44	① ② ③ ④ ⑤
5	① ② ③ ④ ⑤	25	① ② ③ ④ ⑤	45	① ② ③ ④ ⑤
6	① ② ③ ④ ⑤	26	① ② ③ ④ ⑤	46	① ② ③ ④ ⑤
7	① ② ③ ④ ⑤	27	① ② ③ ④ ⑤	47	① ② ③ ④ ⑤
8	① ② ③ ④ ⑤	28	① ② ③ ④ ⑤	48	① ② ③ ④ ⑤
9	① ② ③ ④ ⑤	29	① ② ③ ④ ⑤	49	① ② ③ ④ ⑤
10	① ② ③ ④ ⑤	30	① ② ③ ④ ⑤	50	① ② ③ ④ ⑤
11	① ② ③ ④ ⑤	31	① ② ③ ④ ⑤		
12	① ② ③ ④ ⑤	32	① ② ③ ④ ⑤		
13	① ② ③ ④ ⑤	33	① ② ③ ④ ⑤		
14	① ② ③ ④ ⑤	34	① ② ③ ④ ⑤		
15	① ② ③ ④ ⑤	35	① ② ③ ④ ⑤		
16	① ② ③ ④ ⑤	36	① ② ③ ④ ⑤		
17	① ② ③ ④ ⑤	37	① ② ③ ④ ⑤		
18	① ② ③ ④ ⑤	38	① ② ③ ④ ⑤		
19	① ② ③ ④ ⑤	39	① ② ③ ④ ⑤		
20	① ② ③ ④ ⑤	40	① ② ③ ④ ⑤		

※ 본 답안지는 마킹연습용 모의 답안지입니다.

〈절취선〉

한국공항공사 NCS 답안카드

성 명

지원 분야

문제지 형별기재란	
(　　)형	Ⓐ Ⓑ

수 험 번 호						
⓪	⓪	⓪	⓪	⓪	⓪	⓪
①	①	①	①	①	①	①
②	②	②	②	②	②	②
③	③	③	③	③	③	③
④	④	④	④	④	④	④
⑤	⑤	⑤	⑤	⑤	⑤	⑤
⑥	⑥	⑥	⑥	⑥	⑥	⑥
⑦	⑦	⑦	⑦	⑦	⑦	⑦
⑧	⑧	⑧	⑧	⑧	⑧	⑧
⑨	⑨	⑨	⑨	⑨	⑨	⑨

감독위원 확인
인

1	①	②	③	④	⑤	21	①	②	③	④	⑤	41	①	②	③	④	⑤
2	①	②	③	④	⑤	22	①	②	③	④	⑤	42	①	②	③	④	⑤
3	①	②	③	④	⑤	23	①	②	③	④	⑤	43	①	②	③	④	⑤
4	①	②	③	④	⑤	24	①	②	③	④	⑤	44	①	②	③	④	⑤
5	①	②	③	④	⑤	25	①	②	③	④	⑤	45	①	②	③	④	⑤
6	①	②	③	④	⑤	26	①	②	③	④	⑤	46	①	②	③	④	⑤
7	①	②	③	④	⑤	27	①	②	③	④	⑤	47	①	②	③	④	⑤
8	①	②	③	④	⑤	28	①	②	③	④	⑤	48	①	②	③	④	⑤
9	①	②	③	④	⑤	29	①	②	③	④	⑤	49	①	②	③	④	⑤
10	①	②	③	④	⑤	30	①	②	③	④	⑤	50	①	②	③	④	⑤
11	①	②	③	④	⑤	31	①	②	③	④	⑤						
12	①	②	③	④	⑤	32	①	②	③	④	⑤						
13	①	②	③	④	⑤	33	①	②	③	④	⑤						
14	①	②	③	④	⑤	34	①	②	③	④	⑤						
15	①	②	③	④	⑤	35	①	②	③	④	⑤						
16	①	②	③	④	⑤	36	①	②	③	④	⑤						
17	①	②	③	④	⑤	37	①	②	③	④	⑤						
18	①	②	③	④	⑤	38	①	②	③	④	⑤						
19	①	②	③	④	⑤	39	①	②	③	④	⑤						
20	①	②	③	④	⑤	40	①	②	③	④	⑤						

※ 본 답안지는 마킹연습용 모의 답안지입니다.

한국공항공사 NCS 답안카드

성 명

지원 분야

문제지 형별기재란	
(　　　)형	Ⓐ Ⓑ

수 험 번 호						
⓪	⓪	⓪	⓪	⓪	⓪	⓪
①	①	①	①	①	①	①
②	②	②	②	②	②	②
③	③	③	③	③	③	③
④	④	④	④	④	④	④
⑤	⑤	⑤	⑤	⑤	⑤	⑤
⑥	⑥	⑥	⑥	⑥	⑥	⑥
⑦	⑦	⑦	⑦	⑦	⑦	⑦
⑧	⑧	⑧	⑧	⑧	⑧	⑧
⑨	⑨	⑨	⑨	⑨	⑨	⑨

감독위원 확인
인

1	①	②	③	④	⑤	21	①	②	③	④	⑤	41	①	②	③	④	⑤
2	①	②	③	④	⑤	22	①	②	③	④	⑤	42	①	②	③	④	⑤
3	①	②	③	④	⑤	23	①	②	③	④	⑤	43	①	②	③	④	⑤
4	①	②	③	④	⑤	24	①	②	③	④	⑤	44	①	②	③	④	⑤
5	①	②	③	④	⑤	25	①	②	③	④	⑤	45	①	②	③	④	⑤
6	①	②	③	④	⑤	26	①	②	③	④	⑤	46	①	②	③	④	⑤
7	①	②	③	④	⑤	27	①	②	③	④	⑤	47	①	②	③	④	⑤
8	①	②	③	④	⑤	28	①	②	③	④	⑤	48	①	②	③	④	⑤
9	①	②	③	④	⑤	29	①	②	③	④	⑤	49	①	②	③	④	⑤
10	①	②	③	④	⑤	30	①	②	③	④	⑤	50	①	②	③	④	⑤
11	①	②	③	④	⑤	31	①	②	③	④	⑤						
12	①	②	③	④	⑤	32	①	②	③	④	⑤						
13	①	②	③	④	⑤	33	①	②	③	④	⑤						
14	①	②	③	④	⑤	34	①	②	③	④	⑤						
15	①	②	③	④	⑤	35	①	②	③	④	⑤						
16	①	②	③	④	⑤	36	①	②	③	④	⑤						
17	①	②	③	④	⑤	37	①	②	③	④	⑤						
18	①	②	③	④	⑤	38	①	②	③	④	⑤						
19	①	②	③	④	⑤	39	①	②	③	④	⑤						
20	①	②	③	④	⑤	40	①	②	③	④	⑤						

※ 본 답안지는 마킹연습용 모의 답안지입니다.

〈절취선〉

한국공항공사 NCS 답안카드

성 명

지원 분야

문제지 형별기재란	
( )형	Ⓐ Ⓑ

수 험 번 호						
⓪	⓪	⓪	⓪	⓪	⓪	⓪
①	①	①	①	①	①	①
②	②	②	②	②	②	②
③	③	③	③	③	③	③
④	④	④	④	④	④	④
⑤	⑤	⑤	⑤	⑤	⑤	⑤
⑥	⑥	⑥	⑥	⑥	⑥	⑥
⑦	⑦	⑦	⑦	⑦	⑦	⑦
⑧	⑧	⑧	⑧	⑧	⑧	⑧
⑨	⑨	⑨	⑨	⑨	⑨	⑨

감독위원 확인
㊞

1	①	②	③	④	⑤	21	①	②	③	④	⑤	41	①	②	③	④	⑤
2	①	②	③	④	⑤	22	①	②	③	④	⑤	42	①	②	③	④	⑤
3	①	②	③	④	⑤	23	①	②	③	④	⑤	43	①	②	③	④	⑤
4	①	②	③	④	⑤	24	①	②	③	④	⑤	44	①	②	③	④	⑤
5	①	②	③	④	⑤	25	①	②	③	④	⑤	45	①	②	③	④	⑤
6	①	②	③	④	⑤	26	①	②	③	④	⑤	46	①	②	③	④	⑤
7	①	②	③	④	⑤	27	①	②	③	④	⑤	47	①	②	③	④	⑤
8	①	②	③	④	⑤	28	①	②	③	④	⑤	48	①	②	③	④	⑤
9	①	②	③	④	⑤	29	①	②	③	④	⑤	49	①	②	③	④	⑤
10	①	②	③	④	⑤	30	①	②	③	④	⑤	50	①	②	③	④	⑤
11	①	②	③	④	⑤	31	①	②	③	④	⑤						
12	①	②	③	④	⑤	32	①	②	③	④	⑤						
13	①	②	③	④	⑤	33	①	②	③	④	⑤						
14	①	②	③	④	⑤	34	①	②	③	④	⑤						
15	①	②	③	④	⑤	35	①	②	③	④	⑤						
16	①	②	③	④	⑤	36	①	②	③	④	⑤						
17	①	②	③	④	⑤	37	①	②	③	④	⑤						
18	①	②	③	④	⑤	38	①	②	③	④	⑤						
19	①	②	③	④	⑤	39	①	②	③	④	⑤						
20	①	②	③	④	⑤	40	①	②	③	④	⑤						

※ 본 답안지는 마킹연습용 모의 답안지입니다.

한국공항공사 NCS 답안카드

성 명

지원 분야

문제지 형별기재란	
(　　　)형	Ⓐ Ⓑ

수 험 번 호						
⓪	⓪	⓪	⓪	⓪	⓪	⓪
①	①	①	①	①	①	①
②	②	②	②	②	②	②
③	③	③	③	③	③	③
④	④	④	④	④	④	④
⑤	⑤	⑤	⑤	⑤	⑤	⑤
⑥	⑥	⑥	⑥	⑥	⑥	⑥
⑦	⑦	⑦	⑦	⑦	⑦	⑦
⑧	⑧	⑧	⑧	⑧	⑧	⑧
⑨	⑨	⑨	⑨	⑨	⑨	⑨

감독위원 확인
인

1	① ② ③ ④ ⑤	21	① ② ③ ④ ⑤	41	① ② ③ ④ ⑤
2	① ② ③ ④ ⑤	22	① ② ③ ④ ⑤	42	① ② ③ ④ ⑤
3	① ② ③ ④ ⑤	23	① ② ③ ④ ⑤	43	① ② ③ ④ ⑤
4	① ② ③ ④ ⑤	24	① ② ③ ④ ⑤	44	① ② ③ ④ ⑤
5	① ② ③ ④ ⑤	25	① ② ③ ④ ⑤	45	① ② ③ ④ ⑤
6	① ② ③ ④ ⑤	26	① ② ③ ④ ⑤	46	① ② ③ ④ ⑤
7	① ② ③ ④ ⑤	27	① ② ③ ④ ⑤	47	① ② ③ ④ ⑤
8	① ② ③ ④ ⑤	28	① ② ③ ④ ⑤	48	① ② ③ ④ ⑤
9	① ② ③ ④ ⑤	29	① ② ③ ④ ⑤	49	① ② ③ ④ ⑤
10	① ② ③ ④ ⑤	30	① ② ③ ④ ⑤	50	① ② ③ ④ ⑤
11	① ② ③ ④ ⑤	31	① ② ③ ④ ⑤		
12	① ② ③ ④ ⑤	32	① ② ③ ④ ⑤		
13	① ② ③ ④ ⑤	33	① ② ③ ④ ⑤		
14	① ② ③ ④ ⑤	34	① ② ③ ④ ⑤		
15	① ② ③ ④ ⑤	35	① ② ③ ④ ⑤		
16	① ② ③ ④ ⑤	36	① ② ③ ④ ⑤		
17	① ② ③ ④ ⑤	37	① ② ③ ④ ⑤		
18	① ② ③ ④ ⑤	38	① ② ③ ④ ⑤		
19	① ② ③ ④ ⑤	39	① ② ③ ④ ⑤		
20	① ② ③ ④ ⑤	40	① ② ③ ④ ⑤		

※ 본 답안지는 마킹연습용 모의 답안지입니다.

〈절취선〉

한국공항공사 NCS 답안카드

성 명

지원 분야

문제지 형별기재란	
( )형	Ⓐ Ⓑ

수 험 번 호						
⓪	⓪	⓪	⓪	⓪	⓪	⓪
①	①	①	①	①	①	①
②	②	②	②	②	②	②
③	③	③	③	③	③	③
④	④	④	④	④	④	④
⑤	⑤	⑤	⑤	⑤	⑤	⑤
⑥	⑥	⑥	⑥	⑥	⑥	⑥
⑦	⑦	⑦	⑦	⑦	⑦	⑦
⑧	⑧	⑧	⑧	⑧	⑧	⑧
⑨	⑨	⑨	⑨	⑨	⑨	⑨

감독위원 확인
인

1	①	②	③	④	⑤	21	①	②	③	④	⑤	41	①	②	③	④	⑤
2	①	②	③	④	⑤	22	①	②	③	④	⑤	42	①	②	③	④	⑤
3	①	②	③	④	⑤	23	①	②	③	④	⑤	43	①	②	③	④	⑤
4	①	②	③	④	⑤	24	①	②	③	④	⑤	44	①	②	③	④	⑤
5	①	②	③	④	⑤	25	①	②	③	④	⑤	45	①	②	③	④	⑤
6	①	②	③	④	⑤	26	①	②	③	④	⑤	46	①	②	③	④	⑤
7	①	②	③	④	⑤	27	①	②	③	④	⑤	47	①	②	③	④	⑤
8	①	②	③	④	⑤	28	①	②	③	④	⑤	48	①	②	③	④	⑤
9	①	②	③	④	⑤	29	①	②	③	④	⑤	49	①	②	③	④	⑤
10	①	②	③	④	⑤	30	①	②	③	④	⑤	50	①	②	③	④	⑤
11	①	②	③	④	⑤	31	①	②	③	④	⑤						
12	①	②	③	④	⑤	32	①	②	③	④	⑤						
13	①	②	③	④	⑤	33	①	②	③	④	⑤						
14	①	②	③	④	⑤	34	①	②	③	④	⑤						
15	①	②	③	④	⑤	35	①	②	③	④	⑤						
16	①	②	③	④	⑤	36	①	②	③	④	⑤						
17	①	②	③	④	⑤	37	①	②	③	④	⑤						
18	①	②	③	④	⑤	38	①	②	③	④	⑤						
19	①	②	③	④	⑤	39	①	②	③	④	⑤						
20	①	②	③	④	⑤	40	①	②	③	④	⑤						

※ 본 답안지는 마킹연습용 모의 답안지입니다.

2024 최신판 SD에듀 All-New 한국공항공사 NCS + 최종점검 모의고사 5회 + 무료NCS특강

개정12판1쇄 발행	2024년 03월 20일 (인쇄 2023년 12월 28일)
초 판 발 행	2015년 04월 30일 (인쇄 2015년 04월 23일)
발 행 인	박영일
책 임 편 집	이해욱
편 저	SDC(Sidae Data Center)
편 집 진 행	김재희 · 김지혜
표지디자인	조혜령
편집디자인	이은미 · 장성복
발 행 처	(주)시대고시기획
출 판 등 록	제10-1521호
주 소	서울시 마포구 큰우물로 75 [도화동 538 성지 B/D] 9F
전 화	1600-3600
팩 스	02-701-8823
홈 페 이 지	www.sdedu.co.kr
I S B N	979-11-383-6457-7 (13320)
정 가	24,000원